全国高等院校旅游专业规划教材

旅游消费者行为学

吴清津　编著

旅游教育出版社
·北　京·

责任编辑：孙延旭

图书在版编目(CIP)数据

旅游消费者行为学/吴清津编著. —北京：旅游教育出版社，2006. 12(2023. 2 重印)

全国高等院校旅游专业规划教材

ISBN 978-7-5637-1438-4

Ⅰ. 旅…　Ⅱ. 吴…　Ⅲ. 旅游-消费者行为论-高等学校-教材　Ⅳ. F590

中国版本图书馆 CIP 数据核字(2007)第 000895 号

全国高等院校旅游专业规划教材

旅游消费者行为学

吴清津　编著

出版单位	旅游教育出版社
地　　址	北京市朝阳区定福庄南里 1 号
邮　　编	100024
发行电话	(010) 65778403 65728372 65767462(传真)
E - mail	tepfx@163. com
印刷单位	北京市泰锐印刷有限责任公司
经销单位	新华书店
开　　本	787 毫米×960 毫米　1/16
印　　张	18. 125
字　　数	292 千字
版　　次	2006 年 12 月第 1 版
印　　次	2023 年 2 月第 11 次印刷
定　　价	25. 00 元

(图书如有装订差错请与发行部联系)

出版说明

为适应旅游业的发展要求，满足旅游高等教育的需要，我们根据高等院校旅游专业的课程设置、教学目标，在国家旅游局人事劳动教育司的主持下，集合国内旅游高等院校的众多专家学者，自20世纪90年代起，先后出版了系列旅游高等院校教材。该套教材出版以来，得到了广大院校师生和业界的普遍好评，至今仍是众多院校的首选教材，一版再版。迄今为止，该套教材不仅为众多院校广泛使用，而且是规模最大、品种最多的一套高等院校旅游专业教材。

但是我们深知，教材出版本身是一个不断完善的动态过程，需要产业的推动、研究的深化、时间的积淀，更需要广大师生的参与。本着这一目的，根据21世纪旅游业的发展要求与广大师生的殷切希望，我们根据教育部与国家旅游局对旅游学科的规划与行业要求，对本套教材进行了必要的增补与修订，以确保该系列教材的科学性、权威性。

与原教材相比，本版教材注意了课程设置与教材编写的科学性、针对性、规范性，使整套教材更适合学科教学和行业发展要求。在此基础上，本版教材强调了教材的研究含量，旨在倡导教材编写的严肃性、高等教育的研究性，避免教材编写中存在的简单雷同现象，体现了国家骨干教材应有的规范性与原创性。可以说，本版教材更加贴近了我国高等院校旅游专业教学实际，严格按照课程设置和教学目标设计安排教材内容，使高等教育教材的先进性与研究性得到充分保证。

在此次增补与修订中，我们始终强调教材编写应有的学术规范，无论从选题确定，乃至注释引文、参考文献，每一个细节都力求体现教材编写应有的学术规范。为了实现这样的目标，我们先后在全国广泛遴选作者，聘请在学科研究与教学领域有所建树的专家学者担任教材的编写工作。不少作者都有相关领域的专著成果作为教材写作的支撑，为本套教材的研究含量提供了必要保障。

作为国内唯一一家旅游教育专业出版社，我们始终得到广大旅游院校师生的关心与帮助，在新世纪，我们更期待着大家一如既往的呵护。我们希望将我们的教材建设成为一个开放式的园地，能始终站在学科研究与行业发展的前沿，随时反映旅游教育最新发展的动态。我们期待着教材使用者的意见和建议，更期待着潜在作者的新思路、新理念、新观点、新教学方式——我们定会“从善如流”，不断调整完善现有教材，不断吸纳新的作者、新的观点。

旅游教育出版社

目 录

第一章

旅游消费者与旅游产品

案例1－1　诺斯祖孙的中国之旅

奥拉·诺斯和珍妮花是美国华盛顿州的一对退休夫妇。他们2005年参加了美国学院国际旅行社(Academic Travel Abroad, Inc.)组织的希腊游。人类灿烂的古代文明深深打动了诺斯夫妇。2006年夏天,他们想到中国看看,感受神秘而古老的东方文明。由于子女工作忙,没时间带孩子出去旅游,所以,诺斯夫妇决定带孙子里查德和孙女罗莎一起来中国。珍妮花对学院国际旅行社周到的服务记忆犹新,于是她拨通电话,了解是否有合适的包价旅游计划。经过多方比较,诺斯夫妇最终接受了旅行社人员的建议,选择了"祖孙旅游计划"(Grandtravel)中一条为期14天的中国游线路。他们一行四人可获得成人6 280美元/人、儿童4 980美元/人的优惠价,即共支付旅行社2.252万美元。

在出发前三周,旅行社向诺斯祖孙寄发了介绍旅游路线和下榻酒店的资料,以及适合他们年龄的旅游读物。旅行社还提醒他们在旅途中应注意的衣着、健康和安全等问题,并提供了一本相册、一本旅游日志、一个旅行包以及旅行社陪同人员的名字和电话号码,以帮助他们做好出行准备。这样,诺斯祖孙四人于6月20日登上飞机,开始了中国之旅。

21日晚上,诺斯祖孙飞抵北京。在北京期间,他们参观了故宫、颐和园和明十三陵,登了长城,逛了胡同,在天安门广场与当地人一起放起了风筝。里查德非常喜欢北京烤鸭,京剧演出西游记里的那个美猴王也让他非常着迷。他买了一个栩栩如生的美猴王面人,准备带回去向他的朋友们炫耀。诺斯则觉得学习太极拳的活动很有意思,他用DV拍摄了学太极拳的过程,还与北京郊区的一位农民合影留念。

26日,诺斯祖孙随团飞抵西安。在西安,他们观摩了考古专家的考古挖掘工作,并亲自尝试了一下。壮观的秦始皇陵兵马俑让诺斯和珍妮花叹为观止。罗莎最高兴的是在小雁塔与当地小朋友联欢和品尝当地的面食。28日,诺斯一家参观了西安清真寺,爬古城墙浏览西安风景,然后自由自在地在西安逛了一下午。

29日,诺斯祖孙抵达有东方巴黎美誉的上海。他们首先到豫园,观赏独特的园林建筑,向当地的书法家学习奇妙的中国书法,然后喝下午茶,观看杂技演出。

30日,他们前往苏州丝织厂,参观丝织品的生产流程。诺斯夫妇对精致、生动的双面绣很感兴趣,他们挑选了一打便于携带的双面绣贺卡,珍妮花还选购了几条精美的丝巾。返回上海前,他们乘坐古色古香的木船游览了大运河,两岸婉约秀美的风光和大运河悠久的历史都让诺斯一家雀跃不已。回上海后,他们参观了少年宫和博物馆,并坐船游览了黄浦江,逛了繁华的淮海路。

7月2日,他们乘机离开上海,回到华盛顿。

在整个旅途中,学院国际旅行社安排了一名专业的"中国通"(旅游经理)和一名陪同助理与旅客同行。陪同助理负责与目的地相关人士组织旅途中的文化活动和游戏,协助旅游经理向孩子们解释旅游中遇到的新鲜事物及解决各种突发问题。比如,在上海时,罗莎的牙线掉了,助理很快联系了牙医进行处理。这让诺斯夫妇感到非常满意。

[讨论]

1. 诺斯祖孙在中国之旅中接触了哪些旅游企业?

2. 诺斯祖孙在旅游活动中购买了哪些旅游产品,这些旅游产品有何特点?

3. 试分析老年旅游者和儿童旅游者的旅游消费特点。

第一节 旅游消费

一、旅游消费的主要内容

旅游消费,是旅游主体在有时间保证和资金保证的情况下,从自身的享受和发展需要出发,凭借旅游媒体创造的服务条件,在旅游过程中对物质形态和非物质形态存在的旅游客体的购买和享用的支出(投入)总和①。旅游消费活动,是旅游活动与消费活动的交叉重合行为,包含旅游者的食、住、行、游、购、娱等多个环节。从旅游者完整的旅游经历来看,旅游消费活动主要包含以下内容②:

(1)旅游者在启程前,为实施旅游计划而购买的产品和服务。例如,购买关于旅游目的地的旅行指南和地图,准备各种旅游用品和特定的运动器材,接种疫苗,通过旅行社预订机票和酒店,等等。

(2)旅游者在旅途中及其在目的地逗留期间购买的所有产品和服务。例如,购买交通运输服务、住宿服务、餐饮服务、旅途中的各种旅游纪念品,等等。

---

① 宁士敏.中国旅游消费研究.北京:北京大学出版社,2003.5页。

② World Tourism Organization. Tourism Satellite Account (TSA): Recommended Methodological Framework. Madrid: WTO, 2002.

(3)旅游者在返回时购买的产品和服务。例如,冲洗照片、干洗衣服、修补旅途中损耗的一些器材,等等。

(4)旅游者在日常生活中购买的专用于旅游的一些物件或贵重耐用品。例如,旅行箱、露营器械、照相机、登山设备、越野汽车,等等。

简而言之,旅游者为了旅游而进行的消费,以及在旅途中和在旅游目的地的全部开销,都属于旅游消费的范畴(如图1-1所示)。本书将探讨旅游者在这些消费活动中的购买行为、旅游者的购买决策过程、影响旅游者购买行为的因素、旅游者在消费旅游产品和服务时的体验,以及旅游者对旅游消费效果的评价和反映,以便旅游企业及相关管理部门在理解旅游消费者行为规律的基础上,提高旅游管理水平,为旅游者提供优质产品和服务,实现旅游业的可持续发展。

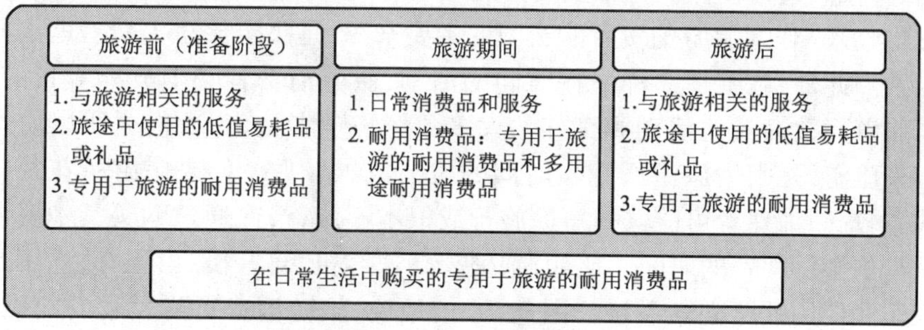

图1-1 旅游消费的范畴

二、旅游消费行为的性质

人们在一生中要消费许许多多的产品和服务。有的消费是基于生理需要,有的消费则是基于发展、享受等社会性需要。从旅游消费的构成来看,旅游消费是综合性很强的消费,既包含满足旅游者旅游过程中生理需要的消费,也包含满足旅游者发展和享乐需求的消费。从旅游消费结构层次来看,消费者追求的主要是精神上和文化上的发展和享受。根据国际旅游业发展的经验,随着人们生活水平和社会进步程度的提高,在旅游消费结构中,对生存资料的消费比重会逐渐下降,对发展资料和享受资料的消费比重会逐步上升。现在,学术界普遍认为,旅游消费是高层次的社会性消费,它是在一定社会经济条件下发生和发展的,受社会风气影响和制约的一种社会经济文化活动。

不少历史学家认为,古代两河流域文化的开创者苏美尔人发明了货币、文字和车轮后,就有人以货币支付交通和食宿费用,拉开了人类旅游消费的序幕。但是,古代社会的大多数成员并不具备旅游所需的财力和时间,也难以克服恶劣的交通所带来的障碍。因此,古代平民不可能经常外出旅行,更不可能仅为了消遣和娱乐而进行长途旅游,温泉浴等游乐活动只是少数人的特权。工业革命后,火车、轮船等交通工具的诞生为远距离大规模的人员流动提供了便利。社会财富的快速增长使这一时期欧美国家中的中产阶级人口迅速膨胀起来,他们对旅游的需求逐渐形成社会化规模。在此背景下,为旅游者提供便利服务的近代旅游业在欧洲应运而生。第二次世界大战后,发达国家居民的可支配收入普遍增加,私人汽车逐渐普及,民航机票价格大幅度下降。于是,越来越多的普通劳动者也加入到旅游者的行列,现代旅游得到了蓬勃发展。到了20世纪90年代,旅游度假的潮流在中国、印度半岛等经济崛起的新兴区域内表现得更为明显。

从旅游消费的发展史来看,旅游消费行为具有明显的经济属性。旅游者在旅游活动中,通过货币或实物交换来满足食、宿、行等方面的需要。与购买家庭用品不同的是,人们通常在保证日常生活开支之后,才会考虑外出度假和旅游。个人可任意支配收入①作为旅游消费者购买力的主要来源,是决定旅游消费者购买行为的关键因素。此外,旅游是一种消耗时间的活动,旅游消费者必须放弃宝贵的时间,即为了旅游而放弃其他活动和工作。大多数经济学者认为,人们之所以愿意用休闲时间来旅游,是因为旅游所花费时间的机会成本较低。如果旅游所花费时间的机会成本较高,消费者可能选择短途旅行或根本不旅行,或通过购买其他资源和服务以减少旅游所耗费的时间。比如,乘坐超高速客机、直升机、出租车,而不是等待公共汽车和使用铁路交通系统。因此,通俗地说,旅游消费行为发生的前提是“有钱、有闲、有一定的旅游动机”。对不具备充裕的可任意支配收入与时间的消费者而言,旅游消费属于“奢侈消费”。

从全世界来看,虽然进入大众旅游时代已经半个多世纪了,相当多的人能够参加国内旅游,但能够参加国际旅游的人数在世界总人口中仅占很小的比例,旅游对许多人来说仍是可望而不可即的奢侈品。即便在经济发达的西方国家,旅游度假与结婚、毕业典礼等仪式一样已成为人们生活中不可或缺的内容,旅游消费支出也主要是由社会富裕阶层支付的。但不可否认的是,随着客源地社会经济条件的发展,人们生活水平的提高,许多潜在的旅游消费需求可能会转变为实际的旅游消费需求,为旅游市场带来新的活力。据中国国家旅游局的统计数据,从1999年到2005年,“十一”黄金周旅游人数由4 000万人次快速攀升至1.11亿人次。以假日旅游为标志,我国国内旅游已经进入了大众化消费的新阶段。2004年,我国出境旅游人数达到2 885万人次,提前11年完成国家旅游局制定的“十五计划”目标。

值得注意的是,虽然旅游消费行为具有经济属性,但旅游消费行为往往不是单

① 个人可任意支配收入是指个人收入扣除税款、非税负性负担(如强制性保险)以及用于维持个人与家庭生存所必需的支出(如房租、水电开支、食物、燃料等)后的余额。

纯的经济行为,而是受社会文化背景、消费者个性和情感等因素影响的复杂的感性消费。获得心理和精神上的满足是旅游消费者普遍追求的目标。大多数旅游消费者所追求的最终利益并不是旅游产品本身,而是一个梦想、一种体验、一项活动。例如,一位旅游者花费2 000澳元(约12 000元人民币)到澳大利亚。他的希望是获得在黄金海岸沙滩上休息的机会,享受夜宿大洋路(Great Ocean Road)海景房的恬静,最终恢复健康并拥有一身古铜色皮肤。旅游消费者往往很看重在消费过程中与他人的交往和情感交流。欧美学者的研究结果表明,无论是在奢华的酒店、旅行社、航空公司,还是在旅游纪念品商店,除非旅游者可以获得较低的价格或享受更大的"自由"等利益,否则,大多数旅游者更喜欢面对面的服务,而不是自动化设备或自助服务系统。

许多旅游者希望在旅游消费中以一名普通游客的身份,把现实生活中的压力、矛盾和责任抛到一边,在不同于日常生活环境的氛围中满足好奇、审美、求知、求刺激等需要,寻求愉悦体验。但是,他们以普通游客身份所表现出的各种消费行为往往都打上了其生活情趣、个人修养、社会地位等特征的烙印。正因如此,旅游消费呈现出多样化、个性化的特点。不同旅游者对审美对象、服务和各种硬件设施的感觉各异,对旅游活动的体验也千差万别。例如,皈依穆斯林的旅游者不辞劳苦前往麦加朝拜,而无神论者却未必愿意花时间和金钱到圣地聆听神的教诲;追求时尚的年轻人蜂拥到最繁荣的都城体验现代文明,但崇尚自然的旅游者却可能认为这种地方糟透了,他们宁可到世界上最偏僻的地方去观察人生,感受天体地球的奇妙、宇宙之美。

从本质上说,旅游消费行为的基本出发点、整个过程和最终效应都是以获取精神享受为指向的。人们借助旅游来放松身心,释放压力,颐神养性,调整情绪。随着社会的发展和人们生活水平的提高,愈来愈多的旅游消费者追求旅游产品所蕴涵的时尚,从旅游的精神价值中寻求认同,以期达到对平凡生活的补偿,满足情感需求。即便在探险旅游、野外生存等"艰苦"的旅游活动中,旅游者也是希望经过这种自我考验性质的旅游,使自己的精神得以升华,焕发出新的精神面貌。此外,尽管世界上大多数旅游都是以享乐为导向的,旅游花费的是个人可自由支配时间,但是,某些旅游消费活动不可避免地与义务和职责有关,如商务旅游和出于健康需要的旅游。

综上所述,旅游消费是人们满足自己精神文化需要的一种感性消费。虽然旅游消费水平要受制于经济发展水平,但旅游者一般都不是把经济活动看成旅游消费的目的。旅游者的消费行为,反映了当时人们的文化生活方式。他们对旅游产品和服务的消费与购买,总是夹杂着感情色彩。这使得旅游消费行为,往往有别于人们的日常消费行为。旅游企业必须理解游客真正的需要,提供满足游客特定心理需求、个性化、人文化的产品和服务,才能留住游客的"心"。

第二节　旅游消费者的类型

一、旅游者的定义

随着旅游成为普通大众的消费活动，“旅游者”和“游客”也成为人们常用的词汇。为了更好地研究旅游活动，1963 年，联合国在罗马召开国际旅行和旅游会议（又称罗马会议），首次界定了国际游客[①]（international visitors）的含义。该定义将游客分为两类：旅游者（tourists）和一日游客（excursionists）。旅游者，是指为了休闲或商务活动，到一个国家逗留至少 24 小时的游客；一日游客，指除了过境旅客（transit passengers）外，为了休闲或商务活动，到一个国家逗留不超过 24 小时的游客。许多国家采纳了罗马会议对国际游客的定义，并参照这一定义界定“国内旅游者”。然而，迄今为止，人们对“旅游者”的理解仍见仁见智。由于旅游签证时间限制等原因，大多数国家对国际旅游者逗留时间的上限都做了规定，如 3 个月、半年、一年等。此外，各国对旅游者离家距离的规定也各不相同。例如，美国旅游行业协会把旅游者定义为出于除工作以外的任何目的，离家旅行超过 160 公里的人。澳大利亚工业经济局规定，凡离开惯常居住地 40 公里以上去参观另一个地方，逗留时间在 24 小时以上 12 个月以内的人均为旅游者[②]。换言之，对于“一个人究竟要离家旅行多远、多久才是旅游者”，各国政府、组织机构和专家学者仍有不少分歧。

由于旅游者是旅游活动的主体，“旅游者”的定义对衡量旅游需求、统计旅游消费的经济效应、评估旅游业发展态势非常关键。为了使各国的数据具有可比性，1991 年，世界旅游组织在渥太华召开了国际旅行和旅游统计大会，深入探讨了旅游和旅游者的含义。世界旅游组织把旅游定义为人们出于休闲、商务或其他原因，到惯常环境以外的地方逗留不超过一年，主要目的不是在访问地获取报酬的活动。“惯常环境”这个术语是指人们的常住地以及除常住地以外经常去的地方。根据这个定义，“旅游者”不完全等同于“旅行者”（如图 1－2 所示）。旅行者，指在两地间进行旅行的人，并非所有旅行者都是旅游者。旅游者，不包括因工作或学习在两地有规律往返的人。外籍劳工、在工作地点与住所间往返的通勤者、在长途交通设施上工作的人员、在家庭和学校间往返的学生等具有常规特点的流动人口均不属于旅游者之列。此外，旅游者也不同于以迁徙为目的的移民。旅游者通常在目的地暂时停留后便返回其居住地，而不是留在目的地永久居住或工作。这就意味着，一

① “国际游客”与“国际旅游者”两个概念通常可以互换使用。

② 戈尔德耐，里奇，麦金托什. 旅游业教程——旅游业原理、方法和实践（第 8 版）. 贾秀海译. 大连：大连理工大学出版社，2003. 16 ~ 17 页。

个旅游者一般是在客源地赚钱，在目的地花费。这一点对分析旅游者的消费行为及其经济贡献很重要。

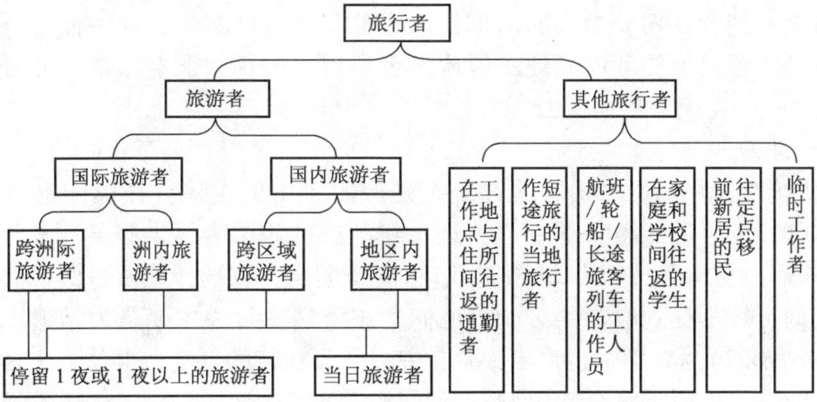

图1－2 旅游者与旅行者之间的关系

简而言之，我们可以把旅游者理解为离开惯常环境到其他国家或地方，连续停留时间不超过12个月，且旅行的主要目的不是通过所从事的活动从目的地获取报酬的人。符合这一定义的人非常多，他们当中有为出席展销会而远行的商人、探望孙子的祖父母和欢度蜜月的新婚夫妇，有小孩、青少年、单身汉、年轻夫妇和老年人，有勇于冒险的探险家、结伴出行的散客和依赖旅游企业的大众游客，等等。这些消费者在人口统计特征、生活方式、对待旅游消费的态度、心理及行为等方面都有一定的差异，呈现为许多具有不同利益诉求的消费群体。近30多年来，旅游学者们一直致力于研究如何对旅游者进行恰当的分类。旅游营销人员也在寻求在一定共性的基础上，依据市场细分原理有效界定旅游消费者类型的方法。因为，如果我们能够了解特定消费群体旅游决策的共同原因、他们共同的消费偏好、对市场营销活动的共同反应，就可以有针对性地开发出能够吸引特定消费群体的产品和服务，做出正确的定价和促销决策，选择合适的分销渠道。此外，对某些目的地和旅游产品经营者而言，某些类型的旅游消费者可能比其他类型的旅游者更具有价值。了解特定消费群体的消费规律，还有助于旅游相关管理部门预测未来旅游消费者行为的发展趋势，制定影响某类旅游者的政策。

一般来说，对旅游消费者分类的常用标准包括：根据旅游者的人口统计特征分类；根据旅游者的态度和心理特征分类；根据旅游者的行为特征分类。以下，我们分别探讨不同类型的旅游消费者的特点。

二、按人口统计特征划分旅游者类型

许多研究成果表明，不同年龄、性别、教育背景、收入和婚姻状况的旅游者有着明显不同的消费特点。例如,年轻人偏爱可以让他们亲自参与活动的旅游目的地,而年长者则喜欢既可观光又可免除舟车劳顿的旅游目的地。与年轻人相比,年长者往往更乐于参加包价旅游。因此,旅游营销工作者通常根据旅游者的人口统计特征,将旅游消费者划分为不同的群体。这种基于可度量的客观特征进行分类的方法,有助于营销工作者准确地了解旅游者所追求的消费利益。常用的分类标准包括:

(一)年龄

在传统观念中,18~30岁的青年人是旅游者中的主流。在英国甚至有名为"18~30俱乐部"的旅游企业专门为这一年龄段的旅游者提供服务。青年旅游消费者喜欢通过旅游释放压力,挑战自我,结交新朋友。在选择旅游目的地和旅游产品时,他们更容易受到时尚的影响。他们的旅游消费行为主要是为了追求自由和快乐(Carr 2002)。大学生是青年旅游者中一个较独特的低消费群体。大学生有较强的旅游动机,但由于资金的限制,他们对价格的敏感程度较高,往往选择经济划算的方式来完成他们的出游计划。尽管对舒适程度要求较低,大学生非常注重旅游过程中的体验(蒙睿等 2004)。

除了青年旅游消费者外,还有几类按年龄界定的旅游消费者:儿童和青少年旅游者、老年旅游者、中年旅游者。随着人口老龄化,年龄在55岁及55岁以上的老年旅游者呈现出逐步增长的态势。这个消费群体的人员大多已经退休,有充裕的时间,子女成家立业,经济负担较轻,因而对旅游有巨大的潜在需求。欧美学者发现,老年旅游者一般较理性,很少表现出冲动性购买行为,他们会预先为游览活动或探亲访友做好计划,详细收集信息后再付诸实践(Javalgi et al. 1999)。考虑到身体健康状况,老年旅游者通常把舒适、安全、保健放在首位。但是,受传统消费观念和生活方式的影响,中国的老年旅游者对价格的敏感程度往往又很高。有意思的是,在中国传统文化的影响下,许多老年旅游消费者并不是旅游产品和服务的真正购买者。为了让老人家的晚年生活过得更加充实,子女会全部或部分"赞助"老年旅游者的旅游费用。

儿童和青少年,也是一类重要的旅游消费者。一般情况下,家长或学校会替儿童和青少年做出最终旅游决策,但我们不可忽视儿童和青少年对家庭旅游决策的影响力。许多家庭选择旅游产品是为了满足孩子们的需要,而孩子们的需要会随着年龄的不同而有所不同。儿童对游乐场所情有独钟,青少年则倾向选择暑期露营等远离父母管制的旅游产品,希望在旅游活动中增长见识,结识新朋友,并体验"独立"和"成熟"的感觉。

与其他年龄段的旅游消费者相比,中年旅游者的消费行为较为复杂,并且在很大程度上取决于其收入、身份地位以及家庭生命周期中所处的阶段,要兼顾其他家庭成员的需要。

(二)性别

随着社会的发展和教育的普及,女性的社会经济地位明显提高,外出度假和公务旅游的人数不断增加。目前,深入探讨女性旅游消费者行为的研究成果尚不多见。一些欧美学者的研究结果表明,实际上,男性旅游者与女性旅游者的旅游动机没有显著的差别,但女性旅游者更希望获得生理和情感上的放松,逃避日常生活的喧嚣和乏味。与男性相比较,女性旅游者更愿意选购手工艺品、礼物和纪念品。购物是一种能够给女士带来快乐、刺激和新奇感的活动,对于各个年龄段的女性都有强烈的吸引力。在我国,中老年妇女还是宗教圣地的忠实游客,她们乐于到心中的圣地许愿和还愿(蔡洁,赵毅 2005)。相比较而言,男性旅游者偏爱打高尔夫球等运动量较大的活动。此外,女性旅游者通常选择与家人或朋友结伴出行,或参加旅行团,以避免不必要的麻烦。

(三)教育程度

一般来说,人们受教育程度越高就越可能去旅行。受教育程度较高的旅游者,对旅游审美的要求较高,并希望能参加有文化特色的活动;受教育程度较低的旅游者,则希望能在旅游目的地尝试日常生活中没有的新奇活动。旅游企业通常根据游客的学力对旅游者进行分类,把受过良好教育的群体视为重要文化景区或具有人文特色的节庆活动的目标顾客。

(四)收入和富裕程度

不同收入层次的消费者,在旅游消费行为上存在明显差异。收入高的旅游消费者支付能力较强。超富裕阶层和高收入阶层,是昂贵旅游产品的主要消费者。普通收入阶层或工薪阶层,花上万元到欧洲或马尔代夫旅游的可能性比较少,但他们很可能到城市周边地区游憩。

欧美学者认为,人们越富裕就越愿意出游,旅游经验就越丰富,旅游经验越丰富的人也越乐于旅游;而且随着旅游者富裕程度的不断提高和旅游经历的不断丰富,他们会更具冒险精神、更加自信。英国亨利研究中心(Henley Research Centre)的研究人员根据旅游者的富裕程度和旅游经验将外出度假的旅游者分为四个级别:

(1)"透明罩"下的旅游者,即富裕程度较低,欠缺旅游经验,处于国际旅游的初级阶段的旅游者。他们到国外旅游的主要动机之一是好奇。对他们而言,传统的"组团式"包价旅游是理想的选择。这样,他们可以有机会一睹异邦风采,又可免遭异国他乡不同的生活方式所带来的困扰。

(2)追求理想化体验的旅游者。这类旅游者富裕程度稍高,且具有一定的出国旅游经验。以往的旅游经验坚定了他们出游的信心。与"透明罩"下的旅游者相比较,他们更乐于选择自主性、灵活性较强的旅游活动,并乐于到文化差异较大或地域较远的目的地去度假。

(3)旨在增长见闻的旅游者。当人们在富裕程度有了大幅提高且旅游经验日益丰富后,就有足够的信心去体验各种不同的文化氛围,按照自己的意愿展开范围更广的旅行。

(4)完全沉浸其中的旅游者。这类旅游者几乎超越了我们通常所了解的旅游者。他们不再满足于以游客的身份感受外国文化,而是要像当地人一样创造文化体验,完全融入当地的文化、传统和生活之中。

简而言之,不同富裕程度的旅游消费者有不同的旅游动机,随着他们旅游经验的日渐丰富,他们对旅游目的地和旅游产品的需求也逐步发生变化。

(五)国籍或居住地域

由于旅游是人们离开惯常生活环境到另一个地区展开的活动,旅游者的居住地对他们的旅游消费行为有巨大的影响。例如,在选择旅游目的地时,居住在寒冷地区的人喜欢到气候温和的地区旅游;城市居民喜欢前往乡村度假;英国、法国、西班牙和葡萄牙的居民习惯到他们以前的殖民地度假;拥有众多国内旅游景点的美国人和法国人偏爱国内旅游,而德国人则乐于出国尝试新体验。因此,在旅游企业,尤其是跨国旅游企业,通常依据地理因素对旅游者分类,开发旅游线路和航线。

三、按心理特征划分旅游者类型

根据营销学的观点,人们的价值观念、态度、生活方式、兴趣和个性都是决定消费者行为的因素。许多学者探讨了消费者的心理特征与其购买具体产品的动机之间的关系。这些研究成果在时装、香水、汽车等行业产生了广泛的影响。在旅游业,依据旅游者的心理特征进行分类也被视为研究旅游消费者行为的有用工具。研究人员发现,不同生活方式和个性的消费者往往购买不同类型的旅游产品,具有某些心理特征的人比其他人更喜好旅游。例如,性格外向的游客喜欢阳光、沙滩和海水;蹦极和过山车的消费者主要是寻求刺激的旅游者;农场和温泉度假地能够吸引那些向往健康生活方式的消费者。按心理特征划分旅游者类型有助于揭示人口统计特征所不能解释的消费规律,为市场细分、广告诉求和媒体选择提供有价值的信息。美国学者普洛格(Stanley. C. Plog)为这个领域的研究奠定了基础。

1974年,普洛格提出了多中心—心理中心(allocentrism-psychocentrism)模型。他依据美国旅游者的个性特点,把旅游者分为心理中心型旅游者和多中心型旅游者,以解释不同个性类型旅游者对旅游目的地的偏好。多中心型旅游者性格外向,在度假时喜欢冒险和刺激,乐于尝试新鲜事物,参加各种不同的活动。他们喜欢自行安排旅程,前往充满异国情调的、较偏远的目的地。他们喜欢在当地居民家中寄膳,学习当地文化或观察当地动植物,融入到当地的文化中。但是,他们很少故地重游。

心理中心型旅行者性格内向，比较关注生活琐事，厌恶不熟悉的环境和冒险。他们往往对旅行怀有不确定和不安全感，一般参加旅行社包办的旅行，到熟悉的目的地或非常流行的旅游胜地度假。这类旅游者可能会多次到他们熟知的同一个目的地重游。

普洛格发现大多数人既不是多中心型，也不是心理中心型，而是介于这两类极端人群之间的"中庸型"。"中庸型"旅游者有一定的冒险精神，但又追求家一样的舒适环境。他们可能会选择多中心型旅游者从前"发现"的、遥远但已成名的旅游目的地，在舒适和新奇之间寻求平衡。

虽然普洛格的理论浅显易懂，且受到广泛称赞，但有些学者对其提出质疑。比如说，旅游者在不同情况下对目的地偏好会发生变化。许多度假者在冬天选择有异域情调的滑雪目的地，但在其他时间却爱到熟悉的目的地度假。人们在年轻时可能属于多中心型旅游者，但在养育子女后却趋向中庸型旅游者。在这些情况下，普洛格假设的个性类型与目的地偏好之间的对应关系站不住脚。的确，心理特征标准不像年龄等标准那么容易界定和度量。要根据心理特征区分旅游者的类型并把握其相应的消费行为，在实际操作中可能会遇到不少困难。

四、按行为特征划分旅游者类型

按行为特征划分旅游者类型，通常指根据旅游者的出游方式、旅游范围、逗留时间、旅游习惯、旅游目的、旅游行为的效应等标准对旅游者分类。此外，旅游企业还会根据旅游者对旅游产品的使用状况、购买频率及忠诚度，将旅游消费者分为不同的群体。

（一）国内旅游者和国际旅游者

根据旅游的范围分类，旅游者可分为国内旅游者和国际旅游者。根据世界旅游组织的定义，国内旅游指"居住在一个国家（不论国籍）的任何人到其居住国国内其他地方进行为期不超过一年的旅行，旅行的主要目的不是为了从所访问的地区获取报酬"；国际旅游指旅游者离开常住地，到其他国家旅游，体现为非本国居民的入境旅游和本国居民的出境旅游。旅游目的地政府往往比较重视统计非本国居民入境旅游的人次及消费情况。

在大多数国家中，国内旅游者在总人数和总消费额上都超过国际旅游者。但是，国内旅游者不涉及货币兑换、签证、语言等问题；而且，在某些领域国内旅游者消费行为与普通居民的消费行为没有明显的区别。因此，要全面收集国内旅游者消费行为的数据，反而是一件比较困难的事情。

（二）当日旅游者与过夜旅游者

根据旅游者在目的地的逗留时间，旅游者可分为当日旅游者与过夜旅游者。

在传统观念上，人们往往认为在目的地接待设施内至少停留一夜的游客才能称为旅游者。但是，随着交通技术的进步，很多旅游活动都可以在当天完成。例如，马来西亚人到新加坡的购物旅游。国际上日益达成共识，旅游者不仅包括过夜旅游者，还包括一日游旅游者。一日游旅游者在选择旅游活动时，较容易受天气、心情等情境因素的影响。他们通常以汽车为交通工具，在居住地附近作短途旅游。此外，他们往往大量使用休闲购物设施，是餐饮服务、食品和饮料的主要消费者。联合国在1994年开展的一项调查结果表明，一日游旅游者对一些国家越来越重要，他们的消费活动对旅游景点、交通运营商、餐饮服务部门等旅游供应商的重要性也在不断提高。

（三）商务旅游者与非商务旅游者

根据旅游目的，把旅游者分为商务旅游者和非商务旅游者是最常见的一种分类方法。这两类旅游者在消费行为上有较大差别。

1. 商务旅游者

商务旅游，是最古老的旅游形式之一。最典型的例子就是古代的“丝绸之路”。中国商人们组建庞大的商队，在武装人员护送下将货物运到敦煌等处，出售给中亚商人，再由他们将货物辗转运往波斯、叙利亚和希腊地区的各个城市。现代的商旅活动不仅限于运输和销售商品，还包括进行商业谈判、参加会议、参观贸易展览会、承办产品发布会、提供培训课程、为客户解决问题，等等。

现代商务旅游者的特殊性，在于他们是旅游产品的消费者、服务的使用者，但是他们本身并不支付旅行的费用；商务旅游者的雇主才是产品的真正顾客，他们是购买者。商务旅游者的出游目的是完成雇主分派的工作任务。他们的旅游目的地、出行方式和出行时间，主要取决于雇主的业务需要。对雇主而言，时间就是金钱。为了把握商机，商务旅游者的旅行效率和便利程度往往比旅游产品和服务的价格更为重要。因此，商务旅游者往往属于高消费群体。

但是，当商务旅游者携带家属出行时，或商务旅游者利用工作完成后的时间消遣休闲、探亲访友或处理其他个人事务，商务旅游者与非商务旅游者之间的界限就变得模糊了。

2. 非商务旅游者

非商务旅游者的构成比较复杂，可以进一步按出行目的分为探亲访友型旅游者、消遣享乐型旅游者、个人事务型旅游者等。

（1）探亲访友型旅游者。探亲访友旅游也是一种传统的旅游类型。随着时间的流逝，家庭成员想相互见面是非常自然的事情，朋友之间也是如此。在中东地区和一些东南亚国家，家庭规模普遍较大，探亲访友型旅游者也相应较多。最近几十年间，越来越多的家庭和个人为了改善经济状况而移民，这在一定程度上促使他们的亲戚朋友为探望他们而踏上旅途。此外，休闲时间增多、交通系统和住房条件不断完善,也给人们探亲访友提供了便利。

由于这类旅游者主要是国内旅游者,而且通常并不使用商业化的住宿接待设施,因此,我们很难准确地衡量这个群体的规模,研究他们的消费行为。但是,他们对交通运输部门和游览参观经营部门服务的需求是毋庸置疑的。出于家庭责任和社交礼仪,被访的亲戚和朋友会觉得有义务带着他们出去参观游览。对于低收入者而言,探亲访友旅游的确是一个比较经济的选择。

(2)消遣享乐型旅游者。消遣享乐型旅游者的队伍,是在现代社会迅速壮大起来的。对消遣享乐型旅游者而言,重要的是旅游带来的心理上和生理上的愉悦体验以及社会交往。传统的消遣享乐旅游就是到有大海、阳光、沙滩的地方休闲度假,放松身心。近年来,旅游者消遣享乐的方式越来越多样化,包括参观文化遗产性的旅游资源和旅游目的地;参加旅游目的地的传统节庆活动;尝试和享受旅游目的地的食物和美酒;观看体育赛事,或亲自参加潜水、舢板、高尔夫球等体育运动,以步行、攀岩等方式度假观光;参观主题公园,获取独特的旅游体验,等等。消遣享乐型旅游者往往会与志同道合者,提前做好旅游计划,合理地安排出游路线、目的地和旅游方式,尽量获得更大的消费价值。

在大众旅游时代,人们已经普遍接受消遣享乐的旅游活动。但是,一些消遣享乐旅游者因为对旅游目的地的环境和社会造成负面影响,而遭到人们的批评。例如,高尔夫球运动占用了很多有价值的绿地,攀岩对岩体造成侵蚀,旅游者的酗酒、斗殴、赌博行为对当地社群起了负面的示范作用。

(3)个人事务型旅游者。个人事务型旅游者往往不是单纯为了游玩而出游,他们希望借旅游处理一些个人事务。例如,出于对宗教的虔诚而到有宗教意义的地方膜拜,参加宗教性的典礼;出于健康的考虑,前往被公认为在某个医疗领域领先的医院求医,到农庄、温泉度假地、疗养院等地调养身心;到文化中心修学,欣赏杰出的艺术作品、著名的建筑,学习更多的语言和文化,等等。当今,购物也成为不少个人事务旅游者出游的主要活动之一。香港、利物浦等地都在不断营造购物天堂的形象,刺激这类旅游者造访。

(四)以旅游者的行为方式分类

著名的社会学家科恩(E. Cohen)对旅游体验曾做过独特的概括:"旅游体验是一点新奇加上一点似曾相识,是由熟悉的安全感和变化的刺激感混合而成的产物。"1972 年,他提出了将旅游者划分为四种基本类型的方法。这四类旅游者分别是:

(1)有组织的大众旅游者。这类旅游者喜欢参加由旅行社组织的包价旅游,按事先安排好的行程,与一大群旅游者一起前往著名的旅游目的地旅游。他们通常不会远离预先设定的游玩和住宿地点。

(2)以散客形式出游的大众旅游者。与有组织的大众旅游者相比,这类旅游者希望拥有更多的独立自主权和自由。他们通常购买较为松散的包价旅游产品，例如先坐飞机，再自驾车度假。他们期望在旅途中获得一些新奇的经历，但他们仍然遵循旅游行业的惯例。

(3)探险者。他们自己安排旅行活动，探索新领域，避免与其他成群结队的旅游者同行。他们的目的是同旅游目的地的居民交流，并享受舒适、安全的膳宿。

(4)漫游者。他们事先并不安排行程，而是随机性地选择目的地和住宿设施，而且尽可能不使用旅游行业提供的服务，也不讲求旅途舒适。

科恩认为，前面两类旅游者涉及有组织的旅游行业，因而可称为规范化的旅游者；后两类非规范化的旅游者则是不依赖旅游行业，探索新的旅游目的地的先锋。对航空公司、旅行社等旅游企业而言，有组织的大众旅游者是主要顾客，散客大众旅游者的价格敏感度较高，但针对他们特殊需求提供的个性化产品往往能赢得他们的青睐。

五、对旅游者分类方法的评价及应用

以上我们介绍了划分旅游者类型的常用方法。这些分类方法有助于研究人员和旅游营销人员了解不同类型旅游者的消费心理和消费行为，但我们在应用这些方法时要注意以下三个问题：

第一，现有的许多分类方法，都是欧美学者在多年前针对欧洲和美国旅游者提出来的。这些分类方法是否适用于亚洲、非洲等地区的旅游消费者，仍是有待探讨的问题。此外，近年来，随着社会、经济、政治、科技的变化，人们的旅游消费行为发生了许多变化。普洛格、科恩等学者早期提出的分类方法可能难以解释当前旅游消费者的人口统计特征、心理特征与他们的旅游行为之间的对应关系。

第二，旅游者所属的类型并非一成不变。随着时间的变化，旅游消费者的健康、收入、家庭和工作状况等因素都会发生改变，甚至其个性类型也可能变化，进而影响他们的旅游偏好及旅游决策。我们不应刻板地把旅游者定位为某种类型，而应动态地分析他们的消费者行为。

第三，旅游企业在划分旅游者类型时，应选择适合本部门特色的分类标准，并加以综合运用。比如，航空公司可综合使用旅行目的（商务、度假消遣、探亲访友等）和旅行的距离（长途或短途旅行）两种分类标准，了解特定航线的主要顾客类型。人文旅游景区可综合使用旅游参观者的组织形式（个人、家人或朋友结伴、旅行团）、参观游览的目的（修学、购物、健身等）、前往景区的交通方式（自驾车、使用公共交通系统）等三种分类标准，了解在特定时间内谁是其目标顾客群体。只有当分类方案有助于企业识别潜在顾客、理解顾客的需要时，对旅游消费者分类才有意义。

第三节 旅游产品及其特性

一、旅游产品

作为旅游消费的客体，旅游产品的类型非常多，既有飞机航班服务、住宿服务、观光服务等单项旅游产品，也有将航空、铁路、饭店、旅游景点和娱乐场所等企业提供的若干种互补性单项旅游产品组合起来，较全面地满足旅游者一次旅游活动需要的包价旅游产品。比如，在本章案例 1 - 1 中，学院国际旅行社向诺斯收取了 2.252 万美元，为诺斯祖孙四人提供一揽子服务，包括制定游览线路，安排在中国境内下榻的宾馆，订购航班机票、游船船票和景区门票，沿途为他们提供帮助并为他们订餐。在中国之旅中，诺斯祖孙除了购买旅行社的包价旅游产品外，还另行购买了从华盛顿至北京以及从上海回华盛顿的飞机票。

根据旅游产品的表现形式，旅游产品还可以分为服务形式的旅游产品、实物形式的旅游产品和两者相结合的旅游产品。尽管种类繁多，但几乎所有的旅游产品里都包含服务成分，而且，服务不是旅游产品的附加部分，而是核心部分。对旅游消费者而言，同一型号的飞机上的座位都差不多，同样价位的宾馆客房在大小和舒适度上也很接近。但是，飞行员、空乘人员、导游人员、宾馆经理、前台人员、行李员、客房服务人员等人的活动，却令这些看似差不多的旅游产品各具特色，使旅游消费者获得他们期待的体验和消费价值。因此，从本质上说，旅游产品是一种服务。许多旅游消费者正是依据他们感觉中的服务质量，区分不同企业所提供的旅游产品，做出购买特定旅游产品的决策。旅游企业必须重视旅游消费者对旅游服务的期望，提高旅游消费者的满意程度，否则旅游产品将缺乏吸引力。

二、旅游产品的特性

与大多数产品相比较，旅游产品具有无形性、生产与消费的同时性、差异性、不可储存性、互补性、所有权的不可转移性等特性。每个特性都会影响旅游消费者的消费行为。

（一）无形性

无形性，是旅游产品最明显的特性。当诺斯祖孙返回华盛顿时，他们在整个中国之旅的有形收获只有一个手工制作的美猴王面人、一打双面绣贺卡、几条精美的丝巾，以及旅行社寄来的介绍旅游线路和下榻酒店的资料、相册、旅游日志和旅行包。诺斯祖孙在这次旅游中共花费了两万多美元，并没有换回多少可向他人展示的东西，但他们仍感到钱花得非常值得。他们觉得在整个旅程中享受到了皇室成员般的待遇。沿途下榻的宾馆热忱欢迎他们到访，餐厅为他们预留餐位，并为他们提供快捷的服务。导游、空乘人员和游船上的乘务人员不仅完成了他们的本职工作,还表现出友善和乐于助人的品质。当罗莎掉了牙线时,旅行社员工很快帮罗莎联系了牙医。在游大运河和黄浦江时,乘务员特意为活泼好动的里查德安排了靠窗口的座位。经历了14天的旅程,他们非但没有感到疲惫,反而觉得精力充沛,除了游览未曾见过的文化古迹、欣赏东方特色的艺术表演、感受中国本土文化之外,还结交了许多新朋友。

从诺斯祖孙的旅程来看,旅游产品大多是无形的。旅游者在购买旅游产品之前,往往无法看见、听见、品尝、触摸、嗅闻旅游产品。当旅游者购买旅游产品时,他购买的是旅游带来的体验,包括乘飞机飞行、夜宿宾馆、参观博物馆、欣赏戏剧表演、坐游船游览、观赏名山大川、在俱乐部娱乐休闲等。旅游者在接受服务后,就只能把这些体验留存在记忆中,供日后回味,而无法获得物质所有权。有时,旅游者甚至很难察觉出消费旅游产品的好处,或是要过一段时间后才能感觉到无形服务带来的消费价值。

虽然很多旅游产品需要利用有形的实物才能完成服务程序,但是,诸如飞机上的座位、宾馆的床位、餐馆的食物等有形物体是用来辅助创造旅游体验的,它们不是旅游者所追求的目标。旅游者希望得到的是快乐、兴奋、轻松等无形收益,购买有形产品只是打开旅游体验的“敲门砖”。

(二)生产和消费的不可分离性

大多数旅游产品是在相同地方同时生产和销售的。旅游企业为旅游者提供服务时,也正是旅游者消费服务的时刻,两者在时间上不可分离。例如,当飞机飞行时,乘客同时消费飞行服务;当宾馆客房出售给旅客过夜时,旅客同时使用该宾馆客房。由于旅游产品的生产和消费不可分离,旅游企业往往将生产、零售和消费场所融为一体。旅游者必须到特定的场所(如旅馆、景区、机场),与旅游企业员工合作,积极地参与服务过程,或直接参与服务,才能享受旅游产品的使用价值。

如图1-3所示,在大多数旅游产品的生产体系中,消费者可以看到某些组成成分,无法看到另一些组成成分。消费者可见部分称作前台服务操作体系,消费者无法看见的部分称为后台服务辅助体系,如饭店的厨房或客房清洗部等。前台服务操作体系由硬件设施(或自然环境)和服务人员两部分组成。由于旅游产品的生产和消费是同时进行的,这意味着前台服务操作体系中所有员工的行为和态度都可能对旅游者的消费体验产生影响。如果旅游企业员工粗鲁无礼、粗心大意或不修边幅,将会影响到顾客对旅游产品的评价,甚至破坏顾客的消费体验,使顾客决定从此不再购买此产品。此外,旅游消费者在消费旅游产品时,还会受到其他顾客的影响。例如,随团旅行的消费者可能会因为团友缺乏时间观念、举止失礼,而感到如鲠在喉,如沙在眼;在饭店就餐的消费者可能会由于其他顾客的高音大嗓而大倒胃口。这要求旅游企业不仅要加强员工服务行为的管理,还要加强顾客消费行为的管理工作,防止某一顾客的某种行为引起其他顾客的反感。

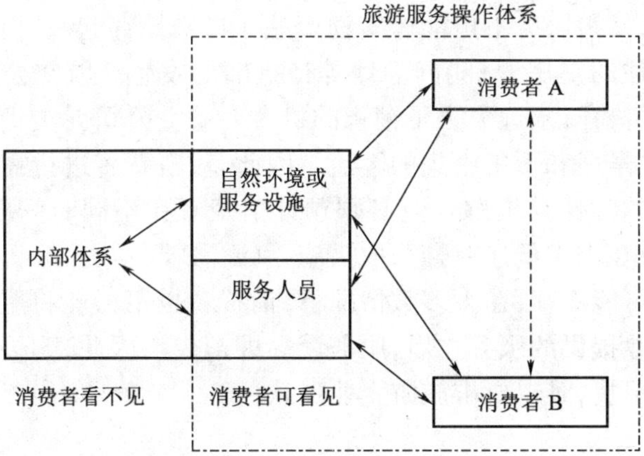

图1-3 旅游产品的生产系统

(三)差异性

差异性,是指旅游产品的构成成分及其质量水平有变化的潜在可能,很难统一界定。大多数旅游产品都包含服务成分,而旅游服务的核心是"人",这就给旅游产品的生产带来了不确定性。虽然旅游企业可以明确规定服务人员在某种服务场合的行为标准,但管理人员很难预料具有不同工作经验、性格特点、工作态度的服务人员在这一服务场合的实际行为表现。此外,面对面服务是一种情感密集型劳动,很容易受情境因素的影响。在不同情境下,即便是同一服务人员提供的服务也不可能完全相同。因此,旅游企业往往不容易制定和执行服务标准,很难保证为顾客提供的服务始终如一。

另一方面,旅游产品的优劣不仅与服务人员的服务态度和能力有关,也和旅游消费者有关。由于旅游消费者直接参与服务的生产和消费过程,旅游消费者的知识、消费经验、合作程度、兴趣偏好不同,服务的质量和效果也有所不同。同样的服务对某些消费者而言是优质服务,对其他消费者而言却可能是劣质服务。例如,宾馆前台服务员向一位老年旅客详细介绍了宾馆的各种服务设施和服务项目。前台服务员热情周到的服务态度给老年旅客留下深刻的印象。但排在老年旅客后面等待入住的商务旅客却希望服务员提高服务效率,以便他尽快办好登记手续,然后赶赴一个重要的公务约会。在他看来,前台服务员服务速度过慢,实在是"令人难忘"。

由于上述因素,旅游企业无法完全控制生产过程,很难保证其营销的服务就是实际的服务,旅游消费者也无法肯定他们购买的服务就是他们实际接受的服务。

因此,旅游产品的差异性往往意味着消费者要承担购买风险。

（四）不可储存性

旅游产品的第四个特点是容易消失,不可储存。服务的无形性以及生产与消费的不可分离性,使得服务不可能像实物产品一样被储存起来,以备未来出售。饭店里没有旅客入住的空房,只能静静地等待折旧的发生。航空公司过期未售出的机票,就像烂苹果一样,永远失去了销售的机会。航空公司无法把夜间航班上的剩余空位,留待应付早晨和下午密集的客流。因此,对消费者进行需求管理是旅游企业一项极为重要的工作。旅游企业必须预计消费者在不同时间段的需求量,以便调整生产能力,或在需求低迷时期采取措施,刺激需求。

由于服务不可能库存,在大多数情况下,消费者也不可能将服务携带回家。消费者在接受了企业提供的服务之后,服务就立即消失。因此,购买劣质旅游产品的消费者通常无法退货,难以要求旅游企业退款。

（五）互补性

旅游是由食、住、行、娱、游等活动构成的。旅游者在整个旅游过程中仅购买单项旅游产品的情况极为少见。一般来说,旅游者需要的是由多个旅游企业的产品组合而成的"旅游产品包"。例如,旨在快速高效完成旅行的商务旅游者除了购买飞机票之外,还要消费出租车交通服务、餐厅的膳食和宾馆提供的住宿服务。消费者对一个旅游产品的购买行为,会引起一连串的旅游购买行为。因此,影响一个旅游产品的因素往往会产生一连串的反应,影响其他旅游产品。如果一个温泉胜地由盛转衰,那么光顾温泉胜地附近餐馆和商店的旅游者也会减少,开往温泉胜地的航班的生意也会遭殃。虽然这些旅游产品可能属于不同的企业,但它们之间却紧密地联系在一起。旅游产品的这种密切关系被称为互补性。

鉴于旅游单项产品在功能上的互补性,越来越多旅游企业联合起来开展营销活动。例如,航空公司和宾馆推出的旅游常客计划,飞行里数达到足够积分的旅客,就可以享受特定连锁宾馆提供的打折待遇;反之,经常惠顾特定连锁宾馆的旅客,就可享受机票打折优惠。此外,许多旅游企业根据旅游者的消费需要,将航空、铁路、饭店、旅游景点和娱乐场所等企业的单项旅游产品组合起来,形成包价旅游产品。缺乏旅游知识的旅游者,通常愿意一次性购买组合的包价旅游产品,以获得"梦境"一样美妙的旅游体验。然而,提供包价服务的旅游企业不要忽略了自己的竞争对手恰恰正是旅游者。随着旅游知识的积累,旅游者可能会分别针对行程所需的各个互补性单项旅游产品做出决策,自行提供旅游产品的组合服务,而不再把整个行程视作一个旅游产品。以学院国际旅行社为诺斯祖孙提供的包价旅游产品为例,14 天的行程报价每位成人 6 280 美元(不含从美国往返中国的飞机票)。实际上,中国境内的景区、酒店、餐饮、客运等相关旅游企业从中获得的收益约占三分之一。许多外国游客以为到中国游玩的花费非常高昂,到达中国后才发现中国旅游产品的价格并不高。海外旅行商通过设计旅游产品组合和提供优质服务,赚取了丰厚的收益。随着旅游者对中国熟悉程度的增加,他们可能会自行将各项互补性的旅游产品组合起来,设计自己的旅游路线。

(六)所有权的不可转移性

所有权的不可转移性,是指大多数旅游产品在生产和消费过程中,不涉及任何所有权的转移。旅游消费者只有在购买服务的时候,才可以参与活动或使用设施。交易结束之后,旅游消费者获得了一段消费经历,也可以继续享受服务的效果,但他们却并不拥有实物产品的所有权。比如,乘飞机之后,旅客从一个地方被运送到另一个地方,而此时旅客手里除了握有机票和登机牌之外,不再拥有任何东西;同时,航空公司也没有把任何东西的所有权转让给旅客。旅游产品通常只会带给消费者心理和生理上的感受,这就意味着在旅游产品的购买当中,情感因素举足轻重。营销人员必须设法减少旅游消费者感觉中的购买风险,才能促进旅游产品的销售。

三、旅游产品的特性对旅游消费者的影响

美国经济学家达比(Michael R. Darby)和卡涅(Edi Karni)认为产品有三类属性:搜查性属性(search attributes)、体验性属性(experience attributes)和信誉性属性(credence attributes)。搜查性属性指消费者在购买之前就可确定的属性,如产品的款式、颜色、价格、硬度、触觉、气味等。体验性属性指消费者在购买之后或在消费过程中才能感觉的属性,如食品的口感、产品的耐用性等。以信誉性属性为主的产品,是指消费者由于缺乏相关知识而无法判断其质量,甚至无法判断自己是否必须购买和消费的产品,如法律服务、外科手术、汽车修理服务等。

由于休闲度假、餐厅服务、客运服务等旅游产品具有无形性、差异性、生产和消费同时性等特点,旅游者在购买和消费之前难以了解或评估这些产品的大部分属性,尤其是旅游者在参加跨国旅游或跨文化旅游活动时,评估旅游产品的难度就更大了。虽然如此,大多数旅游者在消费了旅游产品和服务后,还是能够判断和评估其服务质量的。因此,体验性属性在旅游产品和服务中占支配地位,消费者评估旅游产品的过程和评估其他产品的过程必然存在一些区别。旅游产品特性对旅游消费者的影响体现在以下几方面:

(一)旅游消费者感觉中的购买风险偏高,缺乏安全感

消费者在购买产品和服务时,都会面临一定程度的购买风险。但是,旅游产品的无形性、生产与消费的不可分离性、差异性、不可储存性以及所有权的不可转移性,使旅游消费者感到购买决策存在较大的不确定性。

第一,在绝大多数情况下,消费者在购买旅游产品之前,无法看见、听见、品尝、触摸、嗅闻旅游产品,无法通过试用旅游产品来判断产品的优劣,无法肯定他们付

款后得到的服务是否与旅游企业的描述一致。如果消费者从未购买过这种旅游产品,就只能根据他人的知识和经验,或根据旅游企业的广告宣传和承诺,来判断这种旅游产品的质量,决定是否购买。许多研究结果表明,信息量少且信息质量差,消费者感觉中的购买风险就会增大。

第二,由于服务质量不一致,即使消费者曾经购买过某种旅游服务,他们再次购买这种服务时,也无法肯定是否能得到同样的服务。因此,消费者感觉中的风险就较大。

第三,除少数例外,一旦消费者参加了旅游活动,即使感觉很失望,也难以退货。旅游企业通常不实行"保用、保修、保退",因此,旅游消费者在购买服务时感受到较大的风险。当他们在购买价格不菲的包价旅游产品时,这种感觉尤为明显。

(二)旅游消费者在消费过程中夹杂着感情因素

旅游消费者在旅游消费中往往不是完全理性的,而是牵扯一定的感情因素。

第一,对大多数消费者而言,旅游产品并非普通的生活必需品,而是价格较高且不经常购买的复杂型产品。如果消费者没有把钱花在度假产品上,他们可能会考虑购买汽车、房子等主要商品。但是,旅游可以带来无法用金钱衡量的收益,享受度假旅行可以逃避日常工作环境,给沉闷的生活增添色彩和美感,重新振奋疲惫的精神。所以,大多数消费者都会把旅游视为生活中比较重要的事情。

第二,消费者购买旅游产品,通常有助于满足他们社交、自尊、自我实现等较高层次的需要,比如,让孩子增广见闻,挽救濒临死亡的婚姻,结识新朋友等。因此,他们往往在情感上赋予旅游产品较高的期望,在购买决策中考虑关系亲密的亲友的意见,甚至做出妥协。

此外,许多旅游产品是一种行为而非物件,不像商品那样可触摸、可看见,而是靠体验来感知,因此消费者对旅游产品判断的主观性要大于客观性。

(三)旅游消费者的投入程度较高,购买过程复杂

旅游消费者把大量金钱花费在某种他们购买前看不见、也无法评估的旅游产品之上。一旦旅行搞砸了,所造成的机会成本是无法弥补和挽回的。旅游消费者很难有额外的金钱和时间重新再来一次。因此,旅游消费者往往会对整个购买过程发生浓厚的兴趣,并且积极地参与其中。明智的旅游消费者会设法广泛收集信息,寻找值得信赖的旅游供应商,减少购买决策的风险。但是,旅游产品的体验性属性给旅游者在购买前收集信息增加了难度,使旅游产品的购买过程变得非常复杂:

第一,由于在购买之前,消费者无法充分评估旅游产品的体验性属性,消费者会根据售价和旅游企业的有形证据(如旅游企业的装潢、服务设备、服务人员、宣传册、旅游活动的录像带等),评估旅游产品和服务的质量。此外,旅游消费者可能会挑选第一个可能满足自己需要的旅游企业,而不会先考虑和比较所有同类旅游企

业,再做出自己的选择。

第二,消费者在购买旅游产品的过程中很容易受到其他个人、群体、组织以及媒体的影响。旅游消费者可从私人信息来源(如亲友和专家)和非私人信息来源(如大众传播媒介和选择性传播媒介)获得旅游吸引物和旅游服务的信息。与大众传播媒介和选择性传播媒介相比较而言,旅游消费者向亲友或专家了解旅游产品的情况,通过想象他人的经历,可获得较多的体验性属性信息。此外,口头宣传等私人信息来源较少偏见,比较可信。因此,为了减少购买决策风险,旅游消费者在做出最后的选择决策之前,往往会积极收集亲友或专家的意见,并会根据他人的消费经验想象出一个理想化剧本,形成自己的消费期望。

第三,绝大多数的消费者在购买旅游产品时会提前花费较长的时间进行决策,而且他们在购买过程的不同阶段可能会表现出不同的行为方式。例如,对于不熟悉的旅游产品,他们在拿定主意之前可能像"逛街"一样慢挑细选,在决策后却非常积极活跃地参与购买过程。在做出购买决策前,旅游者通常会设想他们在旅游期间想做什么。这些想法可能会随着时间和旅游消费者所掌握信息量的增加而发生变化。有时,他们在决策过程中的想法与真正享用旅游产品时的想法甚至截然不同。

第四,根据消费者购买决策中的"认知不一致模式",在不易收集信息、消费者高度投入并且认为可供选择的各种品牌并没有多少差别的情况下,消费者可能会先购买,然后形成态度,最后产生信念,获得有关知识。这种决策在消费者选购旅游产品时经常发生。旅游消费者通常抱着求新求异的心态购买某种旅游产品,到陌生的目的地游玩,亲身体验消费经历后,形成对该产品的态度。为了证明自己的选择是正确的,旅游消费者会在购后进一步收集信息,进一步了解这种产品和服务,而不是在购买前先收集好信息,做出判断选择。

综上所述,旅游消费行为是一种特殊的消费行为,这在很大程度上是由旅游者消费的对象——旅游产品的特点决定的。旅游消费者对旅游产品的购买和评价过程往往要比购买日常用品和日常服务的过程复杂。消费者购买日常用品和服务的行为模式比较机械,规律性强。这是因为在熟悉的环境中,人们经常机械地与他人打交道,在交往时不注意细节,事后更难回忆清楚,即处于"无意识状态"。只有当消费经历偏离常规时,消费者才会从无意识状态中猛然醒来,设法找出产生差异的原因并进行评估。但是,旅游通常发生在陌生的环境中,而且旅游产品通常是以体验性属性为主的、无形的昂贵消费品,所以,旅游消费者会积极地收集相关信息,对旅游产品和服务做出评价。与购买日用品相比较,旅游消费者会高度投入,以便减少购买风险,尽可能地满足审美等方面的情感需要。此外,他们会更重视购后评估,以便积累对旅游产品体验属性的认识。由此,旅游消费者的行为模式会更复杂多变,也更难预测。

案例1－2 背包客

背包客(backpacker),顾名思义就是背着背包旅行的人。近年来,背包客成为国际旅游中迅速增长的新一代。美国、英国、新西兰、德国、澳大利亚、日本等发达国家的许多年轻人纷纷加入到背包旅游的行列,穿着牛仔服,背着巨大的背包,在世界各国周游。在我国,背包旅游在年轻人中也逐渐流行起来。由于他们往往拥有较长的假期,逗留的时间比一般人旅游度假的时间长,并且乐于探访一些远程的旅游目的地。不论国籍如何,背包旅游者的行为都非常相似:

(1)与主流的大众观光客不同,他们一般不随团,偏好选择价格经济的住宿和交通设备,自行规划富有弹性的行程,注重与当地人及其他旅游者的互动而不是正式的娱乐活动(Loker-Murphy,Pearce 1995)。

(2)背包客通常只购买单项的旅游产品而不是包价旅游产品。简单地讲,就是吃、住、行、游、购、娱,基本上全由自己操办。他们抱着把旅游花费降到最少的愿望,兴高采烈地从旅游手册里研究怎么省钱的法子,在那些令人疲倦的旅行路线上享受自然、简朴生活的快乐。

(3)背包旅游者有他们自己的旅游媒质。他们经常在网络上分享选购户外旅游装备的知识、旅游经历和心得,阅读相同的旅游指南,因而通常住在相同的旅游住宿设施中,游览同样的旅游吸引物。

尽管背包旅游在整个世界范围内不断增长,然而,对于旅游企业来说,这个市场似乎并没有什么前景。毕竟,在现代社会中绝大多数有职业的人都没有那么长的带薪假期,能够真正抱着随意的心态,玩到哪算哪,追寻各地最原汁原味的地方人文风情,享受天地任我行的快感和刺激。大多数背包旅游者都是学生或收入不高的年轻人,他们对旅游服务的价格比较敏感。在购买旅游产品和服务之前,他们经常会首先考虑是购买,还是自行设法满足自己的需要。此外,旅游企业也较难同时满足背包旅游者自己选择喜欢的景点、自己安排时间并根据预算节余调整行程安排等方面的要求。

[**讨论**]

1. 哪些旅游企业会把背包旅游者视为主要顾客?

2. 探亲访友旅游者和背包旅游者中,哪种旅游者能给旅游行业带来更多的利益?

思考与练习

1. 以你所在的城市为例,分析旅游系统的构成要素。

2. 讨论按人口统计特征、心理特征和行为特征划分旅游者类型对旅游产品市场营销的启示。

3. 选择一个熟悉的旅游吸引物,尝试对其游客分类,以便更好地了解游客的特征。

4. 分析大学生旅游者与老年旅游者的消费行为有何不同。

5. 讨论随着经济全球化和科技的发展，商务旅游者的需求会呈现出哪些变化。

6. 登录以下网站：http://www.grandtrvl.com（美国大旅游公司网站）、http://www.ctsho.com（中国旅行社总社网站）、http://www.cytsonline.com（中青旅在线），了解他们提供的产品，并分析这些旅游产品的特点。

第二章

旅游消费者行为研究概述

案例 2-1　香港迪斯尼"拒客"风波[①]

1955 年,迪斯尼乐园在美国加利福尼亚正式开业。沃特·迪斯尼公司从此成为了主题公园行业的领头羊。它扩大了娱乐公园的概念,使娱乐公园不再是单纯的坐车旅行及举行狂欢活动的场所,而是包含了以主题为背景的各种表演,不断地为游客提供冒险经历,成为令游客充满科学幻想的乐园。在美国本土取得成功后,迪斯尼积极向海外扩张。2005 年,香港迪斯尼乐园开业。这个主题公园总面积仅 125 公顷,是全球 5 个迪斯尼乐园中面积最小的一个,但每天却吸引着数万人次的游客。为了方便游客购票入场,香港迪斯尼于 2006 年 1 月初推出了半年有效门票方案(如表 2-1 所示),即把门票分为三类:平日门票、指定日门票及特别日门票,持平日门票的游客可以在补差价后换取特别日门票。然而,这一门票方案却在春节期间引发了一场意外的风波。

表 2-1　迪斯尼售票方案

门票类型	适用时间	游客类型	票价(港币)
平日门票	有效期半年,除指定日和特别日之外的周一至周五均适用	成年人	295
		儿童	210
		长者	170
指定日门票	有效期半年,适用于周六、周日及某些假期	成年人	350
		儿童	250
		长者	200
特别日门票	在公众假期及其他特定日子,如 9 月 12 日迪斯尼开业周年纪念日,游客须持印有当日日期的门票入园	成年人	350
		儿童	250
		长者	200

① 本案例改编自香港迪斯尼面临"索赔潮". 羊城晚报,2006-02-06(A3);被拒游客将获补偿. 羊城晚报,2005-02-07(A4)。

2006年2月1日、2日上午(农历正月初四、初五),大量游客涌入香港迪斯尼乐园,迫使迪斯尼在上午10时就高挂“闭门令”,对数百名稍后赶来的游客紧闭园门。许多内地旅行社因团友被拒入场,经多番交涉无果,不得不改变行程,向团友做出经济赔偿。有些从外地专程赶来的游客,在听说不能入园的消息后,与工作人员发生争执,甚至徒手翻越铁门入园。拒客事件让许多原计划在春节黄金周后到香港迪斯尼游玩的内地游客打消了想法。事后,受波及的旅行社和订房订票公司纷纷与迪斯尼协商,着手追讨损失和退票。

究竟是什么原因导致了这场风波?主要原因在于香港迪斯尼低估了中国内地市场的潜力,票务统筹失误。香港迪斯尼的游客承载量上限为每天3万人左右。半年有效门票方案一方面便于游客自由安排出行时间,刺激游客在客流量较少的时间到乐园游玩,另一方面却给迪斯尼乐园估计单日内到访的人数带来了困难。作为中国第一个迪斯尼,香港迪斯尼忽略了中国内地游客的出游习惯及内地春节黄金周的假期安排。它根据香港的春节假期,把除夕至初三定为“特别日”,初四以后的日子定为“平日”。但是,迪斯尼忽略了从初四到初七仍是内地市民的黄金假期,而且内地游客喜欢开完年后出游。结果,大量购买了平日门票的游客集中在初四、初五拥向了乐园,“拒客风波”由此而生。

拒客事件后,为了平息风波,香港迪斯尼乐园行政总裁安明智(Bill Ernest)再三就此事道歉,承诺会为没用过的门票做出赔偿。他表示乐园不会取消半年有效期的门票,但今后会详细考虑香港、内地及邻近国家和地区的假日状况,不断改善票务安排,加强同内地旅行社的沟通,以避免同类事件发生。

[讨论]

1. 估计迪斯尼拒客事件对香港迪斯尼的影响。
2. 假设你是香港迪斯尼的管理者,请列出改善票务安排所需考虑的具体因素。
3. 就迪斯尼拒客事件的缘由,讨论研究旅游者消费行为的意义。

第一节 旅游消费者行为学的研究架构

一、旅游消费者行为研究的历史

旅游消费者分析,是旅游企业各项营销活动的出发点。不了解旅游消费者的需要、决策过程、影响旅游消费者满意程度的因素,企业就无法进行有效的竞争。

然而,20世纪70年代以前,许多学者对旅游学持怀疑和保留的态度,他们认为旅游学科的研究内容过于肤浅,学术研究机构没有必要以严谨的学术作风专门研究旅游消费者行为。在过去很长一段时间里,营销学家主要研究有形产品消费者的购买行为。他们假定,在消费者眼中,旅游产品与其他产品相比没有多少差别。

因此,在购前、购买和购后三个阶段,旅游消费者和其他消费者评估、选择产品的方法也基本相同。

这种情况在20世纪70年代后期发生了转变。旅游活动在全世界的强劲发展势头使大量研究人员对旅游消费者行为产生了兴趣,人们到底如何消费旅游产品成为了旅游研究的热门话题。越来越多学者开始质疑传统的消费者购买决策过程模式在旅游消费者购买决策过程中的适用性。他们指出,由于旅游产品有一系列不同于其他产品的特点,旅游消费者的购买决策过程也必然会有一些不同于其他产品消费者购买决策过程的特点。

例如,一般产品消费过程可划分为购买、消费、处置等三个可明显分离、依序发生的阶段,但是,这三个阶段在旅游消费过程中并非泾渭分明。旅游消费者在参加旅游团、购买交通和住宿服务、观赏旅游吸引物时,并未获得有形物质的所有权,因此,在购买阶段和消费阶段并没有明显的分界线。旅游消费过程是旅游者和旅游企业服务者、旅游目的地居民以及其他旅游者相互接触、相互交往、相互影响的过程。因此,对旅游消费者来说,旅游产品的销售、服务和消费通常表现为一个完整的过程。旅游消费者往往在购买旅游产品的同时就开始评估旅游经历,并在整个消费过程中以及消费之后继续评估自己的旅游经历,而不是像有形产品消费者那样,在使用产品之后才开始评估产品。而且,旅游消费者对旅游消费的评估往往夹杂着主观性较强的情感因素。此外,与有形产品相比,在大多数旅游消费过程中都不存在处置阶段。

由于传统的消费者购买决策过程模式无法反映出这些特点,旅游学者对旅游消费者购买决策过程进行了大量的研究,提出了一系列理论和模式,用于解释旅游消费者购前选择与购后消费和评估过程。20世纪末,旅游消费者行为研究逐渐成为一个相对年轻而活跃的学术领域。研究人员采用心理学、社会学、计量经济学相结合的研究方法探讨旅游者消费的全过程,通过剖析旅游消费者的感知、期望、满意程度等心理特征,为旅游市场营销提供指导。欧美学者所关注的问题主要包括旅游目的地选择的影响因素、旅游动机、旅游服务质量评价、旅游者的消费情感、旅游者的满意度评价、顾客忠诚感的成因机制、家庭生命周期与旅游决策模式、跨文化的旅游行为等。但是,与其他领域中数量众多的消费者行为研究著作相比,迄今为止,国际和国内学术界在旅游消费者行为方面的系统研究成果尚不多见。旅游消费者行为学在理论和实践运用上尚有不少空白有待填补。

目前,旅游消费者行为研究呈现出以下三方面趋势:(1)研究范围越来越广。旅游消费行为的生态问题、旅游消费者的信息处理问题、旅游消费心理问题、旅游消费与目的地文化问题、消费信用问题、外部环境对消费行为的影响、旅游消费者权益保护的政策与法律问题,等等,统统纳入旅游消费行为分析的视野。(2)跨学科发展。现在,研究旅游消费者行为的学者不仅有旅游学、心理学、市场营销学和经济学的学者，也有管理学、社会学、人类文化学、法学等其他学科的理论工作者。研究方法的多样化和各学科成果的交融，对促进旅游消费者行为研究起了积极作用。但是，各学科的理论都有其特定的产生背景、适用条件与范围。避免在研究视野和研究结论上的偏颇，有选择地吸收相关学科知识并融会贯通，将是今后旅游消费者行为研究发展和成熟的必经之路。(3)跨国界研究。旅游消费者行为在很大程度上受社会、文化等外部因素的制约。不同文化背景下的旅游消费者在消费心理和行为上会有很大的差异。迄今为止，绝大多数的旅游消费者行为研究都是在美国和欧洲进行，并以欧美旅游消费者作为分析样本的。这些在欧美取得的研究成果是否具有跨文化的普遍适用性，尚需要通过对其他文化背景下的消费者行为进行研究予以检验。自20世纪末以来，日本、韩国、中国、印度等亚洲国家的旅游消费者数量猛增，由此极大地推动了这些国家的学者积极投身到旅游消费者行为研究的行列。此外，随着经济和文化的全球化，国际旅游也得到了长足的发展。与之相应地，旅游消费者行为研究不再局限于传统意义上产生国际旅游需求的发达国家，各种旅游消费者行为跨文化的比较研究正在逐步增加。

总的来说，尽管在过去20多年间旅游消费者行为研究发展迅速，但是，旅游消费者行为还是一个新兴的研究领域。这一领域现有的研究成果尚未形成一个被普遍接受或被大多数人公认的、系统的理论体系。这一方面说明旅游消费者行为学还有待于进一步发展和完善，另一方面也预示着它还有着广阔的发展空间与前景。

二、旅游消费者行为模型

学术界对旅游消费者行为的研究，是一个不断深入的过程。迄今为止，西方学者已经构建了不少旅游消费者行为模型，这些模型从不同视野和角度描述了影响消费者行为的变量以及这些变量相互之间的关系。在此，本书仅介绍一些对旅游消费行为研究影响较大的模型。

(一)瓦哈比等人的旅游者购买决策过程模型

1976年，瓦哈比(S. Wahab)、克朗普顿(L. J. Crompton)和罗瑟菲尔德(L. M. Rothfield)提出了一个比较简单的旅游者购买决策过程的模型。他们发现度假消费是很独特的行为：旅游者预先储备资金，精心计划，把收入中相当可观的一部分花费在没有有形回报的活动上。因此，旅游消费者比一般消费者更为敏感，更容易产生不满情绪。在消费过程中，任何使其无法梦想成真的人和事都可能使旅游者感到很难过。瓦哈比等人认为，无论是瞬间做出的购买决策，还是经过长期思索做出的购买决策，旅游者都是按图2-1所示步骤做出购买决策的。旅游企业要赢得顾客，要促使顾客做出重复购买决策，就必须“陪伴”旅游者走过购买决策过程中的每一步，并根据旅游者的购买决策过程调整营销措施。

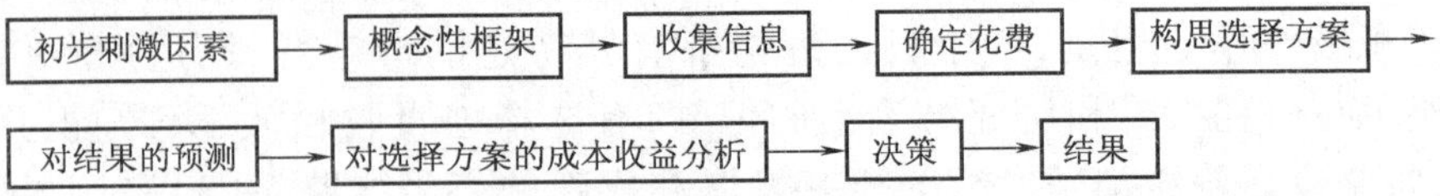

图 2－1　瓦哈比等人的旅游者购买决策过程模型

（二）斯莫尔的旅游者决策过程模型

1977 年，斯莫尔（G. A. Schmöll）在一般消费者行为模型基础上，提出了一个旅游者决策过程模型（如图 2－2 所示）。他假定旅游消费者要连续经过产生旅游需要、搜寻相关信息、评估旅游选择方案等若干个步骤，才做出消费决策。旅游者的决策是以下四个方面共同作用的结果：

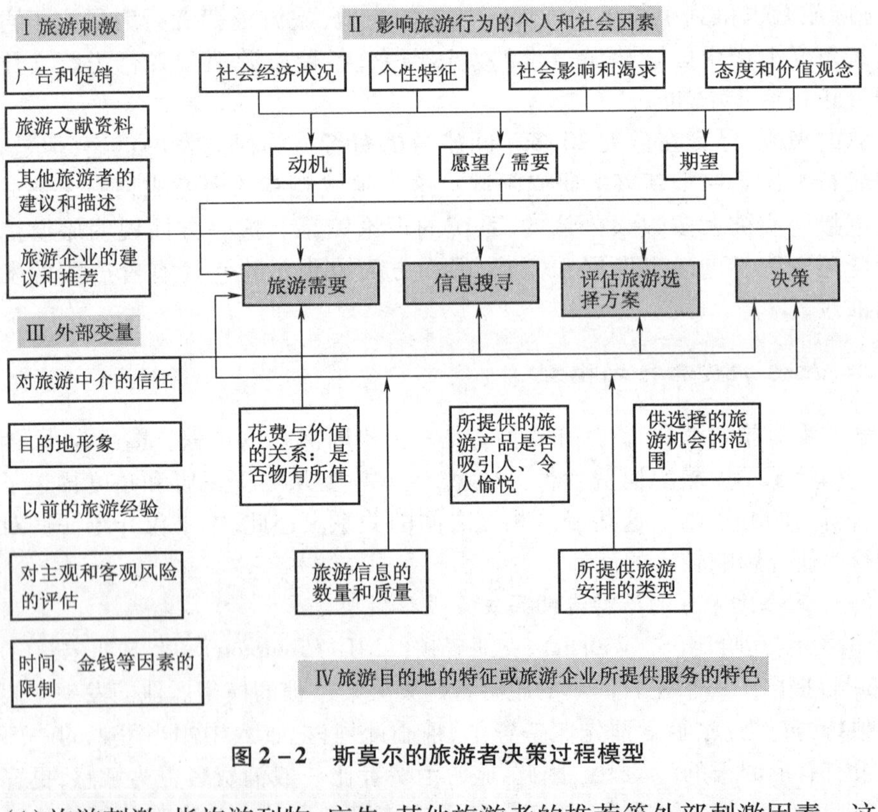

图 2－2　斯莫尔的旅游者决策过程模型

（1）旅游刺激，指旅游刊物、广告、其他旅游者的推荐等外部刺激因素。这些因素对旅游者的旅游需要、信息搜集行为、旅游方案评估及最终决策均有影响。

（2）影响旅游行为的个人和社会因素。旅游者的个性特征、态度、价值观念等个人因素和社会经济因素共同影响旅游者的旅游动机、旅游需要和期望。

(3)外部变量包括旅游者对旅游中介商的信任、以前的旅游经历、金钱和时间上的限制、旅游目的地形象等。这些因素主要影响旅游者的信息搜集、对旅游方案的评估和最终决策。

(4)旅游目的地的特征或旅游企业所提供服务的特色。例如,景点和活动项目的多寡、吸引力以及花费是否划算等。

斯莫尔的模型概括了与旅游者消费行为相关的因素以及这些因素之间的关系。旅游企业和旅游目的地相关机构可以借助该模型确定划分目标市场的标准,根据与旅游决策相关的因素采取营销措施,影响旅游者的决策过程。这个模型也为研究人员深入研究旅游者的消费决策提供了思路。但是,这个模型中的许多变量无法量化。我们无法用这个模型预测消费者对特定旅游目的地和旅游服务的需求。

(三)梅奥和贾维斯的旅游决策影响因素模型

梅奥(E. Mayo)和贾维斯(L. Jarvis)认为,当旅游者确定了离家外出后,接着会做出去哪、去干什么等一系列决策。其中,有些决策轻而易举,但有些决策则举步维艰。如果不熟悉备选的旅游产品,旅游者会花大量的时间和精力来寻找信息和评估这些备选方案。梅奥和贾维斯指出,要了解旅游者如何做出决策,必须深入探讨影响旅游者决策的内在心理因素和社会因素(如图2-3所示)。

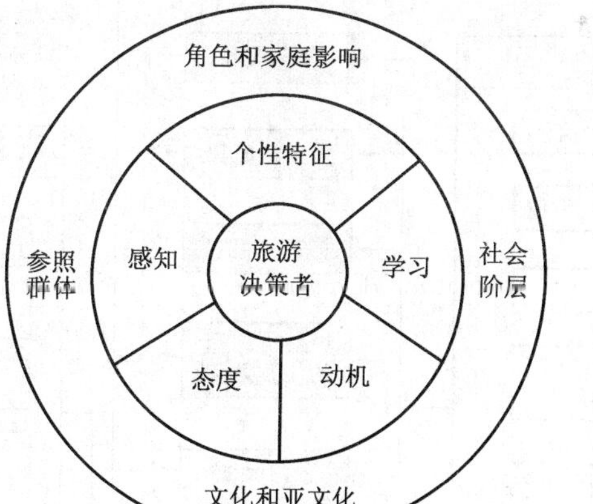

图2-3 个人旅游者行为的主要影响因素模型

影响旅游行为的内在心理因素包括消费者的感知、学习、个性特征、动机和态度。动机是激发旅游者实现其旅游目的的内在驱动器。为了判断旅游产品能否满足自己的需要,旅游者会有选择地吸收与旅游产品相关的信息,认识这些旅游产品。旅游者还会不断学习,即根据经验,调整和修正自己的旅游消费行为。此外,旅游者的个性特征及其对旅游产品的熟悉程度和感觉也会对他们的行为模式和思维方式产生影响。

梅奥和贾维斯强调旅游决策不仅受到内在的心理因素的影响，还受到外界因素的影响。他们把影响旅游者决策的外部力量归纳为四个方面：角色和家庭影响、参照群体、社会阶层、文化与亚文化。作为家庭和社会群体中的一员，旅游者的很多购买决策是在家庭成员参与下共同做出的。他们的决策往往受制于他们的社会身份和文化背景，遵循特定的价值观念、信念和行为准则。此外，参考群体的行为也会在一定程度上影响旅游者对旅游产品和服务的评价及购买意向。与斯莫尔的模型相比较，这个模型更详尽地描述了社会文化因素对旅游者潜移默化的影响，但却忽略了旅游业商业运作和营销措施对旅游者的刺激作用。

（四）玛蒂森和沃尔的旅游者决策过程模型

如前所述，瓦哈比等人的模型主要描述旅游者消费行为的过程，斯莫尔和梅奥等人侧重探讨旅游者消费行为的静态影响因素。1982 年，玛蒂森（A. Mathieson）和沃尔（G. Wall）把旅游决策的动态过程与影响旅游消费行为的静态因素结合起来，提出了一个新的旅游决策模型（如图 2－4 所示）。

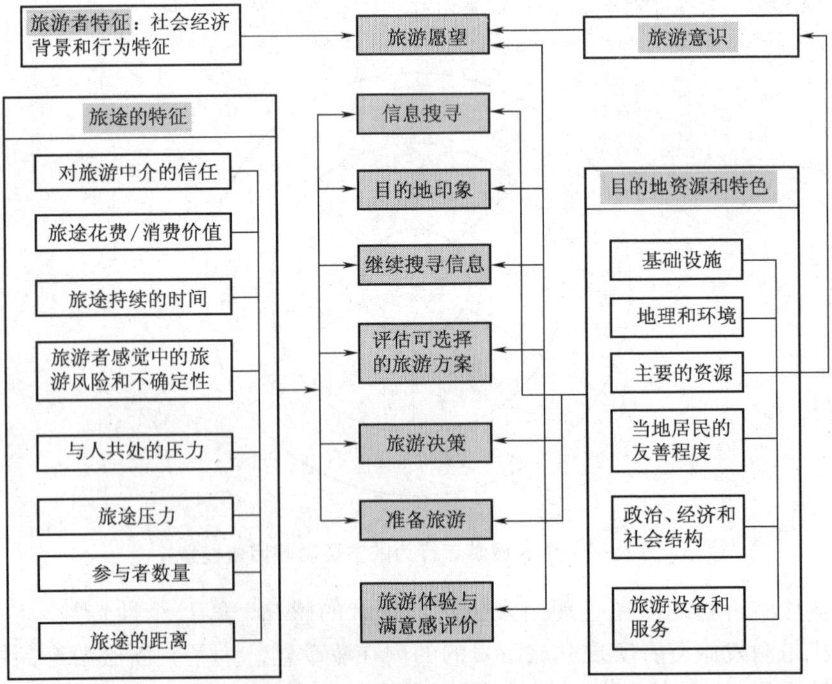

图 2－4 玛蒂森和沃尔的旅游者决策过程模型

玛蒂森和沃尔认为旅游者的决策过程包括五个主要阶段:(1)旅游者产生出游的愿望;(2)旅游者收集信息,评估对目的地的印象;(3)旅游者比较各种可选择的旅游方案,做出旅游决策;(4)旅游者准备出游,并形成旅游体验;(5)对旅游的结果和满意程度进行评估。

图2-4列出的各项因素及它们之间的相互关系都会对旅游决策的五个阶段产生影响。这些因素包括:(1)旅游者特征,包括旅游者的社会经济状况和行为特征;(2)旅游意识,潜在的旅游者意识到自己有机会旅游,知道通过哪些方法可满足自己的需要,才会激发起旅游的愿望,并设法完成旅游心愿;(3)旅途的特征,旅途是否遥远、需逗留多长时间、旅游者能否承受旅途的开销、是否存在风险等问题会在很大程度上决定旅游者是否将旅游愿望付诸实践;(4)目的地旅游资源和特征,包括目的地旅游吸引物的种类、目的地提供的服务范畴及服务质量、环境条件、当地居民的特点、当地政府的政策等。

虽然玛蒂森和沃尔的模型忽略了旅游者在决策过程中的感知、记忆、个性特征及信息处理等内在心理活动,但值得称道的是,玛蒂森和沃尔在这个模型中指出旅游效果是旅游者决策的产物,而且旅游所产生的效果是动态的。旅游目的地特征、旅途特点及旅游者个人和行为特征不同,旅游所产生的效果也不同。

(五)莫霆荷的度假旅游者行为模型

1987年,莫霆荷(L. Moutinho)在全面回顾旅游者决策过程文献的基础上,对葡萄牙度假旅游者进行了一项调查,将复杂的旅游者度假行为简化为一个概括性模型(如图2-5所示)。该模型分为三个部分:

1. 决策前及决策制定过程

这一部分囊括了从旅游者受到旅游刺激到做出购买决策的一系列活动。旅游消费者在这一过程中会经历三阶段:形成偏好、决策和购买。当他们处于决策阶段时,基本上已经做好了表现出购买行为的心理准备;当他们处于购买阶段时,他们已经到度假目的地消费了。

旅游消费者的决策及购买行为在很大程度上取决于他们的偏好,而旅游消费者对特定旅游产品和目的地的偏好结构又取决于一系列因素。这些因素包括个性、生活方式、动机等个人因素,以及文化规范和价值观、参照群体、社会地位等内在环境因素。旅游消费者的偏好能否转化为购买意向,还会受到旅游者对旅游产品的信心和限制性因素的影响。

对偏好结构的心理分析可分为刺激过滤、注意和学习、选择标准等三个子领域:(1)刺激过滤是指旅游消费者对来自旅游营销方面的刺激进行过滤,对有用信息进行组织,并搜寻更多的补充信息以澄清对一些模糊不清的刺激的认识;(2)注意和学习是指旅游消费者通过对外界输入的信息与记忆中的信息进行比较,更新个人的认知结构;(3)选择标准是指旅游消费者在评估备选方案时,所考虑的一些

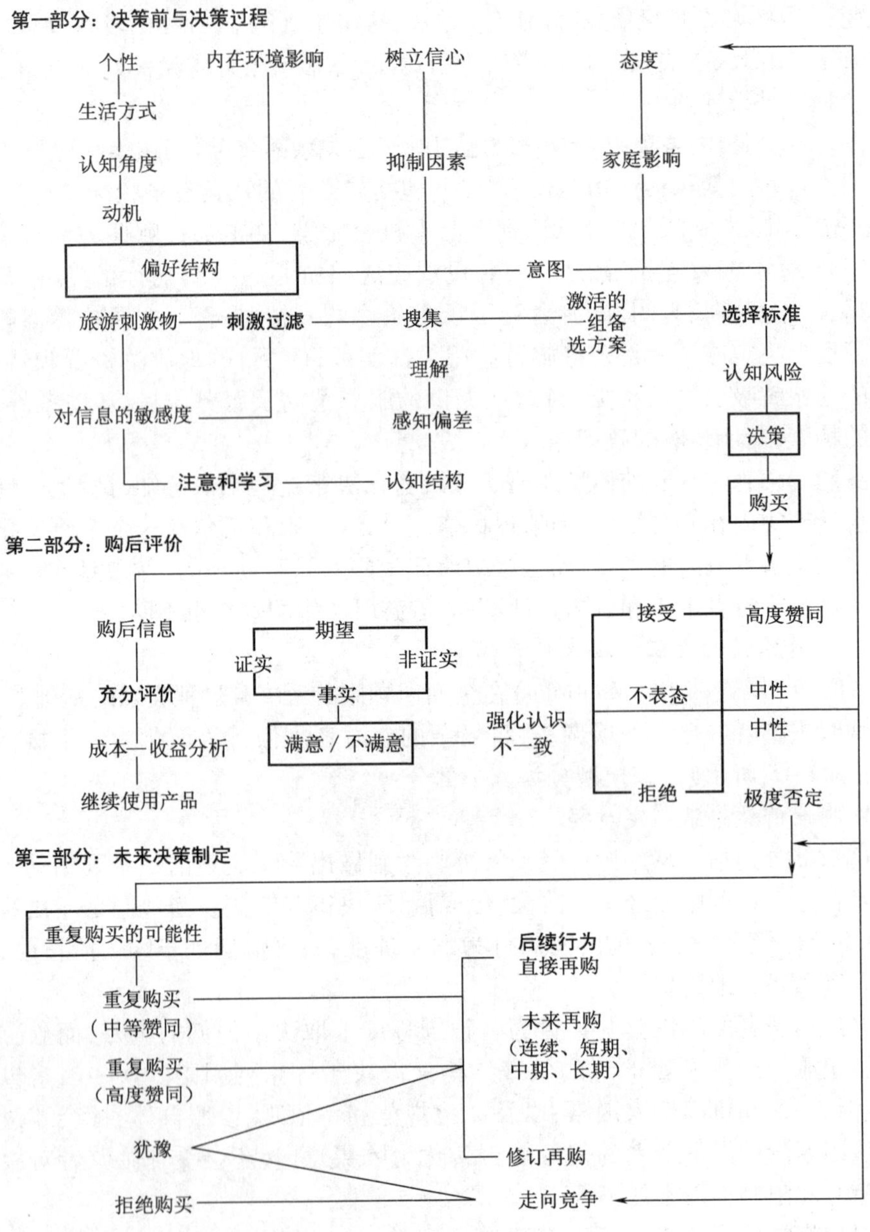

图 2－5　度假旅游者行为模型

非常重要的旅游产品属性。

2. 购后评价

旅游消费者非常重视购后评价，因为购后评价可以丰富旅游经历，检验先前做出的购买决策正确与否,为调整未来的购买意向提供反馈信息。如果旅游者的期望与实际旅游体验一致,就感到比较满意,否则,就会感到不满。旅游消费者还会对旅游产品的性能/价格比进行评估,比较自己的付出与收益。消费者对满意与否的判断,经过认知不协调机制的强化后,将出现三种不同结局:接受、不表态、拒绝。这些态度会进而影响消费者未来决策的制定。

3. 未来决策的制定

模型的最后一部分分析旅游者重复购买旅游产品和服务的可能性以及旅游者的后续行为。度假旅游者结束度假后的行为存在四种情况:(1)直接重复购买;(2)将来重复购买,这种重购行为可能在接下来的短期内发生,也可能在中期或较长的一段时期后才发生;(3)经过修正的重复购买行为,旅游消费者可能会转向购买新产品或寻求更高质量的旅游产品;(4)因犹豫或拒绝再次购买相同产品而转向购买竞争对手的旅游产品。

总体而言,莫霆荷的模型比较全面细致地描述了度假旅游消费行为的整个过程,并开创性地把旅游消费者的购后评价和未来决策纳入分析体系,为深化学术界和旅游业界对度假消费行为的认识做出了贡献。但是,这个模型比较烦琐,而且尚未能很好地反映旅游消费行为的动态性。比如说,第一部分的内容与第三部分的内容实际上并不是相互分离的。当消费者做出后续行为时,他们就是进入了新一轮的决策过程。购后评价和重购意向会直接融入旅游消费者的态度、激活域和感知之中。

(六)米德尔顿的"刺激—反应"模型

1988 年,米德尔顿(V. T. C. Middleton)在前人研究的基础上,提出了一个更能反映旅游者消费决策的动态性的模型(如图 2-6 所示)。整个模型包含四个部分:刺激输入、沟通渠道、购买者的特征和决策过程、购买和消费后的感觉。其中,"购买者的特征和决策过程"是模型的核心,"旅游产品和服务的刺激"以及"沟通渠道"是影响旅游消费决策的输入部分,"购买和消费后的感觉"是旅游决策的输出部分。

米德尔顿意识到了在旅游产品的购买决策中朋友和同事等参照群体的重要性。尽管旅游企业可以通过产品设计和营销工作刺激旅游者的购买行为,但我们不可忽略除旅游企业的广告宣传等活动之外,家人、朋友、同事的口头宣传对旅游者购买决策的影响。

米德尔顿认为,旅游动机促使旅游者将旅游需要付诸实践,是连接旅游需要与购买决策的桥梁。他强调旅游者的购买行为与旅游动机直接相关,而旅游动机又与旅游者的社会经济地位、心理特征、感知和态度等特征密不可分。

米德尔顿指出,旅游消费者对旅游产品的满意程度是影响他们未来购买行为的最关键的因素。因此,他在模型中增加了一条从旅游者购后感觉回到决策过程

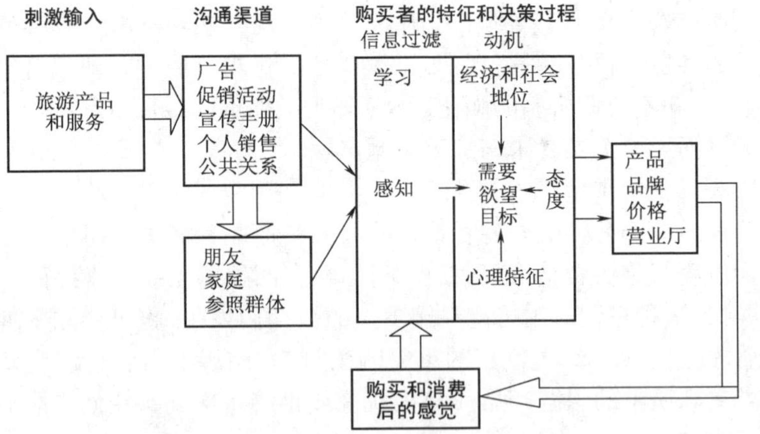

图 2－6　旅游消费行为的"刺激—反应"模型

的反馈路线，把购后评价与旅游消费决策过程联系起来。

（七）小结

旅游者的消费行为非常复杂。不同类型的旅游者在需要、偏好、出行方式和目的地的选择等方面各不相同。在不同时期、不同情境下，同一旅游者的消费行为也呈现出很大的差异。建立消费者行为模型的目的，就是将现实生活中旅游消费者复杂的行为过程加以简化，以便把握旅游消费系统中的关键因素（如消费者的态度、环境因素、购买行为等）以及影响旅游消费者行为的各种因素之间的关系，指导旅游企业和旅游管理部门把握市场机会，引导旅游者的行为，合理开发旅游资源。

上述模型为我们探讨旅游消费形成的决定因素，考察旅游消费行为的过程奠定了基础。然而，从市场营销的角度来看，这些模型尚存在不足之处。上述模型均属于静态的归纳性模型，无法指导营销人员在什么时候采取措施干预消费者的决策行为，也无法反映不同的旅游群体在决策过程上的差别。此外，这些模型很少涉及消费者在决策过程中遇到的限制性因素。实际上，不少消费者在决策过程中可能因为这样或那样的因素，而没有最终做出购买决策。对旅游企业而言，这些对旅游怀有强烈兴趣的"空想旅游家"或受旅游阻碍因素制约无法成行的消费者很可能是一个富有潜能市场。但是，上述模型无法为旅游企业把非消费者转化为消费者提供理论依据。

要深入研究旅游消费者行为，必须意识到旅游者的消费活动是一个连续不断的动态过程，并且会受到社会、经济、文化等方面的因素的限制。

第一，旅游者的感知、态度等消费心理会随着消费活动过程的变化而变动，这种变动往往又是由环境的变化引起的。

第二,消费者所处的社会、经济、文化环境是一个变化的环境。人们的价值观念、行为准则、社会消费水平、审美倾向都在发生变化,在全球化盛行的今天尤其如此。旅游资源的开发、旅游目的地的形象宣传和旅游企业的营销措施也在不断推陈出新,给消费者不同的旅游刺激。

第三,旅游者本期消费行为受到前期消费经历的影响,本期消费经历又影响下期消费活动。前期消费经历为旅游者形成消费期望提供了依据。如果消费者认为旅游产品达到了他的期望,物有所值,就会对旅游产品做出正面的评价。旅游者对消费过程和消费效果的评价会丰富旅游者的消费经验,刺激或抑制他们今后的购买行为。

因此,旅游消费行为会随着社会、经济、文化环境和旅游者消费心理的发展变化而变化。今后旅游消费者行为研究将会更细致地分析不同类型消费者的旅游动机、目的地选择与旅游行为,并更重视对旅游消费行为的纵向动态研究及对非消费者的研究,以便进一步完善旅游消费者行为模型。

三、影响旅游消费行为的因素

从消费者的旅游意识被唤醒,到做出旅游决策、形成旅游体验和评价,在整个旅游消费过程中,影响旅游消费者行为的因素可以大致分为两大类:一类是消费心理层面上的因素,如旅游消费者的动机、态度、情绪、性格、认知结构、习惯等;另一类是家庭、社会阶层、文化群体、职业等影响潜在旅游者的抉择、旅游目的地确定及现实购买行为的环境因素。

(一)旅游者的消费心理因素

1. 动机

动机是激发人的活动,并使人的活动持续指向一定目的的心理倾向。许多研究人员认为动机是旅游行为的主要决定因素,旅游动机促使旅游者寻求能缓解或消除其当前紧张状态的旅游目的地和旅游产品。理解旅游者的动机有助于解释旅游者为什么会去旅游,为什么会在旅游市场上购买产品或服务。但旅游消费行为背后的动机往往既复杂又隐蔽。迄今为止,旅游动机仍是研究人员热衷研究的难题。继弗洛伊德(Sigmund Freud)、默里(Herry Murray)和马斯洛(Abraham Maslow)提出了动机的一般理论之后,研究人员又提出了许多动机类型以解释人们的旅游行为。我国学者刘纯把旅游动机归纳为八个方面:(1)社交的、尊重的和自我完善的需要;(2)基本智力发展的需要;(3)探索的需要;(4)冒险的需要;(5)一致性的需要;(6)复杂性的需要;(7)多样性的需要;(8)一致性与复杂性的平衡(刘纯 2002)。

2. 感知

旅游者的感知,是指将外部世界的旅游信息转换为内部思维的过程。旅游产品的品质、价格和其他营销刺激都要通过旅游消费者的感知过程发挥作用。旅游消费者把来自旅游企业或社交网络的旅游信息与自己的旅游经验和知识结合起来，形成对旅游产品的判断。不同旅游消费者对同一刺激物所产生的感知是不同的。例如。搭乘同一次航班，有的旅游者觉得风险很大，有的旅游者觉得飞行的风险很低。旅游者对旅游产品或旅游目的地的感知，是旅游者做出抉择的重要依据。

3. 学习与记忆

旅游者在消费过程中会遇到不少问题。要解决这些问题，就得积累经验，收集信息，学习怎样消费。旅游消费者的学习与感知相关，通过感知信息，丰富知识与技能，适应新的环境。除自身的旅游经历之外，旅游消费者可以通过商业环境了解旅游目的地、旅游产品和服务。对于缺乏经验的旅游消费者而言，更重要的信息来源可能是亲友的介绍和推荐。获取信息后，旅游者会用联想的方法把信息储存在头脑里，并通过联想产生新的信息，完善自己的知识结构。例如，把某一度假地与气候、文化、自然环境以及旅游者的感觉等众多不同的特征联系起来，以便将来做出明智的消费决策。

4. 态度

态度，是旅游者对人、事、活动等态度对象（attitude object）的稳定的基本看法。旅游消费者可能喜欢或不喜欢某个产品、某个广告、某个企业、与某一产品相关的行为。旅游消费者的态度甚至可以更广泛地指向与旅游相关的某类行为。心理学研究表明，消费者的态度一旦形成，就会产生特定的偏好和行为倾向，并进一步影响旅游决策。态度可以帮助旅游者在旅游市场上做出购买决定。当消费者对备选产品进行比较时，会在其中选出最为喜欢的一种产品。因此，旅游企业往往十分关心旅游者对产品和服务所持的态度，以及怎样才能改变旅游者的态度。

5. 个性、自我概念和生活方式

个性，反映了一个人持久、独特的心理特征。心理学家认为个性是个人经历积淀的产物，它远远超出了社会人口统计学的范畴。个性因素决定了不同消费者在面临类似环境时会做出的独特反应，而且这种独特的反应不会轻易改变。1972 年，普洛格发表了探讨个性特征对旅游消费行为影响的著名论著（见第一章）。他把航空公司的乘客划分为心理中心型和多中心型，前者更为内向、忧虑和羞怯；后者更为外向、自信、喜欢冒险。他认为，多中心型旅游者更喜欢新奇的目的地，开展未经组织的旅游，并且更多地融入当地的文化；心理中心型旅游者更倾向于参加包价旅游，前往熟悉的目的地或常规的游览区。

自我概念，可以在很大程度上解释不同个性的消费者为何表现出不同的行为。“自我概念”一词源自弗洛伊德的精神分析理论，它是指消费者对自我特点的一种认识。通俗地讲，自我概念就是旅游消费者如何看待自己。它包含两个层次：真实的自我（个人对自我的全面感知）和理想的自我（个人对自我设想的感知）。度假和旅行通常被认为是理想自我的一部分。一位认为自身具有高贵气质、向往浪漫经历的旅游者很可能把法国作为旅游目的地,或选择到高档豪华餐厅享受法国大餐。

生活方式,是指思考和行为的独特模式,它表现了消费者的不同个性,是自我概念的反映。生活方式包括,例行的日常生活、活动、兴趣、看法、价值、需求和感知。与纯粹描述性的人口统计数据相比,生活方式展示出人们的真实生活,能够为研究旅游消费者的时间、花费和感知方式提供更为有用的信息。

在旅游市场上,许多旅游者选择特定产品和服务的原因是旅游者认为该产品和服务与其个性、自我概念和生活方式相符。一些西方学者非常重视消费者的个性、自我概念和生活方式。原因是,个性、自我概念和生活方式是在消费者学习、感知、动机、情感与外部环境因素综合作用下逐渐发展起来的,一旦形成又会对购买决策的每个阶段产生影响。

6. 情绪

旅游者的消费过程,既是对信息进行加工处理的认知过程,也是一个情感体验过程。在度假旅游中,旅游者更是把追求乐趣、实现幻想视为旅游的重要目的,旅游目的地和旅游服务,是帮助旅游者获取感官享受、实现"白日梦"的媒介。因此,旅游消费者在旅游经历中的情绪也是影响旅游消费行为的重要因素。

然而,长期以来,学术界只是从旅游者认知的角度,解释旅游者的消费行为和满意感。直至20世纪80年代,学术界才开始探讨消费者对旅游市场营销和广告宣传的情绪反应。现有的研究结果表明,在消费过程中,顾客的情绪会不断变化,顾客在前一阶段的情绪和消费过程中的情绪会影响他们消费后的情绪。此外,顾客消费前的情绪还会影响他们对员工服务实绩的评价,以及影响他们对服务经历的总体满意感和重购意向(温碧燕等 2003)。

情绪的表现形式多种多样。在旅游消费中影响旅游者行为的情绪可分为正面情绪和负面情绪两大类。正面情绪包括认同(如对自己选择旅行社表现出强烈的个人偏爱)、高兴(如在目的地欣赏富有地方特色的歌谣)、欣喜(如在客房里发现一瓶免费赠送的香槟酒)、期待(如准备登上天安门),等等。负面情绪包括厌恶(如发现客房床垫下有一堆臭虫)、恐惧(如旅游目的地发生非典型肺炎疫情)、悲伤(如发现久仰盛名的泉水已经枯竭)、气愤(如度假途中塞车,被堵在去机场的路上),等等。

(二)经济、文化、社会等环境因素

旅游者的购买决策是在特定的环境下做出的。这里的环境是指影响旅游者思考、感觉、学习和行为方式的外部变量,主要包括:

1. 经济因素

主流的经济学家主张从经济学的角度研究消费者行为,如采用无差异曲线法分析旅游者的消费量。影响消费者行为的经济因素主要是可支配收入和价格。

可支配收入水平,决定着一个潜在旅游者能否实现其旅游愿望及消费水平的高低。美国人口统计局、美国旅游资料中心以及许多市场调研公司的调查结果都表明,人们外出旅游与家庭收入水平有着直接的关系。当一个人或一个家庭的收入不足以购买基本生活必需品时,该家庭很少会外出旅游。一旦这个家庭的收入水平超过这一临界点,该家庭用于旅游的消费便会迅速增加,人们甚至愿意减少工作时间和收入,以增加用于旅游的闲暇时间。事实上,收入水平还会影响人们的旅游消费构成。一般来说,较富有的旅游者在食、住、购、娱等方面的花费比例较大,经济条件较差的旅游者在交通费用方面的花费比例较大,原因是食、住、购、娱等方面较易节省开支,而在交通方面省钱则比较困难。

旅游产品的价格,也是影响旅游者消费行为的重要经济因素。旅游者的消费行为同样遵循经济学的需求规律:首先,由于人们的收入是有限的,当旅游产品的价格上升时,人们往往会减少对旅游的需求;其次,旅游产品与其他商品和服务之间存在替代关系,其他商品或服务的价格发生变化也会导致人们对旅游产品需求量的变化。

20世纪60年代后,许多学者指出传统经济学只涉及消费者"购买什么"、"购买多少"的问题,无法解释消费者"为什么购买"、"为何以特定的方式购买"。他们主张把社会学、心理学理论引入消费者行为研究领域,以便从多方面解释消费者的行为。

2. 文化因素

文化,是一个组织或社会的成员共同的价值观念和信念,共同遵守的习俗、仪式、规范和传统。旅游活动本身就是一种文化生活。旅游者的文化背景决定了他们的价值取向、对旅游的重视程度及对不同旅游活动和产品的偏好。因此,虽然不少旅游者出游的主要目的就是了解其他地区的风土人情和文化,但符合旅游者文化偏好的旅游产品和服务往往更容易被旅游者接受。

文化对旅游者的影响往往是潜移默化的,有时甚至连旅游者本人都没有意识到文化因素的影响。例如,体育活动是西方国家的一种重要的文化价值取向,它对度假旅游的活动内容产生着广泛的影响。高尔夫、网球、滑雪和潜水等体育活动是大多数欧洲和美洲旅游者娱乐旅游的首要动机,而不是旅游的附加产品。但是在中国,人们在旅游活动中通常不会首先考虑体育活动,而是更重视增广见闻。在出游时间上,中国人通常不会在年三十至年初三期间离家度假,但是,在年初二却很可能展开探亲之旅,在重阳节则会选择一些短途的登高游憩活动。

目前,旅游几乎已成为西方发达国家公民生活中不可缺少的重要组成部分。但在中国,旅游尚未演变成中国人的消费习惯,对影响中国旅游者消费行为的文化因素的研究也极为鲜见。

3. 社会阶层

社会阶层,是一种特殊的亚文化现象,它是根据地位和名望对社会公众进行阶层划分的结果。财富和收入状况、职业状况、受教育程度、居住地等因素,决定了消费者属于哪一个社会阶层。同一阶层成员往往具有类似的价值观念、兴趣爱好和行为方式,生存状态和支配财富的方式也比较接近。不同社会阶层的消费者在获取资源的机会、生活方式和情趣等方面则有较大的差异,具体表现在衣着、娱乐爱好、说话方式和其他许多特征上。

在旅游市场上,各社会阶层的旅游者显示出不同的产品偏好和品牌偏好,在出行方式、目的地、服务供应商的选择上有较大区别。例如,工薪阶层旅游者往往选择花费不高但又可以放松身心的旅游方式和目的地,以摆脱日常工作压力。属于较高社会阶层的游客则更可能出现在豪华游轮、加勒比海湾、马尔代夫等地方。除了休闲享乐外,他们可能希望旅途中还有一点刺激。

4. 家庭和参照群体

群体,对个体来讲是非常重要的。个体可以从群体中寻求保护以及与同类个体交流的机会,以确定自己的行为标准。参照群体,是个体在形成购买决策时,用以作为参考、比较的群体。消费者与亲戚、朋友、同事之间的交谈,是消费者获取旅游信息的重要途径。在购买和评价旅游产品和服务时,消费者往往会感觉到一种无形的压力,要尽量与身边的人一致,以获得所在社会群体的认同。例如,小李所有的朋友都要去一些新奇的目的地旅游,于是,他将会决定在下一个假期前往类似西藏、马达加斯加这样的目的地旅游。

家庭,是一个主要的参照群体,它决定了我们大多数人的行为准则。在现代社会中,家庭仍是许多人生活中最重要的部分,与家人一起出游度假是十分常见的现象。因此,旅游消费者往往不是独立做出决策,而是以家庭为单位共同商议做出旅游度假的决策。在家庭的旅游决策制定过程中,家庭内部的角色分配、沟通的程度和制定决策的形式(是采用多数人的意见,还是商议、投票、自主决定等)都是影响决策结果的重要决定因素。例如,夫妻两人重视的问题可能各有侧重,双方会努力根据各自的意见对决策施加影响。随着我国计划生育政策的推行,人们对子女的重视程度不断提高,儿童和青少年对家庭旅游决策的影响范围正在逐渐加大。

5. 旅游市场的发展状况

在成熟的旅游市场上,旅游资源的开发比较充分,旅游企业经营者所提供的产品和服务种类较为丰富。相应地,旅游消费者可选择的旅游方案也较多。除了开发有吸引力的旅游产品和服务外,旅游企业往往会通过广告和推销等信息传递方式增强消费者原有的旅游动机,促使他们接受旅游企业的产品和服务,或激发他们做出计划外的瞬时决策。在商业环境较为不成熟的市场,消费者选择余地较小,旅游消费者与旅游经营者信息的不对称使旅游者在决策上产生困难。

简而言之,消费者在旅游市场中购买和评价产品及其服务时,往往会考虑到自己在社会中所处的角色和地位。消费者属于什么样的群体,他的消费行为就会体现出这个群体的特征，遵从所属群体的价值准则和行为惯例。从经济收入、教育水平、职业、文化群体等不同角度，我们可以划分出许多群体类型。同一名消费者可以归入不同性质的群体，同时具有不同群体的特征，呈现出复杂的消费行为。值得注意的是，当今社会的一大趋势是消费者行为模式越发个性化，越来越难以用经济学和社会学的原理来解释。这种情况在旅游市场更为明显。要深入了解旅游者的消费行为，必须要以旅游消费者为中心，探讨其动机、态度、个性特征等消费心理。

6. 情境因素

对特定的旅游消费活动而言，消费者所处的情境会成为度假决策中的限制性因素或促进因素。比如，身体的不适、气候的忽然变化、疫病的暴发等，都可能对购买决策产生意想不到的影响。影响旅游消费行为的情境因素主要有：

(1)物质环境，包括目的地的地理位置、天气状况、餐厅的装修格调、旅行社的橱窗装饰、有形标志、户外广告、商品的展示等。

(2)社交环境，包括旅游者的社交网络、旅游者在常住地的居住环境等。例如，在选择旅游目的地时，居住在拥挤城市的人们往往倾向于到空旷的地点度假，在那里休息或独处。

(3)时间因素，包括出游的时间段、可支配时间的限制、预期花费的时间等。例如，意大利人总是选择在每年的七八月份出外度假，即使政府努力劝说人们在一年中平均使用假期，也无济于事。一般情况下，旅游消费者理想的旅游活动是“旅速游缓”模式，即旅行应快速、省时、便捷，游览应从容、宽松、尽兴。如果花在这两部分活动上的时间并非如此，旅游者可能会产生不满。

总之，影响旅游者消费行为的因素是多方面的，既包括动机、感知、学习、态度、个性等具有持续的行为影响力且与个体紧密相连的个人因素，也包括对消费者具有长期影响的文化、社会阶层、家庭等环境因素，以及在特定时空条件下影响旅游消费者活动的情境因素。其中，有些因素对旅游消费者行为产生直接影响，有些因素对旅游消费者行为产生间接影响。更常见的情况是，多种因素在一起共同影响旅游者的消费行为。

第二节　研究旅游消费者行为的意义

旅游消费形成的决定因素、旅游消费者在购前选择和购后评价阶段的心理过程及其变化规律，是旅游管理学术界和旅游行业共同关注的焦点。

近年来，中国旅游业的发展速度、产业地位及社会影响日益受到海内外的关注。在入境旅游方面，中国是2004年世界上增长最快的旅游目的地国家，并被全球知名的旅游传媒TTG(Travel Trade Gazzette, Asia)评为2004年度全球最佳旅游目的地。在出境旅游方面,中国在2004年的增长速度也超过了历史最高水平。2005年,世界免税协会(TFWA)和AC尼尔森市场研究公司(ACNielsen)在北京、上海、广州联合调查了1 500名出境游消费者。结果表明,虽然内地游客在单次旅行总花费上略低于日本游客,但在购物上的支出已达人均987美元,居全球第一位①。随着中国旅游的国际吸引力和国内需求不断增强,中国旅游业的供给能力也在继续增长,呈现出一片良好的发展前景。

然而,这种量的增长更凸现出质的不足。目前,我国旅游业的总体服务水平还很低,不少旅游企业和景区的经营策略和硬件规划都无法做到真正意义上的以市场为导向,远未能满足国内外游客的需要。这在很大程度上是因为我们对旅游消费者行为的了解不够深入。如果旅游企业只是反复劝说消费者购买旅游产品,而不对复杂的购买过程进行细致的研究,就难以真正满足旅游者的需要,获得旅游者的良好口碑。如果相关管理部门只是凭行政意志开发旅游资源,而不研究旅游者的需要及行为习惯,就难以协调好旅游者、环境保护、旅游资源消耗与经济社会发展的关系,实现可持续发展。随着市场的不断变化,旅游业和相关管理部门已认识到了解旅游者行为的迫切性和必要性。

一、制定经营和营销策略的基础

(一)有助于旅游企业了解市场特点,制定经营和营销策略

旅游企业抓住新商机的主要方法包括:(1)在以前未曾服务过的地区提供服务;(2)认清成长的市场,及时推出新型服务。为此,旅游企业要从人口统计、心理或行为角度来判断潜在消费者的特点,确切地知道他们需要什么,他们对旅游产品的态度是什么,哪些因素影响着他们的购买行为,以及他们愿意把钱花在什么地方。研究旅游消费者行为有助于旅游企业预测潜在消费者未来的购买状态,知道谁会在特定时间成为特定旅游产品的目标顾客,准确判断应该在什么时候介入消费者的购买过程,劝说消费者购买本企业的产品和服务。在此基础上进行科学决策,才能提供符合消费者特定需求的产品和服务,减少企业的经营风险,使企业进入更好的经营状态。

20世纪80年代初,北欧航空公司在国内航线和国际航线都处于亏损状态。该航空公司根据对乘客的调查,对市场进行了细分,发现现有服务无法充分满足商务旅行者的需求。于是,该公司针对商务旅行者制定了一整套独特的营销方案:在每架飞机上为商务旅行者开辟一个单独的商务旅行舱,并配备一些办公用品和服务人员,以使商务人员能在旅行中完成一些紧急工作。商务旅行舱的票价定在经济舱与头等舱之间。通过上述措施,北欧航空公司的经营出现了转机。

---

① 内地游客境外购物最豪爽.南方日报,2005-05-24(A08)。

20世纪80年代末，美国东部的一位旅游代理商开发了一种名为祖孙旅游（Grandtravel）的新型旅游产品。祖孙游的创意是建立在对现代旅游消费需求的深刻理解基础上的。一方面，许多双职工家庭的父母没有时间带他们的孩子长期度假，另一方面，许多（外）祖父母却有时间、有能力、有金钱并有旅游的愿望。旅游代理商抓住了这些需求，设计了（外）祖父母和（外）孙子一起旅游的项目，最终获得了极大的成功。

随着我国人民生活水平的提高，原来受到抑制的旅游需求将会逐渐地转变为有效需求，此外，随着时代和审美品位的变化，旅游者也会不断地产生出新的旅游需求。旅游企业必须经常性地研究旅游消费者的行为变化趋势及变化的原因，才能把握先机，为企业的发展开拓市场空间。

例如，随着我国公路网络日益完善，许多人不再满足于传统的旅游模式。近几年，进出海南岛的自驾车游客数量大增，有不少旅游者乘飞机到达海南岛再租赁汽车进行旅游。针对这一需求趋势和自驾车游客追求自由自主、个性化的心态，海口三九、华嘉、中旅等汽车租赁公司设计了简单、便捷的车辆出租服务。汽车租赁公司的服务人员将汽车开到机场迎接游客，游客只需办理简单的租赁手续，就可驾车享受海南的自然风光和风土人情。国庆期间，这些汽车租赁公司的车辆出租率平均达到90%以上，有时甚至出现了无车可租的情况。相应地，一些酒店增加了停车位，并为自驾车旅客提供汽车维修和保养方面的服务，成功地赢得了旅客。

除了设计适合目标市场的产品和服务之外，旅游企业研究旅游消费者行为，了解他们购买旅游产品和服务的原因，可以合理地确定产品和服务组合的价格，选择行之有效的广告宣传方式，选择合适的分销渠道。

例如，许多老年人在经济负担减轻后，都想实现过去因条件限制未能实现的旅游愿望。随着我国人口老龄化加速，这一银发市场将会越来越广阔。但是由于传统消费观念和生活方式的影响，老年旅游者对价格的敏感程度往往很高。开发银发市场的旅行社必须处理好定价的难题。南湖国旅·西部假期旅行社发现，与一般旅游者相比较，老年旅游者在健康疗养、度假等方面的需求较强，他们真正看重的不一定是游玩的景点，而是想找一个不错的地方走一走，松松筋骨，散散心，与一起出游的老人家互相交流。2005年初，该旅行社通过调整交通方式和景点，推出了低至538元的桂林双卧五天游等一系列低价线路。由于符合老年人想省钱、重视情感消费、惧怕舟车劳顿等心理和生理特点，这些低价线路一推出市场就吸引了大量老人参团。目前，老年游客给西部假期旅行社带来的收入已占营业总收入的15%。同样是针对银发市场，常州国旅则进一步区分了旅游消费者和购买者。该旅行社在2005年金秋时节，推出了名为“爸妈之旅”的海南游高端线路，为老年游客安排全程导游，配备医护人员。虽然价格比常规的海南双飞游高出近千元，但不少为人子女者仍为之动心，将其作为健康礼物送给父母。

(二)有助于旅游企业提高经营水平,与旅游者建立长期合作关系

由于吸引一个新顾客的营销成本往往要比留住一个老顾客的代价更高,越来越多的旅游企业把与顾客建立长期关系作为基本的竞争策略。从20世纪80年代起,美洲航空、美国西南航空等航空公司开始利用计算机系统的历史销售数据了解乘客旅行方式,推行常客奖励计划(FFP),以优惠的价格为飞行里程多的乘客提供机票、长途电话服务、旅行社和连锁饭店服务等多种奖励,刺激他们频繁地乘坐本公司的班机进行长途旅行,以便获得乘客对本公司品牌的偏爱。早期的常客奖励计划取得了巨大的成功。然而,随着欧洲、亚洲和远东各主要航空公司纷纷效仿美国航空公司,推出更优厚的奖励措施,常客奖励计划给航空公司带来的利益越来越少。这些旅游企业发现,使用奖励计划的顾客并不忠诚于某一个企业,而是哪个企业的奖励优惠就购买哪个企业的旅游服务。为了减少顾客流失,企业必须不断创新奖励方式,但竞相攀比的奖励政策会影响公司的利润率和经营效益,使企业陷于两难境地。

由此,越来越多的旅游企业意识到,仅仅通过奖品和优惠价格"购买"顾客的忠诚,是无法真正创造忠诚的顾客的。旅游企业必须把重点放在提高质量上,通过为个人或团体提供竞争对手不易模仿的优质服务来赢得顾客,留住顾客。优秀的旅游企业不仅重视传统的营销工作,更重视不断研究和调查现有或潜在的顾客,找出他们看重的服务属性及愿意再次光顾的原因,以便处理好与顾客接触的每个细节,为顾客提供其他企业无法给予的消费价值。达登饭店集团(Darden Restaurants)在筹建橄榄花园餐厅时,细致地研究了顾客的心理感知和期望,包括餐桌的摆放距离、音乐的音量和类型、菜单上的菜式、每份食物的分量和质量等,使顾客在整个消费过程中感到非常舒适、愉悦。丽兹-卡尔顿大酒店(Ritz-Carlton)的员工在服务过程中,有意识地记下顾客的住宿习惯和特殊要求,并把这些信息输入酒店的顾客数据库。此后,该顾客入住丽兹-卡尔顿的任何一家分店,服务人员都会预先为顾客准备好其喜欢的杂志、饮料、床上用品等。卓越的旅游企业就是这样,从研究顾客的消费行为入手,有效地把握打动顾客的关键因素,提高顾客感觉中的服务质量和满意感,从而与顾客建立密切的长期合作关系,巩固企业的竞争优势。

二、提高游客管理水平,合理开发旅游资源的前提

目前,我国旅游业对游客的管理和旅游资源开发仍处于"初级阶段"。例如,许多地方在对文化旅游资源的开发上,大兴土木人为复制古迹,造成整体景观不伦不类。开发者忽略了喜欢游历古迹的旅游者要的不是"仿制品",而是观赏历史留下的断壁残垣,遥想这里曾经发生过的历史事件。一些地区花大力气招徕游客,却没能协调好旅游者、环境保护、旅游资源消耗与经济社会发展的关系。当旅游者人数超过旅游者的心理承受能力时,旅游者将不再认为在该地旅游是一种享受。旅游

者的不满情绪甚至会使他们不愿再次到该地区旅游。当多数旅游者对该地区产生不良印象时,前往该地区的旅游者人数将急剧减少。这将会使该地旅游设施闲置,旅游经济萎缩,使旅游目的地的可持续发展受到严重影响。这种现象在我国曾多有发生。

随着老牌旅游目的地衰退问题越来越突出,以及旅游活动对一个地区生态和文化方面的负面影响日趋明显,人们逐渐意识到旅游并不是一个完全“无烟”的洁净产业。我们迫切需要建立“有竞争力且可以持续发展”的旅游目的地。要实现这一目标,旅游企业及相关管理部门必须了解旅游消费者的行为规律及影响旅游消费者行为的各种因素。

(一)合理规划,开发旅游目的地和吸引物

通过了解消费者追求的旅游体验、消费者对各种服务属性的评价,旅游企业及相关管理部门可以合理地确定旅游开发的目的,针对旅游目的地的资源属性,面向特定的细分市场开发各项具体产品,并对各项具体产品进行统筹规划。以主题公园为例,开发者可针对目标游客的特点分别设计儿童脚踏车活动区、成人玩的摩托艇水域等主题区域,并协调各个主题区域之间的联系,确保游客能自如地在各个主题区域之间流动,取得最佳的游玩效果。

旅游消费者行为研究,还有助于旅游企业及相关管理部门在把握总体规划方向的同时,在细节上做到以人为本。例如,许多国际大型机场的设计不仅考虑服务流程上的需要,还会从旅游消费者的角度考虑,确保使用频率大的建筑具有实用性、方便性、美观性。比如说,厕所的空间间距合理,女厕所的数量比男厕所多。这些人性化的细节问题往往能给游客留下深刻的印象。

旅游企业及相关管理部门可以根据旅游消费者的心理活动规律,在旅游规划中科学选用刺激因素。例如,在旅游观赏对象与背景之间注重运用对比色彩,或适当采用鲜亮明快的色彩吸引游客的注意,满足游客视觉需求,起到烘托景观的作用。再如,开发既能体现旅游者自我意识和情感倾向,又能体现旅游目的地独特风格的旅游纪念品作为旅游地的“标签”,刺激旅游者的感知、学习和记忆,深化旅游者对旅游目的地的印象。

简而言之,研究旅游消费者行为有助于规划有独特魅力的旅游目的地,为旅游者提供美好的游览体验,吸引旅游者延长逗留时间,并提高旅游者的重游率。如果吸引了非目标游客,旅游企业也可以根据游客的行为习惯,通过调整商店内商品的类型、咖啡厅内食品和饮料的定价等细微的因素,在不影响目的地形象的前提下引导游客自行做出选择。

(二)完善游客管理

旅游消费者行为研究有助于旅游企业及相关管理部门以有效的游客管理措施,调节客流在时间和空间上的分布,鼓励游客注重对生态和历史遗迹的保护,减轻旅游对环境的影响。

通过了解旅游消费者的行为规律,旅游企业及相关管理部门可以确定旅游目的地每个区域的游客密度,将游客数量控制在该区域的接待容量之内,以避免因道路太过狭窄而产生拥挤感、因游客休息处座位的设计不当令人觉得隐私被侵犯等问题,保证旅游体验的质量。在自然旅游区,特别是国家公园和环境脆弱的自然保护区,游客管理尤为重要。

目前,我国旅游企业往往是靠树立警示牌、加派警卫等硬性管理措施,规范旅游者的行为。有时采取硬性管理是必需的(如要求游客呆在加固的观光工具里以确保不干扰野生动物的生活),但过于严厉的硬性管理措施会使游客反感。旅游企业可以采取软性管理措施,让游客在不知不觉中受到影响。例如,在主题公园中,如果一个区域的容量超载,而另一个区域的容量不足,管理人员可以组织一支表演乐队从拥挤的区域穿行而过,很多游客都会跟随表演队伍一起到达游客稀少的地方。在博物馆中,如果游客拥堵在某个展区使人员无法流动,企业可以播放一段关于该展区展示物件的解说词,解说结束后,游客一般会自然地向下一个游览点流动。这些有效解决问题而又不冒犯游客的控制方法,是在深谙旅游消费者行为规律的基础上摸索出来的。

迄今为止,我国旅游管理学术界与实业界对旅游消费者行为的研究成果,还未能满足实践发展的要求。为了促进我国旅游业良性快速发展,学术界与实业界必须不断地追踪研究旅游者的需求和消费行为,有效地开发旅游资源,安排旅游目的地中不同区域的活动类型,并引导旅游者的消费活动,使其与旅游景观的结构、功能及其内在价值相协调。

三、保护消费者权益、制定旅游政策的依据

由于旅游产品主要表现为服务形态,服务的无形性、差异性等特征使旅游者难以在购前获取服务质量信息。此外,旅游是一种跨地区、跨国界的活动。各国各地区在社会制度、政治信仰、生活方式、生活习俗等方面的差异,也给旅游者掌握旅游地信息带来了困难。因此,旅游消费者与旅游企业之间的信息往往是不对称的。一些不良分子利用这一空子,通过损害旅游消费者权益而自肥。比如,用铺天盖地的“超值团”、“特价团”广告刺激人们的出游欲望,实质上却在行程中安排了大量的购物活动,让游客无暇观赏景点。一些旅行社在经营上甚至已形成一种“不诚信经营的模式”,广告、行程安排言过其实、闪烁其词,如用“远眺”、“观望”、“途经”等字眼蒙骗消费者,使消费者发现受骗上当时又投诉无门,只能吃哑巴亏。现在,旅游消费者权益保护已成为社会关注的热点话题。

消费者拥有自由选择产品和服务,获得安全的产品和准确的信息等权利,是市场经济的基础。政府有责任和义务来禁止欺诈、不守信用等损害消费者权益的行

为发生,有责任通过宣传、教育等手段提高消费者自我保护的意识和能力。政府应当制定什么样的法律,采取何种手段保护旅游消费者权益,政府法律和保护措施在实施过程中能否达到预期的目的,这些问题的解决,很大程度上可以借助于旅游消费者行为研究所提供的信息。例如,一些地方政府建立了旅游者问讯中心和投诉站,为旅游者提供信息,以便他们做出明智的选择。这类措施能否真正达到目的,与旅游者权衡成本和收益之后的判断密切相关。如果设置问讯中心的地点不科学,旅游者寻找问讯中心的难度比自行寻找目的地的难度还要大,或投诉程序复杂,旅游者投诉的交易成本比索赔的收益还要高,这类措施只是徒然增加政府的运行成本而已。所以,通过研究旅游消费者行为,可以更全面地评价现行消费者权益保护的法律和政策,并在此基础上制定出更切实可行的旅游消费者权益保护措施。

此外,政府在了解消费者行为的基础上,制定有关旅游消费政策,可以使政策更加有效。比如,法国政府深入细致地研究旅游者的行为,精心兴建新的旅游度假地,对旅游目的地开展营销,并把为残疾人、单亲家庭等公民提供旅游机会纳入社会安全保障体系。这些措施成功地鼓励了法国人参加国内旅游,促进了法国旅游业的发展。

总体而言,研究旅游消费者行为不仅有助于在从微观层面提高旅游企业的经营和营销水平,为游客提供美好的旅游体验,还有助于旅游管理部门把旅游开发与对文化遗产和环境的保护结合起来,科学地规划旅游基础设施,开发旅游资源,制定旅游发展政策。此外,研究和了解消费者行为,有助于政府洞悉企业如何运用消费者行为知识制定营销策略,制定出科学的措施和政策,保护旅游消费者和旅游企业的合法权益,促进旅游业健康发展。

第三节　旅游消费者行为研究的方法

要想在未来的竞争中脱颖而出,旅游企业必须不断适应旅游者的要求,达到其期望水平并改善旅游者的实际旅游经历。理解消费者的需要,预测他们的需求,并且满足他们的需求,是旅游企业获得成功的关键。一些企业家认为他们对旅游消费者已经有一定的认识,不需要用更为细致的调查来检验他们的看法。这种想法是很危险的。即便是能够为游客提供梦幻般体验的迪斯尼乐园,也会因为没有细致调查消费者的行为而栽跟头(见本章案例2-1)。尽管我们意识到了研究旅游消费者行为的重要性,但是,目前大部分旅游业从业者与学者在研究旅游消费者行为时,都面临一个难题:全世界大多数国家的旅游业都缺少可靠的、最新的统计数据分析。我们对旅游者为什么会有这样的消费者行为,或者说为什么旅游者没有朝着旅游业商家所期望的方向发展之类的问题知之甚少。这一方面反映出旅游消费者研究的复杂性,另一方面也说明我们对旅游消费者行为的研究工作中还存在着很大不足。在本节中，我们将探讨旅游企业或组织需要哪些旅游消费信息，如何运用定性和定量的研究方法研究旅游消费者行为。

一、旅游企业及相关机构需要的旅游消费信息

旅游消费者行为是一个非常有趣，同时又是一个很难的研究课题。一般情况下，消费者的行为具有目标导向性，消费者会先意识到自己的需求，然后收集信息，在此基础上对各种备选产品进行评价、比较和筛选，最后做出购买决定。但旅游产品的消费与购买总是夹杂着感情色彩。不少消费者购买旅游产品只是为了好玩，为了获得新的刺激，为了获得一种情感上的体验。他们的消费行为会受到心理、社会、经济、文化等方方面面因素的影响。因此，旅游企业及相关机构要了解和研究旅游消费者的行为，必须广泛地收集有关旅游消费者行为的信息，主要包括：

（一）有关旅游者概况和旅游行为的统计数据

有关旅游者概况的统计数据，包括旅游者的年龄和性别、旅游者所处的家庭生命周期的阶段、旅游者的居住地、旅游者的职业和收入等。获取这些信息有助于旅游企业确定市场细分标准，对每一个细分市场的特点进行识别与研究。此外，旅游者想在哪里度过假期，何时为人们度假的主要时段，人们在假期的花费，人们每年出游的次数等统计数据，对旅游企业及相关机构掌握旅游者在特定期间内的活动，预测旅游者的消费行为也是非常重要的。

（二）旅游者做出购买决策的决定因素及过程

通过第一节的学习，我们知道旅游者做出购买决策是一个很复杂的过程。在现实生活中，每个旅游者的决策过程都不相同，他们的购买目的和其他一些限定因素都会影响他们的最终决策。企业要熟知旅游购买决策的决定因素及过程，才能在合适的时间对目标市场采取适当的营销措施。此外，旅游企业还要针对具体的旅游产品，进一步了解到底谁是真正的购买决策者、谁是购买者、谁是消费者。例如，当一个家庭或一个团体旅游时，旅游企业需要掌握由谁做出购买决定，这样才能找准促销对象。

（三）旅游消费者的感知、满意度和未来的购买意向

旅游消费者的感知会影响其实际行动。因此，旅游企业或组织，需要了解消费者对单项产品、旅游目的地、度假类型以及特定旅游企业的感知。

旅游者满意度是一个复杂的问题。旅游产业必须首先了解决定旅游者满意度的各项要素，然后通过纵向分析，掌握旅游者期望的变化趋势，进而提前做出调整来适应旅游者的期望。

如果旅游企业希望扩大新客户群，就十分有必要去了解当前一些旅游者为何没有购买此类产品，并据此来调整产品范围以便吸引他们其中的一些人，使其成为自己的新客户。

（四）旅游消费者行为中的文化差异和民族差异

对开展跨地区或跨国业务的旅游企业而言，了解旅游消费者行为中的文化差异和民族差异是至关重要的，包括主要节假日日期方面的差异，对服务和具体设施的要求与期望差异等。

（五）旅游消费者行为与他们购买其他产品的相关性

各单项旅游产品之间不一定是竞争和替代的关系，许多旅游产品是互补的。对这种相关性的认识有助于旅游企业筹划相关的促销活动。比如说，旅游者在假期的购物与平日购买其他产品没有什么不同，只是人们日常生活的一种延伸。航空公司可以将一家超市和一条航线联系起来制订促销宣传计划。

二、旅游消费者行为研究的常用方法

在竞争愈演愈烈的商业环境中，准确了解旅游者旅游目的地的选择和旅游者消费行为，需要有相应完备的研究技术的支持。对旅游消费者行为的研究有明显的跨学科性，所采用的研究方法也是多元化的。其中，最常见的研究方法包括深入访谈法、观察法、问卷调查法和实验法。

（一）深入访谈法

深入访谈法是一种定性研究方法，包括半结构化访谈和非结构化访谈。在半结构化访谈中，研究人员简单地列出需探讨的话题，在宽松的环境下与受访者交谈，倾听受访者对这些话题的看法，并对受访者的谈话内容进行系统整理。在非结构化访谈中，研究人员不预先列出问题，而是在交谈的过程中自然而然地即兴提出问题。

在旅游营销研究工作中，最常用的深入访谈形式是焦点小组访谈，即根据研究目的找 6～10 位相互之间不熟悉的人，就某个专题进行深入探讨。例如，共同探讨他们对新设计的广告主题和计划理解；他们是否喜欢新的风景区规划方案，喜欢哪些方面，不喜欢哪些方面；公众对开发环境敏感地区的反应等。研究人员首先要挑起话题，鼓励焦点小组成员发表不同意见，并在谈论过程中适当地提问，以确保每位成员都围绕主题参与探讨。在访谈过程中，研究人员还要及时地记录每位小组成员的谈话内容，特别是一些关键性的评论。焦点小组访谈往往能够帮助我们洞察那些影响旅游消费者行为的复杂因素。但是，焦点小组的成员选择随意性很强，不一定能够代表被研究领域中有共同利害关系的整个群体或兴趣大致相同的群体，因此，研究人员将焦点小组访谈的结果推而广之时，一定要格外小心。

（二）观察法

观察法，是指研究人员通过感官或仪器对消费者的行为进行系统观察、记录并分析的研究方法。例如，在风景区安装自动计数器，记录游客的数量。这种方法获得的信息往往比利用调查法获得的信息更加客观和准确。但是,观察法只能反映表面现象,难以揭示现象背后的本质或因果规律。我们只能通过观察法了解人们在做些什么,而无法直接得知他们为什么这样做,无法得知他们的动机、态度或观点。因此,观察法通常与其他方法结合使用。例如,研究人员在测量爱尔兰海滩游客的心理承受能力时,从空中拍摄相片,了解游客的稠密度和分布情况,同时利用问卷征求游客的意见,通过比较分析,得出游客的心理容量为$10m^2$/人。

(三)实验法

实验法,是指人为地为某一实验创造一定条件,观察其实验结果,再与未给予这些条件的对比实验的结果进行比较分析,寻找外加条件与实验结果之间的因果关系。例如,一个旅游度假区的经营成本上升太快,管理人员试图找出可以减少成本的方法。他们发现在度假区所有楼层上运转制冰机的成本相当高。但是,在做出匆忙草率的决策之前,管理人员可以通过实验法,判断能否完全撤掉制冰机或仅运行较少的制冰机。他们可以移走某些楼层上的制冰机,仔细观察顾客的反应,以比较有制冰机楼层顾客和无制冰机楼层顾客的满意度。

实验有实验室实验和现场实验之分。实验室实验,是指在人为制造的实验室环境中,精确操纵自变量,考察因变量如何因自变量变化而变化。实验室实验的结论较为精确,但因为现实环境与实验室往往有较大差别,所以实验室得出的结论不一定具有普遍性。现场实验所得的结论具有普遍意义。然而,旅游研究者很难开展现场实验,因为在真实的旅游环境中,很难保持控制变量不变。但是,在风景区搞广告宣传实验或价格实验还是可行的。目前,已经有企业成功地将这类实验的成果用在市场营销上。

(四)调查法

调查法,也叫问卷调查法,是指事先针对研究目的拟定一系列问题,以问卷形式收集信息并加以分析的方法(见表2-2)。调查法是旅游研究中使用得最多的一种方法。随着通信技术的发展,研究人员不仅可以通过面对面访问、打电话访问和邮寄问卷的方式,收集被调查对象的信息,还可以利用计算机电子装置,向消费者提出问题,并立刻对获得的结果进行记录和汇总。根据调查问卷的内容,调查法可分为:

(1)事实调查法,如询问“你上个星期参加了什么娱乐活动”之类的问题,以了解准确的信息;

(2)观点调查法,如询问被调查者包价旅游A和包价旅游B,哪个更具有吸引力或哪个的旅游广告做得较好,以了解潜在旅游者的看法;

(3)解释性调查法,如询问被调查者为什么选择某个特定的度假目的地或特定的航线,为什么参与某个特定的娱乐活动等,以了解旅游消费者行为背后的原因。一般情况下,旅游消费者能够较准确地回答“是什么”这样的问题,但他们在回答

“为什么”这样的问题时往往力不从心。与解释性调查相比较，深入访谈法可能更适用于收集这类“原因”数据。

采用问卷调查法要注意的问题是：

(1)如果问卷设计不周全，问卷调查的结果可能就毫无意义。例如，很多旅游企业会向旅游者提出“你在何时何地第一次听说此旅游地的”、“以后你还会愿意乘坐本航线吗”这类问题。但实际上，旅游消费者很难提供准确的回答。如果旅游者早在5岁时就在邮票上看到过桂林的景色，但他却是在50岁以后才有机会亲身游览。当他回答何时何地第一次听说桂林时，他并不能提供多少有助于调查者开展营销活动的信息。至于第二个问题，由于假设性太强，也难以得到有用的信息。其结果可能是促使旅游者做出迎合调查者的答案，而并非真实情况。

(2)调查过程的抽样设计也是一个难点。如果样本容量小、抽样不具代表性，问卷调查的结果就会缺乏普遍意义。此外，还有许多主观或客观的因素影响调查抽样的准确性。比如，①在流动中对旅游者非常自然而真实地进行随机抽样一般是不可能的；②旅游需求往往具有季节性，这意味着不同国籍不同类型的旅游者将在一年的不同时间享用旅游度假产品，所以在一年中的某一段时间做的调查可能会忽略整个细分市场中某些市场；③调查者倾向于选择那些看上去比较友好的旅游者，或者是讲同种语言的旅游者作为调查对象，所有这类因素都会使抽样中存在误差。

(3)旅游者故意作答的现象会给调查带来误差。在旅游消费者调查中，有几种产生误差的可能性，比如，由于旅游者不愿得罪调查员，隐瞒了自己对公司产品的不满之处；由于旅游者对自己的活动表示羞愧(如参加赌博等)，而对度假活动的内容有所隐瞒；旅游者的确忘记了假日期间的消费数目而含糊其辞或夸大消费数额，以满足其虚荣心。类似情况都会产生误导信息。

表2-2　中国民航协会用户工作委员会对乘客的调查问卷

旅客评价航空公司服务质量调查问卷					
您评价的航空公司					
航班号		乘机日期		始发机场	
中转机场		到达机场			

一、请根据您的感受对以下各项进行评价(请将您的评分涂黑)										
1. 乘机之前，您对该航空公司的期望和印象(请用10分制打分，最低1分，最高10分)										
(1)对该航空公司服务质量的期望	[1]	[2]	[3]	[4]	[5]	[6]	[7]	[8]	[9]	[10]
(2)该航空公司在您心目中的形象	[1]	[2]	[3]	[4]	[5]	[6]	[7]	[8]	[9]	[10]
2. 根据您的实际体验，您认为该航空公司的服务质量如何(请用10分制打分，最低1分，最高10分)										
(1)售票服务评价	[1]	[2]	[3]	[4]	[5]	[6]	[7]	[8]	[9]	[10]
(2)地面服务评价	[1]	[2]	[3]	[4]	[5]	[6]	[7]	[8]	[9]	[10]
(3)空中服务评价	[1]	[2]	[3]	[4]	[5]	[6]	[7]	[8]	[9]	[10]

续表

(4)总体服务评价 [1] [2] [3] [4] [5] [6] [7] [8] [9] [10]

3. [仅延误航班旅客填写]您对该航空公司和航班延误时提供服务的评价(请用10分制打分,最低1分,最高10分) [1] [2] [3] [4] [5] [6] [7] [8] [9] [10]

4. 根据您的实际体验,对该航空公司的满意程度进行评价(请用10分制打分,最低1分,最高10分)

(1)对该航空公司的总体满意程度 [1] [2] [3] [4] [5] [6] [7] [8] [9] [10]

(2)服务质量接近您期望的程度 [1] [2] [3] [4] [5] [6] [7] [8] [9] [10]

(3)服务质量接近您理想的程度 [1] [2] [3] [4] [5] [6] [7] [8] [9] [10]

5. 该航空公司提供的服务和您所支付的票价相比,您认为合理程度如何(请用10分制打分,最低1分,最高10分) [1] [2] [3] [4] [5] [6] [7] [8] [9] [10]

6. 最近一年内,您对该航空公司是否有过抱怨 没有[ ] 有过,抱怨的次数________

7. 您对该航空公司的信任程度(请用10分制打分,最低1分,最高10分)

[1] [2] [3] [4] [5] [6] [7] [8] [9] [10]

8. 您会有意识地选乘该航空公司的航班吗(请用10分制打分,最低1分,最高10分)

[1] [2] [3] [4] [5] [6] [7] [8] [9] [10]

二、不满意服务项目选择:在此次航空旅行中,您对该航空公司的哪些服务环节不满意?(请您将不满意的项目方框涂黑)

9. 售票服务 电话咨询服务[ ] 服务态度[ ] 送票服务[ ] 购票环境[ ]

10. 地面服务 服务态度[ ] 办理速度[ ] 收运行李[ ] 座位选择[ ] 候机服务[ ] 航班信息沟通[ ]

11. 空中服务 航班正点[ ] 客舱环境[ ] 乘务员服务态度[ ] 安全演示、检查[ ] 广播服务[ ] 书报杂志[ ] 音像服务[ ] 餐饮品种、质量[ ] 卫生间清洁[ ] 客舱设施、设备[ ]

12. 航班延误时服务 信息沟通[ ] 签转[ ] 退票[ ] 食宿安排[ ]

13. 到达站服务 提取行李[ ] 行李查询[ ] 行李赔偿[ ] 中转服务[ ]

填写人姓名________联系电话________通信地址__________________________邮政编码______

如果您不介意,请您填写以下内容(请将您的选项方框涂黑)

1. 您的旅行目的:公务/商务[ ] 旅游[ ] 探亲[ ]

2. 您的购票方式:航空公司售票处[ ] 销售代理点[ ] 旅行社[ ] 电子商务[ ]

3. 您的购票时间:当天购票[ ] 乘机前1~2天[ ] 乘机前3~6天[ ] 乘机前7~15天[ ] 乘机前15天以上[ ]

4. 您最近一年的乘机次数:1~3[ ] 4~6[ ] 7~9[ ] 10~15[ ] 15以上[ ]

5. 您选坐的舱位:头等舱[ ] 公务舱[ ] 经济舱[ ]

6. 您的机票费用来源:单位付费[ ] 个人付费[ ] 常旅客奖励[ ] 其他[ ]

7. 您选择航班考虑的主要因素:航空公司品牌[ ] 安全[ ] 航班时刻[ ] 机型[ ] 服务[ ] 持常旅客卡[ ] 航班正点[ ] 折扣票[ ] 旅行社安排[ ] 唯一可选航班[ ]

8. 您的旅行是直达,还是中转:直达[ ] 中转[ ]

9. 您乘坐航班的时间段是:7:00~9:00[ ] 9:00~12:00[ ] 12:00~15:00[ ] 15:00~20:00[ ] 20:00~24:00[ ] 0:00~7:00[ ]

10. 您的年龄:16~21[ ] 22~34[ ] 35~44[ ] 45~54[ ] 55~64[ ] 65以上[ ]

11. 您的文化程度:初中以下[ ] 高中/中专[ ] 大学/专科[ ] 研究生及以上[ ]

续表

12. 您所在行业：国家机关[ ] 科教文卫[ ] 国有企业[ ] 外商投资企业[ ] 民营企业[ ] 部队[ ] 农业生产[ ] 其他[ ]
13. 您对民航服务工作的建议：________________

请寄：北京市朝阳区西坝河北里甲24号109室，邮编10028，电话：(010)64287798 网址 www.aceca.org.cn

思考与练习

1. 本章介绍的消费者行为模型中，哪一个对旅游营销者最有价值？

2. 对同学进行小范围的调查，了解大学生是如何做出旅游决策的。

3. 分析青年情侣在购买旅游产品时会考虑哪些因素。

4. 针对你所在地区的一个旅游景点，请你根据游客的消费特点，向当地管理部门提出旅游目的地可持续发展建议。

5. 讨论在进行旅游消费者问卷调查中会遇到的主要问题。

第三章

旅游动机

第一节　消费者动机概述

一、消费者的需要与动机

（一）消费者的需要

消费者的需要（need），是指消费者生理和心理上的匮乏状态。人们在生存和发展过程中会产生各种各样的需要。有的需要是维持生命必需的先天需要，如饿的时候有进食的需要，渴的时候有喝水的需要，累的时候有休息放松的需要；有的需要是后天习得的，包括对自尊、社会地位、权力与学习的需要等；有的需要与某些实用功效有关；有的需要与情感相关。人们购买产品和服务的目的往往是为了满足一定的需要。当一种需要得以满足后，人们又会产生新的需要。正是人类需要这种无限延展的特性，决定了人类消费活动的永恒性。

（二）动机的含义

动机（motivation），是激发人们采取行动，努力实现目标，满足某种需要的愿望。它是决定行为，并使行为持续指向一定的目标的内在动力。动机的产生和作用过程如图 3－1 所示。

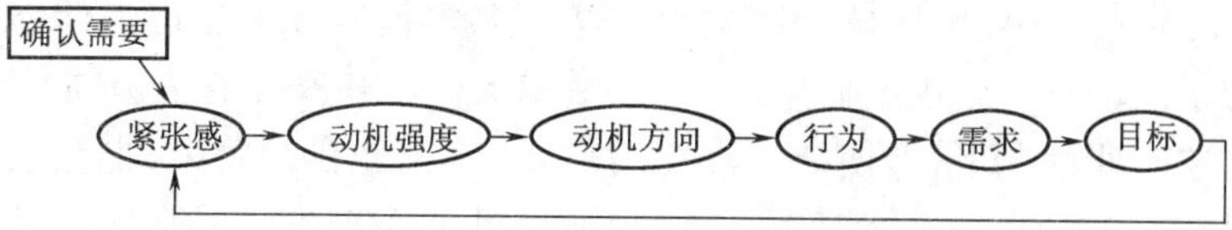

图 3－1　动机产生和作用的过程

心理学家普遍认为，人的一切行为都是由某种动机引起的。未得到满足的需要，是产生动机的起点。因为，未得到满足的需要会使某些结果（事物或状态）具有吸引力，富有吸引力的理想状态与现实状态之间的差距使消费者在心理上感到紧张。这种紧张状态的相对重要性，以及消费者对理想与现实之间差距大小的感知，决定了消费者意欲消除这种紧张感的迫切程度。如果消费者满足需要的愿望非常迫切，这种内在的驱动力就会促使消费者采取特定的方式来满足需要。

通常情况下，消费者可以通过多种方式满足某种需要，他们所选择的具体方式往往反映了他们的生活阅历和文化修养。如果消费者的行动成功地达到了目标，他们的紧张感就会得到缓解，动机也会暂时消失。但消费者又会产生新的需要，激发新的动机，如此循环不息。如果消费者的行为遭受了挫折，未达到其满足需要的意图，消费者可能会继续寻求消除紧张感的方法，也可能会由此打消满足需要的动机。简而言之，人们未得到满足的需要刺激人们产生动机，动机激发人们采取某种行动，努力实现目标。

（三）需要与动机之间的关系

动机与需要是两个密切相关，又有一定区别的概念。在理解需要、动机与行为之间的关系时，应注意以下几个问题：

第一，需要只有处于唤醒状态，才会驱使消费者采取行动。换言之，仅仅有需要还不一定能导致个体的行动。有的需要很容易识别，可以直接引起动机，促使消费者朝特定目标行动。例如，血液中水分的缺乏会使人产生对水的需要，驱使人们表现出喝水这一行为。但有的需要只是潜伏在消费者心底，消费者要在一定的内部刺激或外部刺激下，才能识别出自己的需要。如果消费者没有意识到自己的某种需要，他可能不会产生紧张感，也不会有所行动。

第二，虽然需要是人类活动的原动力，但并非所有未得到满足的需要都能激发人们产生动机。由于受经济条件或其他客观因素制约，有的需要只能促使消费者调节身心，而不一定促使消费者有所行动。比如，一位有工作和家务双重负担的妇女想独自外出度假，但考虑到家人的反应、时间的限制、语言问题、在陌生环境中的人身安全问题等，她可能会在去与不去之间摇摆，极力压抑去旅游的愿望。这种潜在的需要或非主导的需要对消费者行为的影响力比较微弱。只有当消费者的匮乏感达到了某种迫切程度，或被外在诱因唤醒后，消费者才会设法满足这些需要。如果这位妇女对惯常环境的厌倦程度或对旅游的渴望程度大大超出人体能承受的幅度，外出游玩的动机也就由此而生，她将设法卸下工作和家务的重担，放松身心。

第三，在有些情况下，即使缺乏内在的需要，单凭外在的刺激，也能引起动机并导致某种行为。比如，一般情况下，人们为消除饥饿而进食。但毫无饥饿之感的人在美味佳肴面前，可能会抵挡不住诱惑，产生一饱口福的动机。也就是说，动机既可能源于内在的需要，也可能源于外在的刺激，或源于需要与外在刺激的共同作用。

第四，需要经唤醒后，可以促使消费者为消除匮乏感或不平衡状态而采取行动，但它不具有对具体行为的定向作用。比如，消费者感到饿的时候，会为寻找食物而活动，但面对面包、馒头、饼干、面条等众多选择物，消费者到底以何种食物充饥，并不完全由需要本身所决定。与需要相比较，动机更明确地指向了某种特定产品和服务，它往往指向消费者认为最有利于达到目标的方法。例如，在两个饥肠辘辘的人中，有健康意识的人可能希望得到一份营养配餐，另一个人则可能会期望一份香喷喷的油煎食品。这种满足需要的特殊消费方式称为需求（Want）。

二、消费者需要的类型

人们的需要五花八门、多种多样。人们生来就需要一些必要的成分以维持生命和繁衍后代，像食物、水、空气和房屋，这些需要称为生理性需要。作为社会的一员，人们只有获得所在群体和社会的接纳和认同，才会产生安全感和归属感。因此，人们还会形成为维护社会的存在和发展而产生的社会性需要，如求知、求美、友谊、荣誉、社交等需要。从需要的对象来说，人们不仅希望通过获取物质满足其生理需要，展示其个性、成就和地位，还有精神和心理上的需要，如歌迷支付上千元听演唱会，以满足他们对兴奋、幻想等享乐需要。为了系统地追溯并从实质上解释人们的各种行为，许多学者试图罗列并归纳出人类主要的需要类型。

（一）默里的需要理论

1938 年，赫里·默里（Herry Murray）较全面地列出了影响人们行为的 14 种生理需要和 30 种心理需要，如自主（独立）、自卫（保护自己免遭批评）、娱乐（从事令人愉快的活动）等。然而，由于默里的理论内容复杂，不便应用，因而未得到广泛认同。

（二）马斯洛的需要层次理论

美国人本主义心理学家马斯洛（Abraham Maslow）在 1943 年系统地提出了人类需要的层次模型（如图 3－2 所示）。现在，这一理论已成为人们耳熟能详的需要理论，广泛地应用于产业和组织心理学、营销、旅游等领域。马斯洛把人类需要由低级到高级分为五个层次或五种基本类型：

（1）生理需要（physiological needs），即为了维持个体生存和种族延续而产生的需要，如对食物、水、氧气、睡眠、住所、性等的需要。

（2）安全需要（safety needs），即在生理及心理方面免受伤害的需要，如对健康、安全有序的环境、稳定的职业和有保障的生活等的需要。

（3）归属和爱的需要（belongingness and love needs），或称为社交的需要，指希望得到他人的承认、接纳和重视，并能给予他人关怀和爱护的需要。比如，结识朋友，融入某些社会团体并参加他们的活动等。

（4）尊重需要（esteem needs）。马斯洛把人们对尊重的需要分为两类——自尊和来自他人的尊重。人们希望拥有独立、自信、自由，获得荣誉，受到尊重和尊敬，得到一定的社会地位。

(5)自我实现的需要(self-actualization needs),即希望充分发挥自己的潜能,实现自己的理想和抱负的需要,包括求知、审美、创造、成就等内容。马斯洛认为,自我实现是人类最高级的需要,它意味着充分地、积极地、忘我地、全身心地体验生活。

后来,马斯洛又在"尊重的需要"与"自我实现的需要"之间,增加了"对知识的需要"和"对审美的需要"两类,构成了"需要层次七级论"。

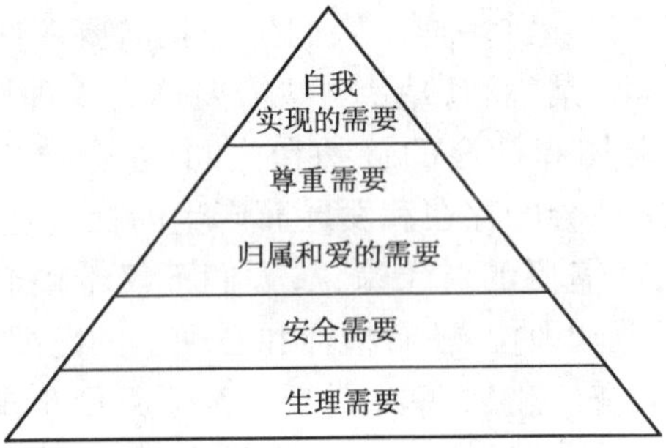

图 3-2　马斯洛的需要层次理论

马斯洛认为,当较低层次的需要得到某种程度的满足后,人们才会产生更高层次的需要。如果各层次的需要都未得到满足,那么最低层次的生理需要将主导行为。当一个人极度饥渴时,他梦见的是食物,想到的是食物,他只对食物发生感情,对其他东西毫无兴趣。一旦生理需要得到满足,它将不再激发动机,影响人们的行为。此时,只有未被满足的更高层次的需要——安全需要,才能激发人们的行为。一旦安全需要得到满足,就不再是影响行为的决定性力量。人们会继续向更高层次的需要攀登,直至能够满足自我实现的需要。在此过程中,正是那些尚未得到满足的需要强烈地左右人们的行为。

马斯洛需要层次理论得到广泛的认同和应用的主要原因之一,是该理论简单明了、易于理解,具有内在的逻辑性。但是,有些学者批评马斯洛为了使需要层次理论的框架体系符合逻辑,而遗漏了支配欲、谦卑、玩耍等重要的人类需要(Witt, Wright 1992)。有些学者指出,迄今为止,几乎没有实证研究成果支持这一理论。此外,还有不少学者对需要层次的排列顺序提出质疑。比如,在许多东方文化背景下,人们把群体福利(归属和爱的需要)摆在比个人需要(尊重的需要)更高的位置。尽管马斯洛需要层次论的科学性经常引起争议,但是,瑕不掩瑜,这一理论将复杂的人类需要有机地组合成易于理解的层级体系,揭示了旅游消费者在不同时间有不同的需要,为旅游研究提供了有用的思考工具,对旅游企业理解消费者的需要和动机、开展营销工作有重要价值。

(三)麦克利兰的习得性需要理论

与马斯洛不同,美国学者麦克利兰(David McCleland)认为人们的很多需要不是与生俱来的,而是在特定的文化背景下,通过生活经验后天习得的。麦克利兰着重研究了人们的成就需要、归属需要和权力需要。

(1)成就需要,即渴望把事情做得更好,超越他人,达到更高的成功标准。有强烈成就需要的人,具有冒险精神。他们通常会为自己设置难度适中,有一定挑战性的目标,并积极获取他人对自己行为表现的反馈。

(2)归属需要,即渴望与他人交往和亲近,获得他人的关心、支持、认可与合作。有强烈归属需要的人,不喜欢竞争环境。他们会尽量回避冲突,与他人建立和谐的人际关系。对他们而言,友谊和人际关系往往高于完成某项任务或取得某项成就。

(3)权力需要,即希望获得权力,渴望影响、支配或控制他人。麦克利兰发现,对成就需要较强的人并没有领袖欲。这说明成就需要与权力需要是两种不同的需要,人们可以通过完成任务满足成就需要,而权力需要则要通过升迁到更高的权力层次才能得到满足。

麦克利兰认为,上述三种需要是人们在早期的生活阅历中习得的。与未获奖励或受到惩罚的行为相比较,受正面激励的行为更可能重复出现。如果儿童经常因克服困难而获得奖赏,就容易形成成就需要;如果儿童从良好的人际关系中受益,如获得他人帮助、保护、指导等,就容易形成归属需要;如果儿童从控制他人中受益,就可能形成对权力的需要。

有不同需要的消费者,通常表现出不同的消费行为。例如,具有较强成就需要的旅游者可能会花相当多的时间和精力自行设计旅游线路,而不是被动地接受旅行社的旅游产品和报价。他们更可能参加登山、漂流、冲浪、潜水等旅游活动,以获取成就感。具有较强归属需要的旅游者比较注重同事、朋友、家人对自己购买行为的评价,在购买决策过程中更容易受他人的影响。他们更可能参加旅游团,并选择公认的旅游胜地作为目的地。具有较强权力需要的游客比较重视自己对饭店和旅游目的地周围环境的控制感。

三、消费动机的强度

一个人在多大程度上愿意尽力达到某一个目标而非另一个,反映了其动机的强度。我们可以从促使消费者采取行动的内部刺激和外部刺激两个方面来理解动机的强度。

(一)驱力理论

驱力,源于消费者生理或心理的匮乏状态引起的紧张感。在营销学中,消费者的紧张感是指当一个人未进行某种消费行为时,那种令人不愉快的状态。比如,一个人没有吃饭,他可能无法静心做其他事情;一个女生买不起她很想要的裙子,会感到很沮丧。这种状态激发人们表现出目标导向的行为,以减少或消除这种不愉快的状态,恢复体内平衡。一旦某种行为能有效地满足需要,消除紧张感,消费者就会记住这种行为,以便在下次面临同样的问题时,做出类似的行为反应。如果过去的行为导致不好的结果,人们便会有回避这种行为的倾向。经过学习和经验积累,消费者能够认识到哪些物品能够满足特定的需要,应采取何种行为才能获得这些物品,并在此基础上形成习惯。

简而言之,根据驱力理论的观点,消费者追求某种产品的努力程度(动机强度)取决于消费者由于匮乏状态而产生的内驱力,以及由观察、学习或亲身经历所获得关于这一产品的消费体验。

驱力理论有一定的局限性。它无法解释以下问题:①在缺乏驱力的情况下,人们仍可能表现出某种行为。比如,毫无饥饿感的人看见电视里介绍美食的节目,就可能产生吃喝动机,并导致进食行为。②现实生活中,人们经常会做一些增强紧张感而不是消除紧张感的事。比如,一个人即将要参加一个丰盛的宴会,那么,即使他已经很饿了,他也可能会放弃早点去吃快餐的想法,以便保持在宴会上的良好食欲。此外,驱力理论也难以解释人们参加登山、探险、看恐怖电影等不断追求刺激的行为。

(二)预期理论

根据预期理论的观点,人们对行为结果的预期会影响动机强度。动机的大小取决于某一行为的效价和人们对某一具体行为的期望值。效价,指某种预期成果可能为行为者带来的满足程度。期望值,指某一具体行动可能取得预期成果的可能性。如果人们预期某一具体行为将带来令人满意的奖赏,他们将处于较高的活动水平,反之,他们将处于较低的活动水平。消费者选择一种产品而不是另一种产品,是因为他们预期这种选择会带来更有益的结果。与驱力理论相比较,预期理论侧重从外部刺激物对行为的影响力来分析动机的强度,而不是从个体的内部需要来解释人们的动机。

四、消费动机的指向

动机,是一种目标导向的行为倾向,它往往指向消费者认为最有利于达到目标的方法。这是动机与需要的区别之一。消费者所追求的目标可分为一般目标和产品特异性目标。如果一个人告诉父母他想去旅游,他表述了一个一般目标。如果此人说他想参加广之旅组织的马尔代夫逍遥游,他的目标就变成了产品特异性目标。企业的营销活动就是为了影响消费者满足需要的行动方向,令消费者相信自己选择的产品特异性目标是最好的。一个商务游客可能想预订一间豪华会议厅,在合作伙伴面前显示公司的实力。香港文华东方酒店(Mandarin Oriental Hong Kong Hotel)希望把这位商务游客的一般目标转化为产品特异性目标,设法让他选择文华东方酒店中面向维多利亚海港优美景色的多功能会议厅。

满足同一需要的方式或途径很多,消费者为什么选择某一方式而不选择另外的方式?研究结果表明,消费动机的指向受多方面因素的影响,包括消费者个人的文化修养、价值观念、以往的消费经验、生理能力以及在所处的自然和社会环境中实现目标的可能性等。例如,为满足充饥之需,一位饥肠辘辘的游客可能意欲购买一块大牛排;如果这位游客年过半百,医生建议他少吃高脂肪食品,他可能想购买一块鱼排取而代之;如果他牙痛,他可能嚼不动排骨,于是选择吃面食;如果他从来没有吃过牛排,他可能想都没有想过要购买牛排,而选择以前曾成功地消除饥饿而吃的某种食物;如果他与妻子共同进餐,妻子不喜欢牛排的味道,他可能会选择妻子喜欢的食物;如果他正在印度旅行,为了避免被当地人视为亵渎神灵,他会选择与当地社会环境相吻合的其他食品;如果他正在穿越准噶尔盆地,沙漠里没有餐厅或活的动物,那么尽管他十分爱吃牛排,他也不可能把吃牛排作为充饥的方法。

此外,消费者的自我概念也会影响到消费动机的指向。消费者会选择与自我形象感知相符的产品和服务。一位自认为富有且有情调的男性游客,可能会选择高档的西餐厅进餐,并同时品尝美酒和欣赏音乐演奏。一群自认为既年轻又洒脱的学生游客,可能会在大排档饱餐一顿,然后到当地的夜市游玩。消费者之所以选定特定的产品和服务,不仅是因为这些产品和服务能满足消费者的特定需要,还因为这些产品和服务能象征性地反映消费者的个人形象。

第二节 旅游者的旅游动机

所谓"在家千日好,出门一日难",人们为什么要旅游呢?有些旅游研究者借助马斯洛需要层次理论解释人们的旅游动机,还有不少学者尝试概括旅游动机的类型。然而,迄今为止,旅游学界尚无法就人们为什么要旅游达成共识。现有的旅游动机研究成果还不能很好地解释为什么每年有数以亿计的人离开温暖的家,以不同的方式到世界各地参加各式各样的旅游活动。研究人员已经意识到,这个看似简单的问题并没有简单明了的答案。本节将介绍一些学者的研究成果。

一、托马斯的旅游动机理论

托马斯(J. Thomas)是较早研究旅游动机的学者之一。1964 年,托马斯从教育文化、休闲与娱乐、种族传统等方面,找出了四大类 18 项常见的旅游动机。

(1)教育文化方面的旅游动机。这方面的旅游动机包括:人们希望去看看别的国家的人们如何工作、生活和娱乐;去观赏富有特色的风景名胜;去参加特别的节庆活动;希望对现在发生的事件作更深入细致的了解。

(2)休闲与娱乐方面的旅游动机。这方面的旅游动机包括:摆脱每天例行的工作和职责；尽情玩耍；获得某种与异性接触的浪漫体验。

(3)种族和传统方面的旅游动机。这方面的旅游动机包括瞻仰自己祖先的故土，以及到家族成员或朋友曾经去过的地方游玩。

(4)其他动机。除了上述旅游动机外，托马斯还列举了气候、健康、运动、经济、冒险、胜人一筹的本领、追求时髦、参与历史盛事、了解世界、经济等促使人们旅游的动因。

托马斯对旅游动机的分类揭示了旅游动机的多样性和复杂性。这些动机在一定程度上解释了为什么一些旅游者在观赏某部影视作品后，会产生到拍摄地一游的愿望，以了解故事发生的背景和拍摄的细节；为什么有些旅游者甘愿到荒凉的小岛上"扮演"一周的"土著"，体验淳朴原始的生活；为什么许多华侨和港澳、台湾同胞以散客的形式回内地寻根问祖；为什么王公贵族要每年到行宫避暑或浸泡温泉；为什么越是高峻险恶的山体越能激发登山旅游者的兴趣，等等。但是，托马斯的旅游动机理论仅仅停留在罗列动机因素的层面上，而不是深层次地理解动机。这一理论无法解释这些旅游动机如何影响旅游者的决策和旅游行为。

二、麦金托什对旅游动机的分类

美国著名旅游学家麦金托什(Robert McIntosh)把旅游动机概括为四大类：

(1)生理动机。旅游的生理动机是指旅游者为了追求身体健康、消除紧张和疲劳而旅游。有这类动机的旅游者大多会参加运动、娱乐、洗矿泉浴、药浴等活动。

(2)文化动机。旅游的文化动机是指旅游者希望通过旅游了解与旅游地有关的音乐、艺术、民俗、舞蹈、绘画、宗教等文化，以扩大视野、丰富知识。

(3)人际交往动机。人际交往动机是指旅游者希望通过旅游加强与他人的交往和联系，包括接触其他民族、探亲访友、结交新朋友以及摆脱日常事务等。

(4)身份和声望动机。身份和声望动机是指旅游者希望通过旅游赢得他人的承认、注意、赏识、尊重以及获得良好的声誉。出于这类动机的旅游包括商务旅游、会议旅游、考察旅游，以及实现个人兴趣爱好的旅游和求学旅游。

尽管麦金托什对旅游动机的分类有助于我们了解旅游者行为的动因，但是某一具体的旅游行为往往是受多方面动机驱使的，在特定时期某种或某些旅游动机对潜在旅游者来说可能比其他动机更为重要，麦金托什的旅游动机理论没能深入解释以上旅游动机对旅游消费行为的具体影响。

三、旅游动机的推拉理论

1977年，美国学者丹恩(G. Dann)提出了旅游动机的推拉理论。他认为旅游行为受两个方面的基本因素影响：推动因素和拉动(诱导)因素。

推动因素,是使潜在旅游者产生旅游愿望的内在因素。这类因素与旅游者生理或心理的不平衡有关,因而,凡是能够缓解内部不平衡或紧张状态的所有刺激都可能成为行为指向的对象。所以,在推动因素影响下外出的旅游者不一定有具体明确的选择。比如,期望与家人增进亲情的旅游者并不在乎去上海还是去九寨沟旅游,关键是一家人能在一起共度美好时光。

拉动因素,是影响旅游者到哪里旅游的因素。拉动因素与旅游目的地的属性及旅游吸引物的特色息息相关。旅游者根据对目标属性的认识产生拉动性的旅游动机,因此,在拉动因素影响下外出的旅游者往往有明确的目的地。比如,一对新婚夫妇可能会到海南岛的天涯海角见证爱情,而不会选择其他旅游目的地。

丹恩归纳了七个方面的旅游动机:

(1)人们旅游是为了寻找他们在日常生活中缺乏但又渴望获得的事物。丹恩认为,现代社会世态炎凉、人情淡漠,因此人们需要通过旅游活动,丰富社交生活,以弥补日常生活的不足。

(2)人们旅游是因为受到旅游目的地的吸引。旅游的推动力,即人们期望通过旅游弥补日常生活的缺失,往往是与旅游目的地散发的吸引力共同发挥作用的。旅游者对目的地的感知(拉动因素)使旅游者把旅游的愿望转变为对特定旅游活动的真实需求。

(3)梦幻动机(fantasy)。激发旅游者旅游的动因可能是他们能够在目的地合法地参与一些在惯常生活环境中无法得到社会认同的活动。比如,赌博等活动在大多数国家和地区是违法的,但在澳门地区和美国的拉斯维加斯等地却是合法的活动,由此吸引了许多旅游者到这些目的地旅游。

(4)分类动机(a classified purpose)。丹恩认为,出于物以类聚、人以群分的原因,具有某种共同目的的人们会通过旅游聚集在一起,如探亲访友、游学等。

(5)与旅游者类型相关的动机(Motivational typologies)。丹恩指出,旅游者有多种类型,不同类型的旅游者可能有不同的旅游动机。例如,格雷(Gray)把旅游者分为有"阳光欲"(Sunlust)的旅游者和有"漫游欲"(Wanderlust)的旅游者。前者向往大自然,希望在旅游中放松身心,寻找与居家生活不同的体验;后者在旅游中满怀好奇之心,以求获得新鲜的体验,学到新知识。这两种旅游者的旅游动机迥然不同(Gray 1970)。

(6)与旅游体验相关的动机。旅游通常意味着参观游览那些从未到过的地方。旅游者的旅游动机是寻找与日常生活不同的体验,或获得消费其他度假产品所无法体验的经历。

(7)人们旅游还可能是为了更好地认识自己,追求深远的意义。丹恩认为,与单纯观察旅游者的行为相比较,研究人员探讨旅游者评价自身处境的方式,可以更好地理解旅游者的动机。在旅游者的行为表象背后可能隐含着更深层次的追求,他们的旅游动机往往与他们对自我概念的认知及他们向往的理念吻合。

推拉理论框架得到克朗普顿(John. L. Crompton)、埃索尔侯拉(Iso – Ahola)、游伊瑟(M. Uysal)等旅游研究者的认同,并在这些学者的推动下得到进一步的完善。克朗普顿对旅游者进行了一系列深入访谈,在此基础上把旅游动机归纳为九类主要动机(1979)。其中,逃离平庸的生活环境、探索与自我提升、放松身心、建立声望、复原、增进亲情、促进人际互动等七类动机属于社会心理因素或推动因素;新奇的事物和旅游的教育功能是刺激人们旅游的两大拉动因素。克朗普顿指出,推动动机往往比较隐蔽,如果旅游的动因涉及深层次的个人原因或隐私,人们通常不愿向他人透露旅游的真实原因。比如说,一对濒临离婚边缘的夫妻希望借重游旧地挽救他们的婚姻,但他们可能告诉调查人员,他们希望放松身心。

埃索尔侯拉等人认为旅游者的旅游动机是由两股力量合成的:一是逃离个人日常生活环境的欲望,二是通过旅游寻求心理补偿的愿望(1982)。这一学术观点被称为旅游动机的逃离—寻求二分法(如图 3 – 3 所示),即人们之所以旅游,是为了逃离他们生活环境中的个人或人际问题,获得补偿性的个人或人际关系回报,以弥补现实生活的不足。埃索尔侯拉等人对“逃离”和“寻求”两个维度的划分与丹恩对旅游动机的推拉因素分类相似。但是,丹恩把“拉动”因素理解为目的地吸引物的拉力,而埃索尔侯拉等人把“拉动”因素理解为旅游者对社会心理需要的追求。其中,旅游者寻求的个人方面的回报主要有自主决策权、能力感、挑战、获得知识或技巧、探险、放松等,在人际关系方面的回报则主要来自社会人际交往。旅行活动是满足旅游者需要的手段,而不是最终目的。每个旅游者都会避免过分刺激(耗尽精神与体力)或过少刺激(无聊),选择可获得其寻求的回报的旅行和休闲活动。

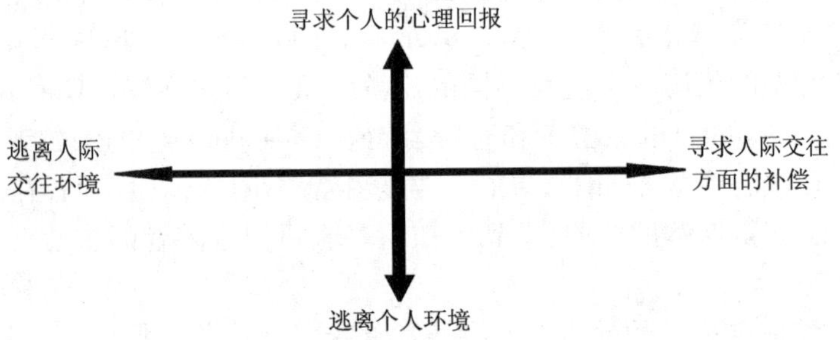

图 3 – 3　旅游动机的逃离—寻求模型

除了上述学者所作的贡献之外,还有许多旅游研究者运用推拉理论框架分析不同地区、不同文化背景的旅游者的旅游动机。表 3 – 1 是旅游动机研究中常用的“推动”和“拉动”因素。

表 3－1 旅游动机研究中常用的“推动”和“拉动”因素

推动因素	拉动因素
1. 参观文化历史吸引物	1. 旅游商品、服务费用
2. 观赏美丽的风景，享受天气	2. 独特的生活方式
3. 看见不同的新的东西	3. 有趣的夜生活
4. 增长知识	4. 各种美食
5. 体验不同的生活方式	5. 交通便利
6. 参观朋友没去过或想去的地方	6. 友好的居民
7. 实现旅游的梦想	7. 住宿、运动等设施、信息
8. 游览人们赏识的地方	8. 服务质量
9. 游览会给家人和朋友留下深刻印象的地方	9. 历史文化吸引物
10. 遇见新的人	10. 美丽的风景、阳光、天气
11. 回家后能分享旅游经历	11. 安全
12. 探亲访友	12. 国际大都市
13. 和家人、朋友一起	13. 安静、卫生、舒适
14. 建立友谊，发展关系	14. 熟悉
15. 合群、归属感	15. 了解自然的好地方
16. 逃脱日常生活	
17. 得到锻炼，参加运动	
18. 身体、心理放松休息	
19. 缓解工作压力	
20. 处于平静的气氛中	
21. 寻求刺激和兴奋、有趣	
22. 大胆、冒险感	
23. 挑战体能	
24. 亲近、了解自然	

资料来源：张宏梅，陆林. 近 10 年国外旅游动机研究综述. 地域研究与开发，2005，24(2)63。

四、皮尔斯的旅游生涯阶梯模型

自马斯洛提出需要层次理论以后，许多旅游研究者采用这一理论解释旅游动机。然而，由于当时在旅游领域中没有实证研究结果支持马斯洛的理论，因此，有不少学者质疑该理论的基本假设及该理论在旅游领域的作用。从 1983 年起，皮尔斯(P. L. Pearce)和他的合作者陆续发表了一系列论文，参照马斯洛需要层次理论将旅游动机依次划分为五个等级：放松/物质的需要、刺激/安全需要、人际关系的需要、自尊和自我发展的需要，以及实现梦想和自我实现的需要(如图 3－4 所示)(Pearce & Lee 2005)。

皮尔斯认为，这五个层次的旅游需要就好比一架梯子，旅游动机不同的旅游者处在旅游生涯阶梯的不同层次上。较高层次的动机包含了较低层次的动机，旅游

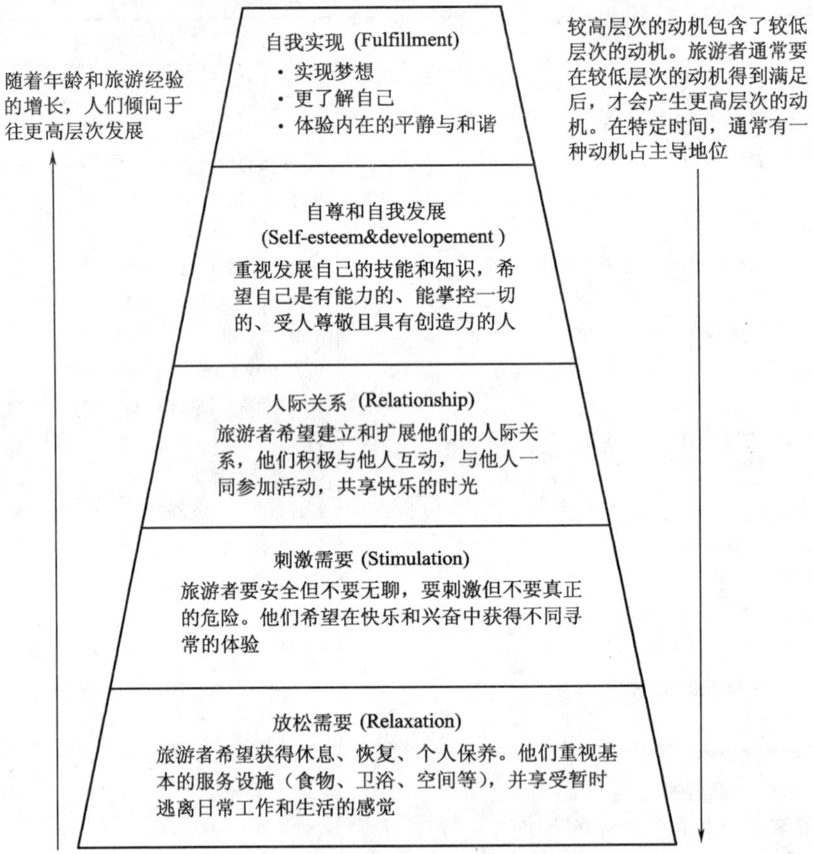

图 3－4　皮尔斯的旅游生涯阶梯模型

者通常要在较低层次的动机得到满足后，才会产生更高层次的动机。旅游经验越丰富的旅游者，越倾向往高层次需要方向发展。旅游者关心的问题从满足生理和安全方面的需要，向梯子的高阶段移动，扩展至与他人建立更和谐的人际关系、寻求爱与归属、自尊与自我实现。

与马斯洛需要层次理论不同的是，皮尔斯等人认为，①旅游者的旅游动机并非总是往上发展的，有些人的旅游动机按顺序在阶梯上往上爬，有些人则因为健康、经济状况或意外因素而停留在某一阶梯上；②旅游者的行为不一定仅出于某一层次的旅游动机。旅游动机是动态的、多层次的，旅游生涯阶梯上的一系列动机都有可能主导旅游者的行为。但是，在特定的时期，某种动机往往占主导地位。例如，一名携带家人到青岛参加啤酒节的游客，他的旅游动机可能包括品尝各式啤酒、享受那里的优美和安全的环境、让孩子们开心、增加家庭成员团聚的机会、加深对齐鲁文化的了解等。换言之，放松、安全、人际关系等阶段的旅游需求共同形成了总的旅游动机。此外,动机可能随着时间和环境的变化而变化,比如前面提到的那个人,在访问英国时,他可能强调对英国文化的了解,而不太注重家庭的团聚。

皮尔斯等人强调旅游生涯阶梯理论的核心理念,是人们的旅游动机会随着旅游经验的丰富而变化。我们通常可以根据人们参加某项活动所积累的经验和知识,以及他们为参加这项活动所投入的资金和时间,来判定他们对该项活动的专注级别和擅长程度,确定他们只是有一般的兴趣,还是全身心地投入其中。我们也可以用类似的办法描述旅游者的“专业化”程度。从这个角度来说,每位旅游者都有自己的旅游生涯,随着他们旅游经验的积累或人生阶段的变化,旅游动机模式也在变化。旅游经验丰富的旅游者更重视自我发展,深入了解当地人的生活,体验异域文化。旅游经验较少的旅游者重视安全、发展人际关系、自我实现、获得他人的承认、体验浪漫等。有意思的是,许多旅游“新手”比经验丰富的旅游者更希望通过旅游实现自我,肯定自己的价值,而经验丰富的旅游者则往往希望通过旅游发展自我,完善自我。

五、国内学者对旅游动机的探讨

国内学者对旅游动机的研究,大多偏重于对它的分类。1996 年,邱扶东对 400 位上海市民进行分层随机抽样,通过因子分析,将旅游动机分为六类:身心健康动机、怀旧动机、文化动机、交际动机、求美动机、从众动机。他认为,从众动机在以往的研究中没有受到重视,却是中国旅游者重要的旅游动机之一。此外,年龄、职业和家庭人均收入对旅游动机有非常显著的影响。

张卫红按由低到高的顺序将旅游动机分为五个层次:第一个层次为放松动机,即旅游者通过观赏异地风光,体验异国风情,使身心得到放松、休息和恢复;第二个层次为刺激动机,即旅游者亲临其境地接触各地居民、风光、文化和生活制度,以寻求新感受、新刺激,形成新思想;第三个层次为关系动机,即旅游者通过外出旅游结交朋友或逃避社会关系、解除人际烦扰或建立商务伙伴关系;第四个层次为发展动机,即旅游者在异地培养多种兴趣,掌握新的知识、技能,增加阅历,提高个人声望和魅力,获得他人尊敬,发展自我;第五个层次为实现动机,即旅游者充分利用各种旅游资源,丰富、改变、创造人的精神生活,获得更高的成就,实现自己的梦想和价值。例如,许多生物学家、地理学家、文学家、画家都是从旅游考察中获得丰富的创作源泉的。张卫红对中国人民大学国民生活课题组的抽样调查资料进行了整理和分析,结果发现“放松”仍是我国旅游者最主要的旅游动机,而且具有不同旅游动机的旅游者群体对旅游目的地的选择偏好不尽相同。(张卫红 1999)

刘纯把旅游者的动机总结为七个方面,包括社交、尊重和自我完善的需要;基本智力的需要;探索的需要;冒险的需要;一致性的需要;复杂性的需要和多样性的需要等(1999)。

孙惠春认为,随着工业文明的发展和科学技术水平的不断提高,人与自然之间的距离越来越远,现代人的精神压力也变得越来越大。因此,现代人需要通过旅游逃离工业化的都市生活,重新回归自然;需要通过旅游寻找更广阔的天地,不断追求生活新鲜感;需要通过旅游重建淳朴、自然、坦诚、和谐的人际关系,摆脱孤独感和压抑感;需要通过旅游充分展示自我,获得自豪感和心理补偿(2003)。

第三节　旅游动机的特征

旅游,是复杂且具有高度象征性的社会行为。人们总是在多重需要和欲望的驱使下,把旅游活动作为实现某种目标的方法。旅游动机,是推动人进行旅游活动的内部动力,能启动旅游活动并使之朝着目标前进。有些旅游动机比较明显,有些旅游动机隐藏在旅游行为的背后,难以捉摸。此外,人们的旅游动机并非一成不变,而是随着时间和个体的学习而不断变化。在结伴出游时,人们不能仅考虑自己的旅游动机,还要与同伴达成妥协。上述种种原因使旅游动机呈现出内隐性、多重性、学习性、复杂性等特征。

一、旅游动机的内隐性

如果问一位旅游消费者为什么旅游,他很可能说:“我想开阔眼界,了解一些新鲜事物”、“休息放松一下,享受阳光、沙滩和海水”、“我的很多朋友都到这儿旅游”。然而,也许还有他不愿承认或没有意识到的原因:“我想邂逅一段异国情缘”、“我可以向他人吹嘘我曾到此一游”、“旅游显示我有钱、年轻、生活无忧”、“旧地重游可以修补我与女友的情感裂痕”。

旅游者意识到并承认的动机,被称为显性动机;旅游者没有意识到或不愿承认的动机,被称为隐性动机。换言之,旅游动机的内隐性体现在两个方面:一是旅游消费者不愿披露其旅游动机,二是旅游者本身没有意识到或无法表达出自己真正的动机。

动机是连接外在诱因或内在需要与个体行为反应的纽带,因此,如果旅游者不披露其动机,我们往往无法直接观察到旅游者的动机,而只能根据旅游者的某些外显行为做出推断。比如,我国一些出境游游客的花费比他们在国内的消费水平要高出许多,由此,企业推断他们的动机可能是出于显示身份和地位的炫耀性动机。如果企业据此设计高价旅游线路,并通过其他营销手段维持其产品的名牌形象,很可能迎合这部分消费者的需要。假定企业所推出的营销策略获得了成功,则可印证消费者确有追求身份、地位的强烈动机。然而,这种推断难免带有主观色彩。企业在推断旅游消费者行为后的动机时,必须非常小心、谨慎。以旅游消费者购买知名旅行社的高价旅游产品为例,他或她可能是出于显示身份和地位的需要,也可能是在极度不熟悉目的地的情况下，出于避免或减少购买风险的考虑，才购买此高价旅游产品。对同一行为背后动机的不同解释，有着完全不同的营销意义。所以，在制订和实施营销计划前，对购买动机的仔细研究和小心求证非常重要。

此外，根据弗洛伊德的精神分析学说，人的行为与动机主要由潜意识所支配。潜意识，是指个人的原始冲动和各种本能，以及由这种本能所产生的欲望。它们通常为传统习俗所不容，被压抑在意识阈限之下，是人的意识无法知觉的心理部分。如果把人的精神比作一座冰山，意识只是露出水面的冰山一角，潜意识则是深藏在水面之下的冰山主体，在人的精神生活中处于基础性地位。虽然旅游消费者不能直接感知其潜意识，但潜意识总是不停地、积极地活动，并表现为各种衍生形式。比如说，旅游消费者的冲动性购买行为和一些不理智的消费行为，这些由消费者本人都无法完全解释清楚的行为，往往是消费者潜意识的一种外在表现。因此，对于这类动机，旅游企业仅仅通过观察消费者行为和询问消费者，是不可能真正了解的。因此，旅游企业必须重视研究消费者深层的心理需要。

旅游消费者可能出于多种原因，而不能或不愿表达出其真正的旅游动机。例如，①觉得自己真正的动机无法获得他人的认可和接受，比如说，旅游者往往不愿承认自己度假仅仅是为了参加派对，尽情寻欢作乐，或是为了抛开家庭的责任；②旅游者自己并没有意识到某真正动机，因为它们是潜意识或无意识的；③旅游者意识到自己的旅游动机相互矛盾，无法自圆其说，比如说，旅游者在希望放松身心、消除疲劳的同时，又想通宵达旦地纵情歌舞；④旅游者发现自己的动机和他们的实际行为相背离。比如，一名旅游者声称要去法国旅行，以期在法语环境下提高自己的法语水平。然而由于时间或预算上的因素，他只是在法国西南部的多尔多涅（Dordogne）地区的一个山庄上预订了一栋英国人的别墅，在整个假期几乎没有碰到讲法语的人。这可能是一个安排不当的倒霉的假期，也可能是旅游者的潜意识作祟的结果。因为这个旅游者还不具备说法语的能力，他在内心里不愿意在法国人面前丢脸，因而做出了这样一个表面看起来不明智的决策。

虽然企业很难确定旅游消费者购买行为的隐性动机，但不可否认，对动机的研究有助于解释购买行为的差异。以消费者掌握某旅游地的信息为例，在消费者经验、能力、情境与刺激因素相近的条件下，消费者旅游动机的强度就在很大程度上决定了他们对旅游地情况的掌握程度。除了根据消费者行为来推断其动机的方法外，营销人员常用动机研究技术或投射技术（project technique）获得有关隐性动机方面的信息。例如，给消费者看一段描述旅游服务的文字，然后要求他把浏览过程中最初涌现在头脑里的词汇记录下来，或要旅游消费者完成一个未叙述完的旅游故事，或让旅游消费者以第三人称解释某类型的人购买旅游产品的原因，等等。近年来，一种研究隐性动机的重要技术是“手段-目标法”或称利益链法。比如，让消费者列举到某个目的地游玩所能带来的利益，再列出这些利益所蕴涵的好处，如此继续,直到消费者再也列不出进一步的好处为止。例如,应答者可能把"融入群体,获取群体成员资格"作为外出旅游的好处之一。当问到"被群体容纳"的好处时,他也许会列出"摆脱孤单",另一个人也许会列出"减少焦虑"。两位旅游消费者都与他人结伴出游,但最终目的则不相同。这类信息对旅游企业确定广告主题和促销策略具有重要的指导价值。

二、旅游动机的多重性

旅游消费者在选择目的地或旅游产品和服务时,很可能受到某种动机的支配和主宰,但很少仅出于单一的旅游动机。事实上,很多旅游行为背后都隐含着多重动机。比如,一位为工作日夜忙碌的疲惫的"上班族",在工作稍稍休息时,站在办公室窗前凝视窗外的雨丝。此时,他内心可能涌动着一股外出度假的欲望,不管去哪里,只要能够逃离现在单调且繁重的工作就行。然而,除了逃离动机以外,这位员工可能还有很多其他的旅游动机,包括:①摆脱连绵不断的雨天,享受阳光浴;②想运动一下,改变终日坐在电脑前面的生活方式,增强身体素质,确保健康;③追求一种兴趣爱好,去冲浪或者享受风味美食;④扩展交际圈子,寻找新朋友;⑤参观一个特别的教堂、博物馆或其他建筑,以增长见闻;⑥想要放松一下,消除疲劳,等等。这些旅游动机共同构成他的动机体系,其中驱动力度最强的动机叫做主导动机,其他动机则为辅助动机。

主导动机和辅助动机共同影响着旅游者对度假方式的选择。旅游者往往试图同时满足不同的需要。但是,如果旅游度假产品只能够满足其多重动机中的一种或一部分,旅游消费者就要在多重动机中做出权衡或妥协,优先满足最为重要的主导动机,牺牲一部分辅助动机。未得到满足的需要将潜存于旅游者的意识之中,成为潜在的旅游动机。其后,在一定条件下,当这些潜在的旅游动机达到必要的强度时,就可能转变为主导动机,驱使旅游者表现出特定的旅游行为。

为了更好地吸引旅游者,旅游企业在设计产品和制定营销策略时,既应充分考虑旅游消费者购买该产品的主导动机,又应兼顾非主导动机。

三、旅游动机的学习性

动机对行为的影响包括两个方面:对行为的驱动力度与对行为方向的指引。对行为的驱动力度在很大程度上由需要的强度所决定,行为方向则受个体经验以及个体对环境、对刺激物的学习的影响。很多现代的动机理论不仅仅涉及建立在生理需要基础上的各种动机,而且越来越多地强调和重视动机的习得性。

从旅游的发展历程来看,旅游动机的学习性非常明显。旅游最初起源于劳作直接所需的旅行,是人类在生活和生产功利目的驱使下的必要旅行。当人类的物质生活条件得到发展,人性发展需要更为广阔的空间时,旅游活动中的审美动机、接触异域文化的动机越来越重要。旅游者追求更高层次的文化审美享受和精神满足,并在此活动中不断完善旅游者的文化人格。

从旅游消费者个体来看,动机的习得性意味着动机会伴随旅游者的学习和社会化而不断改变。旅游者可以通过旅游更深入、全面地认识世界,而这些知识是在书本和杂志上找不到的。这种发生在旅游中的学习又会改变旅游者原有的认知结构,促使其迸发出新的旅游动机。因为,在已经了解并收集了一些信息后,旅游者可能想了解更多的东西,发现更多的细节,以便对收集到的信息加以组织和理解。旅游生涯阶梯模型正是反映了随着旅游者经验的积累,旅游动机的变化情况。此外,随着旅游者个人境况的变化,比如拥有一个孩子、遇到一个新的伙伴、收入的增长、身体状况的恶化等,在人生的不同阶段,他/她的旅游动机会呈现出不同的倾向。

四、旅游动机的复杂性

旅游动机的复杂性至少包括四个方面:

(1)任何一种行为背后都有多种不同的动机,类似的行为未必出自于类似的动机,类似的动机也不一定导致类似的行为。例如,海外华侨和港澳台同胞到中国内地旅游,其动机往往不仅是游山玩水,还可能抱有探亲访友、怀旧而故地重游等动机;都是游山玩水,有时是为了审美,有时则是为了锻炼身体,磨炼意志;同样是为了怀旧,有些旅游者选择上海外滩,有些旅游者选择北京什刹海。

(2)导致相同行为的各种动机有强弱之分,哪种动机处于优势地位,哪种动机处于弱势地位,并不容易分清。经验丰富的旅游者的旅游动机可能是自我发展,进一步了解新的事物。但如果他是和很少旅游的父母一起度假,那么自我发展的动机与迁就父母的意见、表达孝心的动机在强度上可能非常接近。有时,旅游消费者甚至会具有两个或两个以上诱发力相当,但方向相反的动机。例如,为了庆祝结婚纪念日,一名女士与丈夫去度假,她想欣赏一场浪漫的芭蕾舞会,而她的丈夫想到旅游目的地观赏激动人心的足球比赛。此时,这位女士可能也说不清楚,她最主要的动机是追求浪漫,还是满足丈夫的需要,让他高兴。又如,一个学生在考虑假期是回家,还是与朋友去滑雪旅行,面对着两种旗鼓相当的动机,孰轻孰重,他也很难做出判断。再如,旅游消费者在香港购物时,对所选的商品爱不释手,但又嫌该商品的价格太高,或担心一旦商品出现质量问题难以退换和保修。此时,一些旅游消费者可能分不清是拥有该商品的动机更强烈,还是规避购买风险更重要,正是在这种犹豫的状态下放弃了购买。如果旅游消费者必须在两种旅游动机中选择其一,或在旅游购买动机与其他动机之间做出抉择,其结果往往容易造成遗憾。

(3)动机并不总处于显意识水平或显意识状态,对为什么采取某一行动,旅游消费者自身也不一定能给出清楚的解释。换言之,动机的内隐性往往使动机更为复杂。

(4)没有一种动机是孤立的。即使是人类基本的饥饿动机,虽在性质上属于生理性的,但也很难完全以纯生理的因素予以解释。“饿了就要吃,吃是因为饿”似乎很圆满地解释了人要吃食物的行为,然而,为什么有些人会超过生理上的需要猛吃不停导致肥胖症?为什么有些人置生理需要于不顾,视吃饭为畏途?

在旅游消费中,人们往往把参与某项旅游活动作为满足社交、尊重和自我完善需要的一种手段。人们通过旅游这一象征性的社会行为,可以结交新朋友,得到群体接纳、爱和友情,从而满足个体对归属和爱的需要。但是,为什么有些旅游者在旅游中只与目的地居民交往,而不与同行的团友交往?这些问题看似简单,实则不然。人类的行为十分复杂,但行为背后的动机也许更复杂。

案例3-1　我想要旅游——来自女性的声音[①]

在传统观念中,旅游是由男性主导的活动,女性适宜留守家中或在室内参加插花等怡情养性的活动。在社会化过程中,女性会不自觉地内化社会对她们的角色要求,把自己的行为束缚在社会期许的范围之内。此外,女性在家务负担约束下,闲暇时间少且零碎。因此,女性通常不会脱离既定的生活圈子,贸然独自到户外参加运动量较大且有风险的活动。现代女性虽然在经济自主能力、教育程度上有了提高,但是,女性在公共空间的安全问题和活动能力仍然或多或少地限制了她们外出的机会。在这样的社会背景下,只身在异国他乡旅行的女性旅游者总会引起人们无尽的好奇和想象。她们为什么选择一个人看世界?台湾华东大学观光暨游憩研究所的李佳蓉对15名独自开展自助旅游的女性进行了深入访谈,以下是受访者的部分访谈记录:

受访者A自己开办了工作室,从事广告文案创作、电子报刊发行等工作,并兼任广播节目主持人,工作非常忙碌。她回答道:“我有时候会很厌烦人际间无止境的关系……我会希望有一段时间完全与这一切隔离,这样我才能完整地与自己对话,理出头绪……”她特别在意在独自旅行中自由自在的感觉,“一路上就自己一个人……完全不需顾及任何人、事、物的牵绊,所有事情都可随自己的心意”,“暂时撕下那张大家用来认识我的标签,还原真诚的自己,只做自己”。

受访者B在大学做行政工作。她坦言在独自旅行初期有逃离的意图:“在学校的工作虽然忙,但是很乏味,凭借旅行可以暂时逃离这样的环境。我需要转换一个不同的环境……为自己逐渐麻木的脑袋注入新的活力。”主修哲学的她选择了柏拉图的故乡——希腊作为第一次自助旅游的目的地。之后,她以实现梦想的心态陆

① 本案例改编自:李佳蓉.女性独自从事自助旅行之动机与体验:[学位论文].台湾华东大学观光暨游憩研究所,2005。

续完成了看金字塔的梦想、吴哥窟的梦想、欣赏大师名作的梦想。除了实现梦想外，她认为旅游是了解自我、自我成长的一条途径。因为在资源有限、陌生的环境中，人们很容易发现自己的缺点，锻炼自己的应变能力，并抛开陈见从另一个角度来认识自己。

受访者C是一名已婚妇女。她在婚后失去了工作。为了逃避家人对她赋闲在家的不满，她在丈夫的支持下偷偷踏上英伦之旅，让她短暂地从人际关系的羁绊中解脱出来。

受访者D曾在外资企业担任高层管理者，每天工作超过12小时，超负荷地工作让她患上了胃溃疡、腰间盘突出、肿瘤等病症。她毅然抛下工作，独自展开了长达一年的自助旅游。在长途自助旅游中，她频繁地接触不同的文化和人，反思自己，凭借不同的生活重新寻回了失落的自己。

受访者E从事营销和公关工作，不仅需要长期与客户协调沟通，而且还要应对同行之间激烈的竞争。高强度的工作压力令她萌生辞职去旅游的念头。在滇藏川高原度过的61天中，她尽情地"做自己想做的事情，倾听自己心里的旋律"。

受访者F有10年自助游经验，她认为去旅游可以把自己从一个固定的环境挪到不同的时空中，获得生活的新灵感和新的动力。她曾经独自在欧洲旅游40天，并把这段经历视为一种对自我的挑战。

受访者G从事朝九晚五的会计工作。她认为在旅游中接触不同的人和事可以将日常工作和生活带来的疲乏一扫而空，因此，她每年都尽量安排2~3次短期的出国旅游。自从小时候在月历上见过北欧的美景，她就一直梦想到北欧一游。在亲身领略北欧风景后，她深深被眼前景色吸引，并感受到内心的平静："我的心，就像这幅美景，第一次感到如此舒适宁静。"

在大学任教的受访者H每年暑假都出国旅游一次。她并不太重视旅游的目的地和旅行方式。她在意的是换一个环境，释放压力，放松身心。

受访者I觉得自己是一个很喜欢新鲜事物的人。她认为旅游就是要离开原来的生活环境，到不同的地方看看，生活才能不那么沉重。经历半年的印度之旅后，她发现自己在陌生的地方比在惯常生活环境里更有活力。在旅途中虽然会遇到内心恐惧的时刻，但也为认识自我提供了机会。这种体验成为I最深刻的旅游经历。

受访者J自认为具有冒险细胞，从不担心旅途中潜在的人身安全问题。她认为，"到哪儿都有危险，重点在于你能否避免和处理。自助旅游可以训练凡事靠自己、不假手于人的能力"。因此，越是去人生地不熟的地方，她在出发前越感到兴奋。到大阪、美国等地旅行，个性独立的她从来都是独来独往。

受访者K自命为"天生的流浪者"。她认为自己"充满着冒险精神，所以特别喜欢去那些冷僻的国家，每次回来都有一种战胜的感觉"。她在大学时代已经利用寒暑假开展出国自助游，迄今足迹踏遍泰国、尼泊尔、缅甸、印度、土耳其、埃及以及中东等多个国家。她评价道:“每次旅游都是对自我的一种探索,也是对自我的极限和能耐的考验。”

受访者L认为独自旅游的体验可以用“独特”和“自由”两个词来描述,旅游是追寻自我实现的一种很好的方式。L的成长历程非常顺利。她希望自己透过自助旅游,去发现自己的极限,历练自己。因为在旅游中会发生很多意外状况,接触更多事物,甚至经受苦难的折磨,只有亲身面对这些状况,才能真正认识自己。

受访者M也认为“独特”是她选择自助旅游的原因,“旅游的有趣之处不是重复他人安全走过的路线,而是一个人挖掘乐趣和想法”。M在民风保守与充满宗教压力的土耳其旅游期间,不断测试自己的承受能力,在自我挑战中收获新的观念和想法。

受访者N同样表达了她对自由自在的向往,“在单独旅游中自由自在、自己决定的感觉真的很棒”。她对中亚国家情有独钟,对喀什米尔更是有一股说不上的情怀。为了圆梦,她不惜冒险在印巴关系紧张时,独自到喀什米尔旅行。

年过40的受访者O有15年自助旅游的资历。追寻梦想是她旅游的最大动力。婚后,她最常做的事情是带着两个小孩一同旅游,他们的足迹已经走过加拿大、美国、日本等国。O认为孩子是她最佳的旅伴。带孩子一同旅游不仅开阔了她的视野和胸襟,也丰富了她的女儿和儿子的生活,给母子留下共同的回忆。

[**讨论**]

1. 请根据以上访谈记录,分析这些女性旅游者的主要旅游动机,说明她们分别处于旅游生涯阶梯的哪些阶段。

2. 讨论哪些因素会限制女性外出旅游。

3. 旅游企业应如何开发女性游客市场?

案例3-2　高尔夫球游客的旅游动机

体育旅游是体育与旅游交叉融合而产生出的具有旅游和体育特点的新型产业。近年来,亚太地区高尔夫球运动正在以前所未有的速度发展,日韩等国高尔夫球运动爱好者激增,“人多地少”的矛盾日益突出。比如,韩国目前有200个高尔夫球场,却有数百万名高尔夫球爱好者。这种情况激发了日韩高尔夫球爱好者出境打球的动机。韩国关税厅的统计数据显示,2003年前6个月,携带着高尔夫球运动器材向海关申报赴国外打高尔夫球的游客为53 087人,比2002年同期的43 328人增加了22.5%。由于地缘优势,交通便利,相当多的日韩高尔夫球爱好者选择到中国打球。2004年,我国亚龙湾高尔夫球会接待的韩国客人高达11 134人次,这些韩国客人成为该球会的最主要客源。

限于目前国内经济发展的状况,高尔夫球旅游市场在我国仍属高端旅游市场。目前国内的高尔夫球消费人群绝大部分都属于社会中高阶层,且都有能力支付这项消费的花费。他们已把该项运动作为提升生活品质，彰显身份和地位的象征。从某种程度上来说，价格已不再是影响这些高端游客的旅游动机的主导因素，他们需要的是体验一种与自然融合在一起的休闲感受。针对这一消费群体的心理特征，不少旅游企业都将目标市场瞄准各高尔夫球俱乐部或球会的会员及其家人和朋友，结合高尔夫球游客对相关产品和服务的需要，推出了主题鲜明，具有个性色彩的高尔夫球旅游线路。

［讨论］

1. 分析亚太地区的高尔夫球旅游者有哪些旅游动机。

2. 旅游企业可以采取哪些措施，吸引日韩高尔夫球游客？

3. 探讨体育赛事与体育活动为何能激发人们的旅游动机。

思考与练习

1. 分别针对马斯洛需要层次理论中不同层次的需要，列举能满足这些需要的旅游产品，并尝试找出一种能满足多个层次需要的旅游产品。

2. 解释动机的产生过程。

3. 为什么意图影响消费者满足需要的方向的营销策略，比创造需要本身的营销策略更容易奏效？

4. 阐述旅游动机的推拉理论及其对旅游营销的启示。

5. 结合皮尔斯的旅游生涯阶梯理论，探讨如何激发旅游者的旅游动机。

6. 根据自己或他人参加旅游活动的经历，分析旅游动机的内隐性、多重性、学习性和复杂性。

7. 讨论如何能更好地了解旅游者的隐性动机。

第四章

信息搜集与学习

第一节　旅游信息搜集

当消费者萌生旅游动机后，他们会启用储存在记忆里的知识，或从外部环境搜集交通、住宿、餐饮、旅游资源等方面的信息，增加对旅游目的地和旅游服务机构的了解，以便做出一系列旅游决策。但是，在信息不对称的旅游市场上，消费者要全面了解旅游目的地和旅游服务企业是非常困难的。

一、旅游市场的信息不对称

所谓信息不对称（asymmetry of information），是指市场活动参与人对特定交易信息在质和量上的掌握程度不相等，有些参与人比另一些参与人拥有更多、更准确的信息，而且双方都知道这种信息分布状态。旅游交易活动的主体主要包括旅游目的地景区及食宿娱乐等目的地配套服务企业、旅游中介机构以及旅游者。旅游消费者对旅游地和旅游中介机构的了解有限（如图 4－1 所示）。

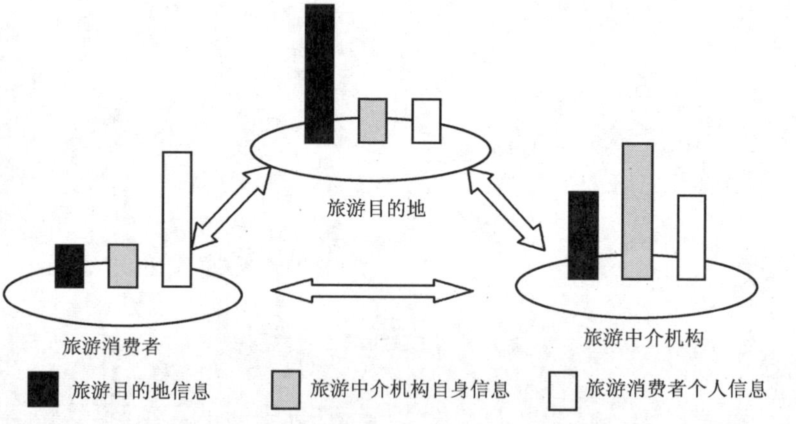

图 4－1　旅游市场信息不对称及信息传递模式

由于旅游是一种跨地区、跨国界的消费活动，而且在一定地域上被生产或开发出来的旅游产品具有无形性、生产和消费同时性、差异性等特点，所以，在购买和消费旅游产品前，身处客源地的消费者往往难以充分地了解有关旅游目的地的各种信息，难以判定旅游目的地所销售的产品和服务能否满足旅游者审美和愉悦的需要。此外，由于文化和语言等方面的差异，旅游者在旅游活动中也不一定能准确理解旅游目的地服务人员和当地居民提供的信息。身处陌生的环境，不懂得问路，也不知如何回答他人的问题，气候与家乡的气候不同，食物几乎不认识，绝大多数人都不会把这样的旅游经历当做美好的体验。在缺乏旅游目的地信息的情况下，旅游消费者与旅游目的地服务人员和当地居民的交往存在着较大的不确定性，这种状况甚至会阻碍旅游者融入当地社会，获取愉悦的旅游体验。

与旅游者和旅游目的地企业相比较，旅行社等旅游中介机构享有一定的信息优势：它们比旅游者更了解旅游目的地所销售的产品和服务，比旅游目的地拥有更多的旅游消费者个人信息，更了解旅游消费者的需要和消费潜力。因此，在多数情况下，对旅游目的地不熟悉或语言不通的旅游者希望借助旅游中介机构的信息优势，享受更美好的旅游体验。但是，旅行社提供的服务同样是无形性的，消费者不可能像对待实物产品那样，在购买前通过亲身观察和体验来评价旅行社提供的服务。此外，旅游中介机构的信誉、市场开拓能力等信息比较隐蔽。与旅行社初次交易的消费者难以判断旅行社的自我宣传是否是“王婆卖瓜，自卖自夸”，也难以判断实际的旅游安排与旅行社在行程安排合同上提供的景点信息是否相符。

在信息不对称的情况下，处于信息优势的一方可能通过“封锁信息”的方式侵害处于信息劣势一方的合法权益。在旅游市场上最为突出的是旅游企业利用信息优势隐藏对消费者不利的因素，夸大旅游产品的优点，诱骗消费者去购买产品，从而使消费者的权益受到侵害。例如，在“零团费”出国游中，旅行社只向游客披露有利于游客的信息，即可以免费出国旅游，而不提及游客必须参加种种自费项目等信息。到目的地后，如果游客不参加导游指定的自费项目，导游就给脸色看，使游客游兴大减，失望而归。又如，旅行社利用与游客在旅游线路成本方面的信息不对称，在旅游行程中安排大量免费旅游项目，但并不告知旅游消费者这些门票费用方面的信息，以“经济实惠”的报价引得游客“兴高采烈出门去，垂头丧气回家来”。每逢广州市各大博物馆的免费开放日，许多旅行社总会趁机“扎堆”，带不知情的外地游客参观陈家祠等博物馆，使各大博物馆人头攒动，对旅游团客人极不公平，也影响了本地市民的正常参观。

综上所述，旅游信息不对称是旅游消费者必须面对的一个现实问题。不对称的信息使得旅游消费者在交易中面临诸多风险，甚至使潜在旅游者裹足不前。要解决这一问题，不仅要求政府管理部门采取有效措施，强化旅游服务提供方的信息披露义务，规范旅游市场，还要分析旅游消费者的信息来源及信息搜集模式，通过合理的途径有针对性地为旅游者提供信息，改变游客的信息劣势，使旅游者的消费行为得以顺利进行。

二、旅游消费者的信息来源

假设你正在考虑外出度假，你会从哪些方面获取信息呢？你可以求助于旅游经验比较丰富的朋友、熟人，你也可以查阅《旅行家》《时尚旅游》《孤独行星》等专业杂志，你还可以走访旅行社的门市部。旅游者获取信息的途径是多种多样的。1997 年，美国学者弗德尼斯（Dale D. Fodness）和莫里（Brian Murray）根据信息资源是商业性的还是非商业性的，以及来源于人际交往还是非人际交往，把旅游者的旅游信息来源分为四大类（如表 4－1 所示）。

表 4－1　旅游者的旅游信息来源

	非人际的	人际的
商业性的	例如：①报纸、杂志上的旅游产品广告；②旅行社、饭店、航空公司等旅游企业的宣传单、小册子、商业电子报等；③导游书籍以及专业旅游杂志和报纸的报道；④电视旅游节目介绍等	例如：导游员、旅行社销售业务员、饭店销售业务员、饭店服务人员等提供的意见
非商业性的	例如：①消费者组织、政府单位和专家学者的相关言论；②报纸、杂志、电视等大众媒体报道的非广告信息；③门户网站及旅游网站上有关旅游的非广告信息，以及其他旅游者在网络上发表的评论或自行制作的旅游体验分享电子报	例如：①朋友或亲戚、同事、同学等提供的信息；②名人或旅游专家等“非”亲朋好友的推荐；③消费者个人的经验

（一）商业性的正式信息来源

商业性的正式信息来源，包括旅游企业所刊登的广告、旅游宣传手册、专业旅游咨询或旅行社销售点所展示的信息等。这类信息主要是旅游企业和旅游目的地提供的关于目的地和旅游企业的正面信息，用以刺激旅游者的消费。

虽然旅游企业发出的信息有助于加深消费者对旅游企业的认识，但是由于旅游产品具有明显的体验性属性，消费者往往更愿意根据自己的消费经历或从那些有过相关体验的人那里获得信息，以判断旅游产品是否符合自己的需要。此外，在信息明显不对称和旅游市场尚不规范的情况下，人们往往会怀疑商业性信息的可信度，而更相信非商业性的公开信息和私人信息。

（二）通过人际交往获取的商业性信息

第二个来源是旅游消费者通过人际交往获取的商业性信息，包括旅行社、饭店等旅游企业的销售业务人员所提供的信息，以及客房清洁人员、服务人员等“非”销售业务人员的意见。旅游企业服务第一线的员工既是服务的提供者，又是旅游企业的兼职营销员。游客与他们接触的时间较多，可以从他们那里获得与旅游企业有关的信息。

(三)非商业的公共信息来源

报纸、杂志、电视等大众媒体的旅游报道及有关旅游消费常识的介绍,有助于消费者做出旅游产品的购买决策。政府机构和消费者协会发布的信息以及专家学者所发表的书面言论也是有价值的信息来源。例如,到香港的游客可以免费索取由香港旅游发展局印发的《香港旅游锦囊》《优质商户指南》《优质餐馆指南》《商务旅客乐优游——香港导览手册》等精美手册,也可以拨通旅游发展局的多国语言旅游热线,或直接前往旅客咨询及服务中心了解食、住、行、游、娱等方面的信息。有了这些信息来源,即便是初次造访香港的游客也可以非常便利地出行、购物和就餐。

随着多媒体技术和网络技术的迅速发展,互联网成为人们获取旅游信息的一条重要途径。旅游消费者不仅可以从门户网站以及中国旅游资讯网、携程网、易行旅游网等旅游网站上获取有关旅游的非广告信息,还可以浏览有经验的旅游者在网络上发表的评论。有些旅游爱好者会在网络上发布自己的旅游日记、沿途拍摄的照片、出行路线等信息。与传统公共信息来源提供的信息相比,这些图文并茂、真实、生动的信息不仅包括搜查性属性信息,也包括体验性属性信息,因而可以对旅游决策产生更大的影响。

当消费者打算前往新的旅游目的地,或消费者身边没有人有过相关旅游经历时,消费者往往愿意从这些非商业性的公共信息来源获取相关信息,以了解有关旅游地的产品特点和旅游活动安排。

(四)非商业的个人信息来源

这一信息来源包括亲朋好友、同事、同学等社会关系人,这一信息来源中的信息包括有旅游经验的名人或旅游专家的推荐意见,也包括消费者本人的旅游消费经验。

旅游者以口头信息交流的方式将旅游信息传递给亲戚、朋友及在工作与生活中交往的人,这种沟通方式通常称为口碑宣传。在日本交通公社的一项调查中,比较了来自不同方面的信息对旅游者旅游动机的影响,结果发现朋友和熟人的介绍影响最大。这是因为,旅游产品具有明显的体验属性,有过相关旅游体验的人对他们曾去过的旅游地和他们曾参加过的旅游活动最有发言权。消费者往往认为这种信息较少偏见,更加可靠和重要。他们可以通过想象亲友、熟人和专家的经历,获得体验性属性信息。所以,为了减少购买决策风险,他们会更依赖非商业性的私人信息。

除了倾听他人的经验之谈外,旅游消费者还有一个非常重要的非商业信息来源,即自己的记忆和经验。虽然受时间、知识、旅游产品特性等方面的约束,消费者很难完全或主要依赖经验来源获得旅游信息,但是经验来源获得的信息最直接,也最为旅游消费者所信赖。在某些情况下，旅游消费者依靠储存在记忆中的信息就可以解决他所面临的购买问题。例如，对于曾经去过的游乐区或近郊的森林公园，许多消费者可以凭过去的经验、印象或习惯做出选择，无需求助于其他外部信息。诚然，储存在旅游消费者记忆中的有关信息，在过去的某一时点上可能也是从外部获得的。

1998 年，弗德尼斯和莫里进行了一项调查，结果表明多数旅游者不会仅依靠单一的信息来源。68% 的受访者会从两个以上的信息来源搜集相关的旅游信息，有 48% 的受访者甚至会从三个以上的来源搜集旅游信息。

三、内部信息搜集与外部信息搜集

恩格尔（James F. Engel）等学者指出，信息搜集行为在本质上可分为内部信息搜集和外部信息搜集。通常来说，旅游者会首先由内部开始搜集，在自身的旅游经验与知识不足时才会进行外部搜集，即通过朋友、熟人或专业性服务公司等多方面外部来源，获得更多的解决该问题的信息。

（一）内部信息搜集

内部信息搜集，是指消费者将过去储存在记忆中的有关产品、服务和购买的信息提取出来，以解决当前面临的消费或购买问题。如果内部搜集所得的经验或知识能够解决问题，则不用再向外部搜集更多信息。

从记忆中提取的信息大致有三种类型：第一类是关于旅游产品和服务评价标准的信息。比如，在选择交通工具时，你希望它具备哪些基本的特征，如运行的安全性和舒适性，发车和抵达时间，价格水平等。这些特征或特点就构成了你购买交通服务的评价标准。第二类是关于备选品牌的信息。比如，在购买旅行社的包价旅游服务时，你会考虑市场上有哪些知名的品牌、可以考虑参加哪些品牌的旅行社组团、哪些品牌的旅行社不在考虑之列等。第三类是关于备选品牌或企业具体特征方面的信息。如消费者考虑选择入住同一目的地的两家酒店中的一家，他将需要从记忆中提取有关上述两家酒店在价格、服务等级、交通便捷性等方面的具体信息。如果内部搜集获得的信息不足，他将寻求从外部进一步搜集信息。

图 4－2 列出了旅游消费者在内部信息搜集过程中对目的地/旅游产品和服务的归类。图中的意识域（awareness set）是消费者知晓或意识到的且有可能作为备选的目的地/旅游产品和服务品牌。意识域可以进一步分为 3 个次级域，即激活域（evoked set）、惰性域（inert set）和排除域（inept set）。

激活域，是由备选方案中予以进一步考虑的目的地/旅游产品和服务组成。如果从一开始消费者就对激活域里的目的地/旅游产品和服务感到满意，消费者将集中搜集这些目的地/旅游产品和服务在特定评价标准上的表现方面的信息。如果未形成激活域或对激活域里的目的地/旅游产品和服务缺乏信心，旅游消费者可能

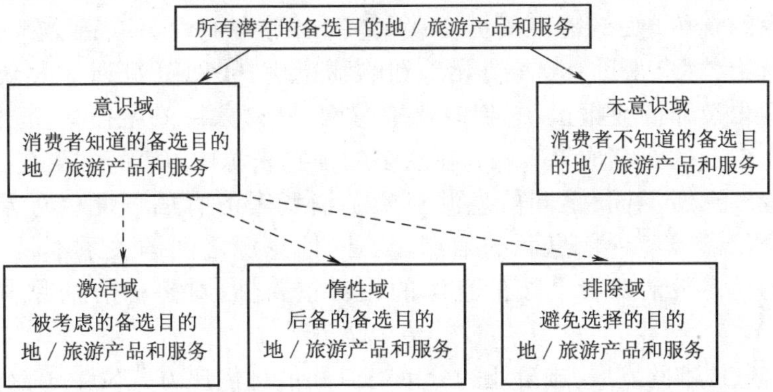

图 4-2　内部信息搜集过程中旅游消费者对目的地/旅游产品和服务的归类

会进行外部信息搜集,最终形成一个完整的激活域。在早期的研究中,人们认为激活域基本上是固定的,但现在不少学者对此提出了质疑。从信息处理角度看,激活域里的旅游目的地旅游产品和服务属于被激活的记忆内容。它应当是动态的,会随着更多的外部信息进入记忆领域而发生变化。激活域的规模因旅游产品和服务而异,但在所有的旅游产品和服务中,激活域都远小于意识域。影响激活域规模的因素主要有消费者受教育程度、消费者家庭规模、意识域所含备选方案的数量、消费者对不同情况下适宜到哪里游玩以及适用哪些产品和服务的认识水平。此外,随着消费者忠诚度的提高,激活域的规模将变小。因此,旅游营销仅提高旅游目的地和旅游企业的知名度是不够的,而应努力使旅游消费者在作购买选择时将该目的地或旅游企业纳入考虑范围。

不活跃域或惰性域由那些旅游消费者了解但不关心的目的地/旅游产品和服务所组成。旅游消费者对惰性域里的目的地/旅游产品和服务既无特别的好感也无厌恶感,通常会接受有关这些目的地/旅游产品和服务的正面信息,但不会主动搜集这些信息。顾名思义,排除域里的目的地/旅游产品和服务是消费者不喜欢和不予考虑的。即使有关这些目的地/旅游产品和服务的信息唾手可得,消费者也不予理会。

(二)外部信息搜集

外部信息搜集是指消费者从外部来源,如同事、朋友、商业传媒及其他信息渠道,获得与某一购买决策相关的数据和信息。进行外部信息搜集,一方面是为了了解市场上有哪些可供选择的目的地/旅游产品和服务,应当从哪些方面对这些备选方案进行比较;另一方面是希望借此获得关于旅游产品和服务的评价标准及各种标准的相对重要性信息,以及不同目的地/旅游产品和服务在各种评估标准上的差异。

旅游消费者的外部信息搜集行为主要表现为：①走访旅行社营业厅，获取旅游企业印发的宣传单，与销售人员交谈；②就出游中的食、住、行、游、娱、购等问题与亲友讨论，寻求帮助；③查阅导游和购物指南；④阅览报刊等大众媒体上刊登的旅游广告及非商业报道；⑤到专业旅游网站、订票网站上搜集交通、住宿、景区等信息。现有的研究成果表明，在众多的信息来源中，旅游消费者对不同信息源的依赖程度有所不同，不同信息源对旅游消费者的有用程度也有差异。消费者通常不会仅参考一种信息源的信息。不同信息源之间的关系不是相互替代，而是互补的。多数消费者会按信息源的相对重要性，对多种信息源中的信息加以综合。

随着信息技术的发展，旅游业的分销渠道和信息传递方式发生了巨大的变革。许多旅游消费者完全可以通过互联网便利地获取目的地的旅游吸引物、汽车租赁、饭店住宿等方面的多媒体信息，并通过旅游预订系统，自行安排旅游行程及交通住宿问题。根据美国内华达大学的一项调查，在 2 721 位被调查者中有 1 401 人在“旅行安排”所需信息来源一项中选择了在线信息，另有 996 人首选报纸和杂志，324 人选择了信函。在这些被调查者中，人们通过互联网搜集旅游信息的比例与他们的收入基本成正比。[①] 可以预见，通过互联网搜集旅游信息将成为未来旅游者搜集信息的主要途径。

欧美学者发现，在很多情况下，即使信息不难获取，消费者也很少进行外部信息搜集。他们很可能只造访一家商店或只考虑一个品牌，甚至有近半数的人说不准所购物品的单价。当遇到折价销售时，大多数人在购买过程中对产品信息的关注度更低。这类情况在旅游消费中也存在。例如，消费者可能与相熟的一位营业员谈了一会，就决定举家参加旅行社举办的周末省内游活动。又如，在风和日丽的假期，消费者可能突发游兴前往附近的某个景区游玩，而没有花多少精力查询该景区的票价、近期是否开设了新的活动项目等。

旅游消费者会根据所购旅游产品的重要程度、差异化程度、不确定和复杂性，调整自己搜集信息的广度和深度。旅游消费者仅进行少量搜集的原因很多，包括：①消费者可能不知道哪些渠道可以比较容易地获得外部信息，也无意尝试搜集；②消费者可能已经知道哪些资料有价值，但不知道如何利用这些信息，因而没有表现出搜集行为；③由于消费者对于所选的旅游产品已有丰富的消费经验，或者在做出购买决策以前已经被动地接触过广告或其他宣传媒体，所以，消费者认为他们对所购产品已有较多的了解，无需开展广泛的外部信息搜集；④该项旅游活动的重要程度和不确定性都较低，消费者对购买决策的投入程度不高，因而减少信息搜集行为，等等。

---

① 李翔. 电子商务在旅游业的应用前景. 商场现代化，2006(1)：192。

一般来说,如果旅游消费者感到所购买旅游产品的重要程度高、产品之间的差异化程度大、不确定和复杂性高,为了减少购买决策的风险,消费者会表现出明显的信息搜集行为。旅游消费者预期进行搜集活动得到的利益越大,他们购买产品前的搜集行为就越频繁。在旅游消费者高度投入的决策中,他们通常最信赖非商业性的口碑宣传,因为由亲朋好友口中来的消息较为可靠。但是,营销人员提供的信息可以有效地深化旅游消费者对旅游产品属性的认识。此外,相对于电子媒体而言,他们通常更重视印刷媒体。这些通过大众媒体获得的商业和非商业性信息通常被旅游者视为购买决策的辅助性依据,而不是决定性的决策依据。

四、购买前信息搜集与持续性信息搜集

除了将信息搜集分成内部和外部的以外,研究人员发现对购买前信息搜集和持续性信息搜集做出区分是十分有意义的。购买前信息搜集(pre-purchase search)是消费者为解决某一特定购买的问题而开展的信息搜集活动。比如,为策划蜜月旅行而阅读有关旅游杂志或向旅行社营业厅咨询,均属于这种类型的信息搜集。与此相对应,持续性信息搜集(ongoing search)是指不针对特定购买需要或购买决策而进行的信息搜集活动。比如,一位已度过蜜月旅行的消费者仍不断从杂志、互联网和其他渠道了解有关情侣旅游的信息,就属于持续性信息搜集。表4－2列举了购买前信息搜集与持续性信息搜集的区别。

表4－2　购买前信息搜集与持续性信息搜集的比较

	购买前信息搜集	持续性信息搜集
决定因素	• 对购买的兴趣和重视程度 • 市场环境 • 情境因素	• 对某类旅游的兴趣和重视程度 • 市场环境 • 情境因素
动机	• 为了做出更好的购买决策	• 建立供未来使用的信息库 • 体验搜集中的乐趣
结果	• 掌握产品与市场知识 • 做出更好的购买决策 • 提高对购买结果的满意程度	• 由于产品与市场知识的增加,提高了未来购买的效率 • 冲动性购买增加 • 从搜集活动和搜集结果中获得满意感

从表中可以看出,旅游消费者从事持续性信息搜集是由于对某类旅游活动的兴趣和重视程度很高,或者是为了掌握大量有关某类旅游产品的知识以便将来使用,或者是纯粹出于享受这类搜集活动所带来的乐趣的目的。例如,一位喜欢浪漫的女性不断了解有关情侣旅游的信息,以便在结婚纪念日、生日或其他节庆日出游时使用。多项研究结果表明,无论在出游前还是在旅途中,女性旅游者都会持续性地搜集购物信息。因为对她们而言,逛街和购物本身就是一种刺激性

的、有趣的活动。此外,许多旅游者在购买旅游服务前难以评估服务的体验性属性,因此他们往往更重视购后的信息搜集与评估,以便为今后的旅游消费积累经验。

与较少从事持续性搜集活动的旅游消费者相比较,从事大量持续性搜集活动的旅游消费者通常掌握较丰富的旅游知识,他们享受搜集旅游信息的乐趣,并且很可能经常出游或在目的地长期逗留。但是,有一类旅游消费者比较特殊,即"空想家型旅游者"。这类旅游者喜欢谈论旅游。他们抓住任何可以收集旅游信息的机会,通过阅读其他旅游者的游记、看旅游杂志、旅游电视节目等渠道丰富自己的旅游知识。他们经常会毫不犹豫地与别人交上朋友,并且还推荐一些有特点的旅游地。但事实是,他们极少真正地旅游过,他们仅是在心里对旅游进行一次又一次的规划,臆造到旅游目的地的体验而已。

五、信息搜集策略及其影响因素

1998 年,弗德尼斯和莫里在文献研究的基础上,探讨了旅游者如何选择和组合信息源,有系统地使用信息搜集策略做出旅游计划。他们从三个角度分析旅游者在特定条件下的信息搜集策略:①空间层面的搜集策略,包括内部信息搜集和外部信息搜集;②时间层面的搜集策略,包括针对当前旅游决策预先开展的购买前搜集和与尚未明确的未来购买决策相关的持续性搜集;③操作层面的搜集策略,根据所搜集信息对解决决策问题的作用,可分为辅助性信息搜集和决断性信息搜集。在辅助性信息搜集中,旅游者综合利用购物指南、专业导游和旅游指南等信息来源,为决策提供辅助性依据。在决断性信息搜集中,旅游者通常仅凭借一种信息源就做出决策,他们采用的信息源主要是个人经验、旅行社、亲戚或朋友的建议。在多数情况下,旅游者都把先前知道的信息与其他新的信息相结合,以形成旅游计划。

1999 年,他们从 1990 年上半年到访过佛罗里达州立游客中心的 1 800 位游客中随机抽取 1 000 位,进行邮寄问卷调查,以探讨事件因素(Contingencies)、信息搜集策略、旅客特质与搜集行为的结果之间的关系。旅游者出游这一事件可以从情境因素和产品特质两个方面来描述。情境因素包括旅游者要做出的旅游决策是例行决策、有限决策还是扩展性决策(见第七章),旅游者决策的时间限制,旅游同伴的构成,旅游者的心情,身体状况等。弗德尼斯和莫里主要考虑了决策任务的性质和旅游同伴的构成这两个情境性因素。信息搜集所产生的结果主要表现在旅游消费者的行为上,如逗留时间、去多少旅游点及花多少钱等。弗德尼斯和莫里的研究结果表明,信息搜集结果主要受旅游者个人特征及信息搜集策略的影响,而旅游者搜集信息的策略又会被个人特征及事件本身所影响(如图 4-3 所示)。

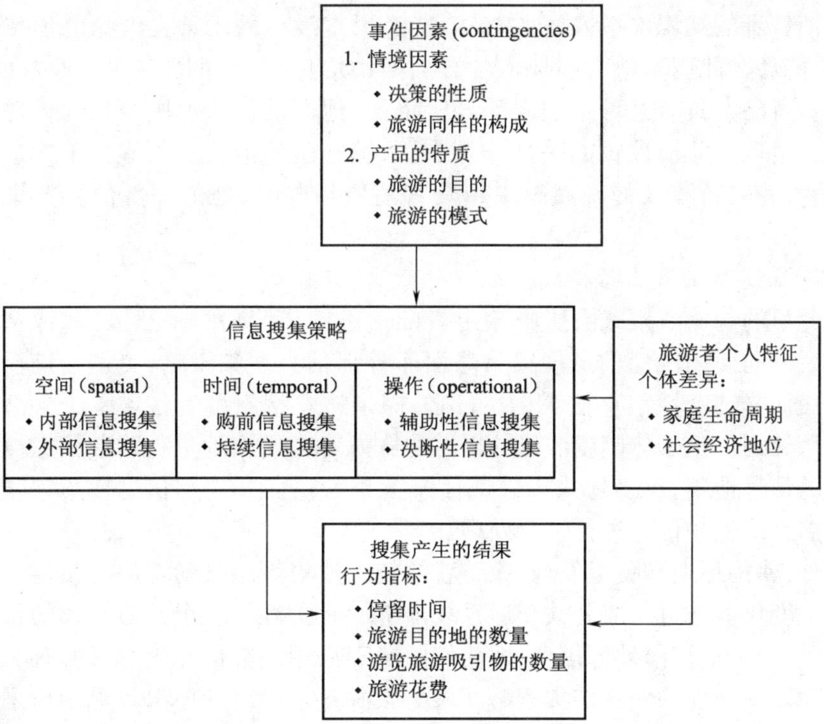

图 4－3　游客信息搜集的行为模式及其前因后果

资料来源:Fodness, D and B. Murray. A Model of Tourist Information Search Behavior. *Journal of Travel Research*, 1999, 37(1): 220～230.

我们可以把影响旅游消费者信息搜集行为的因素归纳为以下五个方面:

(一)旅游消费者的个人特征

个性、人口特征、消费者知识水平等消费者因素,对他们的信息搜集活动都有一定的影响。在个性方面,洛凯恩德(W. B. Locander)和赫曼(P. W. Hermann)的研究结果表明,性格外向、心胸开阔及自信心强的人更乐于进行大量的信息搜集活动(1979)。

在人口统计特征方面,一般来说,高收入和受过良好教育的人具有更高的信息搜集水平;处于较高职业地位的人,从事更多的信息搜集活动;随着年龄的增长,外部信息搜集活动呈下降趋势。吕俐蓉对台中谷关温泉区游客的旅游前信息搜集策略进行了一项研究,结果表明,综合运用信息搜集程度高者教育程度最高;信息搜集程度中等者教育程度次之;信息搜集程度低者学历较低(吕俐蓉 2004)。弗德尼斯和莫里的研究结果表明,低收入者倾向于依赖其朋友或亲戚提供的信息,高收入者则倾向于使用专业导游以及接待中心、地方旅游机构等提供的信息(Fodness,

Murray 1999)。

在消费者的知识水平方面,如果消费者根本没有关于某类产品的消费知识或经验,可能会因此而不敢大胆地从各方面搜集信息,从而很少从事信息搜集活动。如果消费者已经具有某种最起码的经验水平,他们的消费经验与外部信息搜集活动往往会呈现出此消彼长的关系,即缺乏消费经验的消费者更倾向于大量搜集信息,当消费者对所涉及的产品越来越具有消费经验时,他的外部信息搜集活动将减少。

(二)旅游目的和出行模式

旅游目的与旅游模式会影响旅游者的信息搜集策略。一般来说,探亲访友型的旅游者倾向使用内部信息搜集策略而非外部信息搜集策略,更多地进行决断性信息搜集而非辅助性信息搜集。换言之,探亲访友型旅游者喜欢基于自己的经验形成出游计划。出于休闲度假目的出游的旅游者会更多地进行购前信息搜集而非持续性的信息搜集,更多地采用外部信息搜集策略而非内部信息搜集策略。他们往往对多种来源的信息进行综合处理。

此外,弗德尼斯和莫里发现,旅游者的信息搜集策略会随着旅游交通工具的不同而发生变化。通过一般公共交通系统出游的旅游者大多会针对具体的旅游购买决策,从多种渠道搜集外部信息,即他们倾向于采用外部而非内部、购前而非持续、辅助性而非决断性的信息搜集策略。乘坐旅游专车出游的旅游者更多地采用内部而非外部、决断性而非辅助性、持续性而非购前信息搜集策略。

(三)旅游消费者所处的情境

影响信息搜集活动的情境因素很多。主要包括:

1. 旅游消费者面临的购买任务及其性质

如果购买决策非常重要,那么,消费者将会十分审慎,并且会进行较多的外部信息搜集活动。弗德尼斯和莫里的研究结果表明,如果只是在家附近参加休闲旅游活动,或进行经常性且重复性的旅游,那么,旅游者在旅游前通常不会进行信息搜集,而是依照过去的经验行事。如果旅游者要前往陌生的地点旅游,或要开展较长时间的旅游,他们往往会通过外部渠道搜集信息,而且会在一两个具有决定性作用的信息源(如旅行社、旅游经验丰富的朋友和专家)基础上,获取一些辅助性信息(如通过专业的旅游杂志和书籍获取的信息)作为参考,以降低旅游的风险(Fodness,Murray 1999)。

2. 旅游同伴的构成状况

旅游者结伴而行的情况非常普遍,与家人同行尤为常见。弗德尼斯和莫里发现:①携子出游的家庭通常会针对具体的旅游决策进行购买前信息搜集,并且更多地采用外部信息。他们所采用的搜集策略通常是以某个决断性信息源为主,辅之以几个辅助性信息源。②无子的年轻夫妇倾向于目的明确地进行购前信息搜集,而且往往仅凭借一两种信息源就做出决策。他们偏爱搜集地方旅游机构提供的信息。③对于退休且子女已独立的夫妇而言，他们具有宽裕的时间，可以在日常持续搜集旅游信息，但作为富有经验的旅游者，他们在面对具体决策时更多地采用内部、决断性信息搜集策略。

3. 时间因素

时间压力会阻碍消费者对信息的搜集，在时间有限的情况下，消费者会大幅减少外部信息搜集。例如，消费者在报纸上看到关于“优惠团”的信息，而报名时间到当天就截止了，于是消费者马上拨通旅行社的电话，带上证件前往附近的营业厅报名。因此，旅游企业经常利用消费者“最后一分钟购买”的冲动来促销。

4. 旅游消费者在从事购买活动前所处的生理、心理等方面的状态

信息搜集活动随旅游消费者心理的变化而改变，越是将旅游视为一种享受，越倾向于搜集更多的信息。旅游消费者的疲惫、烦躁、身体不适等则会降低其搜集信息的能力。

此外，市场供应状况也会影响旅游消费者的信息搜集活动。随着可选择的旅游产品数量的增加，而且信息搜集成本不大时，消费者通常会从事更多的信息搜集活动。

（四）购买风险

现有的研究成果表明，消费者感觉中的购买风险越高，就会花更多的时间、精力搜集信息，以减少决策风险。由于大多数旅游产品是无形的，不像有形产品那样可以标准化，因此，消费者在购买旅游产品时，一般不像购买有形产品时那样当机立断，而且很多消费者倾向于更多地将别人的经验作为信息源。

与购买风险紧密相连的是旅游者的不确定性。一方面是在消费知识上的不确定性，包括不确定旅游产品具备哪些效用，这些效用的重要性如何，不同旅游企业在提供这些效用上有何异同。另一方面是在选择上的不确定性，即消费者对最后选择哪一种旅游产品存在犹豫和不确定感。例如，与乘坐火车相比，乘坐飞机虽然是尽快抵达目的地的最好方法，但这样就不能欣赏沿途的风光。鱼和熊掌不能兼得，在面临这样的选择时消费者可能会犹豫不决。

由于旅游耗时耗力又耗钱，一旦做出错误的购买选择，消费者无法重来一遍。因此，旅游消费者越是在选择上感到不确定，越是倾向于搜集信息，通过增加信息和提高信息源的可靠程度，来减少感觉中的购买风险。但是，旅游消费者在知识上的不确定性与其信息搜集行为之间的关系则比较复杂。在一般情况下，消费者对产品和服务的知识了解的越少，其搜集信息的行为就会越积极。但是，如果人们对某一方面的消费知识几乎一窍不通，无论是在与销售人员接触还是在理解企业传播的各种信息时均会感到困难，人们很可能减少对信息的搜集。比如说，经济宽裕但不了解旅游产品的旅游者通常倾向于购买高价格的旅游产品，把价格作为衡量

旅游产品质量好坏和旅游服务水平高低的指标,而不愿意全面地搜集旅游信息。换言之,此时知识上的不确定性增加了搜集成本,促使消费者减少信息搜集活动。

(五)旅游消费者搜集信息的成本和收益

很多经济学家认为,当信息搜集活动的边际收益等于边际成本时,消费者将停止信息搜集活动。换句话说,只有信息搜集所带来的边际收益超过由此引起的边际成本,消费者才会做进一步的信息搜集。假设你住在广东的一个中等城市,正在考虑参团到华东地区旅游,你可能会花一些时间向旅游经验丰富的亲友打听一下,或花上一天到城里几家主要的旅行社转上一圈。通过此番信息搜集活动,你可能对某一两个旅行社安排的旅游线路有了初选意向。接下来的问题是,你是否应当到离家100公里的广州继续搜集信息?为此,你将对继续搜集信息的成本与收益作一个比较,一旦认为跑一趟省城的收益不足以补偿信息搜集成本,搜集信息的活动将就此停止。

旅游者进行消费主要是为了追求精神上的某种满足。信息搜集所带来的收益难以精确计算,主要包括:①增加了各种备选方案的数量;②了解不同旅游产品在价格、品质等方面的差异程度;③增进了消费者对所购旅游产品的了解,可以为下一轮旅游消费提供帮助。如果同一类旅游产品和服务的供应商很多,各旅游企业之间彼此差异较大,旅游消费者进一步搜集信息所带来的收益就比较大;反之,则收益较小。搜集成本包括可量化的交通成本、电话费等现金支出,以及时间的机会成本、心理成本(如挫折、疲倦、与不礼貌的销售员交谈)等不能量化的成本。如果旅游消费者觉得信息搜集所增加的成本低于其所获得收益,或低于由此节省的监督旅游企业履行合同的交易成本,就有动力继续进行信息搜集,反之,当信息搜集成本的增幅高于其所获得收益时,就会降低甚至不进行购买前的外部信息搜集。消费者在搜集信息时会自行就成本与收益进行权衡,以取得平衡点。

从经济学层面分析信息搜集行为对旅游企业营销活动的启示是:当企业的品牌处于同行业的领导地位时,应设法使消费者相信,额外信息的搜集活动只会造成时间和金钱的浪费;相反,如果企业的产品未处于行业的领导地位,则应努力降低消费者的信息搜集成本,同时提高其信息搜集收益。

六、信息搜集对旅游消费行为的影响

一个人越有机会去想去的目的地,就越可能付诸行动。许多欧美学者的研究结果表明,旅游者的信息搜集活动可以促进旅游消费,主要表现为:①延长旅游消费者在目的地的逗留时间;②刺激他们在旅途中游览那些原来未列入计划的旅游地,增加参观的目的地和参加的旅游活动数量;③信息搜集促使旅游消费者选择更具吸引力的景点;④信息搜集会刺激旅游消费者选择较高花费水平的旅游目的地,或增加对旅游娱乐的花费;⑤信息搜集令消费者对旅游产品和服务更准确地认识,调整消费行为,减小旅游消费决策时的期望与实际获得的效用之间的偏差。

第二节 旅游者的学习

消费者行为研究中的一条分支,就是以消费者的学习过程为出发点来探讨其消费行为。在旅游活动中,旅游者既是消费者,又是问题的解决者。对于去什么地方旅游,何时去,怎么去,逗留多久,住什么样的饭店,如何安排活动项目等问题的解答,会因旅游者个人因素和环境因素的变化而发生变化。旅游消费者必须改变过去的行为来适应这种变化,而旅游者适应自身和环境变化的过程就是学习的过程。

一、学习的含义

学习,是指人们因经验而使行为或行为潜能产生较为持久的变化的过程。

首先,学习因经验而生。这里的经验是指人们的生活活动。人们可以经由有计划的练习或训练进行学习,如通过接受培训而掌握野外生存技能,也可以由偶然的生活经历而学习,如在看到电视里介绍的某个民族的礼仪习俗而意识到文化差异的客观存在。无论是有意识还是无意识的学习,都是先有引发经验的情境和个人在情境中的活动,而后才产生学习。

其次,学习伴有行为或行为潜能的改变。当个体展示出一种新技能,我们可以推知其已进行了学习。有时,学习并不立即通过行为变化外显出来,而是通过影响个体的价值观念和对待某些事物的态度,改变人的行为潜能。

再次,学习所引起的行为或行为潜能的变化是较为持久的。药物、疲劳、疾病等因素也可以引起行为或行为潜能的变化,但它们所引起的变化都是暂时性的,因而不能视为学习。诚然,由于遗忘的原因,学习所获得的行为也并非永久性的。学习改变人们行为或行为潜能的持久程度,要视学习的材料与练习的程度而定。

最后,学习有多种类型。旅游者在旅游活动中亲身体验旅游服务的特色,或通过自身实践活动以外的途径,如通过书本、新闻媒介或其他人等获得旅游知识、经验和技能,都属于学习的范畴。

二、学习理论及其应用

(一)经典性条件反射理论

俄国的生理学家巴甫洛夫(Ivan Pavlov)以实验法研究狗对外界刺激的反应,从而提出了经典性条件反射理论。巴甫洛夫的实验是把一个原本不会引起狗分泌唾液的中性刺激(铃声)与一个能引起狗分泌唾液的无条件刺激(食物)联系起来,在每次给狗喂食前半分钟响铃。如此实验多次后,巴甫洛夫发现仅响铃声而不喂食,也会引起狗的唾液分泌。此时，狗学会了把铃声和食物联系在一起。经过条件联系的建立，铃声由中性刺激变成了条件刺激，具备了类似食物诱发狗分泌唾液的力量。狗一听到铃声就联想到食物，分泌唾液，这种现象就是条件反射。表4－3描述了经典性条件反射的过程。

表4－3　经典性条件反射的过程

条件作用前	无条件刺激（食物）→ 无条件反应（唾液分泌） 中性刺激（铃声）→ 引起注意，但无唾液分泌反应
条件作用中	无条件刺激（食物）→ 无条件反应（唾液分泌） 条件刺激（铃声）⇢（唾液分泌）
条件作用后	条件刺激（铃声）→ 条件反应（唾液分泌）

经典性条件反射理论表明，如果能引起消费者反应的无条件刺激持续不断地与条件刺激同时出现，消费者将学习到这两种刺激之间的关系。在条件刺激下，消费者会产生原本仅在无条件刺激下才做出的反应。这一原理在市场营销实践中得到了广泛的运用。许多广告都试图激发消费者的遐想，促使消费者把广告产品和服务与某些美好的事物联系起来，进而形成对该产品和服务的好感。一般来说，在消费者投入程度不高的情境下，比较容易形成经典性条件反射。消费者最初可能并没有关注产品或产品广告，也不大关心产品或广告所传达的具体信息。然而，在多次被动接触刺激物后，消费者可能会由此而建立起各种各样的联想或联系，形成对刺激物的情感反应。正是这种情感反应，促使消费者进一步搜集产品的信息或试用产品。

在经典条件反射作用过程中，有几类常见的现象：

（1）刺激泛化（generalization），是指当条件刺激能引起条件反射后，与这种条件刺激相似的其他刺激无需经过条件作用过程也可以引起同样的条件反射。换言之，消费者对某种特定刺激的反应会扩大到对其他相似刺激的反应中。泛化现象对旅游广告宣传有重要的启示，即把宣传内容与游客以往所熟悉并有好感的旅游产品或目的地联系起来，可以取得很好的效果。有些旅游目的地在推介新景点时，给新景点冠上"小桂林"、"小三峡"等与知名景点相似的名称，或赞美新景点有"黄山之奇"、"峨眉之秀"、"华山之险"、"青城之幽"等，这些做法就是运用了泛化原理，以激发旅游消费者的旅游意向。

（2）刺激辨别（discrimination），是指当条件刺激能引起条件反射后，消费者能够把其他类似的刺激与这一刺激区分开来,予以不同的反应。此时,消费者学会使某种反应只能在某个刺激下发生,而不能在其他相似的刺激下发生。例如,消费者在熟悉了某知名品牌后,仅购买此品牌的产品,而不购买便宜的复制品。新的旅游产品要最终获得成功,必须使旅游消费者感到它具有某些不同于已有旅游产品的独特性,与属于同一类的其他产品相区分。

(3)消退(extinction),是指由于条件刺激不再与无条件刺激相伴出现,条件反射会逐渐减弱直至消失。在巴甫洛夫的实验中,虽然狗的条件反射与无条件反射均是分泌唾液,但在连续多次响铃后并未有食物的出现,狗的唾液分泌会减少,直至完全停止。

(二)操作性条件反射理论

经典性条件反射理论解释了学习者如何建立条件刺激与条件反射之间的关系,但无法解释为什么学习者在遇到某种刺激时,会从各种各样的反应中选择特定的反应。比如说,当旅游者需要前往目的地时,他可以选择乘坐飞机、火车、旅游巴士或自驾车出行,但在一定环境条件下,他为什么会做出这样的反应而不是其他反应呢?操作性条件反射理论要回答的正是学习者如何把特定的刺激与特定的行为反应对应起来。

操作性条件反射理论又称为学习的强化理论。该理论的提出者斯金纳(B. F. Skinner)认为人的行为是行为结果的函数。人们通过尝试与错误过程,了解哪些行为反应能够获得满意的效果,然后,人们会重复那些能产生有利结果的行为,减少那些会带来负面结果的行为。

根据强化理论,如果一个行为反应发生后,接着施加一个强化刺激,那么这一行为反应出现的概率就会增加;经由条件作用强化了的行为反应,如果出现后不再尾随强化刺激,该行为反应出现的概率就会降低,直至不再出现。由此可见,在消费者对刺激与反应之间联结关系的学习中,强化物扮演着重要的角色。根据强化的性质和目的,强化可以分为正强化和负强化。正强化可以加强旅游消费者的反应并促使他们表现出适当的行为。例如,一名旅游者参加了航空公司的常客飞行计划,用积分换取了不少令人羡慕的礼品。今后,旅游者就更可能继续乘坐该公司航班出游。负强化所强化的,是个体成功地消除厌恶性刺激物的行为。例如,一家订票公司也许会做这样一个广告:一个旅游者收拾好行囊却无法出行,原因是他没法买到车票。广告传递的信息是:只要他采用该订票公司的服务,就可以避免这种负面结果。因此,负强化与惩罚是不同的。正强化和负强化都会加强反应和结果之间的未来联系,因为这两种强化作用都会带来愉快的经验,而惩罚意味着一种行为反应导致了不愉快的事件。

强化理论对营销工作的启示在于提醒旅游企业应格外重视营销宣传与服务质量的一致性、服务质量的稳定性并做好游后服务,以更好地满足消费者的需要。企业可以通过提供奖券或给予折扣，鼓励旅游消费者进行第一次购买；营造良好的消费环境，使旅游消费场所成为一种强化因素；通过发送赠品等强化刺激，对旅游消费者购买行为给予奖励；在广告宣传中，强调顾客群体卓尔不凡，以此对消费者行为予以强化。

一些旅行社、宾馆、饭店等旅游企业以为游客到某地旅游大多是一次性行为，很少重复光顾，因此把与游客之间的交易视为一次性交易，不重视为顾客提供始终如一的优质服务，尤其不重视对旅客的游后服务工作。根据强化理论，注重游后服务有着非常独特的意义，它能在很大程度上增加游客的好感，即使游客自己不重复光顾，也会向他人进行良好的口碑宣传。企业可以建立游客游后反馈制度，通过电话、感谢信、问候卡，了解游客的游后感受，鼓励游客提意见和建议。这对旅游者来说就是一种强化，因为这使游客感到旅行社对他格外重视。旅游消费者获得了强化，再度购买或宣传该旅游产品的概率将增加。

此外，企业要注重控制强化的频率。欧美学者发现，如果在每次正确反应后就给以强化物，个体习得正确反应的速度很快，但当强化物不再出现或中止强化时，正确反应的消退速度也很快。相反，如果强化是间断性的，即不是对所有正确反应，而是对部分正确反应予以强化，虽然最初对正确反应的学习速度较慢，但在强化物消失后，行为消退的速度也比较慢。在营销工作中，企业通过降价或发赠品促销，往往能在短期内刺激消费者的购买行为，但当企业取消这些手段后，销售收入可能马上下降。因此，企业要与顾客保持长期的关系，还需采取一些变动性的间隔强化手段。

（三）认知学习理论

根据上述两种学习理论，人们所习得的刺激与行为反应之间的联结，经过反复练习和强化就会形成习惯，这些习惯指引人们在遇到原来的或类似的刺激情境时如何做出反应。然而，人类许多复杂的学习行为都无法用习惯来解释。例如，儿童学习加法，由 2 +2 =4，2 +2 +2 =6……养成连加的习惯，但在学过乘法之后，如果遇到“2 +2 +2 +2 +2 +2 =？”之类的题目，他往往不再采用已有的习惯算法，而是改用简捷的乘法运算。有时，学习者并不需要经历尝试与错误的过程，而是通过洞察情境中各种条件之间的关系，然后找出行动方案。德国心理学家柯勒（Wolfgang Köhler）把此类学习称为顿悟。从完形心理学的角度看，顿悟是学习者对目标和达到目标的手段之间关系的理解。顿悟式学习不一定依靠练习或经验，只要认识到整个情境中各成分之间的相互关系，顿悟就会自然发生。

美国心理学家托尔曼（E. C. Tolman）等人在柯勒的研究基础上进行了一系列实验。他们认为，个体的行为并不是由行为结果的奖赏或强化所决定，而是由个体对目标的期待所引导的。在既无正强化也无负强化的条件下，学习仍可能以潜伏的方式发生。现实生活中的许多现象都可以支持这一观点。比如，在接触各种广告的过程中，消费者可能并没有有意识地学习广告的内容，其行为也没有表现出受某则广告影响的迹象，但我们并不能由此推断消费者没有获得某广告的某些知识与信息。也许，当某一天消费者要做出某项购买决策时，会突然从记忆中提取出源自于某广告的信息，此时，潜伏的学习会通过外显行为表现出来。

迄今，除了顿悟学习理论和潜伏学习理论以外，还有许多种认知学习理论。这些理论的共同特点是强调学习者的内部思考过程在解决问题、适应环境中的重要性。认知学习理论认为经典性条件反射理论和强化理论只能用来解释较为简单的学习。学习并不是在外界环境支配下被动地形成刺激与反应之间的联结，而是主动地在头脑内部形成认知结构。学习是新旧知识同化的过程，即学习者在学习过程中把新信息归入先前有关的认知结构中去，或在吸收了新信息之后，使原有认知结构发生某种变化，而认知结构又在很大程度上支配着人们的预期，支配着人们的行为。简而言之，学习实际上是学习者头脑内部认知结构的变化，人们会积极地利用从周围世界得到的信息来适应他们所处的环境。

(四)社会学习理论

社会学习理论又称为观察学习理论，其主要倡导者是美国斯坦福大学教授班杜拉(A. Bandura)。这一理论的特点，是强调学习过程中社会条件的作用。班杜拉认为，人的许多行为是在社会情境中，通过观察他人的行为表现方式以及行为后果(得到奖励或惩罚)间接学到的。在观察学习过程中，被观察和模仿的对象称为榜样(model)。榜样可以是活生生的人，也可以是以符号形式存在的人和物。比如，在学习如何搭建露营帐篷时，有关产品的使用手册或用户指南就是观察学习的榜样。

对榜样的学习包含四个相互联系的过程：注意过程、保持过程、再造过程和动机过程。要使学习有效，学习者首先应对榜样或示范影响予以足够的注意。一般而言，预期导致较大奖惩的示范、具有影响力和吸引力的榜样、熟悉的事物或与学习者有相似之处的个体，较容易引起学习者的注意。学习者有意识地观察榜样还不足以完成学习，而必须以符号或言语编码形式，把他们所观察到的东西储存在记忆中，以便日后据此指导自己的行为。第三个过程是行为再造，即个体把以符号形式编码的示范信息转化为适当行动的过程。学习者在演习和再造示范行为时，可能会发生偏差，需要经过大量实践后，才能达到榜样的水平。第四个过程是动机过程。经由注意、保持和再造过程后，学习者基本上掌握了示范行为，但他们不一定表现出所学到的所有东西。只有存在积极的诱因时，如学习者认为示范行为能导致有价值的结果，或观察习得的行为能提高行为满意感，这些行为才会由潜伏状态转化为行动。

观察学习具有以下特点：首先，学习者对榜样的观察和模仿可能表现为外显的行为反应，也可能只是在内心汲取楷模的行为方式；其次，在没有强化作用的情况下,观察学习同样可以发生;第三,观察学习并不等同于对榜样行为的简单复制,而是从他人的行为及其后果中获得信息,它可能包含模仿,也可能不包含模仿。例如,两位旅游者结伴到陌生的地方游玩,一位旅游者出于好奇,购买了当地的"风味小吃",结果发现不对口味,后一位旅游者就不买了。在这个例子中,后一位旅游者的行为是观察学习的结果,而不是简单的模仿。

与其他类型的学习相比,观察学习有很多优点。首先,通过对榜样行为的观察,可以避免试误学习情况下各种代价昂贵的错误。其次,观察是学习某些新行为的最好甚至是唯一的手段。比如,通过看旅游电视节目,人们很快就能自行到一个新的旅游目的地游玩。第三,观察学习可以缩短行为学习的时间。想象一下,如果人们只有通过亲身经历才能学习,那将要花多么漫长的时间才能学会使用各式各样的产品。最后,在尝试和错误中学习有时是相当危险的,而观察学习可能避免对学习者造成伤害。

旅游是一项费时费力费钱的活动,任何一个消费者都不可能广泛地"试误",因而旅游消费者会更注重观察学习。为了减少错误行为带来的代价和危险,旅游消费者会主动从别人那里学习旅游,比如倾听朋友和熟人的介绍、观看旅游电视节目、阅读其他旅游者写的旅游日记等,通过观察和思考来掌握旅游知识,形成正确的旅游态度。对旅游企业而言,这意味着每一位游客都是一则广告,每位游客在本企业的消费经历都可能成为若干旅游者模仿的内容。因此,旅游企业必须始终如一地为每位游客提供优质服务。

(五)小结

旅游者的学习,包括人类的全部学习活动,都可被看做是既有"试误"又有"顿悟"的过程。人类既不可能一直处在对外界事物的盲目摸索之中,也不可能完全避免盲目性轻而易举的"顿悟"。行为主义强调的外部反应与认知学派强调的内部思考虽然看起来是相互对立的,但实际上没有人能说清楚行为反应与主观思考到底哪一个更重要或哪一个是起决定作用的因素。事实是,人的学习既离不开行为上的不断实践,也离不开意识上的不断思考,仅强调其中一个方面,未必能真正揭示学习的真谛。班杜拉的社会学习理论在一定程度上融合了行为主义学习理论和认知学习理论,是学习理论发展的一个重要里程碑。

三、旅游消费者的学习

学习,是人在生活过程中获得行为经验的过程。人类的绝大部分行为都是后天学习的结果。人的旅游行为是在生活水平达到了一定程度的情况下为满足较高层次的需要而产生的,比起其他行为,更具习得性。因此,掌握学习规律,可以帮助我们深入认识旅游者的心理和行为规律,为搞好旅游服务工作带来有益的启示。

旅游者的学习内容主要包括四类:①关于旅游商品本身的信息,包括旅游线路、价格、旅游目的地的资源特点、游程需要多长时间等;②关于旅游服务的信息,包括旅行社、宾馆、饭店、交通部门等将分别提供的服务;③关于旅游目的地其他方面的信息,包括旅游目的地气候、物产、民风民俗、消费水平等方面;④关于旅游常识的信息,包括旅游淡、旺季的知识,到沿海地区旅游的经验、到北方参加冰雪旅游的经验,参加探险、漂流等的注意事项等。对这些信息的加工处理结果,主要体现为对旅游动机的习得、对旅游态度的习得和对旅游消费经验的习得。

(一)对旅游动机的习得

人类探索的需要是先天的需要,但除了探索需要这个基本的内驱力外,大多数旅游行为的动机则是后天习得的。儿童在两岁以前对旅游一般没有真正的认识,也不会向家长提出旅游的要求。到了 3 岁左右,城市儿童由于受电视广告、家长及周围人的语言和行为等刺激影响,会对旅游产生好奇和兴趣,表现为主动向家长提出自己也想去旅游。4 岁的孩子则会在幼儿园与小朋友谈论北京天安门和上海的东方明珠。

人们通过后天的学习产生了对成就、权力、归属感和社会地位的需要,完成对自我形象的塑造。这些后天产生的需要又在很大程度上影响了人们的出游动机,以及人们把动机付诸实践的行为方式,比如对旅游目的地、交通工具、食宿的选择。

生活在高度紧张的工业化社会中,人们很容易习得旅游是一种舒缓工作压力的途径。长期不断的工作所带来的紧张是一种外在的刺激,而休闲旅游则是对现实生活状况的一种改变。当人们发现旅游可以减少工作所带来的紧张后,就会在工作压力过大时产生旅游动机。只要这个刺激和行为反应能带来满意的回报,他们将会继续旅游,甚至把旅游消费行为作为手段,进而实现其融入新的社会群体、消除焦虑的目的。事实上,由于城市化、工业化,节奏快的紧张生活和工作,许多人只要往日历上瞥上一眼,就可能会激发起对旅游的强烈欲望。

经验丰富的旅游消费者在意识域中记忆储备了大量备选的旅游产品,但随着旅游动机的日趋成熟,他们会摒弃人为成分过多的舞台化的旅游产品,注重寻求新鲜奇异的真实经历与内心体验。这要求旅游企业有效开发利用资源固有的特质去引导旅游动机,重视原生资源的保护,而不是盲目迎合旅游者。

(二)对旅游态度的习得

一个人所持的态度,是学习过程的结果。态度大多建立在人们的信念和见解基础之上。这些信念和见解,主要是人们通过家庭、学校、朋友、熟人、所属的群体、所生活的社会,以及新闻媒介学来的,或源于人们的直接经验。例如,人们从熟人、广告或其他渠道学习的内容,构成了他们对某一旅行社的初始态度。当人们与这家旅行社直接接触之后,就会证实或改变先前的态度,或形成全新的态度。

教育是人们学习旅游态度的一种重要途径。钟洁和杨桂华对云南大学的 257 名学生开展了一项调查,以了解他们对待生态旅游的态度。结果表明,这些大学生旅游者具备较强的生态意识和环境责任感。调查者对样本中的博士生、硕士生和本科生旅游者进行了比较，发现随教育程度提高，旅游者的生态意识呈递增趋势（钟洁，杨桂华 2005）。

态度的学习，还会受到社会和文化的影响。广泛的文化和社会变革促使人们形成新的态度，或改变原有的态度。例如，在传统观念中，家庭成员应团结且行动一致。在今天，人们普遍接受家庭成员各有各的个人空间，孩子甚至夫妻都需要有独立的时间。这种态度的变化是学习得来的，并对旅游行为产生巨大的影响，体现为越来越多夫妻不携带孩子出游，甚至各自单独旅游。近年来，妇女的旅游态度也发生了很大变化。许多职业妇女不再是丈夫温顺的陪伴者，不再被动地由丈夫为她们办理登记住宿手续，而是主动地处理各种各样的与旅游有关的问题。诚然，妇女旅游者还会特别注意自己的人身安全。

（三）对旅游消费经验的习得

经验是学习的源泉，学习的结果又促使经验得到进一步的积累。旅游者从旅游经历中学习并把旅游经历概括为经验。例如：一个到过几个海滨城市的旅游者会根据以往的经验推知，在任何一个海滨城市都会有类似的经历。一位外国旅游者多次乘中国民航的班机，他都体验到了机组人员热情周到的服务，他可能由此断定中国民航所有的班机都会提供第一流的服务。一旦需要做出旅游决策，旅游者就可以依据经验形成判断，参考以往对类似情形的处理方式，把做出决策所需要的时间和精力减少到最低限度。当然，经验并不都是积极的，有时会以偏概全。例如：某一个体旅游者在购买了某一旅行社的服务后，感到极不愉快，由此会推断所有的旅行社都是骗人的。

旅游从业者应注重旅游者经验对旅游决策的影响，树立产品及企业的良好形象，以优质的产品让旅游者乘兴而来，满意而归；并充分利用消费者概括的倾向，采取措施把他们的各种产品和服务相互联系起来，或采取措施避免这种联系，以避免某一低水准的产品和服务影响与它有关的其他产品和服务。

（四）小结

旅游行为是学习的结果。一个人旅游动机的产生、对旅游所持的态度、关于旅游的知识经验等，主要是在后天环境作用下习得的。通过学习，旅游者逐渐变得成熟。体现为：

（1）从茫然胆怯到自信，从依附于旅游经营者和旅游服务人员到要求具有相对的“自主性”。处于“入门”阶段的旅游者通常会选择参加旅行团，以降低旅游风险，确保安全。随着旅游知识和经验的增多，旅游者相信自己能够处理旅游中出现的问题，他们不再满足于参加由旅行社安排好的固定的旅游，不愿意由旅行社控制一切，而是希望享有一定的自主决策权，按个人意志去探索外部世界，享受“自己”的假期。

(2)从标准化旅游到个性化旅游。随着旅游知识和经验的丰富,旅游者形成了对特定旅游产品的态度,他们倾向于购买符合自己的个性和需要的旅游产品。

(3)从前往已具知名度的景点到自己去探索发现新的“旅游胜地”。随着知识经验的日益丰富,旅游者探索的冲动很容易变成行动,希望能到一般游人罕至的地方旅游。

(4)从“走马观花”到滞留型旅游。随着旅游知识和经验的增多,旅游者倾向于深入体验目的地的生活,而不愿仅扮演“旁观者”。他们希望逗留一段时间仔细游览,参与目的地的一些活动,了解风土人情,以体会旅游的乐趣。

随着我国国民收入的增加,许多人有了外出旅游的动机,但不少人却不懂得如何旅游。有些人缺乏历史和地理知识,对哪里有什么景点不甚明了,有些人对旅游中的食、住、行、娱缺乏经验,因而不敢轻易迈出家门。为了促进旅游业的发展,鼓励人们积极投身旅游活动,旅游企业有必要主动地对旅游者,尤其是对潜在旅游者实施教育引导,变“等客上门”为主动“引客上门”,教旅游者学会如何旅游。

案例 4－1　旅游中的猫腻①

由于许多旅游者对旅游地和旅游中介企业知之甚少,一些不良旅游中介利用信息不对称,以廉价团误导和欺骗游客;还有不少导游、司机和购物商店通过提供和收取高回扣合谋串通,增加购物点停留时间,不择手段地向游客推销假冒伪劣商品,从而使游客蒙受物质和精神损失。

2000 年五一节前,贺庆元先生与朋友约定外出旅游度假。他们在报纸上看到了某旅行社组织的“长江三峡四日游”线路,价格为 1 000 元/人。由于他们以前都没去过三峡,便决定五一节游三峡。

4 月 30 日,贺庆元等一行共 4 人到旅行社报了名,并签订了合同。5 月 1 日下午,他们随旅行社组的团乘大巴车出发,这个团共 20 多人,上车后大家有说有笑,气氛还比较融洽。

然而,好景不长。当天下午 4 点多,他们抵达重庆。上船时,他们才知道他们这个团和来自南充的另一团“组合”了,而旅行社承诺的三等舱也变成了四等舱。有些游客开始向导游员提出住宿条件不达标的质疑。在导游员的极力游说下,大家磨蹭到晚上 6 点多才上了前往三峡的游船,起锚航行。船到了丰都,按规定上岸参观鬼城,在购票进入鬼城后,导游员路上不停催促,很多景点一掠而过。当游客提出慢慢游览的要求时,导游员回答,因为上船时耽误了时间,只好把行程时间压缩一点。大家匆匆忙忙在鬼城走了一圈便悻悻上船。

第二天上午,游船在一个不知名的地方靠了岸。导游员请游客上岸观赏,等游

① 本案例改编自杨海涛.旅游的猫腻.知识经济,2001(5):89～90。

客上岸后才发现这个地方根本没有什么值得参观的。几家农民开的商店摆满了随处可买到的一些纪念品。导游员开始游说大家买东西。在这群游客中,除了一名游客花了几元钱买了一个小纪念品外,没有人愿意再掏腰包,在僵持了一个多小时后,导游员才阴沉着脸招呼大家上船。

就这样,坐船边走边玩了两天后,游船于5月3日晚抵达武汉。这时游客才发现原来承诺的6个景点仅去了5个,其中还包括那些不知名的小地方。5月4日早上,导游员便称旅游结束,让游客乘火车返回。游客都非常纳闷:“5月1日下午才启程,4日早上返回,只玩了两天半,怎么是4日游?”返回后游客便以“游程缩水,涉嫌欺骗”为由将旅行社告到了旅游局质监所。

[**讨论**]

1. 从旅游市场信息不对称角度,分析导致旅游中介能玩猫腻的原因。

2. 请你给案例中的贺先生提出建议,如何成为明智的旅游消费者,避免类似事件的发生。

3. 请你给旅游主管部门提出整顿旅游市场,保证可持续发展的可行建议,以便更好地保护消费者权益。

案例4-2　班级里的“旅游专家”

广州某大学的新生报到了。为了增进同学之间的友谊,增强班级凝聚力,电子系一班的同学们想利用周末外出旅游。可是同学们大多都是刚到广州,对旅游线路和景点缺乏了解,而且同学们几乎都没有独立旅游的经验,对如何组织这次班级旅游感到不知所措。最后,组织班级旅游的重任落到生活委员小丁的肩上。小丁综合考虑了同学们的经济承受能力、时间限制和组织本次旅游的目的,提供了三份可供选择的旅游方案。最后,全班同学选择了其中的番禺××农庄一日游。

同学们从广州大学城出发,乘旅游大巴到达农庄,开始了充满新奇野趣的秋游活动:先是在农庄导游员的带领下险渡铁索桥,领悟“挑战困难,战胜自我”的乐趣,然后组队开展激烈的水枪野战,参加“地道战”,攻打“山海关”;中午到导游员那里领取原料,“自己动手、丰衣足食”——野炊;下午同学们跃进浅水池,参加“多劳多得”的捞金鱼游戏;最后集中在一起,进行别开生面的水上拔河比赛,在紧张激烈的决赛中培养团队精神。由于是全班出游,小丁争取到了优惠价,将同学们的旅游总花费控制在平均每人60元以内。这次活动取得了令人满意的效果。

同学们好奇地问小丁,“你也不熟悉广州,为什么能安排得如此妥当呢?”小丁答道,自己的确没有去过该农庄玩,但是她在挑选旅游方案前,向高年级的学姐们“取过经”,在学校的BBS上仔细搜寻和阅读过其他班级组织旅游的经验,还一一致电旅游代理公司咨询详细情况,讨价还价,然后才提出这个方案供班委会选择。同学们恍然大悟,一致称赞小丁是“旅游专家”,并决定下次的班级旅游活动还交给小丁来组织。

［讨论］

1. 小丁的信息搜集渠道有哪些,属于内部信息搜集还是外部信息搜集?

2. 通过这些渠道搜集信息有哪些好处?

3. 如果你是小丁,在组织下一次班级旅游活动时,你考虑哪些因素,从何处搜集信息?

思考与练习

1. 旅游消费者获取信息的来源主要有哪些?

2. 信息搜集发生在什么时候? 内部信息搜集与外部信息搜集有何区别?

3. 假设你为你们班级组织一次周末旅游活动,请描述你的意识域、激活域、惰性域、排除域。

4. 在什么情况下,企业希望旅游消费者开展大量的信息搜集活动? 在什么情况下企业希望旅游消费者尽可能少进行信息搜集活动?

5. 简述经典性条件反射理论、操作性条件反射理论、认知学习理论和社会学习理论,并讨论它们在旅游市场营销中的作用。

6. 学习和态度之间是什么关系? 态度可以习得吗?

第五章

旅游消费者的感知

第一节　旅游者的感觉与感知

一、感觉与感知

感觉和感知，是人们理解世界的一种心理过程。风景名胜和旅途中的食、宿、行、游、娱、购都是通过人们的感觉和感知形成印象的。感觉，是个体通过感觉器官对光、色、声、味等基本刺激的直接反应。与感知相比较，感觉较为简单，个体察觉刺激的存在，并立即分辨出事物的外形、色彩、气味、粗糙程度等个别属性。感知，是人脑对直接作用于感觉器官的客观事物的整体反应。它是在感觉的基础上，把所有的信息材料加以综合整理，从而形成对事物的完整印象。个体对于感觉器官所获得的外来刺激都要加以主观的解释和组合，才能形成感知。

二、旅游者的感觉

（一）视觉

视觉刺激，在旅游体验中占重要地位。七彩斑斓的风景让人浮想联翩，许多旅游景点的开发与设计往往和“色”联系在一起。例如，法国南部的小城奥维尔以黄色而闻名于世。凡·高笔下的向日葵和黄色的房子吸引了无数游客到此一游。由于颜色的象征价值和文化意义非常丰富，旅游企业在广告设计和营业场所的设置上必须注意消费者对色彩的感觉。美国一家连锁快餐店为突出其食物的物美价廉，在店内、店外装修中更多地使用橙色，结果销售额增加 7%。但是，美国豪生（Howard Jonhson）饭店集团的黄色屋顶却让顾客产生负面的联想，加深了顾客对其设备脏、服务差、食物一般的印象，甚至使其一系列营销措施以失败告终。

（二）听觉

声音的许多方面都会影响旅游消费者的情感和行为。许多消费者行为学家认为，背景音乐对情绪的作用以及语速和语调对态度变化及信息理解的影响有广泛的用途。比如，饭店、餐馆、商场的背景音乐能创造适宜的购买情绪。导游通过改变语速可以增强说服力和感染力。

(三)嗅觉和味觉

气味,可使情绪激动,也可使情绪缓和,它们能引起回忆或是缓和压力。人们对气味的一些反应,源于气味与他们早期经历的联系。例如,婴儿粉(baby powder)的香型之所以经常在香水中被采用,是因为这种气味能唤起人们对舒适、温暖和喜悦等感觉的记忆。

味觉感官,有助于我们对许多产品感受的形成。所以,饭店的餐厅、餐馆、食品店总是忙着开发新味道的食品来迎合消费者不断变化的口味。

(四)触觉

触觉对旅游消费者的影响也很重要,它能够发挥缓解压力、安抚镇静或刺激兴奋的作用。比如,景区道路上镶嵌的按摩石会刺激游客的脚部触觉,给他们一种休闲、健康的体验;让游客亲近一些小动物或植物,则可以通过手的触觉给游客带来兴奋的体验;一些以水为主题的游憩活动往往能够给游客带来全身心的触觉体验。

三、旅游者的感知

旅游者的感知,即旅游感知,是指直接作用于感觉器官的旅游刺激在人脑中的整体反应。感知过程是个体选择、组织和解释感觉刺激,使之成为一个有意义的连贯的现实映像的过程。一个世纪以前,人们还把感知类比成照相机来理解,但是计算机要模拟感知时却发现远不是那么回事。感知是一个主动探索客观世界的过程,在这一过程中,大脑对大量离散的感觉信息进行选择加工,在信息加工过程中又强烈地受个体的动机、人格、态度、学习等因素影响。不同的人面对相同的风景,会产生不同的旅游感知。

(一)感知的过程

我们可以把感知的过程视为连续过滤外界刺激的过程。个体有选择地注意环境中的信息,然后加以解释和理解,并与其他知觉综合。

1.选择性注意

注意,是指个体对展露于其神经系统前的刺激物做出进一步加工和处理。由于认知能力的限制,在某一特定时点,旅游消费者不可能同时处理所有展露在他面前的信息。人们只是按照某种需要和目的,有意识地选择他们感兴趣的少数事物作为感知对象,或无意地被某种事物所吸引,以它作为感知对象。比如说,如果你正在寻找一个蜜月度假地,你可能会特别注意宣传材料上对于沙滩、露台、安静的环境、月亮的描述。如果你正在为公司寻找合适的地点召开一次销售会议,那么对于同样的宣传材料,你会更注意对会议室、宴会设施及健身器材的介绍。当你身处一家饭店时,你可能会注意饭店的装潢、电梯服务、酒吧、高尔夫球场等你认为饭店已经向你承诺的东西。

在旅游情境中,旅游者的兴趣爱好能够帮助他过滤掉与己无关的及有危害的事物。这可以理解为“感知防御”。比如,飞机乘客通常不注意航空保险机构,在很大程度上是因为他们不愿意把乘坐飞机旅行视为危险的过程。走在华山险处的旅游者,眼睛大多盯着脚下的石阶,或向山顶和天空看,而不去看脚旁的万丈深渊。

在日常生活中,人们往往把注意力集中在自己认为重要的东西上,将不重要的事物作模糊处理。但是,在旅游活动中,旅游者通常会有意识地降低自己的感知选择性,尽可能多地把各种事物纳入感知范围,扩大感知对象,体验日常生活中没有或无法体验到的多姿多彩的人生乐趣。然而,由于感官功能和停留时间的限制,即使最大限度地降低感知选择性,刺激的无限性和感知选择性之间的矛盾也依然存在。为了解决这个问题,旅游者往往借助各种媒介,如导游手册、明信片、书籍、照相机、录像机、旅行日记等,记录当时无法深入感知的事物,以供事后欣赏,继续享受旅游乐趣。

2. 理解

感知是在过去的知识和经验的基础上产生的,所以对事物的理解是感知的必要条件。个体对刺激物的理解,是个体赋予刺激物某种含义或意义的过程。人们总是根据已有的知识和经验,赋予新的刺激物某种含义,以便形成对新刺激物的整体感知印象。在此过程中,人们倾向于将其获取的各种信息作简化处理,把其最关注的刺激要素转变为图形的形式,予以归类,而刺激物中的其余部分则构成了图形的背景或底色。这种做法称为定势,或刻板(stereotyping)。即使在要素不全的情况下,人们也倾向于主动处理信息,将刺激物发展成一幅完整的画面或图景。

借助过去的知识和经验对新的刺激物进行分类和概括,能够使人的感知过程更加迅速,节约感知的时间和工作量,同时使感知印象更准确完整。如果缺乏知识和经验,每一次感知都要重新学习,那么,不断尝试与错误不仅浪费时间和精力,而且感知印象还可能与实际对象相差甚远。

旅游者的理解在旅游中有着十分重要的意义。自然界的山水原本是没有意义的,但经过旅游产业的加工和旅游者的理解后就变得有旅游意义了。比如,对一些特殊的岩石和地质现象进行神话式、拟人式、拟物式处理,能促使游客游兴大发。对人文景观、古迹名胜的游览,更需要旅游者在掌握一定知识和具备一定的经验基础上进行,才能真正领会旅游的乐趣,获得更多的审美享受。一般来说,经验越丰富的旅游者,对旅游活动的理解能力越强。

然而,有的时候,消费者对新的刺激物定势可能会出现以偏概全的现象。例如,一位旅游者在一家饭店里碰到一个板着脸、心不在焉的服务员,他就认为这家饭店的服务员都是外行、不友好。此外,消费者在面临与其态度、价值观或原有信念冲突的外界刺激时,趋向寻求与其信念相吻合的信息,忽略与其信念不一致的信息,可能对新的刺激物做出与客观事实相违背的解读,造成感知失真。消费者在理解过程中注意力不集中,或消费者的知识不足,或刺激物本身不明确,也容易对刺激物产生误解。这些现象会使旅游企业的营销效果大打折扣。旅游企业在与消费者及其他社会公众沟通的过程中,应预先认真测试所要传递的信息,以尽可能减少误解。每位员工也要做好服务中的每个细节,扮演好兼职营销人员的角色,才能给消费者留下良好的印象。

3. 保持

保持,是记忆的基本环节。它是巩固已获得的知识和经验的过程,是再认和回忆的前提。

一般来说,一个人总是把与自己的需要、价值观念及心理倾向相联系的信息存储在记忆中,而与需要、价值观念及心理倾向无关的信息则会很快被遗忘掉。当人们接触到的信息与他们的态度、癖好及生活方式相一致时,就非常容易在记忆中保持,而且准确无误。

只有那些被保留下来的信息,才能对继之而来的行为产生影响。例如,一个旅游者住在某饭店,恰逢该饭店发生火灾,而他幸免于难。这个经历就会在他头脑中清晰地保持许多年,甚至终生难忘,形成了他对这个地方总印象的基础,甚至会使其忘记这个地方更有吸引力的特征。消费者所保留下来的感知通常具有恒常性,即当感知对象的客观条件已经在一定范围内改变时,消费者的感知印象在相当程度上仍然保持着不变。

(二)影响旅游者感知的因素

旅游者的感知过程,会受感知对象的特点和旅游者本人特点的影响。苏州的拙政园,谁去看它都是人造园林,这是由拙政园的景观决定的,但是,园林专家和普通旅游者的感知印象是有差别的。苏东坡说:"西湖天下景,游者无忌贤;深浅随所得,谁能识其全?"这从某种意义上说明了旅游者的感知印象受到主客观因素的双重影响。旅游者对感觉器官所获得的外来刺激加以主观的解释和组合,才能形成感知。影响感知的客观因素,主要包括外来刺激的强度以及感知对象与背景的关系。影响感知的主观因素,则主要包括需要和动机、情绪、兴趣、经验、阶层意识、个性特征等心理因素。

1. 感知对象的刺激强度

旅游者面对的环境是错综复杂的,既有自然景观又有人文景观,既有静止的事物又有动态的事物。面对众多的外界刺激,旅游者容易感知到的是那些在特定环境中有突出特点的对象以及那些与其惯常生活环境有较大差异的对象,即刺激强度较大的事物。一块碑刻,放在陵墓、寺院、山水、园林等处,很容易被人感知到,但是,把它放在著名的西安碑林之中,旅游者就可能不会注意它。在相同文化背景的城市中,旅游者很少注意当地人的服饰、交通工具和建筑。一旦旅游者踏出国门或进入文化差异较大地区,他们最先感知并留下深刻印象的往往就是他们不熟悉的衣、食、住、行。这就是因为不同的客观事物对旅游者刺激强度不一样。一般情况下,感知对象的刺激强度越大,越容易被清晰地、深刻地感知。比如说,险峻的山峰、幽静的湖泊、奔腾的江河、辽阔的大海、古老的建筑、珍禽异兽、奇风异俗等,都会以较大的刺激强度,给旅游者留下清晰的感知印象。

2. 对象与背景的关系

旅游者感知事物时,总有一定的选择。在感知范围内最受关注的事物就是感知对象,与感知对象相连但处于感知范围之外的其他事物,构成了感知的背景。通常情况下,背景只是衬托感知对象,对旅游者意义不大。例如,旅游者在着急寻找自己要搭乘的列车车厢时,会对来往的行人视而不见。

在感知中,对象与背景也可以相互转换,这取决于人的感知选择。如旅游者在观赏花草树木时,亭台楼阁就成了背景,而当他们注意这些建筑时,花草树木就转化成了背景。但是,如果对象与背景之间的差异不显著,旅游者就不容易确定感知对象。例如,江南很多园林都种植了观赏性的方竹或斑竹,它们周围都种植了其他的花草树木,旅游者轻易地就能看到,但是,如果把方竹和斑竹同其他竹类种在一起,旅游者要看到它们就困难了。所以,景区设计强调在保持景观和谐性的同时,使主要景观在色彩、造型等方面与周边景观有所区别,以便引导旅游者从背景中区分出观赏对象。

旅游者在选择刺激物时,往往会把彼此相似的刺激物组合在一起,构成感知对象。例如,"苏州和无锡"、"山海关和北戴河"、"深圳和香港"等在时空距离上接近的旅游地,往往被旅游者列入一条旅游线;五台山、普陀山、峨眉山、九华山等地,虽然在地理上远隔千里,但由于有相同的性质,因而人们把它们感知为相似的佛教圣地;在拥挤的旅游区,戴着相同颜色太阳帽的旅游者在一个方向上前进时,往往被其他人组合成一体,感知为团体旅游者。在完形心理学中,这种认知规律被称为相似法则。

3. 旅游者的需要和动机

动机,是直接推动人从事某种活动的内在驱动力。在欧美学者做的一个实验中,实验者将一幅模糊的图画呈现给被试者,并询问被试者的观感。结果越是饥肠辘辘的被试者,就越将图画想象成为与食物相关的东西。由此可见,需要和动机对人们的感知有明显的影响。

一般情况下,只有那些能够满足旅游需要、符合旅游动机的事物,才能引起旅游者的注意和感知。一个旅游区可以同时接纳各种类型的旅游者,如观光型、度假型、健身型、疗养型、商务型等。不同的旅游者有不同的旅游需要和旅游动机,他们感知的范围、具体的对象以及最终的整体感知印象也不同。

此外,有些事物本来不是感知对象,但当它们的刺激强度大到足以干扰需要与动机所指向的目标时,旅游者也会转移注意,把它们纳入感知范围。如各地大同小异的旅游车,通常不会引人注目,但是,当旅游者因为旅游车出问题而耽误行程时,它们就会进入旅游者的感知范围。

4. 情绪

情绪,是人对客观事物的态度的一种反映。情绪状态,是指人在感知客观对象时个人的主观态度和精神状态。情绪状态在很大程度上影响着个人的感知水平。俗话说"欢乐良宵短,愁苦暗夜长",正是反映了情绪对人的时间感知的影响。

情绪有正面和负面之分。一般来说,在正面情绪下,人们对对象的感知会比较深刻鲜明;在负面情绪下,心情苦闷,感知水平就会降低,再生动、鲜明的对象也很难成为其感知对象。当旅游者情绪低落时,其感知范围缩小,感知主动性下降,对导游的讲解可能会听而不闻,对优美的景观也会视而不见;当旅游者情绪愉快时,他们对各种事物的感知可能比实际状况更好,同时也会兴高采烈地参与旅游活动,积极主动地感知大量的景观。因此,旅游服务人员应关注并努力调动旅游者的情绪,使其在旅游中处于最佳状态。

5. 兴趣

兴趣,是人们积极探究某种事物或从事某种活动的意识倾向。旅游者经常把自己感兴趣的事物作为感知对象,把那些和自己兴趣无关的事物作为背景,或干脆排除在感知之外。一个计划到广州旅游的人,对与广州有关的消息就特别敏感。打算来中国旅游的人,对中国新闻的注意程度也会超过对其他国家新闻的注意程度。一个常滑雪的旅游者,比不常滑雪的旅游者更留意气候的变化、雪况、滑雪器械的价格变化。旅游者的兴趣不一样,他们对感知对象的选择及留下的感知印象也会因人而异。

6. 经验

经验,是从实际活动中获得的某些感受。人在感知事物时,与该事物有关的经验越丰富,感知内容就越全面,也就越能接受这个事物。凭借以往经验,旅游者很快就能对感知对象的意义做出理解与判断,从而节约感知时间,扩大感知范围,获得更多,也更为深刻的感知体验。如山峰是否险峻,交通是否便利,服务是否热诚,诸如此类的问题,都和旅游者的经验有关。旅游实践表明,故地重游的旅游者与初次到访的旅游者的旅游享受大不一样。有经验的旅游者知道哪些景点景观应该多玩多看,哪些应该少玩少看,哪些不看也罢,哪些不可不玩不看等。在相同的时间里,有经验的旅游者比没有经验的旅游者有更多的旅游收获。

7. 阶层意识

在现代社会中,一个人的收入、受教育程度以及职业是反映其社会阶层的重要指标。同一阶层的人拥有相似的价值观念、生活方式、待人处事的态度,甚至在道德标准等意识层面上也较为接近。旅游作为一种象征性的活动,也在一定程度上反映着旅游者的社会地位,不同阶层旅游者在旅游方式、旅游地的选择、旅游活动内容的安排、消费水平等方面存在一定差别。一般而言,处于社会上层的旅游者,更多注意那些象征社会地位、表现活动能力、代表经济实力的旅游项目;中层的旅游者,既有选择性地注意一些上层旅游者关注的旅游项目,在力所能及的范围内表达向上的动机,也乐于接受廉价实惠的旅游项目;下层的旅游者更欢迎物美价廉的旅游消费,对旅游距离的感知较为敏感,他们理想的度假方式是去离家不远的地方旅游。

8. 个性特征

个性,是个体所具有的独特而稳定的心理特征的总和。个性影响着旅游者对周边事物感知的广度、深度和感知的速度。例如,个性专断的旅游者在交通工具和旅游地的选择上所花的时间有限,他们的个性通过缩小选择对象的范围而影响其感知。一般来说,乘飞机的旅游者非常活跃,大胆而自信,乘火车的旅游者对风险的感知较为敏感。

9. 其他个体因素

除了上述因素之外,旅游者的收入、年龄、性别、职业、家庭结构、国籍、种族等人口统计方面的因素,也对旅游感知有一定的影响。比如说,上了年纪的旅游者更喜欢轻松愉快,节奏缓慢的旅游方式,更关注在旅游活动的过程中获取更多的知识;一个从事考古工作的旅游者与一个从事医务工作的旅游者对古陵墓的感知也不同;信佛的人会把庙宇视为圣地,进行朝拜,不信佛的人则只把庙宇当做一般的游览对象,他们对宗教旅游目的地的感知全然不同。

旅游业界在旅游资源开发、旅游区建设、接待服务、旅游营销宣传等工作中,应该通盘考虑影响旅游者感知的主客观因素。针对上述因素,使旅游项目和旅游服务能符合旅游者感知的客观规律,引起他们的注意,给旅游者留下清晰深刻的感知印象。

四、造成感知偏差的心理效应

旅游感知,是旅游者利用已有的知识和经验在头脑中构造感知对象形象的过程。其中具有大量的主观性,极易偏离感知对象的实际形象。旅游者在旅游过程中产生的感知偏差,包括有意偏差和无意偏差两种。前者是旅游者故意造成的,如果旅游者的观念没有转变,它也不可能改变。后者则是由旅游者不可控制的认知倾向导致的,其形成是一种无意识的过程,一旦被旅游者发现就有可能被改变。以下讨论的主要是造成无意偏差的心理效应。

(一)首因效应

首因效应即第一印象效应,是指第一次接触某一事物给旅游者留下的印象成为了一种心理定势,影响旅游者以后对该事物的看法。

第一印象具有层次性、广泛性和持续性。在旅游活动中,当人们第一次游览某个景点并产生了良好的印象后,他会对该地区所有的景点产生良好的印象。旅游者第一次进入某个饭店,受到前厅服务员的热情接待。此后,在他的印象中,这个服务员,甚至整个饭店的所有服务员都热情周到。首因效应的这些特点,难免以偏概全,妨碍人们准确地感知事物。旅游工作者应该充分认清首因效应的特点,在与旅游者接触时,处处注意给旅游者留下良好的第一印象。

(二)晕轮效应

晕轮效应也称为光环效应,是指由感知对象的某一特征推及到对象的总体特征,从而产生美化或丑化对象的心理倾向。这种心理,对事物某一特征的认识也许是真实的,但推及到事物的总体认知就难免会失实。例如,许多人常有这样的心理定势:根据商品精美的包装,较高的价格,就判定里面的东西一定是高质量的,也会像包装一样。其实,情况并非都是如此。

晕轮效应和首因效应一样,都带有强烈的个人主观色彩,但两者又有区别。首因效应是从时间上说的,由于前面的印象深刻,后面的印象往往成了前面印象的补充;而晕轮效应是从内容上说的,由于对感知对象部分特征印象深刻,而将这部分印象泛化为全部印象。在现实中,第一印象往往是晕轮效应的前奏,两者都是以点代面,以主观代替客观。旅游企业在提供旅游产品和服务时,要避免劣质产品和劣质服务的出现,以防旅游者产生晕轮效应,对整个企业产生不良印象。同时,也可以充分利用旅游者的晕轮效应,如在旅游广告中突出旅游活动中某个或某些与众不同的优点,使旅游者对整个旅游活动形成良好的印象。

(三)刻板印象

刻板印象,是指人们对于某一类事物产生一种比较固定的看法,也是一种概括而笼统的看法。这种印象不是一种个体现象,它反映的是群体的"共识"。例 如,人们常常会用籍贯、地位、职业、年龄、性别等将周围的人划分为不同的类别,并对同类别的人产生相同的固定印象。像南方人细心,北方人豪爽,年轻人勇于开拓,老年人迂腐保守等,都属于刻板印象之列。

从某种意义上来说,刻板印象能够节约我们的感知时间,但刻板印象终究还是呆板而没有变通的印象,具有明显的局限性,但就概括本身来说,应视为认识 上的进步。在旅游活动中,刻板印象是一种知人、识事、辨物的手段,它可以帮助旅游者决策,也可以帮助旅游服务人员很快地感知某一类旅游者,以便确定提供何种类型的产品或服务。

(四)心理定势(经验效应)

在社会感知中,人们经常受以前经验模式的影响,产生一种不自觉的心理活动的准备状态,在头脑中形成一定的思维定势,按照固定的思路去思考问题,这种现象被称为心理定势效应。如中国古代有"智子疑邻"的典故,说的是一位农夫丢失了一把斧子,怀疑是邻居的儿子偷的,于是农夫看他走路的样子、面部表情,都像是偷斧子的人。但后来,农夫找到了斧子,再看邻居的儿子怎么也不像偷斧子的人了。这里感知对象没有变,所变的是农夫丢失斧子前后的心理状态。这种定势效应,在社会感知中容易导致认知者形成感知偏差,影响旅游活动中人际交往的健康发展。

第二节 旅游者对旅游条件的感知

研究现代旅游者对旅游中的食、宿、行、游、购、娱等旅游条件的感知,对旅游企业理解旅游者的旅游消费行为和招徕游客有着重要的意义。

一、旅游者对旅游目的地的感知

旅游目的地是能够满足旅游者需要的设施和服务的综合体,是旅游者选择逗留一段时间以体验其吸引力的地方。在传统观念上,目的地被认为是一个明确的地理区域。大到一个国家,小到一个公园,只要能够为旅游者提供食、宿、行、游、购、娱的活动场所的地方,都可以称为旅游目的地。现在,人们逐渐认识到目的地也可以是个感知概念。旅游消费者可以主观地理解它,这种理解取决于他们的旅行路线、文化背景、游览的目的、受教育程度及过去的经历。例如,对德国商务旅游者来讲,伦敦可以是一个目的地,而对于在两周内游览六个欧洲国家的日本休闲游客来说,欧洲是目的地。一些旅游者会把游船作为他们的目的地,而在同一游船上的其他旅游者可能会把旅行期间访问的港口理解为目的地。

(一)旅游者对旅游目的地的感知过程

旅游者对旅游目的地的感知过程包括三个阶段:

1. 旅游前对旅游目的地的感知

旅游者与旅游目的地的交往不是发生在行程开始之后,而是开始之前已进行。在长期的社会生活中,每个人都会得到一些地方的自然与人文资源信息,在心目中自然构筑起关于该地的形象感知。典型的例子是,在很多中国人心目中都有对苏州和杭州的感知。即使从未去过那里的人也能根据历史典故、文学作品、基础教育中的相关知识或民间俗语,构筑出那里的江南水乡的旖旎形象。潜在旅游者在未决定旅游之前,根据头脑中的个人知识和经历所形成的旅游感知形象,称为旅游目的地的原生形象。

由于潜在旅游者并未到过旅游目的地,此时,他们对目的地原生形象的主观判断往往会多于客观判断,其感知是有限的。在很多情况下,这些自然感知的旅游地形象还不够强烈,不足以直接导致旅游消费行为的发生。但是,在特定情境下,比如,收入和时间允许、旅行社推出了合适的旅游线路、旅游目的地举行有吸引力的活动等,这种感知也能激起人们的旅游愿望,促使人们把旅游冲动转变为现实中的旅游行为。

2. 旅游开始时对旅游目的地的感知

大多数旅游者在产生旅游动机后,会有意无意地搜集可选目的地的信息,并对信息进行加工、比较和选择,确定出游的目的地。旅游者可能会通过旅游目的地的广告宣传(如各种风景明信片、导游图、影像资料等)或耳闻目睹的其他物质媒介,揣摩旅游目的地经营者的服务特征和当地居民的接待态度。这个阶段也是形成旅游期望的重要时期。当旅游者进入旅游目的地开始实地旅游时,对目的地的形象感知称为引致形象或诱导形象。

3. 旅游者实地旅游之后形成的感知

旅游者离开常住地进入旅游状态后,对旅游目的地的实地认知阶段就开始了。由于旅游产品生产与消费的同一性,现场服务成为旅游者对旅游目的地感知的重要决定因素。以景区为例,向旅游者提供优质的向导服务有助于旅游者获得美好的消费经历。没有向导的旅游者常常会迷失方向,对眼前的一切感到迷惑、焦虑,不得不花费较多的精力来理解其接触到的信息。一些博物馆参观者往往因为无人指导,只能花更多的时间去欣赏自己并不感兴趣的展览,由此,旅游者对旅游目的地的印象将大打折扣。在实地认知阶段,旅游者可直接获取旅游目的地的信息,因而是旅游者对旅游目的地形成印象的最重要环节。

行程结束后,旅游者对旅游目的地信息进行综合分析并做出判断,此时,所形成的旅游目的地感知形象称为混合形象。混合形象与诱导形象之间的差别,反映了旅游经历对旅游者旅游地感知的影响。旅游者在旅游活动结束后又通过各种手段影响周围人们对某一目的地的印象。

(二)旅游者对旅游目的地感知的特点

旅游目的地,是一个涉及景观、人、环境等因子在内的复杂系统。受主体认知水平、认知客体复杂性及相关因素的影响,旅游者对旅游目的地的感知具有以下几个特点:

1. 感知的差异性

严格地说,没有两个人对一个旅游地的看法是相同的。受生活习惯、文化程度、兴趣爱好、民族、宗教信仰、职业、年龄等因素的影响,旅游者在认知水平上具有明显的差异性。此外,由于旅游者的感知过程涉及较多的主观因素,导致感知结果带有浓厚的主观性、模糊性、差异性。不同游客对相同的旅游地的感知相差很大。例如,一位法语专业毕业的白领对巴黎的感知与一位初中学历的农业劳动者对巴黎的感知可能相差甚远。

2. 感知结果有较强的片面性

绝大多数旅游者都只是旅游目的地的匆匆过客,由于旅游活动时间较短,且受认知水平和环境因素的限制,旅游者往往无法深入彻底地了解旅游目的地。他们对旅游目的地的感知往往存在这样或那样的偏差。常见的情况是,旅游者以第一印象来评价旅游地,或根据对旅游地某方面的认知(如卫生状况)来推论该旅游地其他方面的特征。旅游者对目的地的感知还较容易受社会刻板印象的影响,即人们将某一旅游目的地的社会文化特征、风俗习惯和居民的行为方式固定化、模式化,并以此评价旅游目的地。

3. 感知内容的情节性

经过与旅游地居民及旅游景观的短暂接触后,旅游者记忆中保留下来的主要是旅行中印象最深刻的景观或情境。换言之,旅游感知形成的记忆大多属于情节记忆。所谓情节记忆,是指对特定经验的记忆,它是储存当时的短期事件或插曲,以及这些事件之间关系的信息。与语义记忆相比较,情节记忆较容易被遗忘。由于情节记忆的衰退、新兴旅游目的地的替代、多个旅游目的地形象的互相干扰,旅游者对目的地的感知会逐渐模糊。

(三)旅游者评价旅游目的地的标准

人们在感知旅游目的地时,通常乐于广泛接受有关目的地的各种信息,力争把握旅游目的地的主要特征,并从自己的旅游需要和旅游目的出发,对旅游目的地做出综合的识别、理解和评价,最终形成自己的目的地感知印象。由于旅游者个体差异和旅游动机的不同,旅游者评价目的地的角度以及衡量目的地的标准也会因人而异。但总的来说,旅游者通常会考虑以下因素:

(1)旅游资源的性质。以自然景观资源为例,绝大多数旅游消费者喜欢具有独特性、观赏性、复杂性、完整性、生动性的景观,而且观光资源特性在相似的资源中排名越高,旅游者越可能对它做出正面的评价。如果旅游业能利用旅游资源开发出参与性强的旅游活动项目,如采摘、近海潜水、制陶等,旅游消费者对旅游目的地的感知会更清晰、深刻。

(2)观光设施及配套设施和服务的优劣。目的地所提供的食、宿、行、娱等设施质量的好坏、便利程度、数量充足程度以及旅游商品的地方特色,都直接影响旅游者的旅游感知。旅游咨询、投诉管理、主要景点的客流秩序管理等,针对旅游者的行业管理服务的专业性,也会影响旅游者对目的地的感知。

(3)旅游者常住地与目的地的空间或时间距离的远近。

(4)价值与价格比。旅游景观、旅游设施和旅游服务,虽然内容不同,但是都属于旅游产品。旅游者感知它们时,其价值与价格的比值是一个非常敏感的问题。过高的价格会损害旅游者的利益,而过低的价格会让旅游者心生疑虑,这两种情况都会使旅游者形成不良的旅游地感知印象。

(5)目的地的政治和经济社会特性。对一些文化跨度较大的目的地,旅游者还会注意目的地的政治、经济和社会特征,如旅游地居民对待旅游者的好客程度、旅游地居民的文化素养、当地的习俗等。

一般来说,旅游者掌握的目的地的信息是不充分的。对惯常生活环境附近的目的地,旅游者尚可获得较丰富的信息,但是,旅游者对较远的目的地的感知,就容易受到刻板印象等心理效应的影响,做出片面的判断。

二、旅游者对距离的感知

距离,是影响人流和物流的重要空间因素。一般情况下,各种社会经济实体在区域空间中的影响力遵循距离衰减规律,即它们之间的空间相互作用随空间距离的扩大而减弱。距离可以分为空间范围内两地之间的实际距离和感知距离。感知距离,就是指人们从主观意识出发,凭借其所获得的信息和自己的知识、经验而对两地之间实际距离所作的估计(卢昆 2003)。在其他条件不变的前提下,旅游客源地和目的地之间的距离对游客行为的影响,直接决定着游客的流向和流量大小。与实际距离相比较,旅游者感知的距离对游客决策行为的影响力更强。

(一)感知距离的特点

旅游者对距离的感知,仅是人的感知的一种。具体来讲,它主要有以下特点:

(1)主观性。感知距离,是个人根据其所记忆的信息、经验以及知识,所估计的从某地到另一地点的距离。它是个人对两地之间实际距离的主观认识,其产生依赖于个人的社会、文化背景和普通生活经历。

(2)个体差异性。由于知觉距离的产生依赖于个人的社会、文化和生活经历,而每个人的知识、经验都不相同。即便是对同一个人而言,不同时空阶段其情绪以及个性的一般倾向又不尽相同。这一切都决定了人们对任意两点之间的距离感知也很难相同。

(3)不稳定性。在一定时期内,人们对距离的感知有保持一致的连贯性,但它并非一次成型不再发生变化。随着社会信息传播途径的完善,人们对信息的获取将更加充分,这就使得人们对距离的感知在相对较长的时间里不断发生变化。人们会适时校正感知距离,使其更趋接近自己的心理预期,更接近实际情况。

(4)感知距离大小可以用时间度量。人们感知的距离不仅可以用国际标准长度单位(如公里)加以度量,还可以用时间来度量。例如,从广州乘火车到北京约需要 22 小时,到南京也要 20 多小时,而若乘飞机,从广州到北京仅需两个多小时。在这方面,不同的交通工具使感知距离的时间量化不尽相同,感知距离的远近进而会影响各个旅游目的地在游客出游决策中的地位。

(二)感知距离对旅游者行为的影响

对距离的感知,是影响旅游者决策行为的重要因素。因为不管怎样,旅游者必须跨越从常住地到目的地之间的距离,才能到达旅游目的地。一定的距离就意味着相应的时间、费用和精力的支出,同等条件下旅游者通常会选择感知距离比较近的旅游地出游,但也并非完全如此。总的来说,旅游者感知的距离对旅游者具有以下两方面的影响：

1. 阻碍旅游行为的发生

旅游者外出旅游需要耗费时间、金钱和精力，忍受生活不便和身心疲惫以适应陌生的环境。距离越远，旅游的花费越大，消耗的时间和精力越多。到遥远、偏僻的地方旅游还意味着旅游者要适应时差、饮食、水土、气候、语言、风俗等方面的变化，还要承受一定的不安全感。旅游者可能要携带更多物品以应对远距离旅行中的不便。这些代价往往抑制人们的出游行为。如果人们觉得自己从旅游中得到的益处不足以补偿这些代价，旅游行为是不可能发生的。由于距离对旅游的这种阻止作用，国际旅游者往往要少于国内旅游者，远距离旅游者往往要少于近距离旅游者。为了获得同样的旅游乐趣，旅游者往往选择他们感觉中距离客源地较近的旅游景区。当人们对目的地的感知距离大于实际距离时，人们的旅游需求更容易受到抑制。

2. 促进旅游行为的发生

当人们对中意的旅游地的感知距离小于实际距离时，人们会容易地做出旅游决策。在其他条件不变的情况下，较小的感知距离就意味着较小的旅游代价，此时感知距离对旅游决策起诱导作用。所以，如果人们感知距离所依据的信息，促使其低估而不是高估距离，便能有效促进旅游行为的发生。

从另一个角度来看，较大的感知距离也能诱导旅游行为的发生。因为距离遥远的本身意味着神秘和陌生。遥远的异国他乡容易激发人们的好奇心和神秘感。人类探索未知世界的意识和强烈愿望，使神秘和陌生的旅游区具有独特的吸引力，令人神往。此外，从美学上讲，“距离产生美”。遥远的旅游地增加了信息的不确定性，给了人更广阔的想象空间，把自己的愿望投射到了相对模糊的对象上，从而产生了美的印象。因此，遥远的旅游区的吸引力，除了神秘与陌生之外，也包括了人们对美的需要。较大的感知距离激励人们产生旅游行为，在娱乐旅游中尤为如此。

当由神秘、陌生、美的需要等主客观因素相互作用所构成的吸引力，超过阻止作用时，就会把人们吸引到遥远的地方去旅游。这一点在发展迅速的海岛旅游中表现的比较突出。相对于陆地而言，海岛是独立存在于一定地域的空间组合体，具有完整的生态景观系统和独具特色的人文风貌。其特有的狭小空间更能给游客以完整、鲜明、深刻的感知印象。众多海岛成为世界上著名的旅游热点地区，究其原因，距离因素首当其冲。在其他条件得以保证的前提下，人们倾向于离开陆地，选择感知距离比较远的海岛作为最终的旅游目的地。单就海岛旅游而言，在资源禀赋相似的情况下，感知距离较远的海岛对游客则更具吸引力。例如，太平洋上夏威夷群岛和法属塔希提岛同样具有独特的风情和海岛景观，但是，在经济条件许可的情况下，美国旅游者更可能选择去塔希提岛而不是选择去夏威夷群岛度假。塔希提岛正是因为令人感觉距离更远，而充满神秘和富有吸引力，促使众多美国人打破现实中存在的空间障碍,做出到该地旅游的决策。

总之,感知距离对人的旅游行为既有阻止作用,又有促进作用。这两种作用的相对强度在很大程度上取决于旅游者的旅游目的。通常来说,如果是经常性的休闲旅游,人们一般会舍远求近,即感知距离对旅游行为的阻止作用大于促进作用;但如果人们意图进行偶尔的探索性的旅游,人们往往舍近求远,即感知距离的促进作用超过了阻止作用。为了吸引旅游者,旅游从业者首先应该把旅游区开发、建设、管理好,为市场提供高质量的旅游商品,创造良好的整体形象。其次,应该充分利用各种方法,积极开展旅游宣传,给那些潜在的旅游者留下深刻的印象,引导他们的旅游决策。

三、旅游者对交通条件的感知

旅游交通,是指旅游者抵达旅游地所采用的交通工具,包括飞机、火车、轮船、汽车等。现代旅游交通条件的便利快捷,大大改善了人们旅游的条件,加快了旅游速度,特别是飞机的出现,实现了人类全球漫游的梦想;宇宙飞船的出现更激发了人们在21世纪进行太空旅游的伟大梦想。影响旅游者对旅游交通条件感知的因素,有以下几点。

(一)安全

人们希望能从旅游活动中体验到一点刺激,但绝大多数人并不希望遇到危险。人们外出旅游,首先会重视安全。在一些偏僻、原始的自然保护区、沙漠、沼泽地、森林等旅游区往往由于路面不好,加上当地经济条件差,旅游交通车质量也不高等,容易造成交通安全事故。有些人对飞机、轮船的安全性也持有怀疑。对于冒险性旅游,如航海、漂流等,人们更担心交通工具的安全性。2001年,美国“九·一一”事件过后,人们害怕搭飞机外出旅游,航空企业的股价下跌,一度引起全行业的发展危机。

(二)便捷和准时

交通工具的速度节省了时间,减轻了旅途中的疲劳。旅游者对交通工具速度的敏感性,与他们的时间观念和收入紧密相关。在现代社会中,旅游者对旅游时间的知觉非常敏感。许多旅游者已习惯于平时的快节奏生活,即便是在以休闲为目的的旅游活动中,他们仍难以完全摆脱与时间相关的紧张情绪。理想的旅游模式是“旅”速“游”缓,漫长的旅行容易让人产生厌烦情绪和疲劳的生理体验。现代旅游者希望尽量缩短旅行途中所花费的时间,要求旅游交通服务方便快捷。与休闲旅游者相比,商务旅行者的时间价值更高,因此他们一般选择速度较快的飞机作为交通工具。收入高者外出休闲旅游的机会成本也高,因此,收入的增加促使人们选择更快速的旅行方式,包括乘坐飞机或高速列车。

旅游者对时间的感知不仅体现在对交通工具速度的要求上,还体现在对交通工具准时性的要求上。旅游交通带有严格的连贯性，前一站的误点和滞留会影响下一站的游览活动。交通工具不准时会引发一系列的经济责任事件，如房费、交通费、餐费等的结算问题，还可能给部分游客带来一些严重问题，如有些入境旅游者不能按时出境，返回本地被业主解雇等。因此，旅游者往往很注意旅游交通服务能否按计划要求准时运行。提前或推后都可能给旅游者留下不良的印象，使其产生烦躁感，甚至不安、不满、反感、恼怒。

有些情况比较特殊，比如，选择乘坐游轮出游。虽然游轮行进缓慢，但许多乘客并不是把豪华的游轮视为漂洋过海的交通工具，而是把集娱乐、休闲、旅行、住宿为一体的游轮本身视为旅游目的地。在这种情况下，游轮既是一种交通工具，也是一家可以满足中档旅游者最奢华的幻想的流动饭店，是一座幻想岛。这种感觉，即便是乘坐最豪华的头等舱或超音速飞机也无法与之媲美。因此，旅游者并不十分在意游轮的行驶速度，他们更关心游轮的舒适程度、娱乐条件以及船上服务员的态度等。

(三)舒适程度

旅游者在旅游活动中投入时间和财力，以期获取精神上多层次、多方位的享受。旅游所产生的价值在很大程度上源自旅游者在旅游中获得的舒适和快乐的感受。交通服务直接影响旅游者各种感官的舒适程度，因此，在旅行中旅游者都希望交通设施条件良好。

(四)服务水平

除了安全程度、舒适度、行驶速度、是否按时抵达目的地、中间停靠次数等因素外，影响旅游消费者对交通工具感知的因素还包括途中的服务质量。例如，两架飞往同一个目的地，型号相同、票价又接近的航班，除了时间上的不同以外，很难再找出它们的区别。此时，热情、礼貌、友好的服务就成为航空旅游者做出选择的重要依据。

(五)灵活性和自主控制权

人们外出旅游是为了放松自己，得到物质和精神的快乐享受。人们不希望在旅游中还受到公共交通工具的诸多限制。因此，尽管有时乘汽车、火车或游船更方便、更舒适、更便宜，许多欧美国家的旅游者仍喜欢驱车旅游。有学者把自驾车旅游者戏称为“那个为了能站在自己车子前照相而驱车千里的家伙”。这些“家伙”在中国正在迅速增多。为了获得自己主宰旅游活动全过程的感觉，他们不惜花费价格不菲的路费，冒着交通堵塞和迷路的风险，开着自己的爱车上路。

四、旅游者对旅游娱乐服务的感知

娱乐，是旅游的基本目的之一，是旅游者为了休息、放松、消除烦恼和个人发展而开展的活动。旅游地为游客提供娱乐服务，必须借助配套的服务设施。比如，生态便利设施，包括自然保护区、动物园、水族馆等；文化便利设施，包括博物馆、剧场、展览馆等；体育便利设施，包括滑雪场、骑术中心、自行车赛道、垂钓处、游泳池、球类场馆、水上运动场所等；消遣便利设施，包括舞厅、酒吧、游乐场、餐厅等；还有其他便利设施，包括会议厅、野餐设施、工艺品及特产售货部、散步场所等。不同的旅游区应因地制宜地建设具有当地的自然和文化特色及魅力的配套设施，为旅游者提供娱乐服务。

旅游者感知娱乐服务时，其感知印象主要取决于服务质量的高低。他们关注的不仅仅是有形的旅游配套设施、服务设备、服务人员的仪表，还会关注许多无形的因素，包括：旅游服务企业正确、安全、可靠地为他们提供事先承诺的服务的能力；服务人员的知识、技能能否令人信任，给人以信心；服务人员是否愿意帮助旅游者，及时地为旅游者服务；旅游企业和服务人员是否设身处地为旅游者着想，关心旅游者，为旅游者提供个性化服务。由此可见，旅游者关注的不仅仅是旅游企业能为他们提供哪些娱乐服务，还会关注旅游企业提供娱乐服务的环境和提供娱乐服务的方法；不仅关注购买娱乐服务的结果，更关注消费娱乐服务的过程。旅游者对娱乐服务质量的感知涉及娱乐服务的设施、环境、主客交往、服务方式等主要方面的问题。本书将在第八章详细地讨论旅游者对服务质量的感知。

旅游者对配套服务的感知过程及结果，提醒旅游从业者不仅要重视建设配套设施，而且必须不断完善配套服务内容，为旅游消费者创造轻松愉快的旅游气氛。

第三节　旅游消费者对购买风险的感知

一、旅游消费者感知风险的主要类型

美国营销学家鲍尔（R. A. Bauer），首先使用“感知风险”解释消费者的购买行为。他认为：“消费者的任何行动都会引起无法精确预见的后果，而且消费者至少会对某些后果感到不舒服。”旅游者的所有旅游消费决策都可能产生意想不到的后果，包含着不确定性和不可知因素。比如，旅游者乘飞机出游，就可能面临飞机失事和劫机的风险；旅游者千辛万苦到达旅游目的地，要冒酒店爆满而露宿街头的风险；好不容易登上山顶观日出，却要冒阴天下雨的风险；旅游行程结束时买不到返程票，这就要冒耽误工作被炒鱿鱼的风险。可以说，旅游者都是“冒险家”。营销学家和消费行为学家感兴趣的是消费者感觉中的购买风险，而不是消费者实际面临的风险。旅游消费者觉察到的购买风险可以划分为以下六种类型：

（1）绩效风险，绩效风险又称功能风险。当旅游者购买的旅游产品和服务不如预料的那样令人满意或无法正常使用时，就存在绩效风险。例如，飞机可能出现机械故障，不能如期抵达目的地；旅游产品与广告宣传相差甚远；客房空调可能失

灵等。

(2)财务风险,指旅游者因购买决策失误而可能损失金钱。旅游者购买的旅游产品并非物有所值,旅游过程的支出超出预算等不确定因素所带来的风险均属于财务风险。比如,旅游景区的"园中园、票中票"现象就会增加旅游者的财务风险。再如,旅行社的报价不具体或玩弄文字游戏,也会增大旅游决策的财务风险。

(3)人身风险,指旅游者购买的产品本身是否会造成人身伤害,旅游过程中的社会治安是否良好,饭店安全系数是否高等不确定因素所带来的风险。例如,跟随旅行团进入沙漠地带游玩,就可能有被困沙漠,无法脱险的风险。在旅游中参加蹦极、攀岩等活动,可能会遇到绳索脱落,当场身亡的风险。

(4)心理风险,指旅游者购买的产品或选定的商店可能与旅游者的自我概念不一致。例如,旅游者因乘坐的交通工具、入住的饭店、参加的旅行社与其身份不相称而产生的心理上的风险,担心这些消费行为影响别人对自己的看法。

(5)社交风险,这是指旅游者购买的产品或选定的服务可能无法得到其社会关系的认可。例如,旅游者参加探险旅游,可能会遇到被家人、朋友反对的风险。

(6)时间风险,指旅游者可能浪费时间。旅游者需要花费大量时间和精力来消费旅游产品,旅游产品不尽如人意时,也无法退换或修理。

旅游者感觉中的总风险,是由以上六种风险组成的。与一般产品的购买风险相比较,在旅游产品和服务购买决策过程中,旅游者感觉中的总风险较大。旅游者感觉中的各类风险大小因人而异,因具体的产品和服务而异。比如,对乘坐飞机,年纪大的乘客通常比年纪轻的乘客感到更高的风险。同一旅游者对参加旅行社组织的短途旅游可能不觉得有什么风险,对购买旅行团的出境旅游服务却可能觉得有比较高的风险。即使是购买同一旅游产品(如出境旅游),所感知的风险,也会因情境的不同而不同。比如,旅游者往往认为与熟悉外语的好友一起出国旅游比自己独自出国旅游的风险要低一些。

二、产生风险的原因

当旅游消费活动的结果存在不确定性时,旅游者就容易感知到购买风险。因此,凡是导致这种不确定感的因素就构成产生风险的原因。

(一)旅游需求模糊

一般来说,旅游者在做出旅游决策之前,要明确自己的旅游需求是什么。是为了休闲还是康体,是为了科学考察还是交朋识友。但是,如第三章所述,旅游动机是复杂的,实现动机的方式是多种多样的。旅游者的旅游动机往往由多种动机复合而成,甚至连旅游者自己都不一定能清楚地意识到自己的需求是什么。如果旅游者对自己的旅游需求不甚明了,也就难以确定究竟要购买何种旅游产品,进而导致了旅游者的购买风险,使其无法果断地做出决策。

（二）不清楚旅游产品能在多大程度上实现自己的目标

假定购买目标已经明确，旅游消费者可能仍然难以确定怎样选择才能最大限度地实现这种目标。导致这种不确定的原因可能是缺乏消费经验，可能是由于信息收集成本过高而对旅游产品信息掌握不全，也可能是由于以往对同类产品有不愉快的消费经历，而对此类产品持怀疑态度。

因为旅游产品是无形的，旅游者在购买旅游产品之前往往无法试用，也无法肯定他们能得到什么。如果旅游者从未接受过某种服务，或从未到过某个目的地，就只能根据他人的知识和经验，来判断这种服务的质量，判断是否值得购买。如果旅游者无法从他人那里获得有关信息，就只能根据旅游企业的广告宣传和口头许诺决定是否购买。如果旅游消费者无法从商业和非商业途径获得有关信息，就只能盲目购买。在大多数人看来，新开发的旅游目的地、新增设的旅游服务或没有体验过的旅游产品都存在较大的不确定性，这种感觉既与经验和常识有关，又与人们更习惯于现有状态和现有事物的心态有关。例如，第一次打算去国外旅游时，旅游者更容易察觉到风险。

即使旅游者曾经购买过某种服务，他们仍可能由于对旅游产品和服务缺乏信息，而对购买决定缺少信心。因为旅游服务的生产和消费同时发生，当旅游者再次购买这种服务时，也无法肯定是否能得到同样的服务。同样地，即使旅游者曾经到过某个旅游目的地，他们故地重游时也无法确保景观依旧。如果旅游者本人或亲朋好友以前在购买和消费中有过不愉快的体验，旅游者可能会心存余悸，从而对当前的购买产生不确定感。

（三）购买中机会成本的存在

任何购买或选择都是以放弃另外一些购买或选择为代价，也就是说，均存在机会成本。比如，旅游者在有限的假期中选择了“厦门、武夷山”双飞五日游，就放弃了“黄山”、“九寨沟”、“海南游”等其他旅游线路。旅游者乘飞机去旅游，虽然能尽快抵达目的地，但这样就不能欣赏沿途的风光了。此时，消费者对于是否做出了明智选择，并不一定有十足的信心和把握。换句话说，消费者此时就产生了不确定感和风险感。

（四）群体伙伴的影响

在某一具体旅游产品的购买决策上，如果旅游者的选择与所属群体的伙伴的选择不同，就有可能遭到群体伙伴的非议，带来脱离该群体的风险。旅游者在做出决策时，必然会考虑亲友、同事、所处社会阶层的态度、看法，揣摩他们的消费方式与价值观念，以保持自身消费方式与群体的一致性。这种揣摩具有极大的主观性，也会造成旅游者的感知风险。

（五）经济因素的影响

当个体预测到他的经济状况可能应付不了某一具体旅游活动时，就会察觉到风险。如果所购产品的价值很高,或旅游产品对旅游者特别重要,或选择后具有不可更改性,此时,旅游消费者所感知的购买风险会相应增加。

三、减少感知风险的方式

通常情况下,旅游消费者是能动的。一旦感知到某种风险,他们会积极主动地采取一系列的方式进行自我调整,使决策更加客观理性,并且寻求支持信息以求心理平衡。旅游消费者应付感觉中的购买风险的办法多种多样,主要包括:

①主动搜集信息。如果对选择后果心存疑虑,很多旅游消费者会主动从外部获取信息。如果感到绩效风险较大,他们会从旅游企业的广告和宣传材料寻找产品性能方面的信息,还会征求有消费经验的朋友的意见。如果感觉到较大的心理风险和社交风险,则会更多地依靠人际方面的信息源。

②保持品牌忠诚。主动搜集信息是有成本的,需要投入时间、金钱和精力。有经验的消费者若在消费某品牌的产品或服务后感到满意,他就可以重复购买在该品牌下的产品和服务,避免选择其他不熟悉的产品或服务而带来的不确定感。

③从众购买。根据大多数人的选择做出购买决定,是很多消费者降低感觉中的风险的常用办法。在消费者看来,很多人采用同一种产品或做出类似购买决定一定有其合理的地方。即使这种决策不是最好的,也不至于是最糟糕的。

④依据旅游企业的品牌和有形证据做出购买决策。著名品牌或有影响力的旅游企业不仅拥有大量的顾客,它们本身也是消费者做出选择的依据。口碑好的目的地和知名企业的服务质量往往有一定保证。旅游企业的服务设施、设备、服务人员的仪态等有形证据也在一定程度上反映了旅游企业的服务能力。因此,依据旅游企业的品牌和有形证据做出购买决策,有助于降低消费者的风险感。

⑤购买高价产品。价格常被消费者作为产品和服务质量的指示器,不少消费者基于"便宜无好货"、"优价优质"推断产品质量。对于低价格的产品或服务,消费者往往假定这种产品肯定有问题。由此,他宁愿在选择同类产品时出更高一点的价格,以求得心理上的安全感。

⑥选择性感知。在选购阶段,旅游消费者可能会有意识地认为,任何旅游者在外旅游都难免碰上不如意,并以此作为心理准备以降低期望与现实的反差。为缓解自己的紧张与不安,旅游购买者往往还会通过选择性接触和选择性回忆来降低购买后的知觉性风险。当消费者无力证明其选定的方案明显优于其他方案时,为了保持心理底线,他甚至会断定他的选择带来的结果与其他选择的结果是大同小异的,并努力寻找支持这一断定的信息,以此安慰自己。但是,如果通过多方面收集信息,采取多种方式仍无法达到心理平衡时,就意味着消费者感知的风险很可能将成为事实。他们可能会取消预订的产品和服务;在无法取消购买的情况下,他们

只好不再对此次选择抱任何美好的期望，将期望寄托在下一次选择，并尽量避免再次购买同类的产品和服务；他们可能还会散布一些负面信息，以宣泄对某一旅游目的地、某一旅游产品或服务的失望和不满。

为了有效地影响消费者的购买行为，提高消费者的满意程度，旅游企业管理人员不应被动地等待消费者作自我调整，而必须深入了解顾客感觉中的各类风险，并采取一系列措施，减少顾客的购买风险。包括：①按消费者的需要提供优质的服务，比如，提高服务工作效率，缩短消费者等待服务的时间，以减少消费者感觉中的时间风险；②提供真实的信息，使旅游消费者形成合理的期望，以减少消费者感觉中的绩效风险和财务风险；③提供质量评估标准，帮助消费者判断产品和服务能否满足自己的需要，以减少消费者感觉中的不确定性；④在可能的范围内提供标准化服务，或记录常客的喜好，以减少由于各次服务质量不一致给消费者带来的风险；⑤通过“不满意，就退款”等方式，对产品或服务提供担保，部分地转移旅游消费者的风险。

第四节 旅游活动中的社会感知

一、社会感知的概念

社会感知，是指个体对他人以及他人的社会行为和规律的认知，主要包括对他人的感知、对自己的感知、对人际关系的感知等。社会感知是人们在社会活动中逐渐产生、形成、发展起来的。与对物的感知相比，社会感知是人们社会行为的基础，它影响人际关系的建立和活动的效果。在旅游活动中，旅游消费者对自己、对旅游组织者和接待者以及对相互之间关系的感知，直接影响他们之间关系的建立、维持和发展，并在很大程度上影响旅游活动的效果。

二、对他人的感知

对他人的感知，主要是指对他人的需要、动机、情感、性格等心理状态和行为的认知。由于旅游者对他人的感知是在自身经验的基础上对感觉信息的诠释，因而，感知的结果必然会受到多种因素的影响。归纳起来，对他人的感知主要受以下三个因素的影响。

（一）旅游消费者的自身特征

社会心理学家认为，每个人的头脑中都有一定的心理组织或结构。这种心理组织或结构，如同一个“过滤镜头”，人们所看到的一切事物都要经过这个“过滤镜头”的过滤。组成这个镜头的要素有：一个人的经验、生活方式、文化背景以及个人的需求等。由于旅游消费者本身的心理结构不同，对同一社会刺激，具有不同背景的人会产生不同的感知结果。

(1)旅游者的经验。旅游者的经验不同,思考问题的角度不同,对同一刺激的感知也不同。例如,对同一个服务人员,艺术家侧重注意其外貌、姿势、语调等;旅游业同行则可能侧重观察该人的服务能力及专业知识。各个人的经验不同,认知结构也不同。例如,年龄小的旅游者的认知结构往往比较简单,通常采用两分法,将他人分为"好人"或是"坏人"。

(2)旅游者的性格。旅游者的性格会影响其感知的结果。例如,自信心强的人和自信心弱的人在认知同一对象时,前者能独立做出判断,后者则往往服从权威的判断,迷信别人,从而使感知活动受暗示影响。

(3)旅游者的需要。旅游者的需要不同,对旅游活动的感知结果也不相同。

(二)感知对象的特征

对感知对象情绪和人格特征的感知,是旅游社会认知的基本内容之一。旅游消费者可以通过感知对象的表情、语言和身体语言了解感知对象的情绪,通过与感知对象的交往了解感知对象的人格特征。这个感知过程会受到被感知对象的某些特征的影响。

首先,感知对象的外部特征在很大程度上影响旅游消费者的感知。一个人的风度、仪表、言谈、举止、姿态和表情,在初次接触时会给人留下很深的甚至难以改变的印象。一个相貌端庄、举止优雅、谈吐幽默的旅游服务人员,总是给旅游者留下良好的印象。相反的,一个傲慢无理、举止轻浮的服务人员,绝不会给旅游者以好感。

其次,感知对象的品德、能力和性格特征影响旅游消费者的感知。例如,旅游者在与导游员接触的初期,主要是感知他的外部特征,但随着时间的推移和更多旅游活动的开展,外部特征对感知的影响会逐步淡化,取而代之的是个性特征及思想品德的影响。因此,一个合格的导游员不仅需要掌握过硬的专业知识,还必须具有高尚的思想品德和良好的个性特征。

(三)感知环境

旅游者所处的客观环境会影响他们对感知对象的了解。当旅游者处于一个相互友好、不断交流的环境中时,他们更容易感知到对方的长处,忽略对方的不足。

三、对人际关系的感知

对人际关系的感知即人际感知,是指旅游者对人与人之间相互关系的感知。这种感知可能是双方在交往过程中获得的直接感知,也可能是从别人的意见、态度中获得的间接感知。人际感知,是社会感知中最为核心的部分。一个旅游者在社会群体或旅游群体中,其个体行为必定受其他成员的影响。如旅游者与旅游工作者之间,旅游者与旅游目的地居民之间,旅游者与旅游者之间的人际感知如何,对旅游感知都能产生重要影响和作用。

人际感知的主要特点,是感知过程会受到情感因素的影响,即人们在感知人际关系时总是带着情感色彩。在旅游活动中,人们在互相认识、互相交往、互相了解和互相感染的基础上,对人际关系形成一定的态度,产生各种各样的情感。例如,在旅游团体中,旅游者对某些人亲近,对某些人疏远,喜欢某些人,讨厌某些人。同时,在人际感知中,旅游者所产生的各种情感,又会反过来影响和制约着人际感知。例如,人际感知直接影响着旅游者与旅游工作者交往的频率和交往的程度。研究发现,人们在短期内形成的人际关系的感知极易出现偏差。旅游中形成的人际关系感知,就属于这种情况。

四、自我感知

自我感知是个人在社会实践中,对自己的身心状况以及自己同周围人关系的认知。它包括对自己生理状况的认知,对自己的思想、情感、需要、动机、个性等心理状况的认知,对自己的行为表现、地位、与他人关系的认知。

自我感知的结果是形成自我概念。自我概念,指一个人对自己这个客体的全部看法和感知。自我概念包括六个层面:①实际自我概念,指一个人对自己实际形象的看法;②理想自我概念,指一个人希望自己有什么形象;③社会自我概念,指一个人觉得他人对自己有什么看法;④理想社会自我概念,指一个人希望他人对自己有什么看法;⑤预期的自我概念,指介于实际自我概念和理想自我概念之间的某种自我概念;⑥表现性自我概念,指理想的自我概念或社会自我概念。

许多消费行为学家认为,消费者偏爱与自己的形象一致的产品和服务。根据自我概念与产品形象一致性理论,如果旅游企业的形象(指象征性形象)与旅游者的实际自我概念、理想自我概念、社会自我概念和理想的社会自我概念一致,旅游者就会感到实际自我概念一致、理想自我概念一致、社会自我概念一致和理想社会自我概念一致。

旅游者希望自己的行为方式有助于实现自己的目的,能保持或加强自己肯定的自我概念,即旅游者有自尊需要。然而,旅游者也有自我一致的需要,促使旅游者采取与自我概念相符合的行为方式。在旅游者自我概念与旅游企业的象征性形象不一致的情况下,自我一致的动机和自尊的动机会相互抵消影响。

旅游者在公众场合的消费行为很容易引起他人的注意。旅游者有社会赞同动机,即旅游者希望自己的行为得到他人的认可,避免他人的责难。另一方面,旅游者有社会一致动机,即旅游者希望使自己的行为与自己感觉中他人对自己的看法相符。旅游者的社会自我概念与旅游企业的象征性形象不一致时,社会赞同动机与社会一致动机也会相互抵消影响。旅游者对自己的形象与旅游企业的象征性形象进行比较,会产生以下各种结果。

表5－1　旅游者自我形象与旅游企业形象的比较结果

实际自我概念一致性	理想自我概念一致性	一致性类别	自尊动机	自我一致动机
高	高	正自我概念一致	高	高
低	高	正自我概念不一致	高	低
高	低	负自我概念一致	低	高
低	低	负自我概念不一致	低	低
社会自我概念一致性	理想社会自我概念一致性	一致性类别	社会赞同动机	社会一致动机
高	高	正社会自我概念一致	高	高
低	高	正社会自我概念不一致	高	低
高	低	负社会自我概念一致	低	高
低	低	负社会自我概念不一致	低	低

俗话说:“物以类聚,人以群分。”如果旅游者认为自己的形象与旅游企业的象征性形象高度一致,他们就会觉得这个企业是专门为自己这一类旅游者服务的,他们感觉中的服务质量和满意程度都会比较高。反之,如果旅游者认为自己的形象和旅游企业的象征性形象明显不同,他们就会觉得这个企业不是为自己这一类旅游者服务的,他们感觉中的服务质量就可能会比较差一些,满意程度也可能会比较低一些。例如,当代的新富到高级社交休闲场所一掷千金,会感觉好极了。然而,正在向小康进军的一般消费者,即使有意到豪华宾馆“潇洒走一回”,也不会对大款们的“贵族品位”感到真正的满意。

自我概念与旅游企业象征性形象是否一致,也会影响旅游者的期望。但是,旅游者可想象自己在旅游企业的经历,他们的期望可能会不受现实的约束。因此,在旅游者期望的形成过程中,自尊动机和社会赞同动机也许比自我一致动机和社会一致动机有更强的影响。然而,在旅游者评价服务质量及判断自己的满意程度时,就可能会回到现实中来。他们的感觉就会受自我一致动机和自尊动机、社会一致动机和社会赞同动机较为均衡的影响。

案例5－1　失望的新婚夫妇

小李和琳琳打算今年结婚,两人正在筹备婚礼事宜。喜欢浪漫的琳琳希望到海滨度蜜月。为了满足琳琳的愿望,小李收集了不少海滨度假地饭店的宣传手册。

其中一家饭店的宣传手册给他留下了深刻的印象。宣传手册向他展示了一望无垠的沙滩、挂着一弯明月的恬静夜空、在夜风中婆娑的棕榈树,客人们坐在房间的露台上,一边俯瞰着大海,一边享用着精美的晚餐。小李不由得感叹,“真是一个蜜月旅行的好去处!”他拨通了饭店的电话,满怀期望地预订了一间套房,准备去那里度蜜月。

然而,当小李和琳琳入住饭店时才发现,虽然这里的确有一望无垠的沙滩,但那是在岛的另一面。相比之下,他们住的饭店附近的沙滩只有巴掌般大小。饭店周围的环境的确非常宁静,但却犹如远离尘世,没有什么娱乐设施。

办理登记手续的时候,排在他们俩前面的是一个300人的会议团体。小李和琳琳不得不在嘈杂的人群中等待了半天才办好入住手续。此时,他们发现俯瞰大海的露台只在每晚800美元的套房中才有,而他们并没有预订这种套房。

接下来的日子,雨整天下个不停。小李和琳琳只好呆在套房里,甚至连吃饭都是在房间里吃的。因为琳琳觉得与其到饭店里那间连看窗外景色都看不到的餐厅里吃饭,还不如呆在房间。在随后的一周里,那个300人的会议结束了,天气也放晴了,可是小李和琳琳的假期也快耗完了。他们的期望没有实现,旅游感知与初始感觉截然相反。回家后,小李和琳琳每次提起这次旅游都觉得既可笑又可气,只能用“糟透了”来概括这次旅游。

［**讨论**］

1. 请找出饭店宣传手册中吸引小李注意的刺激物因素,分析这些刺激物因素如何影响小李对饭店的初始印象。

2. 分析哪些因素造成小李夫妇消费前后的感知差异。

3. 如果你是该饭店的营销人员,你会采取哪些措施防止类似事情的发生?

思考与练习

1. 感觉与感知有何联系与区别?

2. 谈谈旅游者形成感知的过程,以及这一过程如何影响旅游消费行为。

3. 影响感知的因素有哪些?旅游企业应如何对此加以利用?

4. 选择三则旅游企业的印刷品广告,找出其中用于吸引受众注意的刺激物因素。

5. 旅游消费者是如何形成对目的地的感知的?了解这方面的知识对开展目的地营销有何意义?

6. 影响旅游消费者感知距离的因素有哪些?请举例说明。

7. 旅游消费者感知的购买风险有哪些类型?产生感知风险的原因是什么?

8. 旅游消费者一般如何应付感知风险?

9. 旅游消费者的自我概念如何影响其对旅游企业的选择?请举例说明。

第六章

旅游态度

第一节　旅游态度概述

一、态度与旅游态度

(一)态度的概念

在过去半个多世纪里,许多学者从不同的角度诠释态度的含义,探讨态度在消费者行为中所扮演的角色。这些学者的观点大致可分为四类:第一类强调态度是人们情感的外部表露。态度反映人们是赞成还是反对,是喜欢还是讨厌特定的人、物或思想。第二类强调态度包含认知成分。其中,有些学者认为态度是由一组对特定客体的相互关联的记忆组成的结构性认知体系;有些学者认为态度是情感和认知的统一,人们对态度客体的情感反应都是以人们对客体所持的信念或知识为依据的。第三类强调态度是行为反应的准备状态,态度决定着人们的所见、所闻、所思、所想。第四类学者把态度视为由情感、认知和行为意向构成的综合体。态度以人们的经验为基础,并且形成人们未来的行为。

人们对某种产品和服务、某位服务员、某个企业的看法和评价可能带有很多的情感因素。比如,由于航班延误导致消费者无法按时到达目的地观看其喜欢的球队的比赛,消费者可能会讨厌这家航空公司。此时,情感因素在态度形成过程中发挥了决定性作用,但我们不能因此简单地认为态度是由情感成分构成的单维概念。以消费者对某家旅行社的态度为例,消费者对这家旅行社的好感可能是建立在该旅行社服务卓越、能够为消费者带来额外利益的基础上,也可能是建立在对旅行社注重环保、不断创新、乐善好施的认识之上。从这个意义上讲,情感上的好恶总是与一定的认知相联系。同时,消费者一旦对旅行社形成好感,他可能会产生选择、购买该旅行社服务的倾向。将态度理解为由情感、认知和行为意向所构成的系统,有助于反映态度的本质。在消费者行为学中,态度是消费者对某一事物或观念所持有的正面或负面的认知、情感和行为意向。换言之,态度是一个三维概念(如图6-1所示)。

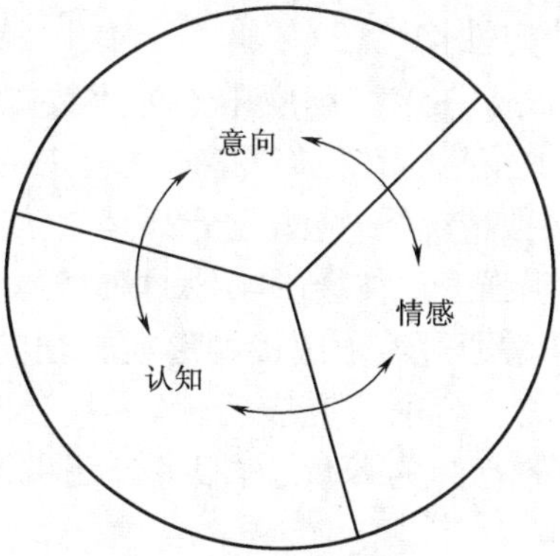

图6-1　态度的三个组成成分

(二)旅游态度

旅游态度,是态度概念的一种具体化。由于旅游消费的特殊性,可以认为旅游态度是旅游消费者在了解、接触、享受旅游产品和服务的过程中,对旅游本身、旅游产品和服务以及旅游企业较为稳定的看法和评价。不同旅游消费者对同一对象的态度可能有所不同,甚至大相径庭。以对旅游本身的态度为例,有些人认为旅游可以开阔眼界、增长见识、陶冶情操、增进身心健康,他们赞成并喜欢旅游活动,希望有机会能参与其中。有些人则认为旅游是奢侈的消费活动,而且处处充满风险,因而不喜欢旅游,他们不仅没有参加旅游活动的想法,也不同意别人参加旅游活动。与其他态度一样,旅游态度也具有认知、情感和行为意向三个成分。

1. 认知成分

认知成分(Cognition),是指旅游消费者对态度对象的认识、理解和评价。旅游消费者对态度对象的认知通常是以明确的事实或知识为依据的,并表现为评论性的见解或信念。比如,夏季海滨旅游可以增进身体健康,桂林山水甲天下,某航空公司的服务质量比较高等。这些认识与理解不仅是旅游消费者形成有关旅游产品印象的依据,而且是旅游消费者形成情感体验和行为意向的基础。旅游消费者越是认为态度对象的意义和价值重大,他们的态度反应就越强烈。

2. 情感成分

情感成分(Affection),是指旅游消费者对态度对象的情感体验,即对旅游对象和旅游条件的好恶感。比如说,喜欢游览文化古迹,喜欢在旅游中与当地居民接触,不喜欢在旅游景点摆卖粗糙纪念品的摊档,不喜欢傲慢的导游员等,这些都是态度的情感成分。与认知成分相比较,情感成分并不总以事实作为依据。例如,一个旅游者声称"我喜欢新疆",其原因可能是他出生在新疆,他喜欢的某人来自新疆，对新疆有特别的感情等。虽然他对新疆可能也没有多少了解，但是要他表明对新疆的态度时，情感起了决定性作用。

诚然，有的时候，情感成分在旅游态度中不太重要。例如，飞机乘客可能对飞机上的食物没有任何特殊的情感。在他们看来，飞机上的食物不过如此而已，甚至不值得再提起。但是，在多数情况下，情感成分都是旅游态度的关键组成部分。旅游消费者对某种对象的情感强度往往会影响他们对某一对象的评价以及他们的行为意向。例如，旅游者与导游通过若干次接触形成较强的好感以后，对导游出现的小差错亦能谅解。许多欧美学者的研究表明，顾客接受服务前对旅游服务的情感会影响顾客对服务人员服务行为的评价、对服务经历的总体满意感和顾客的再次购买意向。

3. 行为意向

行为意向（Intention），是指旅游者对态度对象做出肯定或否定反应，采取特定举动的行为倾向。比如说，有些人打算去海滨旅游，有些人想去欧洲旅游，有些人希望乘飞机旅游。这里的"打算"、"想"、"希望"都表示了人们实际行动前的准备状态。态度虽然不是行为反应本身，也不是行为反应的现实，但却预示着人们做出的行为反应的潜在可能性。一个人对某项旅游活动持积极的态度，当条件允许时，他就很可能付诸行动。在旅游消费者研究中，研究人员关注的主要是旅游消费者购买一种旅游服务或以一种特定方式行动的可能性，如游客向他人称赞和推荐旅游企业的可能性、再次光临餐厅的可能性、介绍他人参加旅行社团队旅游的可能性等。

一般来说，一种态度所包含的这三种成分大体上相互一致。例如，一个酷爱清洁的旅游者不可能对一家又脏又乱的饭店抱有积极的情感，也不可能选择这家饭店投宿。他对清洁的需要和他关于这家饭店脏乱的看法，使他对这家饭店持否定的情感，并产生回避这家饭店的行为倾向。

二、旅游态度的特征

旅游态度，是人们在社会生活中经过经验积累而形成的、对某一对象的评价。它具有以下基本特征：

（一）对象性

旅游态度总是针对一定的旅游对象和旅游条件的，如某类旅游活动、旅游群体、旅游设施、旅游服务的价格、旅游企业的广告等。态度的对象性特征，使态度有别于价值观。与态度相比，价值观更为抽象、更为宽泛，它不涉及某个具体对象，表现为社会价值、审美价值、宗教价值等。在一定意义上说，态度是价值观形成的基础，但价值观一旦形成，就反过来构成人们评价事物的准则，影响人们对特定事物的态度。

(二)习得性

研究人员普遍认为,旅游态度不是与生俱来的,而是通过接触、观察、了解逐步习得的。旅游消费者在长期的社会生活中,通过从他人那里获得的口传信息,或接触到的大众传媒广告,或自己亲历的旅游消费体验,逐渐形成对特定对象的态度。态度,尤其是内隐态度一经形成,就会持久、稳定地指导人们对外界事物和他人的反应,使人们在反应模式上遵循一定的规则和习惯。

(三)内隐性

态度是存在于人们内心的认知、情感和行为倾向。虽然它与行为有密切的关系,但它只是行为的准备状态。人们可以以外显的形式将自己的态度表现出来,也可以将自己对特定事物的价值评价和好恶感深藏于内心。因此,我们不一定能直接观察到旅游消费者的态度,而是要根据当事人的面部表情、言谈举止等外部表象来推断其态度。这便是旅游态度的内隐性。测量旅游态度的时候要从态度的这个特征出发,否则就容易把旅游态度测量与旅游行为测量混为一谈。

(四)持续性和稳定性

态度的持续性是指态度一经形成,就将持续一段时间,难以改变,甚至逐步成为个性的一部分。虽然在形成态度的初期,由于态度的某些成分还没有完全定型,态度可能会发生变化,即只在短期内保持一定的稳定性,但是,一般情况下,态度的稳定性会随着时间的推移而不断加强。因为,一旦人们形成某种态度后,人们往往把对同类对象的态度进行归类。要改变某种态度意味着要修正对同类对象的一系列态度,因此,人们总是倾向于抵制改变。

如果人们认为事物甲是事物乙的直接原因,他们对事物乙的态度会随着对事物甲的态度的增强而趋于稳定。例如,旅游消费者对饭店的态度是在他们与饭店服务人员打交道的基础上形成的。旅游消费者认为饭店服务人员亲切友好、殷勤礼貌、乐于助人、工作效率高,他们通常就会用同样的词语来评价这家饭店。旅游消费者与这些服务人员的每一次接触都会增强他们对这家饭店的态度。

此外,人们发现其他人所持的态度与自己所持的态度相同时,这种态度也会因此得到加强,并趋于稳定。例如,如果一个打算外出旅游的人发现他的朋友和熟人也对旅游感兴趣,他对旅游的信念就变得更加强烈与稳定。感情色彩越是浓郁的态度,改变起来越困难。

(五)协调一致性

人们一般都试图使所持态度的认知、情感和意向相互协调一致。如果旅游消费者认为新疆是一个充满少数民族风情的好地方,他对新疆的认知是肯定的,他在情感上一般也是喜欢新疆,至少是不讨厌去新疆的。在认知成分和情感成分一致的情况下,他很有可能会去新疆旅游。对于旅游公司来说,这位旅游消费者是潜在的去新疆旅游的客源。态度的协调一致性还体现在,消费者在评价新的态度对象时，往往看它是否符合他们已有的相关态度，尽量减少不同态度之间的冲突。为了使态度保持一致，消费者会在必要时改变其思想、情感、行为。

态度的协调一致性对旅游营销来说至关重要，如果能够影响旅游消费者态度的某一种成分，或影响旅游消费者的相关态度，就很有可能改变和形成新的旅游态度。诚然，有时一种态度的三个成分之间、态度与态度之间或态度与行为之间也可能发生不一致的情况。例如，有些旅游者认为去新疆探险旅游非常不错，但他们无法在情感上摆脱可能出事故的担忧，这一忧虑使其不可能真正踏上新疆探险之旅。

三、旅游态度的功能

心理学家丹尼尔·卡茨（Daniel Katz）认为，态度之所以存在，是因为它对人们有某种功用。态度有助于人们对知识进行归类和整合，表达自己的价值观念，维护自尊，协调人际关系，适应社会。比如，在旅游消费活动中，人们对旅游产品、服务或企业形成某种态度，然后将其储存在记忆中。当需要的时候，人们就会将其从记忆中提取出来，以帮助他们解决当前所面临的购买问题。通过这种方式，态度可以帮助旅游消费者更有效地适应动态的购买环境，而不必对每一个新事物、新的旅游产品、新的营销手段都以新的方式做出解释和反应。根据卡茨的态度功能理论，旅游态度可以发挥以下几个方面的功能：

（一）适应功能

适应功能（adjustment function），是指态度能使人更好地适应环境和趋利避害。人是社会性动物，必须对所接触事物的价值做出判断，表现出适当的言行，才能在社会中求得生存和发展，获得接受和承认。态度正好具备这方面的功能。人们通过言行表明自己的态度，获取他人的理解和认同，顺利地实现与他人的互动，维持一定的人际关系。此外，人们还可以通过表达自己的态度，融入特定的社会团体。对旅游持肯定态度的消费者比较容易“入乡随俗”，按照旅游地当地的风俗习惯来调整自己的生活方式，适应旅游生活。比如，不少到中国旅游的外国人都愿意学习一些常用的汉语词汇，如“你好”、“太贵了”、“好吃”等，以便与中国居民作简单的沟通，充分享受旅游的乐趣。

此外，旅游消费者对产品和服务形成某种态度，就能够在下次遇到这些产品、服务时以前后一致的方式做出反应，节省花在购买决策上的时间和精力，更好地适应动态的购买环境。

（二）自我防御功能

自我防御功能（ego defense function），是指对于某些事物的态度能帮助个体回避或忘却那些严峻环境或难以正视的现实，从而保护个体的现有人格和使其保持心理健康。比如，在我国与发达国家的发展状况仍存在一定差距的情况下，有些出境游游客为了显示自身价值，获得自尊，对珠宝首饰、手表、高档时装等显示身份的奢侈品形成非常积极的购买态度，以保持心理平衡。在旅游消费中，一些收入水平并不高的旅游消费者也会入住比较知名的高档饭店，实际上也是出于自我防御的目的，有意识或无意识地防御由于身处异乡所滋生的不安情感。

（三）知识或认识功能

知识或认识功能（knowledge function），是指形成某种态度，有利于人们认识和理解事物。态度可以作为人们理解世界的一种标准或参照物。人们往往根据已有的态度去判断事物的价值。此时，原有的态度就相当于一个过滤器，对于来自外界的刺激予以筛选处理，从而影响人的判断和选择。例如，旅游者对某家旅行社形成了一种态度，这种态度可能是正面的，也可能是负面的，那么，在看到该旅行社的广告时，他可能不再仔细浏览广告内容，而是根据以前形成的态度决定是否接近该旅行社。这种方式可以使外部环境简单化，从而使旅游者集中精力关注那些更为重要的事情。

态度的知识功能，可以在一定程度上解释品牌忠诚的影响。对某一品牌形成好感和忠诚，能够减少信息搜集时间，简化决策程序，使旅游消费者的日常生活习惯得以在旅游中延续。

（四）价值表达功能

价值表达功能（value-express function），是指形成某种态度能够向别人表达自己的价值观念。人们在形成旅游态度的过程中，对旅游消费的意义有自己的理解，而这种理解构成了其旅游态度的价值内涵。如果旅游者认为旅游的意义在于体验刺激和兴奋的感觉，那么他就会向往冒险的旅游活动；如果旅游者认为旅游的最高意义是追求归属感，那么他对群体旅游就会持积极和肯定的态度。因此，价值观念不同的旅游者对旅游活动、旅游产品和旅游企业的态度也不同。不同身份的旅游者往往选择不同档次的旅游消费，当服务水平达到了旅游者内心的期望时，他才会认为自己购买的服务物有所值。

四、旅游态度与信念

旅游消费者的信念，是指旅游消费者认为态度对象具有不同的属性，并相信特定的行为将导致特定的结果。对同一对象，每个人的信念和见解可能有所不同。例如，有些旅游者认为岭南地区虽然经济发达，但是人口稠密、街道喧闹且拥挤，是一片文化的沙漠。有些人则认为粤语、粤曲、粤菜、岭南建筑等文化符号具有独特的风情和魅力，到广东旅游能获得独特的文化体验。很显然，上述不同的信念会导致对旅游目的地的不同态度。旅游消费者一般会形成三种类型的信念。

（一）客体—属性信念

客体，可以是人、旅游产品、旅游企业或其他事物。属性，是指客体所具备或不具备的特性。旅游消费者具有的关于某一客体拥有某种特定属性的知识就叫客体—属性信念。比如,旅游消费者知道滑雪场 A 具有山体陡峭、滑道长、难度大等特点;滑雪场 B 的娱乐项目多、文化氛围好、住宿方便。客体—属性信念,使旅游消费者将某一属性与某人、某事或某物联系起来。旅游消费者对特定客体的态度通常就是对该客体的各个特殊属性的态度的总和。因此,消费者的客体—属性信念往往决定了他们对客体的态度。

旅游消费者对各个属性的关注程度,主要取决于他的需要和目标。比如,在决定是否坐飞机去旅游时,价格可能是一个特别突出的属性,但在选择旅馆时,旅游消费者可能更关心旅馆的地理位置而不是价格属性。这是因为飞机票价往往比其他交通工具的票价高得多,而同地段、同档次的旅馆之间的客房价格相差不大。客体的突出属性在旅游者决策过程中起着关键性作用。

在不同旅游消费者眼中,同一客体的每个属性的相对重要性各不相同。比如,某个旅游者认为一个度假旅游地的气候、舒适和高尔夫球场很重要;但另一个旅游者可能认为价格、网球场和海滩是最突出的属性。有时候,人们认为重要的属性在购买决策中并不突出。比如,飞机乘客非常关心一家航空公司的安全纪录,但各家航空公司的安全纪录都比较接近,因此,人们在选择一家航空公司时,安全通常不是一个突出的属性。企业了解消费者对旅游产品和服务属性的信念,有助于调整对产品或服务的定位,实施有效的营销策略。

(二)属性—利益信念

旅游消费者选择特定的目的地、购买产品和服务,是为了解决某类问题或满足某种需要。因此,旅游消费者追求的客体属性是那些能给他们带来利益的属性。属性—利益信念,就是旅游消费者对某种属性能够带来何种后果、提供何种特定利益的认识。比如,滑雪场 A 山体陡、滑道长等属性可以给旅游消费者带来更大的挑战、更强的成就感、更多的乐趣和更强的刺激。

(三)客体—利益信念

客体—利益信念,是指旅游消费者认为某一旅游对象、旅游企业、旅游产品和服务将带来某种特定的利益。在前述滑雪场 A 的例子中,客体—利益信念是指旅游消费者对滑雪场 A 与成就感、乐趣、刺激之间联系的认知。旅游消费者购买旅游产品和服务的原因,是它们能为旅游消费者提供某些利益。比如,人们并不是因为阳光本身才去旅游,而是因为阳光能给他们带来温暖和好心情。同样,人们投宿豪华的饭店并不是因为宽大华贵的床铺,而是因为在宽大的床上可以睡得更舒服。因此,分析旅游消费者的需要和满足这些需要的利益,有助于旅游企业开发合适的旅游产品。认清产品和服务能为消费者提供的主要利益,有助于旅游企业制定有效的促销策略。

根据费希本模型(Fishbein model,又称客体态度模型),旅游消费者态度的决定因素主要有三个:一是旅游消费者对客体的突出信念,即客体所具的、对消费者很重要或消费者很关心的客体属性;二是上述信念的强度;三是对前述每一重要的客体属性的评价。如果以 A_0 表示旅游消费者对客体 O 的整体态度,i 表示客体所具有的第 i 个重要属性,n 表示客体具有的重要属性的个数,b_i 表示消费者对客体具有属性 i 的信念强度,e_i 表示对属性 i 的好恶程度,那么,客体态度模型可以表述为:$A_0 = \sum_{i=1}^{n} b_i e_i$。在市场营销领域,这一模型被广泛地应用于预测消费者的态度。

五、旅游态度与偏好

通俗地说,旅游偏好就是人们趋向某一旅游对象、旅游企业、旅游产品和服务的倾向。例如,有人喜欢四季美餐厅的美食和服务,即使他已经去过武汉数次,当他到武汉旅游时,他可能还是选择到四季美餐厅就餐。这就与人的偏好有关。

旅游消费者生活的环境、舆论宣传的力度、个人需要满足的程度等都是影响旅游偏好的重要因素。比如,在中国文化背景下成长的旅游消费者,受到"孝子不登高,不临危"思想的影响,通常都偏好以观赏为主的游览活动,不参加过度刺激的旅游项目。

态度在旅游偏好的形成过程中扮演重要的角色。与日常的一般消费不同的是,旅游消费者追求的不仅是物质上的吃、穿、用,而且更注重追求品位和愉悦的体验。因此,旅游消费者对旅游产品和服务的认知、情感和评价对旅游偏好的影响很大。旅游者普遍偏好服务态度好、价格合理、商业信誉高、能最大限度地满足个人心理需要的旅游产品和服务。这些偏好通常是他们在多次满意的消费经历后形成的。例如,人们在肯定的旅游态度的作用下,参加了某旅行社组织的旅游活动,获得令人愉快的效果,就会强化对该旅行社的肯定态度,并影响将来对旅游活动和旅游条件的选择。下次出游时,旅游者可能会选择该旅行社组织的其他旅游线路,而忽略其他旅行社的促销信息。旅游消费者多次选择该旅行社服务后都感到满意,就可能形成习惯性选择,表现为对该旅行社的信任和偏好。

六、旅游消费者的态度与消费行为

在早期的研究中,许多学者认为,消费者一般是先形成关于产品的某些信念或对产品形成某种态度,然后在信念和态度的影响下,决定是否购买该产品。旅游消费者对旅游本身、旅游产品和服务以及旅游企业的态度不仅决定着他们如何看待旅游企业及其提供的产品与服务,而且决定着旅游消费者的旅游决策和购买行为。然而,随着研究的深入,人们逐渐发现,虽然态度与行为之间确实存在密切的联系,但态度与行为之间并不必然是一种指示与被指示的关系,两者的关系远比人们想象的要复杂。

(一)态度是影响旅游消费行为的重要因素

在进行实际的旅游活动之前,旅游消费者必须首先选择旅游目的地、旅游活动的内容和方式等。旅游消费者对各种旅游活动、交通方式、饭店以及旅游服务的不同态度,决定了他们选择的倾向性。在消费过程中,与旅游消费者态度相一致的对象会给他们带来满意感,与旅游消费者态度不一致的事物则可能使他们失望,甚至给他们带来挫败感。这些情感和认知又将影响他们今后的旅游消费选择。因此,旅游消费者的态度在很大程度上决定了他们的消费行为,其影响主要体现在以下几个方面:

首先,旅游消费者的态度影响其对旅游产品、服务和旅游企业的判断与评价,进而影响其购买倾向。例如,一些旅游消费者形成了乘飞机不安全的信念和态度,因此他们宁愿花较多的时间也要乘坐汽车或火车。有时,人们的态度甚至会造成认知判断上的偏差,做出与事实不符的评价。例如,恐惧在高空飞行的人会拒绝去任何地方作航空旅行,如果在不得已的情况下乘坐了飞机,即使空乘人员为他们提供了周到的服务,他们也不一定对航班服务做出好评。

其次,旅游消费者的态度影响其对旅游信息的学习兴趣与学习效果。在旅游信息的搜集和学习过程中,与旅游消费者态度相吻合的旅游信息易被吸收、储存和提取,而与旅游消费者态度不一致的旅游信息,则更容易被忽视、曲解。显然,态度在旅游消费者的学习过程中起着过滤器的作用。同样,旅游消费者在接触各种来源的旅游信息时,也容易因为对旅游活动、旅游企业、旅游产品和服务的不同态度,产生先入为主的见解,影响他对这些信息的注意和理解。

再次,态度通过影响旅游消费者的购买意向,进而影响购买行为。欧美学者的研究结果表明,态度与消费者购买意图存在直接联系,抱有最善意态度的消费者有明确的购买意图,抱有最恶意态度的消费者完全没有购买意图,漠不关心的消费者则对将来是否购买持观望和不确定态度。

最后,旅游消费者的态度作为旅游行为的准备状态,影响其参加旅游活动的投入程度和旅游消费效果。如果旅游消费者有积极的心理准备,就会激发出较高的心理活动水平,在旅游活动中充满活力,以宽容的心态对待旅游中的生活不便和疲劳,兴致勃勃地观察旅游对象,体验旅游过程,因而容易得到心理上的满足。如果心理准备不足,心理活动就会处于较低的水平,旅游消费者就会缺乏活动的热情和活力,观察和体验的深度就会受到限制,从而影响旅游消费的效果。共同参加某项旅游活动的人,他们对这项活动的喜好程度不同,对活动的热情程度不一样,就会产生不同的旅游消费效果。

(二)态度与行为的不一致

虽然许多行为是由态度支配的,但态度并不总能预测行为。1934 年,美国社会心理学家理查德·拉皮尔(R. T. Lapiere)作了一项著名研究。拉皮尔与一对中国夫妇周游美国,他们光顾过66家旅馆和184家餐馆。当时的美国人普遍歧视黑人和亚洲人,但在他们旅游期间,仅有加利福尼亚的一家汽车旅馆拒绝接待他们,在其他地方,他们都受到了很好的接待。拉皮尔的此次旅行使他颇感意外。6个月后,他将光顾过的餐馆和旅店作为试验组,将未光顾过的一些餐馆和旅店作为对照组,以寄发调查问卷的方式询问他们是否愿意接待华人顾客。试验组中有128家企业予以反馈,其中92%的企业表示不愿接待。这一结果与对照组的结果没有显著差别。由此说明,行为与态度之间的关系并不像人们通常想象的那样简单。导致旅游消费者态度和实质性行为不一致的原因有很多,比如:

1. 旅游动机

即使消费者对某一旅游企业或旅游产品持有积极的态度和好感,但如果缺乏旅游动机,消费者也不一定会采取购买行动。比如,消费者可能对欧洲怀有好感,也知道某家旅行社在欧洲游方面的服务水准很高,但他已经去过欧洲了,近期内没有再去欧洲游玩的需要,由此造成态度与行为之间的不一致。

2. 购买能力

消费者可能对某种旅游活动或旅游产品特别推崇,但由于经济能力的限制,只能选择价格低一些的其他旅游产品。比如,很多消费者对"白天鹅"宾馆的评价很高,但真正做购买决定时,可能选择的是"白天鹅"附近的其他小旅馆,原因就在于"白天鹅"的高品质服务同时也意味着消费者需支付更高的价格。

3. 情境因素

节假日、时间紧迫、身体不适等情境因素可能导致购买态度与购买行为的不一致。比如,虽然旅游者对脏乱的饭店没有丝毫好感,但这是目的地唯一的一家饭店,为了避免露宿街头,他只好在这家饭店投宿。当时间比较宽裕时,旅游消费者可以按照自己的偏好和态度选择某家航空公司的航班,但当时间非常紧迫时,旅游消费者实际乘坐的航班与他对该航空公司的态度就不一定有关。

有些情况下,情境因素还可能使旅游消费者先采取购买行动,然后再形成关于产品或服务的态度。例如,消费者受到朋友的鼓动或促销的诱导,参加了某旅行社的旅游团,而在此之前,他对此行的目的地或所参与的旅游活动并没有什么认识。一般来说,外部情境的压力越大,个人调整自己的态度,以适应情境的可能性也越大。

4. 态度与行动之间的时滞

态度与行动之间总存在一定的时间间隔。在此时间内,新产品的出现、竞争产品的新的促销手段的采用,以及很多其他的因素,都可能引起旅游消费者态度的变化,进而影响其购买意向与行为。时间间隔越长,态度与行动之间的偏差或不一致就会越大。

(三)影响态度对行为的预测的因素

综上所述,旅游者的消费行为受信念和态度的影响,但旅游者态度与购买行为之间并不必然是一种指示和被指示的关系。那么,什么样的态度能够预测行为,学术界围绕这个问题展开了许多研究,态度预测行为的有效程度主要受以下几方面制约:

1. 态度的具体性

欧美学者的研究结果表明,一般性的态度,如对宗教、政治、种族歧视等问题的笼统看法不能很好地预测行为,但针对具体问题的态度能够指向具体行为,较好地预测行为。阿吉增(Ajzen)和费斯本(Fishbein)在此观点基础上提出了理性行为模型(theory of reasoned action)。根据理性行为模型,旅游消费者的态度对行为的影响要经过一个理性的决策过程(如图6-2所示)。在这一过程中:

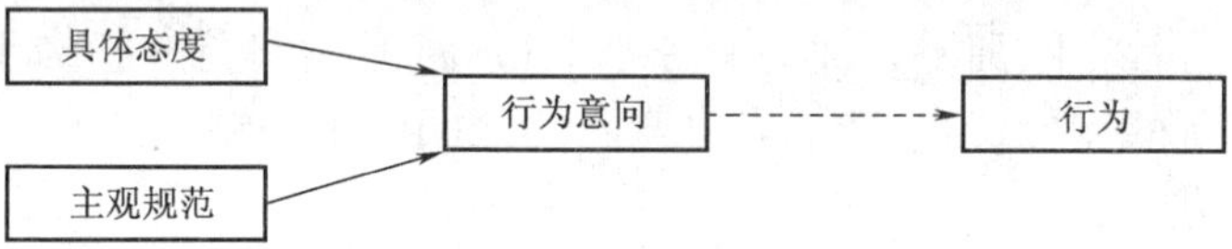

图6-2　理性行为模型

(1)与旅游消费者对旅游产品或旅游企业的态度相比较,他对购买特定旅游产品的行为的看法更能预测其购买行为。在形成对特定购买行为的态度时,旅游消费者会更多地考虑购买行为所带来的后果而不是产品具有哪些属性,并且会在评价产品的属性时,把更多与购买有关的因素纳入考虑范围,如是否与其他购买相冲突、财务上是否存在困难、是否有更好的旅游选择等。因此,消费者对特定购买行为的态度能更好地预测其购买意向和购买行为。

(2)旅游消费者的行为不仅受具体态度的影响,还受主观规范(subjective norm)的影响。主观规范是指消费者对他人认为在此情此境下他应采取何种行动的主观评价,即感知到的社会压力。比如,某家庭主妇得了一笔奖金,是用这笔钱带孩子去一趟迪斯尼,还是为孩子报读辅导班,这在很大程度上取决于她认为她的朋友、亲戚或其他群体期望她如何做。如果她认为在此情形下,她的朋友更倾向于把钱用在孩子的教育投资上,她很可能形成为孩子报辅导班的行动意向。

(3)具体态度和主观规范对行为的影响要通过购买意向发挥作用。购买行为是某种购买意向的结果,但又不完全取决于消费者的购买意向。

2. 态度的成分

态度的不同成分可以不同程度地预测不同类型的行为。有时,态度的认知成分和情感成分会不一致。比如,旅游消费者喜欢蹦极、漂流、航海等具有刺激性的旅游项目,但他也知道参加这些旅游项目有一定的风险,可能会发生事故。此时,情感成分和认知成分发生冲突，哪种态度成分对行为的影响更强烈？心理学家的研究成果表明，当态度的认知成分与情感成分不一致时，态度的认知成分比情感成分更能预示有特定外在目的的行为；态度的情感成分比认知成分更能预示人们凭自己的喜好而完成任务的行为。在旅游消费活动中，情感成分对行为的影响往往更为重要。

3. 态度的强度

一般来说，强烈的态度比微弱的态度更能影响人们的行为。旅游消费者态度的强度与他们的直接经验、切身利益和自我意识相关。首先，通过直接经验形成的态度比通过观察而形成的态度更强烈。其次，当态度对象与旅游消费者切身利益相关时，旅游消费者的态度更为强烈。比如，一些旅游景点对年长者折价开放，赢得老年旅游者的好评。年轻旅游者虽然也赞成旅游企业的举措，但由于这项措施与自己的利益关系不大，因而不会刻意选择到这些旅游景点游玩。再次，旅游消费者的自我意识能让他们更准确地了解自己的态度，把具体态度带入当前面对的消费决策，以指导行为。因此，增强旅游消费者的自我意识有助于提高态度与行为一致性程度。

4. 态度的通达性

态度的通达性（attitude accessibility）指人们提取具体态度并把它带入意识中的容易程度。态度的通达性取决于态度与态度对象的联系程度。如果态度的通达性较高，不管旅游消费者什么时候看到态度对象，态度都会在头脑中出现，其态度与行为的一致性程度也较高。

第二节 旅游态度的形成

一、态度的习得

态度的形成，是指对某一特定对象（如乘火车旅游）从没有态度到对它有一些态度（如乘火车旅游，窗外那看不尽又抓不住的景色很迷人）的转变。耶鲁大学的霍夫兰德（C. I. Hovland）认为，从没有态度到有态度的转变是学习的结果。人的态度与其他习惯一样，是后天习得的。比如，儿童跟随父母到海滨度假，发现度假时可以天天与父母玩游戏，可以用泥沙堆砌堡垒，还可以遇到新朋友，由此他学习到了度假是轻松而愉快的活动，获得了对旅游度假活动的肯定态度。根据态度的学习论，人们主要通过联想、强化和模仿三种学习方式逐步形成对客体的态度。

联想，是在两个或多个观念之间构成联结通道，以便由一个观念引起另一个观念的活动。在社会刺激引起反应的作用下，人们逐渐形成对事物之间联系的认识，把对特定客体的态度推而广之。如斯塔茨（A. W. Staats）所言，态度的形成是一个概念与一个带有积极或消极社会含义的概念多次结合的结果。例如,“沙漠”本来是一个中性概念,但假若它多次与“危险”一词联结,就会使人认为“沙漠是危险的”。如果旅游者经常看到探险者被困沙漠、在沙漠失踪的报道,这一联结就会特别牢固,并发展为对沙漠所持的态度。同样,如果消费者经常接触有关企业的正面宣传,接触来自各方面对企业的赞誉,他就会在这些正面信息与企业的产品、服务之间形成联结,对企业及其产品形成积极和肯定的态度。

有时,态度会在购买和消费旅游产品后才出现。例如,旅游消费者在下榻某宾馆前可能不带有预先的态度,只是因为这家宾馆是当时唯一能入住的宾馆(其他宾馆客满)。如果旅游者在这家宾馆消费后获得了“物有所值”的体验,他的这一行动就会得到强化。在下一次旅游中,他可能再次选择到该宾馆的连锁店下榻,并对该宾馆形成肯定的态度。强化也可以是来自家人、朋友和其他相关群体的赞许。如果购买的旅游产品受到他人的称赞和羡慕,旅游者的满意感会得到强化,促使他对产品形成积极的态度。强化有正强化与负强化之分。有时,旅游消费者同时受到正、负两个方向的强化,此时,强化对态度的形成和发展所起的作用取决于两种强化的相对强度。如果正强化的力度超过负强化,将有助于旅游消费者对企业或产品形成积极的态度。

人们还可以通过模仿而习得态度。正如我们在第四章所指出的,观察和模仿是一种重要的学习方式。人们不仅会模仿榜样的言谈举止,还会吸取榜样所持态度的内涵,如思想、情感、价值观念等。如果榜样是强有力的、重要的或亲近的人物,模仿发挥的作用会更大。儿童的行为和态度大多来自于对父母的模仿,随后其模仿的对象可能来自社会、童话、互联网上的各种人物。旅游消费者也会模仿名人和重要参照群体的旅游活动,形成与他们一致的旅游态度。例如,许多游客在夏天前往承德避暑山庄,以获取清朝皇族的度假体验,还有不少游客在景点试穿龙袍凤帔,过把皇帝、皇后瘾。

总之,通过联想、强化和模仿,消费者可以产生某种旅游态度。这些态度可帮助消费者在旅游活动中获得愉快感和满足感,避免某些令人不愉快的事情发生。

凯尔曼将人们习得态度的过程分为三个阶段。第一阶段是顺从,即在社会影响下,表现出与他人一致的外显行为,但对于为什么要这么做没有深刻的认识,也没有太多的情感成分。此时,个体形成态度主要是为了趋利避害,一旦外部强化或限制因素消失,其行为就可能变化。因此,这种态度是表面的、暂时的和易变的。第二阶段是认同,即由于喜欢某人、某群体或某件事而与其保持一致。这种态度虽然不一定建立在深刻的认识基础上,但比顺从阶段的态度带有更多的情感成分,也更为积极主动。第三阶段是内化,即个体把情感上认同的东西与自己持有的信念、价值观等联系起来,使之融为一体,对态度予以理智上的支持。

内化后的态度以认知性成分占主导,同时附有强烈的情感成分,因而比较持久和不易改变。

上述三阶段可以看做是学习过程中个体态度所处的三种层次或水平,对理解旅游消费者如何经由学习形成其态度颇有启发。一些消费者随大流,参加单位组织的旅游活动,他们对游览的旅游景点不一定了解,也不一定认同。导游员应当先了解客人,从客人眼中捕捉客人的兴趣、修养和爱好,由浅入深,层层展开,使客人跟着导游的讲解逐渐领会景点所具有的文化审美内涵,对景点形成正面的情感和评价。在态度的形成过程中,并非所有态度都将到达内化的阶段,一些态度可能会停留在顺从或认同的阶段,即使到达内化阶段也可能会多次反复。所以,态度的形成是非常复杂的。

二、影响旅游态度形成的主要因素

旅游态度的形成受诸多因素的影响,这些因素的作用并不是均等的,主要包括旅游需要、经验和知识、个性倾向等个人因素,以及旅游者所属的社会群体、文化背景、旅游产品信息的传播等外在因素。

(一)旅游需要

态度具有情绪体验的成分。一般来说,人们对于能够满足自己需要或能帮助自己达到目的的对象,会产生积极的情绪体验和肯定的态度;对阻碍目标实现或引起挫折的对象,容易形成消极的情绪体验,产生排斥以至厌恶的态度。例如,如果旅游者未能住进预订的饭店、交通受阻、接受的服务不佳或活动计划被改变,他可能对目的地或旅游企业产生反感,形成消极的旅游态度。旅游需要的满足与否与需要的具体内容、旅游对象的功能以及旅游者对这种功能的了解和感知有关。人们根据旅游前对旅游对象能否满足旅游需要的感知所产生的旅游态度,将影响人们对旅游对象的选择,而人们在旅游活动过程中对旅游对象满足旅游需要程度的体验,则影响旅游态度的强化或改变旅游态度。旅游态度中的情感成分与意向成分,多半与旅游需要的满足有关。

(二)经验和知识

从态度形成的内化过程来看,经验的作用是首要的,特别是旅游消费者尝试和评估产品和服务的直接经验。例如,人们乘坐飞机旅游途中,由于飞机出现故障或因恶劣气候而紧急降落,会影响人们对乘飞机旅游的态度。他可能在今后旅游时,尽量避免选择飞机这种交通工具。所谓“一朝被蛇咬,十年怕井绳”,就是对创伤性经验影响的一种概括。这类创伤性或戏剧性的经验哪怕仅仅有一次,也足以使人形成稳定的态度,这种态度还会泛化到相关或相似的对象上。一些旅游企业在认识到直接经验的重要性后,力图以“体验价”为旅游消费者提供旅游服务,或在新景点正式开放前免费邀请旅游者来游览。这些企业的目的在于先刺激旅游消费者尝试旅游产品和服务，然后评价它们。如果他们喜欢这一产品，那么旅游消费者将对它形成积极态度，并可能去购买。

知识在旅游态度的形成中也有重要作用。在认知性态度中，知识的作用尤为显著。如果一个人不了解陕西的半坡遗址，他可能不会对去半坡遗址旅游持积极态度，但一个知识丰富的旅游者则可能选择去这个地方看一看。受所掌握知识的影响，一位参观了中国旅游展览的外国游客比没有参观该展览之前更可能到中国来旅游。换言之，先前由于缺乏关于旅游对象的知识所形成的态度与后来有了这方面知识时的态度是不同的。因此，旅游企业可以借助报纸、杂志及电视频道等大众传媒工具或文学、影视作品，向旅游消费者传递有关旅游产品的形式、质量、价格等方面的信息和知识，以影响他们态度的形成。

（三）个性倾向

兴趣、气质、性格等个性因素使旅游消费者的心理活动集中指向特定的对象，促使他们接近、选择、购买特定的旅游产品和服务，远离、回避那些不感兴趣的产品和服务。个性不同的人对不同的旅游对象和旅游条件会形成不同的态度。比如，具有内倾性格特征的人往往喜欢"深谷幽兰"之类比较安静、变化因素较少的旅游环境；具有外倾性格特征的人较喜欢热闹的环境，或对带有一定探险性质的旅游活动持积极态度。

（四）旅游者所属群体

态度的形成，在很大程度上还受到旅游消费者所属群体的影响。首先，每个社会团体都有一些成文或不成文的行为规范和准则，要求成员共同遵守。受群体压力的影响，旅游消费者的言行和态度必须与团体保持一致。其次，作为群体中的一员，个体在许多方面会自愿接受群体的态度选择。比如，在旅游团队中，如果许多人选择忽略一条旅游线路上的某些景点，其他旅游者可能就不再前往那些景点参观。再次，群体成员之间有许多共同的生活内容，积累并形成了相近的知识、经验和社会视角，这使群体成员的态度自然趋于一致。旅游消费者与家人、密友和所仰慕的个体（诸如所尊敬的老师）的交往过程会潜移默化地影响他们的旅游态度。其中，家庭是一个极为重要的影响态度形成的因素，因为家庭给我们提供了许多基本价值观和信念。因良好表现而被"奖励"到游乐园玩的幼儿，在成人后常对游乐园持积极的态度。

（五）文化

文化作为人们社会化的大背景，深刻地影响人们旅游态度的形成。由于文化同源性，美国游客最常选择的旅游目的地是欧洲，但是出于了解陌生的东方文化的目的，亚洲也是美国游客主要的旅游目的地。出于对中华传统文化的尊崇，我国许多旅游者普遍喜爱有历史文化典故的旅游目的地，也乐于参与体现中华文化的旅游活动，如到曲阜观赏祭孔仪式等。

第三节 旅游态度的改变

态度的改变,是指一个人已形成的态度在接受某一信息后所发生的相应变化的过程。旅游态度的改变包括两层含义:一是指态度强度的改变,一是指态度方向或性质的改变。例如,旅游者对某一旅游产品或服务的态度从消极的变成积极的,这是方向的改变;对某一旅游产品或服务的态度从犹豫不决变成坚定不移,这是强度的变化。虽然,在现实生活中,态度改变是常见的现象,但旅游企业要使旅游消费者由原来不喜欢某种旅游产品到喜欢该产品,由有点喜欢某种旅游产品到非常喜欢该产品,则并非易事,必须经过有效的宣传、说服和劝导才能实现。

一、态度改变的主要理论

(一)认知平衡理论

认知平衡理论,最初是由海德(F. Heider)提出来的。海德认为,认知的平衡状态是一种理想的或令人满意的状态。如果认知上不平衡,就会产生心理上的紧张、焦虑和不愉快。为了从不平衡状态恢复到平衡状态,需要改变现有的某个认知或添加一种新的认知。

人们的态度对象范围很广,其中,有些对象相互之间有关联,有些则没有直接联系。由于类似、接近而产生关联的对象以及人们对这些对象的评价和情感,会形成特定的模式和结构。如图 6-3 所示,P 代表某个旅游消费者(认知主体),O 代表与该消费者相关的某个人,X 代表与 P 和 O 相关的态度对象,如某种旅游产品、某类旅游活动、某个服务人员、某家旅游企业。在 P 的认知结构中,这一三角关系可能是平衡或不平衡的。如果三角形三边符号相乘为正,P、O、X 处于一种平衡状态。比如,P 和 O 都喜欢(+)X,而且 P 和 O 之间存在正面的积极态度,此时 P 的整个认知结构可达到平衡。如果三角形三边符号相乘为负,则 P、O、X 处于一种不平衡状态。比如,在班级毕业旅游中,O 为 P 所尊敬的班主任,X 为某个旅游目的地,P 不喜欢(-)该旅游目的地,而 O 对该旅游目的地持肯定态度(+)。如果 P 不能改变对 O 的态度,就只能由原来不喜欢 X 转变为喜欢 X,否则就会有不舒服、不平衡的感觉。

在认知不平衡的情况下,旅游消费者 P 可能会:①改变对相关人员 O 的态度;②对相关人员 O 进行劝说,使其转变立场;③将三角结构中的某两个因素转变为无关联的因素;④对三角结构中某两个因素之间的关系做出新的归因或解释。海德认为,人们会运用"最小努力原则"来预计恢复平衡所需的努力,采用尽量少改变情感关系的方法来恢复平衡结构。

平衡理论以简单的概念与图解揭示了个人态度变化的过程,并把他人对主体

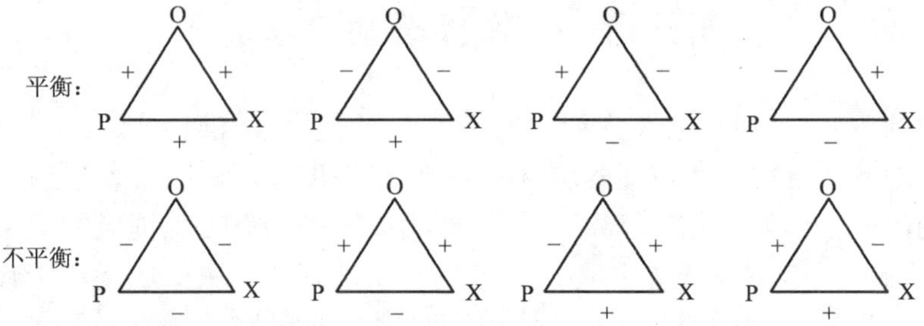

图 6-3 认知的平衡与不平衡状态

态度变化的影响引入研究领域,为如何恢复认知的平衡状态提供了多种解决途径和思考线索,对理解态度的变化过程有重要的启示。然而,平衡理论也引发了一些批评:首先,在图 6-3 所示的模式中,只按"正"或"负"确定三个因素之间的态度方向,而未涉及态度的强度,因而不能说明 P 在不平衡状态时,何以会对其中的一方而不是另一方改变态度以恢复认知的平衡。其次,小的分歧和意见是人际交往中司空见惯的,两个人对同一件事有不同意见,可能会产生心理上的不快,但不一定引起态度发生变化或由此影响双方之间的友谊。

(二)认知失调理论

费斯汀格(L. Festinger)在 1957 年提出认知失调理论。他认为每个人的认知结构包含了许多认知因素,如对环境、他人、自我以及自己的行为等方面的信念和看法。这些认知因素之间的关系存在三种情况:①互不相关,如"我吸烟很厉害"与"到陌生的地方旅游可以增长见闻"这两个认知因素是相互独立的。②相互协调,如"我喜欢旅游"和"旅游可以增长见闻"两个认知因素是协调的。③不协调,如"陌生的地方不安全"和"到陌生的地方旅游可以增长见闻"这两个认知因素便是不协调的。

如果认知因素之间出现不协调的现象,就会在心理上产生不愉快,甚至是痛苦的感觉。这种感觉会形成一种压力,驱使消费者不由自主地减少认知因素之间的冲突,力求恢复相对平衡,甚至为了保持认知因素之间的协调,避免接触与已有认知因素相矛盾的信息。费斯汀格认为认知失调的程度越大,人们想调节失衡的动机就愈强烈,态度的改变就越迅速。减少或消除认知失调的途径主要有:

(1)改变某一认知因素,使其与自己持有的其他认知趋于协调。"陌生的地方不安全"和"到陌生的地方旅游可以增长见闻"这两个认知因素不协调,一个人把前者改为"有许多到陌生地方旅游的人都安全回来了",如此,便可达到认知协调了。

(2)强调某一认知因素的重要性。比如,强调旅游的重要性:"我喜欢旅游,旅游可以开阔视野、增长见闻、结交新朋友,给沉闷的日常生活增添色彩,不要为了可能遇到的风险而牺牲旅游的乐趣。”这样也可以协调认知因素。

(3)增加新的认知因素,加强协调关系的认知系统。比如,若无法改变对“陌生的地方不安全”的看法,则增加新的认知因素——“在信誉良好的旅行社帮助下到陌生的地方旅游可以减少风险,避免因语言不通、道路不熟、文化冲突等带来的问题”。这样就可以降低不协调的强度。

在旅游消费领域常见的一种现象就是购后失调,即消费者在支付了旅游费用或订购了旅游产品后,想到他们未选择的其他旅游产品所具有的独特、卓越的品质,而感到认知失调。购后失调使消费者对购买行为产生不良感觉,为了消除这种不良感觉,消费者通常会找出支持其决策的缘由,尽量与朋友讨论这一旅游产品的正面特征,或向曾经购买过该旅游产品的其他消费者寻求信息,以确认自己的决策还不错。旅游企业也可以通过广告“赞美”消费者的选择是明智的,提供更多的服务承诺,额外增加旅游服务的内容,或提供更详细的关于旅游产品的消费说明,强化消费者的购买行为,减轻消费者购买失调对服务评价的负面影响。

认知失调论强调,人们在认知失调和缺乏充足辩解理由时,会设法通过自我调节改变态度,以达到认知平衡。这一理论不仅可以解释态度改变的原因,还可以用来帮助人在无法改变现实时,把消极态度转变为积极态度,维护心理健康。此外,该理论把认知者与认知对象之间复杂的认知关系和情感关系概括为协调和不协调的关系。这使得认知失调论不仅适用于认知者的认知体系,而且能够适用于更为广泛的社会领域。但是,这一理论对何谓协调与不协调本身的界定是模糊的,因而不易应用。

(三)改变态度的说服模式

人们不仅要从理论上解释态度的变化过程,更为重要的是探讨态度改变的有效途径。在日常生活中,态度的改变更多的是在说服性沟通中完成的。社会心理学家就说服性沟通进行了许多研究。其中,较著名的理论包括霍夫兰德等人在1959年提出的有关态度改变的说服模型,以及佩蒂(R. Petty)和卡司欧泊(J. Cacioppo)在1986年提出的双加工模型。

1. 霍夫兰德的态度改变—说服模型

霍夫兰德认为,态度改变的过程也就是劝说或说服的过程。影响态度改变的因素包括说服者(communicator)、沟通传递的信息(message)、信息接收者(target 或 audience)和沟通时的情境(situation),这些因素相互作用,共同影响说服效果(如图6-4所示)。

模型的第一部分是信息接收者受到的外部刺激。任何一个说服过程都是由对某一问题有看法的说服者向说服对象(也即信息接收者)传递信息来完成的。在商业活动中常见的说服者包括广告公司、发布某种劝导信息的企业、劝说消费者接受新产品的推销人员等。说服者的专业性、可靠性、外表的吸引力都会影响说服效

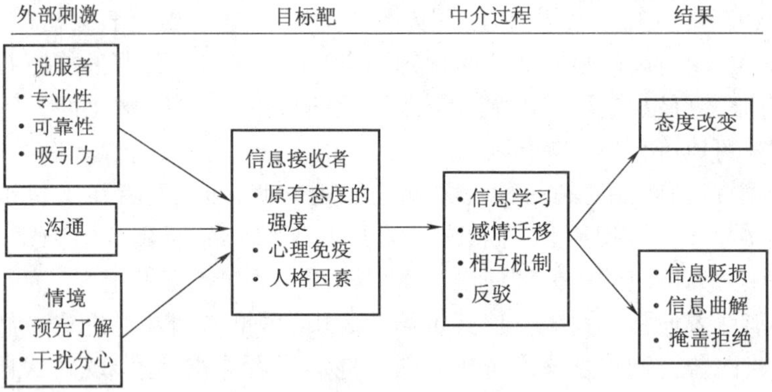

图6-4　态度改变的说服模型

果。说服者在有关领域或问题上的学识和资历越权威,在信息传递过程中越公正无私,越具有吸引信息接收者的魅力,说服效果就越强。为了使信息接收者放弃原有态度和立场、接受说服者的观点或见解,说服者必须设计好沟通的内容,精心安排信息传递的方式。换言之,信息内容和传递方式是否合理,在很大程度上决定了能否有效地将信息传达给信息接收者,并使之改变态度。此外,由于说服过程是在某一特定的情境中完成的,说服效果还会受情境因素的影响,如信息接收者对劝说信息是否已有所了解,信息传递时是否有其他干扰因素等。

模型的第二部分是目标靶,即信息接收者。信息接收者自身的特点在很大程度上决定了他们会接受还是抵制说服者的信息。比如,如果某人在多种场合公开表示过不喜欢旅游,那么,要改变他的这一态度,难度就比较大,因为那样将意味着他对自己的否定。一般来说,原有态度不那么坚定的信息接收者较容易被说服;心情好的人更易于接受他人的说服性观点;自尊心较弱的人比自尊心强的人更容易被说服。

第三部分是中介过程,它是指信息接收者在外部劝说和内部因素交互作用下态度发生变化的心理机制。信息接收者原有的态度和外部劝说之间的差异会导致他们内心的冲突和心理上的不协调。为了恢复平衡,个体要么接受外来影响,要么找出各种理由抵制外来影响,以维持原有态度。在此过程中,信息接收者会主动地学习和评价信息。他们在接收和加工信息时所产生的思想是影响外部刺激与说服效果之间关系的重要中介因素。他们的情感也会通过信息加工过程,间接影响态度的变化。

第四个部分是劝说结果。劝说结果不外乎两种:一是改变原有态度,接受信息传递者的劝说;一是对劝说予以抵制,维持原有态度。在后一种情况下,旅游消费者可能会:①贬损信息,比如认为说服者存有私利和偏见,以此降低劝说信息的价值;②歪曲信息,如对传递的信息断章取义,或者故意夸大某一论点,使其变得荒唐而不可信;③掩盖拒绝,即采用断然拒绝或美化自己的态度的方法抵御外部劝说和影响。比如,面对同事对其不敢远游的嘲讽,个别消费者会以“外出旅游交通不便,人满为患,留守家中才是明智之举”为搪塞理由,拒绝改变其态度。

霍夫兰德和詹尼斯(I. L. Janis)的说服模式虽然是关于态度改变的一般模式,但它揭示了引起态度变化的过程及其主要影响因素,对理解和分析旅游消费者的态度改变具有重要的借鉴与启发意义。

2. 说服的双加工模型

佩蒂和卡司欧泊在1986年提出说服的双加工模型,更全面地探讨了态度改变的过程。根据他们的观点,可以通过两条截然不同的“说服路径”来改变消费者的态度——中心路径和外周路径。遵循中心路径说服对方必须有符合逻辑的有力论据。遵循外周路径的说服活动,则主要通过与话题本身无关的或额外的因素来说服对方,如请专家或名人担当传播信息的说服者。

在中心路径说服中,消费者需要付出一定的认知努力来加工信息,仔细思考论据及其传递的信息含义。由于态度改变是因为消费者积极地寻求和理解与态度对象本身相关的信息而产生的,所以,态度的改变较为持久。在外周路径的说服中,消费者不花时间,也不努力理解劝说信息的内容,而是关注话题之外的其他因素。一般来说,外周路径虽然能动摇消费者的原有态度,却难以持久地改变其原有态度。换言之,中心路径的说服效果优于外周路径的说服效果。

但是,为什么广告商、推销员或开展营销活动的企业总是偏爱外周路径的说服呢?原因在于与外周路径的说服相比,中心路径的说服更难以实施。通过中心路径说服产生效果的前提条件是消费者的学习动机高,而且评估态度对象的能力也较高。然而,许多消费者通常没有时间和精力,也没有兴趣对所接受的每一条信息进行认知加工,理解、学习和评价有关态度对象的信息。此外,消费者往往更关注产品和服务所能带来的效用是什么,而不是产品和服务为什么能带来这样的效用,如果向消费者传递过于专业的知识,他们难以理解,只好“外行看热闹”。因此,当消费者的动机和评价能力较低时,中心路径的说服难以实现,旅游企业采用赠券、免费尝试、更新装潢、请知名人士代为宣传等方式反而更容易改变消费者的态度。

二、改变旅游态度的策略

通过对旅游态度的分析,我们看到旅游态度不仅影响旅游消费者的选择,而且影响旅游消费的效果。因此,旅游活动的组织者和经营者,都希望有更多的人对自己开展的活动抱有积极的态度。但是,现实生活中人们不可能对旅游都抱有积极的态度,更不会普遍对某种特定内容的旅游活动抱有积极态度。那么,如何使那些对旅游产品存在消极态度的人改变态度呢?

（一）改变旅游产品

虽然大多数旅游产品是以服务形式出现的，难以像实物产品那样在形体上加以改变，但是可以通过改变旅游企业员工的态度和仪表、服务技能、服务方式及服务价格等途径来促使消费者改变对旅游服务的态度。

因为人对客观事物的认识总是从感知其外部形态开始的，消费者对旅游企业经营管理和服务质量的判断和评价，及其对旅游产品和服务态度的形成，往往是从感知旅游企业从业人员的仪表开始的。旅游企业员工精神萎靡、蓬头垢面，就难以给消费者留下良好的印象；反之，员工精神饱满、整洁大方可以给旅游者安全、明朗的感觉，使旅游者乐意与其接触和交往，促使旅游者形成积极肯定的态度。

由于消费者必须到旅游企业所在地去购买旅游产品和服务。因此，旅游企业可改变或增加营业和服务场所，调整营业时间，为消费者的购买和消费提供便利，促使消费者对其持积极态度。例如，铁路运输公司增开夕发朝至的列车，增加订票服务营业点，针对客流量大的线路开设乘客乘车的绿色通道，都有助于扭转消费者对“铁老大”的负面印象。旅游营销的实践表明，与广告或其他形式的宣传相比较，贴近消费者的需要完善服务细节能更有效地改变消费者的态度。

此外，旅游企业往往通过一些有形物品和设备来展示企业形象，提供旅游服务，因此企业也可以借助这些有形证据改变旅游者对企业的态度。例如，饭店可以通过修葺，使墙壁、地板、天花板色彩协调，照明柔和，消除噪声，改变人们对饭店原有的不良印象或强化人们对饭店的好感。

（二）说服旅游消费者改变态度

如果旅游企业不想调整旅游产品，也可以通过广告、给旅游产品或企业更名、举办旅游展览，或依赖旅游销售人员口头宣传等办法，努力使消费者信服企业的旅游产品和服务物有所值。如果旅游企业说服工作很成功，那么企业不仅可以向旅游消费者传递新的信息，改变他们的感知，还可以改变态度的情感成分，加强旅游消费者现有的态度，或促使他们改变对该项产品或服务的态度。由于人们有维持情感与认知和谐、保持态度体系平衡的需要，因此，所有的宣传活动均要与旅游服务的实绩相符，才能真正促使消费者的态度作相应的改变。在说服过程中，说服者的可信度、信息内容的组织和传递方法、旅游消费者本人原有的态度和个性特征等因素都会影响旅游消费者态度的转变效果。因此，旅游企业应在充分了解旅游者的个体差异、群体属性的基础上，选择合适的说服者，合理安排信息内容，正确使用传递方法。

1. 选择权威、可靠、有吸引力的说服者

说服者的专业权威性、可靠性和吸引力，是影响说服效果的重要因素。说服者具有令人喜欢的特征有助于吸引消费者接纳其提倡的旅游态度。因此，许多旅游目的地和旅游企业都聘用体育明星、演艺人员、行政长官等公众人物作为广告人物，以吸引游客。比如，新加坡旅游局启用本地歌手阿杜作为旅游形象代言人，以“非常新加坡”为广告主题，激发了许多华人到新加坡旅游的兴趣。这些“专家”、“名人”要对该旅游目的地或企业有所了解，曾经亲自享用过相关的旅游产品和服务，才能说服旅游消费者。否则，旅游消费者就会质疑说服者是出于商业动机，提供带有偏见的信息。一般说来，人们愿意听取资深旅游专家的观点和建议。说服者在旅游领域的权威性越高，人们对他的信任度就越高，他也就越容易改变人们的旅游态度。

2. 精心安排信息内容，选用合适的传递方法

旅游消费者接纳某种观点，不仅看是什么人说的，而且还要看他是如何说的以及说了什么。因此，信息内容安排是否合理，传递方法是否正确，以及传递时机是否适当，都会影响改变旅游态度的效果。

意图改变消费者旅游态度的信息可以诉诸理性，也可以诉诸情感。对信息处理能力和动机较强的消费者适宜遵循中心路径来开展说服活动：提供关于旅游消费对象的信息，改变旅游者的知识结构，并激发旅游者的潜在动机，以便他们更好地理解说服者论及的内容。例如，为了增强外国游客对中国景点的好感，我们除了向其介绍景点的特征及相关的服务之外，还要向其介绍一些中国的文化，使其懂得如何以东方的审美方式理解旅游对象。对信息处理能力低、动机低的旅游消费者适宜采用感性说服，而不是向他们提供大量关于旅游产品性质或品质的信息。这样消费者无需花过多时间去思考，就能理解和接受企业传递的信息。研究表明，人们在特定情绪状态下会产生“心境一致性效应”，即倾向于接受和加工与自己当前情绪状态一致的信息。在与消费者交往过程中，旅游企业员工注意观察消费者的情绪，提供符合其情绪的信息，有助于加强说服效果，改变他们的态度。

无论是诉诸理性，还是诉诸情感，说服者提供的信息与旅游消费者原有态度之间的差异都不宜过大。如果传递的信息与原有态度相差太远，不但不易达到改变原有态度的目的，反而可能使消费者更坚持原有态度。原因是，消费者可能认为自己很难使其态度改变到足以消除这些差异的程度，或对信息的可信性产生怀疑。当差异程度太大时，消费者倾向于贬低信息，而不是改变自身态度。所以，改变消费者的态度之前，要先行了解其原有态度，如果信息与原有态度差距太大，就应分阶段逐步传递信息，使信息的落点逐渐从拒绝移向中立，再移向接受。对自尊心强、自我防御机制强的消费者尤要如此。

信息的组织形式也会影响说服的效果。在说服过程中，是仅陈述有利于自己立场的论据，还是同时陈述正、反两方面（双方面）的论据？这是劝导方经常遇到的一个问题。一般来说，双方面论述会给消费者一种客观、公正的感觉，可以降低或减少旅游消费者对信息和信息源的抵触情绪。此外，在两种相反的信念和观点交锋后，消费者所形成的新态度往往具有一定的“免疫力”，因而其态度转变的效果更

为持久。但是,双方面论述如果处理不好,容易使消费者不仅不接受劝导者的立场,反而接受了相反的立场。霍夫兰德等人的研究表明,单方面论述与双方面论述的信息传播没有绝对的优劣之分,但是:①单方面信息传播有助于改变文化程度较低者的态度;双方面信息传播有助于改变文化程度较高者的态度。②如果传播的信息与劝导对象的原有态度一致,或劝导对象对所接触的问题不太熟悉,单方面信息传播效果较好;如果传播的信息与劝导对象的原有态度不一致,双方面信息传播对于改变态度更为有效。

(三)让消费者在旅游活动中改变态度

传统的观点认为,消费者是在采取行动之前形成或改变他们的态度的,但事实是,行为也可以先于态度的形成和改变。所谓百闻不如一见,旅游消费者独有的旅游经历会减少抵制态度变化的心理障碍。当旅游消费者离开日常的生活圈子、工作和事务时,他们往往更容易接受新经验,结交新朋友,吸收那些能削弱其原有态度并导致态度转变的新信息。许多人就是通过旅游活动,改变了对外国文化、外国人、食物和语言的态度。

旅游消费者在旅游中对特定对象产生新的认知、新的情感,为了维持态度体系的平衡,他们会对原有的态度作一定的调整。因此,不少旅游企业利用旅游消费者的冲动性决策,诱导他们参加旅游活动,改变他们的态度。例如,有人原本对旅游抱有"花钱买罪受"的态度,偶然的机会使他参加了打折的旅游活动,结果感觉非常愉快。由于切身体会,他可能会改变对旅游的态度。

(四)利用规范改变旅游消费者的态度

规范改变是一种行之有效的改变态度的方法。因为人们有归属群体的倾向,人们的行为和态度受群体的共同行为标准的影响。旅游企业或旅游管理部门可以利用群体规范的强制力、约束力,或者采用一定的行政手段和立法手续,迫使旅游消费者遵循纪律、公约和规范,最终促使他在态度上发生基本的改变。

案例6-1　奔跑在铁轨上的火车迷

在当下的中国,很少人能够理解铁道的趣味,然而有那么一群对火车着迷的发烧友,他们在上海、北京、广州等地成立了俱乐部,专门交流"玩火车"的经验。所谓的"玩",即热衷乘火车,拍摄火车影像,收集火车模型、时刻表、车票等。

在北京读书的小王从小喜欢坐火车。到了周末,他可能会突然兴起,买一张硬座票,坐南下广州的特快探望同学或车迷俱乐部的朋友,分享完当天坐火车的种种经历后,又登上回程的火车,来回时间合计两天两夜。小王说,他尤其喜欢看火车外的景色,呼啸而过,看不及又抓不住,感觉很美。他说,以后谈恋爱,一定要带女朋友从宝鸡站坐火车到成都站,因为沿途宏伟壮美的秦岭风景最适合描述心中的爱情。

小赵今年上大三，是火车爱好协会的召集人。他的家就住在广深沿线，趴在阳台上就能看见“像一根发光的火柴那样呼啸而过”的火车。他对火车的迷恋缘于1998年的贵州之行，他第一次在火车上度过了一天两夜的长途之旅。从那时起，他就开始了拍摄火车的生涯。旅途中一切关于火车的细节，诸如座位、茶水间、厨房、人物、路过的站台、一闪而过的风景等都是他关注的对象。为了拍照，他背着行囊，走南闯北，去各个留有火车发展史迹的地方，拍别人不去留意的东西。比如，独自跑进四川的偏僻山村，拍摄古老的窄轨蒸汽火车。这些得意之作登在报刊和他自创的网站上，让小赵体会到跋山涉水后的另一番感悟。

对28岁的小蒋来说，在车厢中和形形色色的乘客交往是一种莫大的乐趣。他喜欢乘坐火车没有目的地旅行，到达一个目的地后，马上就从这一站的发车时刻表上挑选接着要坐的班次，充分体验乘坐火车的乐趣。他的“疯狂”之举是在国庆长假期间，乘了八列火车，三次短途，五次长途。在奔跑的列车上，他不再是平日西装革履、正襟危坐的银行职员，而是随意地与其他人分享节日喜庆的乘客。美中不足的是，节日的火车太过拥挤，没座儿的人到处都是，挤得插不进脚。

［**讨论**］

1. 请分析哪些因素促使这些火车迷形成对火车旅行的积极态度。

2. 如果你是航空公司的营销人员，你会采取哪些措施转变这些火车迷的态度，促使他们接受航空旅行？

思考与练习

1. 什么是旅游态度，其组成成分是什么？
2. 旅游态度的功能是什么？
3. 试分析旅游态度与行为有哪些主要影响因素？
4. 描述费希本的理性行为模型。
5. 导致购买行为与旅游态度不一致的因素有哪些？
6. 描述认知平衡理论的基本思想。
7. 根据霍夫兰德和詹尼斯态度改变的说服模式，分析改变旅游态度的策略。
8. 列举日常生活中的事例，说明人们的旅游态度是如何改变的。

第七章

旅游消费决策

第一节　旅游消费决策概述

一、旅游消费决策过程

许多学者对消费者决策进行了研究。其中,恩格尔(James F. Engel)等学者在1968年提出的消费者的购买决策模型(又称E-K-B模式)成为了消费者行为研究的主流模式。该模型以决策过程为主干,把消费者的行为描述为一种连续的过程(如图7-1所示)。

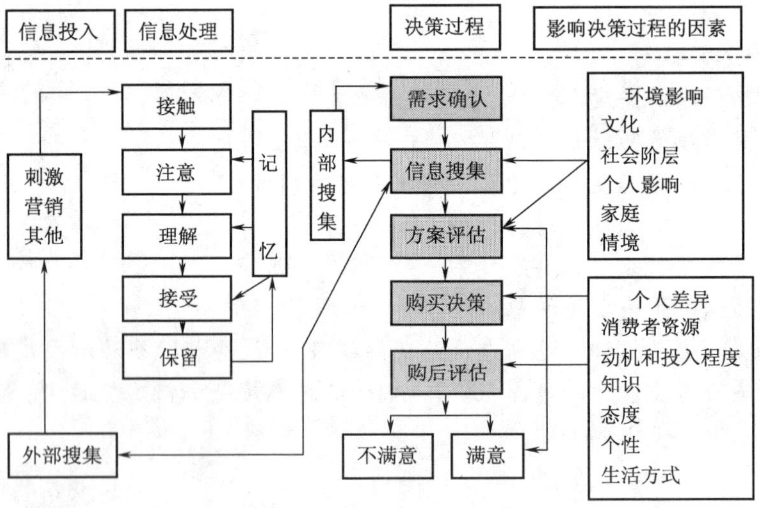

图7-1　消费者的购买决策模型

旅游消费者对旅游地和旅游服务的选择,实质上也是一种消费和购买行为。所谓旅游消费决策,是指个人根据自己的旅游目的,收集和加工有关的旅游信息,提出并选择旅游方案或旅游计划,并最终把选定的旅游方案或旅游计划付诸实施的过程(邱扶东,吴明证 2004)。与其他消费决策相似,旅游消费决策是一个从内在心理活动到外显行为的连续体,包含问题认知——搜集信息,拟订备选方案——形成信念和态度,比较和评估各备选方案——形成选择意向,做出购买决策等一系列相关的阶段。

(一)需要、欲求和问题的确认

旅游消费决策,通常始于需要、欲求和问题的识别。旅游消费者对期望状态与实际状态之间差异的认识,可能是被广告等外界刺激因素唤醒的,也可能是他们自发意识到的。当需要迫切到一定程度时,旅游消费者就会产生动机,寻找解决问题的办法。这个阶段往往比较隐蔽,旅游消费者不会跳出来喊"我有一个问题",他们甚至不把旅游动机或购买需要当成问题来看待。比如,当旅游者在途中需要进餐时,他可能说,"我饿了"或"我们吃饭吧",但他心里想的是,"今晚,我要找一个安静的地方(欲求)吃一顿丰盛的(欲求)晚餐(需要),我们应该去哪里呢(问题)?"这些隐蔽的需要和动机决定着消费者选择旅游产品和服务的倾向。希望与朋友共度时光的消费者,与希望逃避喧嚣生活的消费者所偏爱和选择的旅游目的地和旅游服务显然会有所不同。

(二)搜集信息,拟订备选方案

旅游消费者可能凭借自己的经验来解决问题,也可能通过旅行社、亲朋好友、互联网、新闻报道、广告等渠道收集相关信息,如旅游目的地的景观、气候、风俗、治安状况、宾馆情况、交通、旅游价格和旅行社的服务情况等。在信息处理过程中,旅游消费者总是有目的、有选择地注意、理解、接受和保持他们所接触到的信息。对同一酒店的宣传材料,正在寻找度假地的消费者会特别注意材料中对沙滩、娱乐设施、交通便捷度的描述,而正在筹措公司销售会议的秘书则可能更注意酒店对会议室、宴会设施及健身器材的介绍。他们往往只关注他们感兴趣的东西,在尽量理解这些信息后,做出接受或拒绝这些信息的判断,并把其接受的信息保存在记忆里。这些有选择的感知是消费者对旅游对象和旅游条件形成印象和信念的基础。

(三)评估和比较备选方案

如果可用多种方案解决问题,消费者就必须进行评估和选择。消费者会罗列他所重视的属性,确定各个属性的相对重要性,然后以这些属性为评价标准,衡量各个备选方案在每一个评价标准上的绩效值。如表 7-1 所示,林工程师决定利用周末,带刚参加完高考的女儿放松一下。女儿喜欢生物,所以,林工程师考虑在惠州南昆山生态游与香港海洋公园游两者中选择一条旅游路线。虽然评价标准会因人、因产品、因情境而异,但大多数旅游消费者在选择旅游线路时,都会考虑旅游所花费的时间与金钱,以及旅游带来的价值。林工程师也不例外,工作繁忙的他倾向于"旅速游缓"的旅游模式,即旅行要省时、便捷,游览要从容、尽兴。他在综合衡量这两个目的地在花费、时间安排、教育意义、刺激性等标准上的情况后，形成意向，前往能给自己带来最大效用的目的地。

表 7－1　一个旅游消费者对两条旅游线路的比较与评价

评估标准及其相对重要性 \ 备选的旅游路线	广州——惠州南昆山生态游		广州——香港海洋公园游	
	得分	理由	得分	理由
费用（重要性 30%）	1 分	旅游大巴往返 60 元 + 景点门票 30 元 + 漂流费每次 88 元 + 餐饮 80 元 + 住宿 145 元 = 403 元/人	0 分	穗港直通车往返 380 港元 + 香港地铁往返 40 港元 + 门票 185 港元 + 餐饮 90 港元 = 695 港元/人 ≈ 737 元人民币/人
时间安排（重要性 40%）	1 分	一天半，地面往返占 4 小时，游玩占 12 小时	0 分	一天游，地面往返占 6 小时，游玩占 8 小时
教育意义（重要性 15%）	0 分	让女儿熟悉森林、山泉、飞瀑等自然景观	1 分	让女儿了解千奇百怪的海洋鱼类、珊瑚，还有海狮、海豹、企鹅等动物
刺激性（重要性 15%）	1 分	可参加刺激的漂流活动	1 分	世界最大的海洋公园之一，有惊险刺激的“越矿飞车”和“极速之旅”，将科普、观光、娱乐完美地结合在一起

注：两个方案相比，优胜者得 1 分，次优者得 0 分，两者均等时各得 1 分。

在评估和比较备选方案阶段，旅游消费者所采用的评价标准可以是客观的，如价格、区位、设施条件、企业提供的服务内容等，也可以是主观的，如对旅游企业的印象等。

在比较各个备选方案在这些标准上的表现的基础上，旅游消费者将结合自己的支付能力和时间，从可供选择的方案中做出选择，并初步确定是自己一个人出游，还是全家一起出游或与亲朋好友结伴出游。一般来说，旅游消费者的投入程度越高，这一评估过程就越长、越仔细，消费者也会努力地搜集更多的信息。

（四）将选择意向转变为购买行为

根据理性行为模型，旅游消费者对某一品牌或旅游产品形成购买意向后，将采取实际的购买行为。然而，购买意向与实际购买行动之间往往还有一段时滞，在此期间有三类因素影响旅游消费者的最终购买。

第一类是他人的态度。旅游消费者可能会与家人、朋友或其他社会人士讨论他的购买意向。如果他人的否定态度很强烈，而且该人与旅游消费者关系密切，或该人具有丰富的旅游经验和知识，旅游消费者推迟购买、改变购买意向或终止购买行动的可能性就会相应增加。例如，虽然林工程师倾向选择花费较小、游览时间比较宽松的南昆山之旅，但女儿更想去香港。在女儿的请求下，林工程师可能最终选择了香港之旅。

第二类是感觉中的风险。包括财务风险、心理风险、社交风险等。如果旅游消费者认为风险太高,他们可能推迟购买行为,继续寻找更多的信息或选择声誉良好的大规模旅游企业,或选择曾经光顾过的旅游企业或目的地。

第三类是意外情况。包括:①旅游消费者工作上的变化、身体上的不适、收入上的变化等;②旅游企业新推出的促销措施、替代性的新产品的出现、旅游产品的提价或降价等。比如,林工程师在报纸上看到某知名旅行社的促销广告,对参团到香港海洋公园一日游的学生只收508元人民币,他可能立即就替女儿报名了。具体情境对改变一个人的行为有重大作用。因此,如果旅游企业仅询问消费者的行为意向,而不去测评他们决策的时机和环境,可能会造成很大的误导。

有时,旅游消费者可能只花几分钟,就形成购买意向,并付诸实践,但有时,他们可能要用一年,甚至更长的时间来做决定。在购买行为最终发生前,我们不能断定旅游消费者的购买意向必然转变为购买行为。投入程度高的旅游消费者甚至在支付了订金后,还要设法进一步了解自己的选择是否正确,对已做出的有关决策进行调整。投入程度低的旅游消费者则把决定权交给其他人,如下属、秘书、配偶、航空公司或者旅行代理商等。

(五)购后评价

假设消费者做出了一种选择,并按照这种选择去购买了,那么他们就进入了一个新的感知阶段,即实际购买之后的现实的感知阶段。此时,消费者会不断评估他们的期望是否实现了。如果他身处一家饭店,他可能会注意饭店的装潢、客房服务、酒吧、高尔夫球场等各项饭店曾向他承诺的东西,以判断饭店的承诺是否得到了兑现。如果期望与现实感知不匹配,消费者可能会产生不满,甚至会投诉或向他人做负面的口头宣传。我们将在第八章和第九章探讨旅游消费者对服务质量的感知、满意程度、购后行为意向等问题。

二、旅游购买决策的特点

虽然旅游消费者的购买决策过程与一般消费决策相似,包含了识别需要、搜集信息、评估备选方案、实际购买、购后评价等阶段,但旅游购买决策也有不同于一般商品购买决策的特点。

第一,旅游消费活动的时空范围比较大,至少要在"两点一线",即旅游目的地和旅游客源地之间活动,相应地,一次旅游消费活动要包含一系列决策。旅游消费者不仅要选择目的地和旅行路线,还要决定何时去、如何去、在何处下榻和就餐、到目的地参加哪些活动以及如何分配资金和时间。每一项子决策都可能会牵扯到其他的子决策,如消费者决定乘飞机旅游,意味着他可以在目的地安排更多的旅游活动,但可能也意味着他要压缩住宿开支。包价旅游产品在旅游市场上大行其道的重要原因,正是因为它把许多产品和服务组合起来,节省了消费者依次做出若干项决策所耗费的时间和精力。

第二,旅游消费者的购买行为更容易受感性驱动。消费者购买产品时通常会依据逻辑或事实,判断该产品对他是否有特定的功效。但在旅游消费中,消费者可能更多地运用感性判断。消费者钟情于特定产品和品牌的情况在旅游业中屡见不鲜。其主要原因是,旅游业是情感密集型产业。目前,由机器来提供旅游服务的做法尚不普遍,旅游消费者接受服务的过程通常就是与旅游企业员工交往的过程。在人与人的交往中产生的情感影响着消费者未来的购买行为。有时,一个员工就能决定一名消费者是否再次购买企业的服务。旅游消费者往往选用与他们个人形象相符的旅游服务。他们乘坐飞机头等舱,住香格里拉大酒店,因为这与他们身为成功人士的形象相符。他们购买这些服务时,综合考虑了理性因素(更多积分和赠品)和感性因素(身份和地位)。

第三,由于旅游产品不可触摸,不可事先体验,因此旅游消费者在购前难以准确地评价和选择旅游产品(图 7－2)。旅游消费者通常不确定他们的决策是否正确,在购买决策的第二、第三和第四个阶段徘徊,并容易出现购后认知失调。购买行为越重要,花费的金钱越多,旅游消费者在消费过程中的心理活动水平越高,越可能发现最终购买的旅游服务缺乏他所放弃的其他服务的优点,产生失调感。如果林工程师和女儿参加了售价为 508 元的海洋公园"包价旅游",结果发现这个旅游团不像其他旅游团那样提供早餐和午餐,而他们又不能像购买其他商品那样要求退货,只好另掏腰包在麦当劳吃汉堡。此时,林工程师受到的就不仅是物质上的损失,还会在精神和情感上受到负面影响。这一糟糕的体验甚至影响他们欣赏海洋公园的心情。

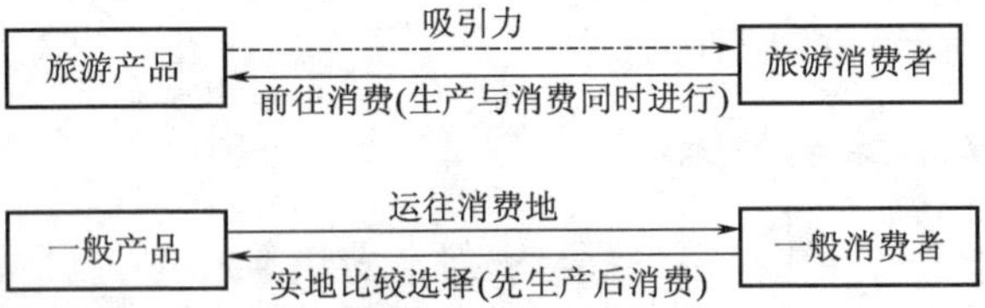

图 7－2 旅游产品与一般产品消费比较

第四,不同旅游消费者评估旅游产品的标准有很大差别,同一旅游产品对不同旅游者的效用差别往往大于一般商品对不同消费者的效用差别。比如,商务旅游者希望饭店能在客房提供复印和上网服务,在大堂公示航班抵离信息,而休闲旅游者却不重视这些服务,也不愿为之付费。同样是商务旅游者,女性比男性旅游者更关注客房门锁是否安全,是否配备化妆镜、吹风机、熨斗和熨衣板,是否提供行李搬运服务。

美国学者安东尼(R. F. Antoni)认为,旅游决策的主观核心要素正是旅游者因人而异的个体价值观。个体价值观决定了旅游者评判旅游产品/旅游目的地的价值尺度和旅游者期望获得的目标效用。旅游者在个体价值观和目标效用的引导下,处理各个备选旅游产品/旅游目的地的信息,做出最终决策。旅游者把心理预期与实地旅游的感知进行比较评价后,会反馈修正今后旅游的目标效用(Antoni 2000)。

三、旅游购买决策的类型

(一)个体旅游消费者决策和组织旅游消费者决策

"消费者"一词常用于描述两类消费实体。一类是为了满足自己的需要而选购产品或服务的个体消费者(personal consumer),又称为最终消费者;另一类是组织消费者(organization consumer),包括各类企业、政府、学院、医院、军队等营利和非营利机构。

个体消费者的旅游决策主要由旅游者本人做出,或在家庭成员、旅伴之间协商做出,比如一家人对春节期间外出旅游的决策。在这类决策中,只要经济、时间和交通条件许可,旅游者可以根据自己的需要和能力,选择任何旅游目的地。相比较而言,在组织消费者的旅游决策中,旅游者的参与度很低,或旅游者对旅游目的地的选择余地很小。比如,各类组织对会议旅游、商务旅游、团体福利旅游的决策。由于涉及的人数比较多,而且旅游活动受组织运营目的的限制,这类决策比较复杂,需要侧重考虑成本、服务设施、活动过程中的场所转换等客观因素,甚至涉及招标。

(二)扩展型、有限型和名义型决策

根据旅游消费者在购买决策中投入程度的不同,决策可分为三种类型:

1. 扩展型决策

扩展型决策(extended decision making),是一种较为复杂的购买决策。旅游消费者花费几天、几个星期甚至几个月的时间,广泛搜集内部和外部信息,寻找可供选择的备选方案,形成明确的评估标准。在全面深入地评价和比较各个备选方案的优劣后,旅游消费者形成自己的态度和购买意向,进而实施购买行为,并完成对相关的衣食住行等方面的辅助决策。

如果旅游消费者打算开展蜜月旅游、欧洲度假游、首次航海游等花费高、距离远、意义大的旅游,但对相关的旅游产品和服务不熟悉,尚未建立起相应的评价标准,也未将选择范围限定在少数几个备选方案之内,而他又有较多时间斟酌,那么,他通常会进行扩展型决策。在扩展型决策中,尽管旅游消费者审慎地解决了决策过程中各阶段的问题,他仍可能对最终购买有疑虑,甚至会延迟或重新评估其购买决策。旅游消费者可能还要求助于旅游代理商、旅游专家、政府旅游管理部门,或

采取共同决策的方式来确保决策的正确性。

2. 有限型决策

有限型决策(limited decision making),是指消费者对某一产品领域或该领域的品牌有一定了解,或者对产品和品牌的选择已形成基本的评价标准,但尚未形成对特定品牌的偏好,因此还需要进一步搜集信息,以便做出较为满意的选择。例如,在高级餐馆就餐通常属于有限型决策。对于无力频繁光顾高级餐馆的顾客来说,虽然他们知道自己喜欢什么样的食物、服务和就餐环境,但他们对餐厅菜式、酒和饮料没有特殊的偏好或购买习惯,所以,他们需要根据对其他顾客的观察或根据服务员的推荐来点菜。

与扩展型决策相似,旅游消费者在有限型决策中也要经历购买决策过程的五个阶段,只不过在某些阶段所花费时间和精力较少。与扩展型决策不同的是,旅游消费者在有限型决策中以内部信息搜集为主,外部信息搜集为辅,进入备选范围的产品不多,而且通常只对产品的某个或少数几个方面进行评价。除非在消费过程中出现问题或购后服务不尽如人意,否则,消费者在事后很少对产品的购买与使用进行评价。

采用有限型决策的旅游消费者通常认为备选品之间的差异不是很大,而他又没有时间和资源广泛搜集信息,因而简化决策过程,大幅减少信息来源、评估准则或备选方案。常见的有限型决策包括旅游消费者某种情绪影响下做出的购买决策、追求低价位的购买决策、追求多样化的购买决策。例如,一位对广州非常熟悉的商务旅客时常搜集饭店信息,每次到广州出差都设法预订不同的四星级饭店。这种变换饭店的决策,并非出于对以前入住饭店的不满,而是出于对多样化的追求。旅游消费者长期使用某企业的服务,可能会产生厌倦感,从而在求新、求变动机的驱使下转换品牌。对此,企业不仅要一如既往地履行对顾客的责任,还要为顾客提供符合其特殊需要的优质服务,才有可能把爱跳槽的旅游消费者转变为偏爱本企业的顾客。

3. 名义型决策

名义型决策(nominal decision making),又称惯例决策,是指旅游消费者根据其头脑中已形成的观念、知识和经验,几乎不假思索地选择某个旅游目的地或购买某种旅游产品和服务。比如,一些西方旅游者年复一年地到某个海滨旅游地度假,他们的决策就属于名义型决策。

在名义型决策中,旅游消费者的投入程度较低,通常跳过决策过程中的某个阶段想当然地做出决策,并较少考虑购买风险。其原因是,他们认为所购的旅游产品并不昂贵,而且自己懂得如何评价备选方案,对这些产品的情况了如指掌。比如,旅游消费者在选择快餐店的汉堡包时,无需征求其他人意见就能迅速决策。旅游者对麦当劳、汉堡王、肯德基这几家店的汉堡有充分的了解,而且不管在哪个城市,同一家连锁店的汉堡都是一样的。如果没有意外,他们购买的产品就能产生他们所期待的效用。在这种情况下,他们甚少评估消费过程和消费结果。只有当被选产品达不到预期效果时,才进行购后评价。

名义型购买决策,可进一步分为忠诚型购买决策和习惯型购买决策。忠诚型购买决策是指消费者认定某一品牌能比其他竞争品牌更好地满足其需要,从而对该品牌形成情感依赖,长期反复选用该品牌。比如,某旅游消费者在一次出游中精心挑选旅行社,在选定"南湖国旅·西部假期"后,觉得线路设计合理,价格公道,服务周到。在此后的旅游中,该旅游者可能会不假思索地一再选择这家旅行社。由于他对该品牌形成了偏好和忠诚,其他旅行社很难赢得他的青睐。习惯型决策和忠诚型决策的外在表现形式一致,即较长期重复选择某一品牌的旅游服务。但是,在习惯型决策中,消费者重复选择某家旅行社/饭店/餐馆并不意味着他喜欢这一旅游企业,而可能是因为购买这家企业的服务比较方便,或认为不同服务品牌之间没有实质性差异。如果遇到竞争企业降价或采用强有力的促销手段,消费者可能无须做太多的斟酌和思考就改购其他竞争企业的服务。

消费者形成品牌忠诚和习惯性重复购买的原因主要是减少购买风险,简化决策程序,尤其是减少信息搜集方面的工作量。虽然习惯性重复购买在日常生活中很常见,但以名义型决策购买旅游产品的消费者为数不多。喜欢求新求异,追求完美体验的旅游消费者更常采用有限型决策和扩展型决策。

4. 三种购买决策类型的比较

上述三种类型的购买决策主要有以下几个方面的区别(如表 7-2 所示):

表 7-2 旅游购买决策类型及其区别

购买决策类型 区别	扩展型决策	有限型决策	名义型决策
搜集信息	大范围寻找	在有限范围内寻找	几乎不寻找
寻找可能的选择	是	是	否
形成明确的评估标准	是	否	否
将评估标准整合为决策原则	是	否	否
运用决策原则做出决策	是	是	否
消费者投入程度	高	中等	低
消费者感觉中的风险	高	中等	低
对所购产品的经验和知识	少	中等	多
购买频率	不常购买	偶尔购买	经常购买
花费的时间与认知来源	多	中等	少

一是在购买决策所经历的阶段以及各阶段旅游消费者的投入程度上的差别。

旅游消费者在名义型决策中的投入程度最低,在扩展型决策中投入程度最高,在有限型决策中的投入程度介于前两者之间。

二是旅游消费者重复选择同一产品或目的地的概率不同。一般而言,越是简单的名义型决策,旅游消费者重复选择同一产品或目的地的可能性越大;在复杂的购买决策中,旅游消费者再次购买同一产品或重游目的地的可能性相应较小。

三是旅游消费者的信息搜集时间和范围存在差异。旅游消费者在名义型决策中很少搜集信息,靠经验解决问题。如果要购买新型的旅游产品或到陌生地方旅游,消费者的信息搜集行为会逐渐增加。在扩展型决策中,旅游消费者会花时间进行广泛的信息搜集。

除了以上三种购买决策外,还有一种购买决策未列入上述讨论范围,即冲动性购买决策,指旅游消费者一时兴起,或因受到某种刺激所引起的瞬间冲动,而做出的无计划性购买决策。这种决策的特点是:①突发性强,且带有急切行动的欲望;②心理暂时处于失控状态;③以主观情绪为主导,几乎没有进行过客观的评估;④不顾后果。当旅游消费者受旅游企业促销的诱惑时,可能会做出这类决策。

四、旅游消费决策的影响因素

影响旅游消费者最终购买决策的因素非常多,包括价格、促销、服务质量、个人偏好、购买环境、企业的知名度等。梅奥和贾维斯将这些因素分为两大类:个人的心理因素和社会因素(1981)。我国学者邱扶东和吴明证根据对上海市民的研究,将影响旅游消费决策的因素分为六大类(2004):

第一类,旅游服务因素。人们在旅游决策中考虑的服务因素包括:①旅游信息是否真实可靠且具权威性;②如果参加旅游团,能否获得令人满意的旅行社接待服务;③在旅游活动过程中,能否获得令人满意的餐饮、住宿、旅游投诉处理和医疗保健服务;④目的地的旅游业管理水平、各种旅游设施的完备程度、旅游从业人员的服务水平,以及旅游目的地的社会治安状况。

第二类,社会支持因素。主要指社会舆论、大众传媒和旅游者的工作单位对旅游的提倡和支持,以及全社会的旅游风气。社会支持因素构成了旅游消费者所处的大环境。在支持性的社会环境中,旅游将成为人们生活方式的重要组成部分。

第三类,个人心理因素。包括旅游消费者对某些旅游产品和服务的偏好、过去的旅游经验、所掌握的旅游知识、决策时的心情等。人的行为是他们的个人特征与环境相互作用的产物。个人心理因素会影响人们如何认识和评价旅游环境,以及持有什么样的决策标准,从而影响他们最终的旅游决策。

第四类,群体支持因素。包括家人和亲朋好友对旅游消费者旅游选择的支持程度、亲朋好友的旅游活动以及当时社会上流行的旅游时尚。个人的心理和行为既受所属群体的影响,又受参照群体的影响,因此,时尚、家人、亲朋好友等都会影响个人的旅游决策。在很多旅游决策中,参照群体比消费者所属的群体拥有更大的影响力。

第五类,社会经济因素。主要包括旅游消费者在日常生活中的压力,以及是否拥有旅游的闲暇时间和金钱。无论在什么年代,时间和金钱永远是旅游决策的重要约束条件,而日常生活压力则是旅游的重要驱动因素。现代旅游消费者要在这两方面做出权衡,才能做出旅游决策。

第六类,其他因素。诸如旅游广告的宣传介绍、旅游目的地距离的远近等。

许多学者热衷探讨促使旅游消费者购买的因素,而较少学者研究人们为何在旅游决策中抑制自己的旅游需要。这也许是因为很难收集到非旅游消费者群体的数据,或者是因为他们认为非旅游消费者是一个缺乏吸引力的群体。但是,非旅游消费者群体往往意味着重要的市场机会,通过深入探讨旅游障碍因素,有助于把潜在的旅游消费者转化为实际的旅游消费者。皮尔斯对人们不旅游的原因进行了分析,他发现,金钱、时间、个人健康、家庭或工作束缚、恋家情绪是促使人们做出否定性旅游决策的因素(1987)。1989 年,杨宏志对台北县的 459 名市民进行了一项调查,结果发现:①性别与旅游障碍密切相关。女性比男性更担心游憩中的安全,更容易产生旅途遥远的感觉,更容易被生理因素所困扰。②年龄与旅游障碍密切相关。③教育程度低的人更倾向于不参加旅游休闲活动。④非学生被访者在旅游决策中会较多地考虑到家庭职责的限制。⑤没有汽车的被访者认为交通问题是一个重要的旅游障碍,他们会因预期沿途交通拥挤、旅行距离太远等问题而放弃旅游休闲。⑥较少从事休闲活动的人有较强的旅游障碍,他们会更多地担心无法安排旅游全部行程、吃住不方便、不知道好不好玩等问题。

第二节 旅游者对旅游目的地的选择

旅游目的地,是指能够对一定规模的旅游者形成旅游吸引力,并能满足其特定旅游目的的各种旅游设施和服务体系的空间集合(王晨光 2005)。在旅游消费者要解决的众多问题中,目的地的选择最为关键,因为旅游目的地一经选定,旅游活动项目、旅游逗留的时间、旅游花费也可以随之确定下来。理解旅游消费者如何选择目的地,对认识旅游决策规律及制定目的地营销战略具有重要的现实意义。

一、机会组合模型

(一)感知机会组合、可达机会组合与现实机会组合

假如我们将每个旅游目的地视为一种备选机会,所有客观存在的旅游目的地便构成了全部备选机会组合。在全部旅游目的地中,只有旅游者意识到的旅游目的地(感知机会组合)和旅游者经济承受能力范围内的旅游目的地(可达机会组合)

才能进入旅游决策,成为真正备选的旅游目的地(现实机会组合)。如图 7-5 所示,可达机会组合与感知机会组合的重叠部分,构成了真正可供旅游者选择的现实机会组合。现实机会组合的大小因人而异。在经济收入一定的情况下,如果旅游者愿意牺牲其他方面的享受,把更多的时间和金钱投入旅游,那么可达机会组合就会有所扩张。假如他期望得到更大的旅游满足,愿意花更多的时间、精力进行信息搜集,感知机会组合就会有所增加。相应地,现实机会组合的范围会随之扩大。

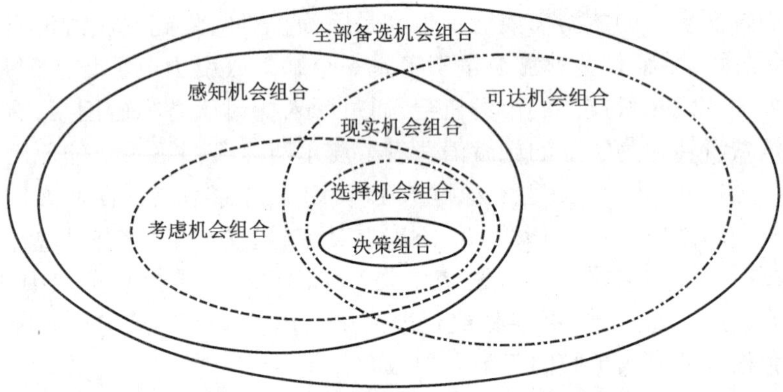

图 7-3 旅游度假者的机会组合模型

注:本图改编自谢彦君,谷明. 旅游者度假选择行为分析. 桂林旅专学报. 1998,9(3):12。

我国学者王家骏曾于 1987 年和 1993 年对无锡市民的旅游意向作过两次抽样调查。为了控制目的地名声这一无关变量,王家骏有意避开了北京、桂林、黄山等名声极大的旅游目的地,让调查对象在一些名声稍次或新近开发的国家级重点风景名胜区和历史文化名城中做出选择。结果发现,旅游者的可达机会组合随出游距离增加而急速衰减(如图 7-4 所示)。在当时的生活水平下,30% 的被调查者认为有能力进行近距离(直线距离 400 公里范围内)自费旅游,不足 10% 的人认为可以尝试中远距离(直线距离 800 公里以上)自费旅游,但极少人认为有能力承担去敦煌等过远地区的自费旅游。此外,王家骏还发现无锡市民对旅游目的地的感知机会与历史积淀的人文因素关系密切。被调查者在填写旅游目的地的主要吸引物时,对一些感知机会大的旅游目的地,大部分被调查者写道:绍兴(鲁迅故居)、嵩山(少林寺)、敦煌(壁画)、岳阳(岳阳楼)、普陀山(佛教圣地)、承德(避暑山庄)、大理(少数民族风情)。对当时新开发的九寨沟、千岛湖等景区,尽管大众传媒、书报杂志对其报道不遗余力,但较少市民把它们纳入意识域。这表明当时大众传媒和书报杂志尚未成为人们获取旅游信息的主要渠道,目的地要广为人知,需要经历一定的时间。

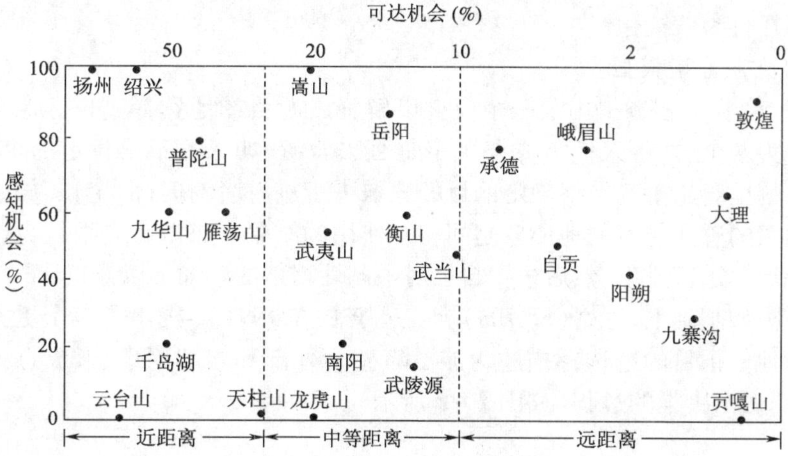

图7-4 无锡市民对一些旅游目的地的感知机会与可达机会

资料来源:王家骏. 旅游决策行为研究:旅游者对旅游目的地的选择. 无锡教育学院学报(社会科学版),1994(3):42。

(二)考虑机会组合、选择机会组合与决策机会组合

现实机会组合包含着较多的备选旅游目的地。旅游消费者要从中筛选出一部分进行选择,然后在选择机会组合内选定旅游目的地。在筛选过程中,有三个因素起着至关重要的过滤作用。

一是旅游期望,即旅游消费者期望通过这次旅游获得什么样的旅游经历,为实现这一旅游期望,旅游目的地应具有哪些属性。在这些属性上令人满意的、适宜的旅游目的地构成了旅游消费者的考虑机会组合。

二是旅游偏好,体现为旅游消费者最重视的属性。在考虑机会组合中,符合旅游消费者偏好的目的地构成了旅游消费者的选择机会组合。

三是旅游目的地感知形象的比较评价。旅游消费者综合各个旅游目的地的信息,在头脑中形成一幅幅旅游目的地形象图。消费者通过比较他们对各旅游目的地的感知形象,先从现实机会组合中选出考虑机会组合,再从考虑机会组合中选出若干偏好的旅游目的地,最后在偏好的旅游目的地中决定实际出游的旅游目的地,即决策机会组合。这个过程实际上是对旅游者的旅游期望、旅游偏好与旅游目的地感知形象三者之间的差异性与同一性进行反复评判的过程。差异性越大,选中的可能性越小;同一性越大,则选中的几率越大。

二、行为模型

迄今为止,旅游目的地决策研究的主流方法是把旅游者的决策制定视为一个

连续的、分阶段的过程，以问题识别、信息搜集、评估与决定为线索，将旅游者对目的地的选择行为系统化。

(一)克朗普顿模型

1977年，克朗普顿提出了一个模型以解释旅游目的地选择过程。他将旅游者的选择分为两个阶段：人们首先要决定是否去旅游，如果答案是肯定的，接下来便要决定去哪里。旅游者最终确定的目的地取决于旅游者对时间、金钱、旅游经验等限制性因素的感知与目的地形象之间相互作用的结果。旅游者先根据自己的偏好对目的地形象进行排序，然后根据自己对限制性因素的感知加以修正。

在该模型基础上，厄姆(S. Um)和克朗普顿在1991年提出了一个更完善的概念模型。他们把目的地选择描述为旅游者整合外部和内部因素，形成意识域及激活域，进而做出决策的过程(如图7－5所示)。

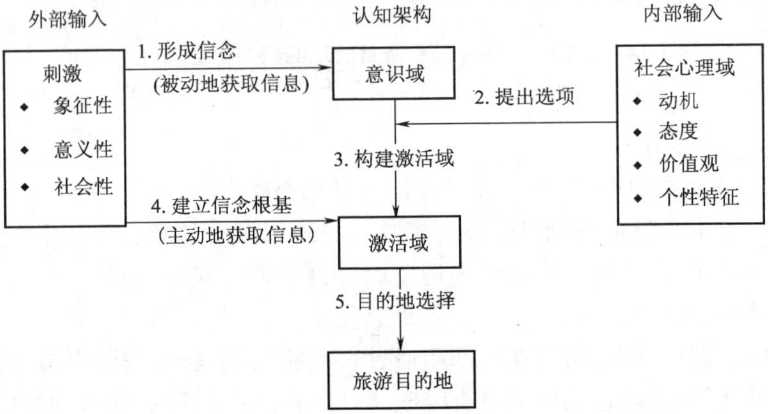

图7－5 休闲旅游目的地的选择过程模型(S. Um and Crompton)

模型中的外部输入因素是指来自社会和市场环境两方面的刺激，包括意义性(目的地属性)、象征性(市场促销方面的信息)和社会性刺激。外部输入因素可以反映一个潜在旅游者所处社会交往和营销沟通环境。内部输入因素来源于潜在旅游者的社会心理特征，包括个性特征、动机、价值观和态度。认知架构描述了旅游消费者将外部输入和内部输入整合成目的地意识域和激活域的过程。这个过程包括五个阶段：①旅游消费者通过被动获得的信息或偶然的学习，形成对目的地属性的看法；②旅游消费者在做出一般的度假决定之后，结合环境约束性因素，开始对目的地的选择；③从目的地的意识域中提炼出目的地的激活域；④通过主动的信息搜集，形成对激活域目的地属性的信念和看法；⑤从激活域中挑选出一个特定的目的地。

根据厄姆和克朗普顿的观点，在旅游者对目的地产生初始印象到形成意识域的过程中，旅游者主要依据目的地属性方面的尺度标准来认识备选目的地的形象。

在旅游者主动搜集信息，形成激活域，并在激活域中选出最终旅游目的地的过程中，旅游者评估各个备选目的地的尺度标准则主要集中在其感知的限制性因素方面。因此，在目的地选择过程中，限制性因素与目的地形象吸引力之间的相互作用起着关键作用。

（二）伍德赛德模型

1989年，伍德赛德（A. G. Woodside）和莱松斯基（S. Lysonski）结合心理学、市场营销学和旅游学的研究成果，提出了另一个关于旅游目的地选择的综合模型（如图7－6所示）。

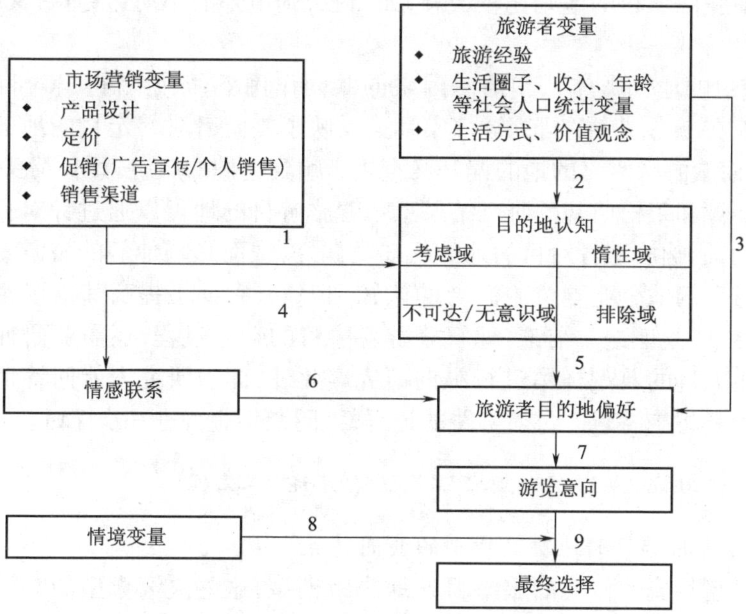

图7－6 旅游者对目的地的意识和选择模型（Woodside and Lysonski）

该模型与克朗普顿的模型有许多共通之处。伍德赛德和莱松斯基把市场营销的4P组合（产品设计、定价、促销、销售渠道）视为外部输入因素，把旅游者的旅游经验、生活方式、价值观、社会人口统计变量等视为内部输入因素。在分析旅游者如何在意识到的目的地中做出选择时，伍德赛德和莱松斯基把旅游者对目的地的感知过程视为一个心理分类过程，即把目的地归入考虑域（即激活域，能自然而然地激起旅游欲望的目的地）、排除域（旅游者拒绝前往的目的地）、惰性域（旅游者未积极考虑的目的地）、无知觉域/意识域。除了认知因素外，伍德赛德和莱松斯基认为旅游者与特定目的地相关联的特殊情感、目的地偏好、在特定时间游览特定目的地的意向、所处的情境也是影响目的地决策的重要因素。

伍德赛德和莱松斯基以学生样本进行了一项研究，以检验这一概念模型中各变量之间的关系。他们的研究结果基本上支持上述假设：

(1)营销组合变量和旅游者变量共同决定了旅游者对目的地的意识域和对目的地的分类组织过程(箭头1和箭头2)。旅游企业的营销和旅游者以往的旅游经历提高了目的地进入旅游者考虑域的可能性。一个有趣的现象是旅游消费者的考虑域范畴通常较小，平均只有三到五个目的地。

(2)旅游者与特定目的地的情感联系可能是正面的，也可能是负面的。旅游者对激活域目的地通常充满向往之情，如"西班牙的夜生活精彩绝伦，沙滩美妙迷人"；对惰性域目的地的情感很平淡，既无好感也无厌恶之情，如"在奥地利没什么好玩的"；对排除域目的地则比较厌恶，如"讨厌到市郊的小河边钓鱼，又晒又热，蚊子又多"(箭头4)。

(3)在目的地分类体系和情感因素的共同作用下，旅游者得出对目的地的排序。目的地在考虑域中的排列顺序实际上反映了旅游者对特定目的地的偏好程度(箭头5)，而旅游者对目的地的偏好又直接影响到他们的旅游意向(箭头7)。

伍德赛德和莱松斯基的研究结果意味着旅游目的地可以通过针对目标游客开展营销活动，影响旅游者对目的地的认知及偏好，进而影响他们的旅游意向和出游决策。旅游目的地企业测量旅游者的认知和偏好，有助于提高其市场营销计划的效果。诚然，要验证这一结论，理解旅游者决策的动态过程，还需要研究人员采用大量非学生人群的典型样本进行纵向研究。此外，此项研究未能回答情境变量如何影响旅游者将旅游意向付诸实践的过程，该问题仍有待进一步探讨。

三、对传统旅游目的地决策模型的评论和发展

(一)传统旅游目的地决策模型的共同特点

上述模型均属于传统的旅游目的地决策模型，这些决策模型的共同特点包括以下三个方面：

(1)假定旅游消费者是理性的决策制定者，其决策行为是按一定程序进行的。

(2)模型的核心概念是意识域(或称选择域)。决策过程就是旅游消费者遵照个人效用最大化或满意度最大化准则，将可选择目的地的范围不断缩小的过程。旅游者从初步确定的意识域中排除部分目的地，形成激活域，并从激活域中选出最终的目的地组合。有学者将这一过程形象地比喻为"漏斗过程"。

(3)传统的旅游目的地决策模型从两个方面着手，解释旅游消费者如何缩小所考虑的目的地的范围，做出最后决定。一是旅游促进因素。旅游消费者偏爱的目的地属性是产生旅游效用的输入条件。他们对备选目的地在这些属性上的感知评价以及对特定属性的重视程度决定了目的地的吸引力。旅游消费者以自己的方式整合对各个属性的评价，由此确定自己对备选目的地的偏好程度。例如，目的地D

的吸引力 = $\sum_{a=1}^{n}$ ($I_a \times P_{ad}$),其中 a 为目的地属性($a = 1 \cdots\cdots n$),I_a 为属性 a 的重要性,P_{ad}为旅游者对目的地 d 在属性 a 方面的性能评价。二是限制性条件因素,如旅行距离、可支配时间、有限的资金以及个人资源和能力等。克鲁普(E. E. Krumpe)和麦克劳林(W. J. McLaughlin)把目的地选择过程解释为由限制条件驱动的“条件性和序列性排除过程”。旅游消费者根据其对限制性条件状况的感知和限制性条件的数量,对目的地进行正面和负面的评价、排序和筛选,然后再对剩下的选项进行排序和筛选,使备选项递减,最后,限制条件最少的备选项就被确定为出游的目的地。

(二)对传统模型的评论及发展

传统的目的地决策模型较好地解释了旅游消费者如何从众多的目的地中做出选择。然而,旅游目的地决策的过程是否是一个程序化的多阶段过程? 20 世纪 90 年代后,一些欧美学者陆续指出传统目的地决策模型的缺陷。如果消费者旅游经验较少,或者消费者没有明确地认识到自己的问题,或者消费者在决策中受到强烈的情绪影响,那么,消费者的决策行为与传统目的地决策模型的描述往往是不一致的,而这些情况在旅游消费活动中并不罕见。伍德赛德和麦克唐纳(R. MacDonald)进一步指出,传统目的地决策模型无法解释结伴旅游时同伴之间决策和行为的互动关系,也没有能够把握住旅游同伴对目的地环境的体验(Woodside and MacDonald 1994)。

研究人员认为,不仅要注重对旅游消费者心理变量的分析,还要关注旅游消费者怎样形成认知、情感判断、意图、实践和购后评价,才能真正把握旅游消费者的体验,更好地解释旅游消费者在特定情境下的决策。

伍德赛德和麦克唐纳在这方面作了一些探索。他们在传统模型的基础上提出了一个总体框架,以描述休闲观光旅游者的决策(图 7-7)。与传统模型相比,该模型加入了情境和体验因素,并按食、宿、行、购、游、娱等内容把旅游者的选择域细分为八个子选择域。这些子选择域与旅游信息的获取和处理相关。伍德赛德和麦克唐纳采用双向箭头表示选择域与信息的获取和处理之间不是简单的因果关系,两者孰先孰后要视具体的旅游者而定。现实生活中的旅游消费者是有限理性的决策者,其决策过程会受到个人认知能力局限性和所获信息片面性的影响。他们可能要在决策过程中重新搜集信息,以确认自己列入选择域的备选项是令人满意的。伍德赛德和麦克唐纳假定旅游者的初始旅游选择被激活后,会随着决策过程的发展,逐渐演变为相关的具体旅游选择。伍德赛德和麦克唐纳提出的分析框架更贴近旅游决策的实际情况,有助于我们从总体上把握旅游消费者怎样决策、旅游同伴之间如何互动、在度假旅游中相互关联的活动与事件,以及由这事件而导致的其他活动与事件。

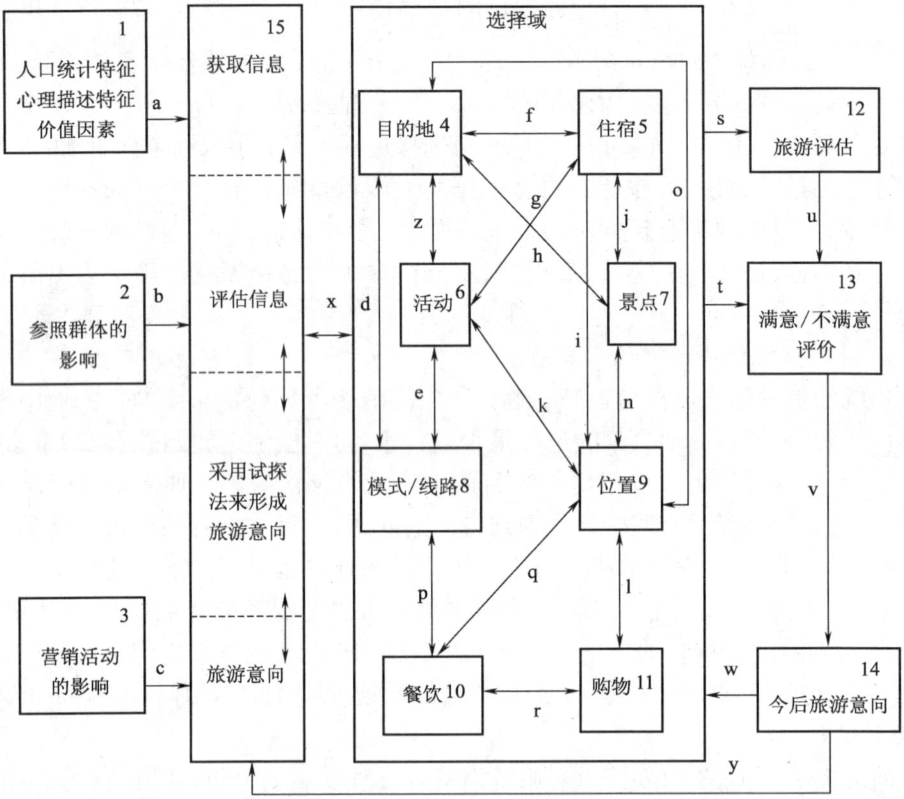

图 7－7　旅游者消费决策的系统框架（Woodside and MacDonald，1994）

四、“手段—目的”理论

了解旅游者对旅游目的地的评价有助于旅游接待部门分析目的地属性对旅游者决策的影响程度，针对旅游者的需要完善旅游目的地形象，提高旅游目的地的吸引力。然而，要搞清楚哪些是旅游消费者所重视的目的地属性以及为什么重视这些属性并非易事。近年来，许多研究人员主张用“手段—目的”理论，分析目的地决策影响因素。“手段—目的”理论把影响目的地选择的各种因素视为一个连续体，该连续体的一端是目的地具体、有形的属性，即“手段”，另一端则是抽象、无形的属性（“目的”），如利益、动机或旅游者期望满足的个人价值观念等。“手段—目的”理论所关注的是旅游目的地（旅游产品或服务）相对具体的属性与这些属性带给旅游消费者的较为抽象的消费结果，以及由这些结果强化的更为抽象的个人价值观念三者之间的认知联系。

图 7－8 描述的是旅游者在滑雪目的地选择中的“手段—目的”结构图。从图

中，我们可以看出旅游目的地属性、消费结果、旅游消费者的个人价值观念这三个层次的概念之间的关系。旅游目的地属性是一个比较具体的概念，它代表了旅游目的地的物理属性和可视特性，如一个滑雪目的地拥有的专业滑道数量。消费结果的含义较为抽象，它反映了与特定属性相关的感知效用(或成本)，如专业滑道可能带来“挑战性的感觉”之类的结果。个人价值观念这一概念更为抽象，它是指消费者通过购买和消费行为所追求的核心的、持久的信仰或终极状态。比如，滑雪时“挑战性的感觉”会给人带来一种“成就”或“兴奋”的体验。在目的地选择过程中，旅游消费者设法获得期望的消费结果或回避不期望发生的结果，他们对特定目的地消费结果的判断取决于与这些结果相关的个人价值观念。

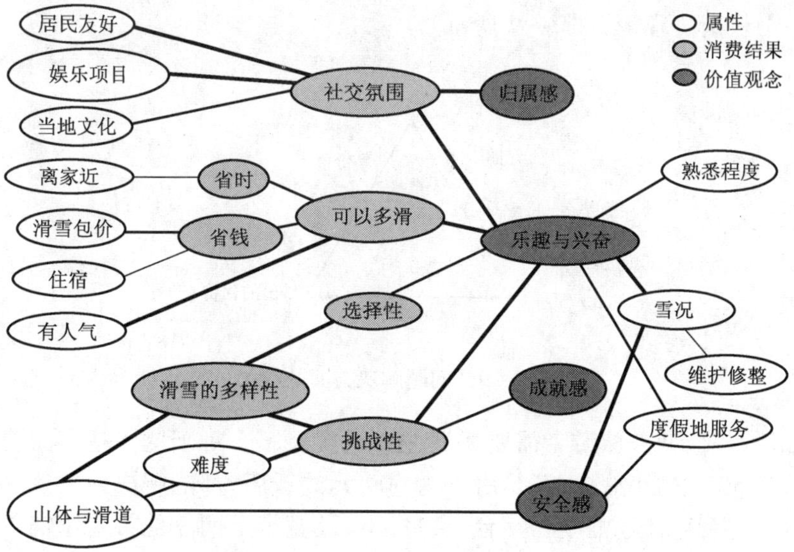

图7－8 滑雪目的地选择中所感知到的“手段—目的”关系图

资料来源：Klenosky, David B et al. Understanding the factors influencing ski destination choice: a mean－end analytic approach. In: Pizam and Mansfeld, ed. Consumer behavior in tourism. NY: The Haworth Hospitality Press, 1999. 70.

从具体属性到消费结果，再到个人价值观念，这条联结关系称为“手段—目的”链。研究人员通过一系列深入访谈，引导旅游消费者表述对特定目的地属性、消费结果与个人内心所追求的消费价值之间的关联关系，然后描绘反映这一关系的价值层次图，以揭示特定目的地的关键属性。在“手段—目的”关系图中，圆圈的大小反映提及某一概念的被调查者的人数，概念之间的关系强度则通过连接相应概念的线条的粗细来表示。这样不仅可以帮助旅游接待部门了解旅游消费者关注目的地的哪些属性以及这些属性的重要程度，还可以帮助旅游接待部门理解在旅游消费者心中某种属性为什么重要，以及这些属性如何把消费者吸引到目的地来。这一方法也可以用于旅游服务性企业的服务属性分析。

第三节　旅游者对旅游服务的购买决策

一、问题解决方案的权衡

除了确定旅游目的地外，旅游决策还包含一系列购买食、住、行等旅游产品和服务的子决策。产生这些购买行为的前提是旅游消费者意识到自己需要解决特定的问题，并相信旅游企业能帮助他们解决面临的问题。在意欲购买时，旅游消费者要经历一个权衡过程（如图 7－9 所示）。

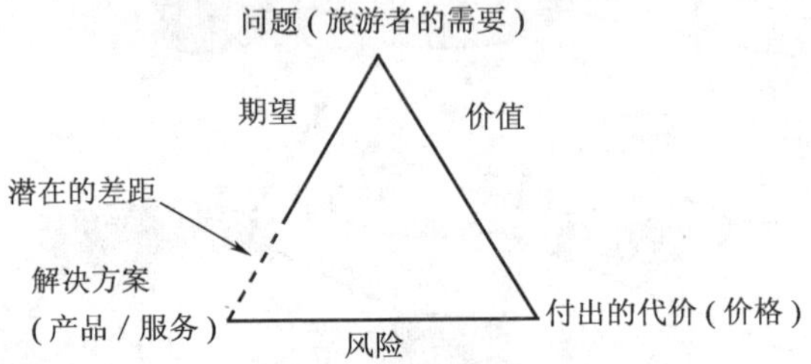

图 7－9　问题解决方案的权衡

比如说，一位商务旅游者需要睡觉、洗澡、换衣服。对于这些基本需要，无论他选择房价为 30 元的小旅馆，还是房价为 600 元的饭店，都能解决他的问题。但是，这位商务旅游者可能还需要写字台、台灯、电话、宽带上网。他希望床铺舒适、房间安静、窗景美丽。他希望获得准时的叫醒服务，并能在房间吃早餐。他希望前台能记录他的预订信息，以免在入住时遇到麻烦。他还希望在整个消费过程中受到尊重。他不想排队，不想早餐姗姗来迟，不想电话响了 10 声才听到服务员的声音，也不希望听到客房服务员在走廊里大声聊天。为了满足这些特定的需要，他就必须寻找解决方案，放弃某些东西或做出某种牺牲。比如，牺牲 600 元人民币，换取良好的睡眠休息和办公环境。

旅游消费者对某种产品和服务的选择，附带着对有关性能的一组期望值。然而，由于旅游产品和服务具有较强的体验属性，旅游消费者很难在购前准确评价旅游产品和服务是否达到了其期望，而必须承担一定的绩效风险、财务风险、人身风险、社交风险等。如果消费者认为购买特定旅游服务能达到其期望，而且付出的代价与将获得的价值相符，消费者就会觉得冒这些风险是值得的。如果所选的解决方案不一定能达到消费者的期望，这种潜在的差距（体现为图 7－9 左边的虚线）就会增加消费者感觉中的购买风险,促使他推迟购买或另择解决方案。

一般来说,旅游消费者要解决的问题越多,他们对解决方案的期望就越高,愿意付出的代价越大,存在潜在差距的可能性也越大,承担的购买风险越大。因此,随着购买对象花费的增加,旅游消费者的决策过程也变得更为复杂。

总体而言,旅游消费者重视的是解决方案的消费价值,即他们获得的利益与他们支付的总费用(包括消费者支付的价格与他们为了消费服务而发生的其他费用)之比,并尽量降低风险。在决策过程中,他们既是冒险者,又是理性的数学家。旅游企业应该以消费者愿意接受并能支付的价格,在他们需要的时间和地点,为消费者提供他们需要的产品或服务,以便创造和留住顾客。为此,旅游企业必须识别出消费者在生理、安全、社交、尊重、自我发展等各个需要层次上的特定问题,为消费者提供可选择的差异化解决方案,引导消费者的期望。此外,旅游企业还必须分析价格因素对消费者购买决策的影响,向消费者证明它所提供的解决方案与价格相比是值得的,而且实际风险要比消费者想象中的风险小。

二、旅游消费者的期望及其决定因素

消费者对旅游产品和服务的期望在很大程度上影响着他们的购买决策及购买后的消费体验。档次再高的旅游服务,如果不符合消费者的期望,也难以吸引消费者购买。旅游企业利用额外的服务来取悦消费者,也许能给消费者带来"惊喜",比如,在客房提供擦鞋器、浴袍和巧克力,但这些额外服务只会增加企业的成本而非收益,因为超出消费者愿意支付的价格的额外服务往往不是消费者选择旅游企业所考虑的关键要素。企业明智的策略是深入了解消费者的期望及其决定因素,致力于解决消费者最关心的问题,并尽量满足他们的特殊需要,以促使消费者做出有利于企业的购买决策。

根据隋塞莫尔(V. Zeithamal)、贝里(L. Berry)和潘拉索拉曼(A. Parasuraman)的观点,消费者对旅游服务的期望可能表现为多种形式:①预计期望,"如果购买该服务,我将得到什么利益和价值";②理想期望,"在理想的情况下,我可能从该服务中得到什么利益";③应得期望,"根据我付出的代价,我应得到哪些消费价值";④可容忍的最低期望,"购买该服务,我至少应得到什么利益";⑤基于经验的期望,"根据我对该服务的了解,我很可能得到什么利益";⑥比较期望,"根据曾消费过的类似服务,我可以从该服务中获得什么利益",等等。

在购买和消费过程中,可能有几种形式的期望同时起作用。比如,一名旅游者走进下榻饭店开设的餐厅,他希望服务员能在3分钟内为他服务(理想期望)。然而,这位旅游者根据自己到达餐厅的时间、等待服务的顾客人数、自己在当地另一家餐厅的就餐经验(比较期望),决定等待10分钟(预计期望)。如果实际等待时间在3分钟至10分钟之内,他对餐厅的服务速度可能感到满意。但如果他等待了10分钟以上,他可能会另外寻找附近的另一家餐厅。促使他继续等下去的原因可能是在下榻饭店的餐馆就餐可获得价格优惠(应得期望),或这一餐厅的食物比较可口(可容忍的最低期望)。

基于这些多样的期望,隋塞莫尔等人把消费者对旅游服务的期望分为两个不同的层次(如图 7-10 所示)。①称心的服务,指消费者希望得到的服务,反映消费者对旅游企业应该提供的服务的期望。②合格的服务,指消费者可以容忍的服务实绩。合格的服务在一定程度上反映消费者对实际服务的期望。

在称心的服务与合格的服务之间存在着一种并不十分理想但在当前可以接受的情形,隋塞莫尔等人称之为"容忍区间"。消费者对称心服务与合格服务的期望因人而异,不同消费者的容忍区间不同。此外,同一消费者对不同服务的容忍区间不同,对同一旅游服务的不同属性也有不同的期望。因此,容忍区间会随着消费者的不同购买行为而波动。一般来说,旅游消费者很少降低对称心服务的期望,但可能根据消费者当时的情况提高或降低对合格服务的期望。换言之,他们对合格服务的期望更容易发生变化。旅游消费者对某种服务或对某一服务属性的容忍区间越窄,表明他越不愿意降低对该服务的要求,越重视特定的服务属性。

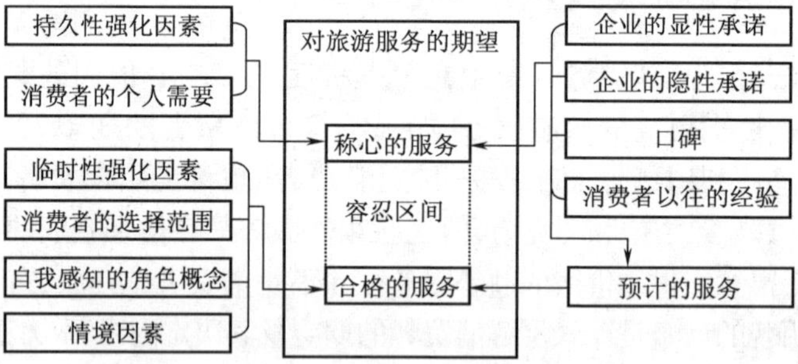

图 7-10　消费者服务期望的特征和决定因素

资料来源:Zeithamal Valarie A, et. al. The nature and determinants of customer expectation of service. Journal of the Academy of Marketing Science, winter 1993: 1~12.

如图 7-10 所示,消费者对旅游产品和服务的期望会受以下因素的影响。

(1)旅游消费者的个人需要。旅游消费者对称心服务的期望主要是由个人需要和欲望决定的。不同消费者有不同的生理特点、心理特点、社会地位和消费能力,他们对旅游服务必然有不同的期望。同一消费者在不同时候的需要不同,期望也会相应地发生变化。比如我们在上文中提到的那位商务游客,假定他在周末与家人到同一家饭店度假,他的基本需要仍是休息、洗澡、换衣服。但是,此时所有花费都要自己支付,他可能觉得网络和书桌不再是必需品,他曾经非常满意的餐厅现在变得太贵了,而且孩子们不爱吃那些"东西",不如到附近的麦当劳吃快餐。他仍然不希望服务员在走廊喧哗,但他的孩子在走廊打闹尖叫却是可以忍受的。电视最好摆放在客房的角落,这样孩子们看电视时就不会打扰他。

(2)持久性强化因素。许多因素能长期影响消费者对称心服务的期望,使他们对特定的服务更敏感。比如,旅游消费者本人也从事服务性工作,特别是正好在旅游业有过类似的工作经历,他们对服务的期望和要求往往非常高。

(3)临时性强化因素。一些短期因素会暂时性地提高消费者的期望,这些因素通常与危机或突发事件相关。例如,在自驾车出游的路上,汽车抛锚了,旅游消费者期望修理站尽快把车修好,以免浪费宝贵的假期。要是平时发生了这种情况,消费者也许会改乘公共交通工具,而不急于把车修好。

(4)旅游消费者的选择范围。旅游消费者可以从多少家同类企业选择服务项目,会影响消费者对合格服务的期望。在仅有一家小餐馆且时间有限的情况下,旅游消费者或许会满足于较低的服务享受。但如果旅游者到了热闹的“美食街”,他们对服务的期望值就会上升,在选择服务时就会更加挑剔。

(5)旅游消费者的角色概念。是指旅游消费者觉得自己对服务质量会有多大影响,自己应在服务过程中扮演怎样的角色。旅游消费者能否购得优质服务在一定程度上依赖于他们对服务人员的态度,以及他们是否准确地阐述他们的服务要求。如果消费者在购买过程中履行了自己应承担的角色的义务,他们对服务的期望就会相应地提高。反之,如果消费者知道自己未履行好自己的角色义务,他就可能会接受较低水平的服务(“这是我的过错,我应该告诉服务员要一份全熟的牛排”)。

(6)情境因素。恶劣的天气、自然灾害、机械故障等情境因素使旅游企业无法正常地提供服务。如果旅游消费者理解这些情况超出了旅游企业的控制能力,他们就会暂时降低他们的最低服务期望。

(7)预计的服务。即旅游消费者认为他们最可能获得的服务水准。消费者预计的服务水准较高,其可容忍的最低服务水准也会随之升高。消费者预计服务水准的能力受到他们对该项服务的购买经验和对相关知识了解程度的限制。在熟悉的环境中,消费者能较好地预测出服务的水平,但身处异地的旅游消费者较难对将获得的服务做出准确的估计。

(8)旅游消费者以往的经验。指与准备购买的服务相关的经验。旅游消费者在本企业和竞争对手企业的消费经历,会影响他们对本企业服务质量的期望,进而影响他们的购买行为。

(9)旅游企业的服务承诺。旅游企业的服务承诺有两种形式:显性承诺,包括企业在广告、人员推销等市场沟通活动中及销售合同等书面资料中对消费者做出的各种诺言;隐性承诺,即与服务有关的各种暗示,如通过企业的外观、有形证据、价格等因素传递的有关服务质量的信号。

旅游企业许诺提供给消费者的服务,是旅游消费者形成期望和做出购买决策的重要依据。旅游市场上许多企业希望通过做出承诺,显示自己与竞争对手的区别,以便吸引顾客。但是,其中许多承诺都是空头支票,在现实中难以兑现。因此,成熟的消费者都会对旅游企业的承诺打个折扣,不完全当真。

(10)口碑。消费者与亲友及曾享用过这项服务的其他消费者交流,有助于他们了解服务情况。由于口碑传递的信息更能反映旅游产品和服务的体验属性,而且具有非商业性质,因而更能赢得旅游消费者的信赖。口碑与消费者对称心服务和合格服务的期望之间存在正向关系。

综上所述,虽然旅游消费者的基本需要相似,但在以上众多因素作用下,他们对旅游产品和服务形成了不同的期望,并以此作为衡量服务优劣和做出购买决策的标准。图7-11概括地描述了旅游消费者选择饭店的过程。事实上,这一过程如此复杂和隐秘,使许多消费者只能在潜意识中予以处理。旅游企业必须理解消费者在每个需要层次上相应的期望和特定的个体问题,分析消费者会在何种情况下消费本企业的产品和服务,按图索骥,针对其期望形成过程中的每一阶段采取环环相扣的营销措施,才能做好期望管理工作,影响消费者的感知,引导消费者购买本企业的产品和服务。

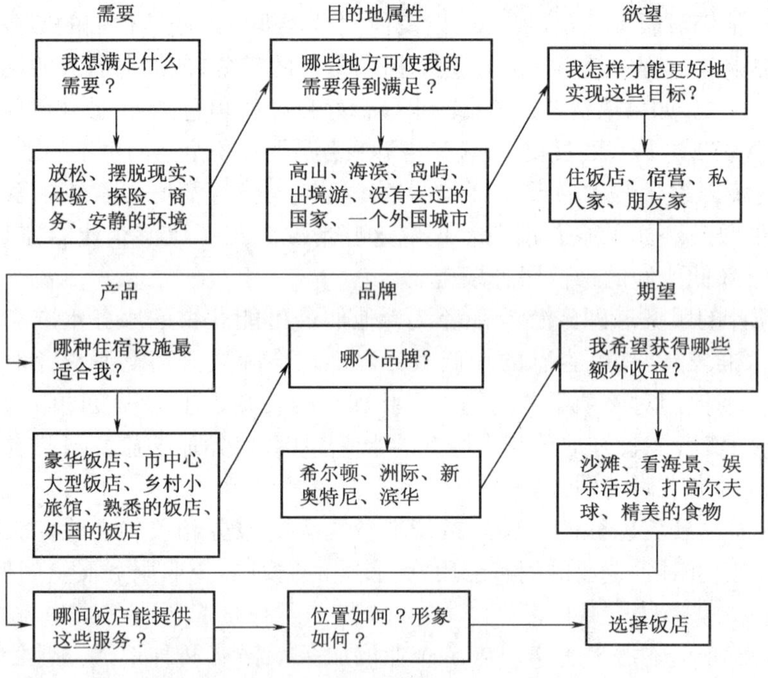

图7-11 旅游消费者的期望与饭店选择过程

三、价格对旅游消费者购买决策的影响

(一)旅游消费者对优质服务的需求曲线

旅游消费者在意欲购买时,不仅会考虑自己的期望是什么,还会权衡自己应付

出多大的代价。在某种意义上说,价格就像一块磁铁,吸引一些消费者,排斥另一些消费者。

经济学家用向下倾斜的曲线描述价格与旅游消费者需求量之间的关系:价格上升,消费者的需求量就会下降;价格下降,需求量会随之攀升(如图 7－12 中图 A 和图 B 所示)。曲线的倾斜程度反映消费者对价格变动的敏感程度。在需求缺乏弹性的情况下,消费者对价格变动不敏感,需求曲线的斜率很大(图 7－12－A)。当需求富有弹性时,消费者对价格的变动要敏感得多,需求曲线较平缓(图 7－12－B)。然而,经济学家眼中价格与需求量之间此消彼长的关系是建立在大量假设的基础上的。他们假定旅游消费者在决策时掌握所有备选饭店、航空公司、餐馆、游轮、包价旅游产品或其他类型旅游服务的信息。此外,他们假定消费者在收集信息时不会把旅游企业的服务价格与其他信息联系起来,即价格就是价格,它不能反映服务的质量和特点。事实上,即使资讯再发达,旅游消费者都不可能掌握旅游企业的所有信息。在信息不充分的情况下,旅游消费者总是倾向于根据对价格的感知和解读来衡量服务和产品,推断其所需的信息。

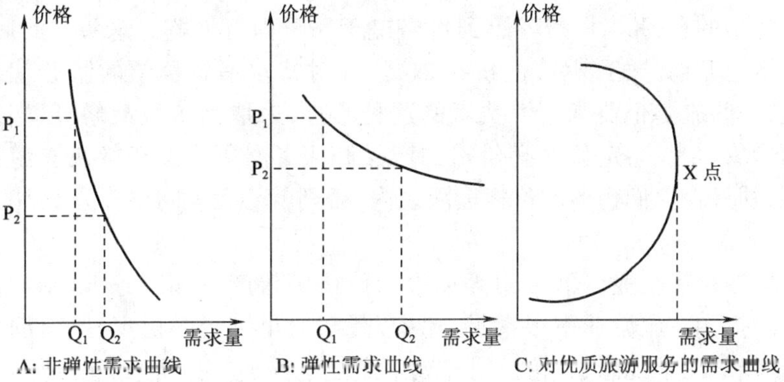

图 7－12　价格与需求量的相互关系

假如消费者正计划到欧洲旅游,准备在伦敦选择一个住处。他查询到五家饭店的地址、客房数目和价格,但无法进一步了解这五家饭店的信息,对它们坐落的街区也没有概念。接下来该如何选择?最常见的处理方法是比较每家饭店的价格(或客房价格)。假定五家饭店中,饭店 A 的客房每晚 200 英镑,饭店 B 的客房每晚 40 英镑,其他三家的价格分别是 107、108、109 英镑。消费者通常会认为 200 英镑的饭店会更豪华,并能提供足够的设施和优质的服务,而价格为 40 英镑的饭店的服务质量较低,设施也较为简陋。换言之,当缺乏足够的信息来比较旅游服务时,旅游消费者倾向于把高价格与高质量的服务和设施相联系,而怀疑低价格服务的质量能否得到保证。因为:

(1)大多数人认为在异国他乡选购服务是一个复杂的决定,做出错误选择的可能性很大,应尽量避免这种风险。

(2)服务具有暗示消费者生活水平的功能。重视声望的消费者不愿被他人知道自己购买"廉价品",而购买高价格的服务可满足他们的炫耀需要,让他们联想到劳力士手表、劳斯莱斯汽车等高档商品。所以,这类消费者可能会选择200英镑的客房。此时,降低价格反而不能吸引消费者。这种现象被称为凡勃伦效应①。

(3)在竞争者的服务价格差别很小的情况下,消费者很难从中推断企业提供的服务和设施的差别,但他们仍倾向选择价格最高的服务,因为他们认为会得到一种额外的质量保证。比如,在三家房价为107、108、109英镑的饭店中,选择价格最高的饭店。

根据上述分析,图7－12－C所描绘的曲线更能反映旅游消费者对优质产品和服务的需求与价格之间的关系。旅游消费者通常会确定一个价格上限和价格下限。他们认为高于上限的旅游产品和服务过于昂贵,超出了自己的预算;但如果产品和服务的价格低于下限,他们又会担心质量难以保证,因而不愿购买。处于上限与下限之间的价格被认为是正常的价格。消费者的需求量随价格的上升而增加,直到一个特定的点(X),消费者感到价格过于昂贵而打消购买念头。此后,虽然需求量随价格上升而开始减少,但价格越高,针对特定消费群体的服务就显得越独特。因此,一些旅游企业利用消费者的这种心理,采取高价位策略,以塑造企业与众不同的形象。当然,定位在高价格的产品和服务必须有助于解决旅游消费者的特定问题,并且在他们预料的价格上限之内,否则就会无人问津。

(二)价格折扣与差别价格

价格折扣是指企业以低于明码标价的价格销售产品和服务,以刺激消费者的购买行为。折扣在旅游业中很常见,比如,餐厅对早到者的优惠、城市酒店的周末特惠价、航线的淡季优惠、游轮公司和风景点旺季前的打折等。折扣盛行的主要原因在于服务的不可储存性,如果客房和座位没能及时售出,到第二天即使打折也不能销售了。折扣通常能唤起旅游消费者的冲动性购买欲望。在旅游淡季和需求较少的时段打折能创造新的顾客,或诱导消费者改变购买时间,避免企业供应能力闲置。然而,企业要认识到,折扣固然有利于扩大短期的销售量,但光靠折扣不能赢得消费者的满意和忠诚,销售量多并不必然增加企业的利润。换言之,有的时候,保留闲置接待能力比以过低的折扣价格出售旅游服务更有利可图。

差别价格是一种特殊的折扣形式,主要用于收益管理。不同消费者愿意支付的最高价格是不同的。一般来说,商务旅游者往往宁愿多花点钱也不愿意找麻烦,

① 凡勃伦(Thorstein Veblen)在其著作《有闲阶级论》中提出了"炫耀性消费"一词,指人们将购买活动作为提升其社会地位的方式,通过消费可见度高的高价产品来引起别人的注意。

以确保获得设施更齐全的房间、便利的交通条件、及时礼貌的服务和安全保障。但当旅游者要自掏腰包时,他们的想法就会发生变化。因此,企业针对特定的目标市场,确定两种或多种价格来吸引不同的消费群体:以较低的价格把服务出售给对价格敏感的消费者,对价格不敏感的消费者则收取较高的价格。经济舱、商务舱、头等舱的分类就是一个典型的例子。大多数酒店和度假地都有多种价目表,针对常规客人、商务客人、旅游团、政府职员、航空公司员工、老年客人确定不同的折扣价格。差别价格有助于旅游企业在合适的地点、合适的时间,以合适的价格把产品和服务销售给合适的消费者。

在成熟市场经济中,明智的旅游消费者会利用旅游企业的价格折扣和差别价格,提高自己的消费价值。中国旅英留学生朱兆瑞曾经以飞机为主要交通工具,花 3 000 美金环游 28 个国家和地区,还沿途享用了多家四星、五星级饭店的服务和各地正宗的特色大餐,就是充分利用了旅游企业的定价规律①。

案例 7－1　一名旅游爱好者的目的地选择②

1994 年初,无锡市民刘先生开始筹划夏季的旅游活动。他打算花 500 元左右,用六天时间在鲁南、豫东、皖南、赣东北、闽北和浙南畅游一番。他搜集了许多旅游报章杂志、导游手册和地图,并向旅游经验丰富的人请教,将该区域的风景名胜和历史文化名城了然于胸。因为酷爱大自然,又擅长摄影和绘画,刘先生认为游览自然风景区更过瘾,所以他进一步研究了到该区域的山地、湖泊、海滨和自然保护区旅游的可行性。他考虑了两种方案:一是设计一条旅游线路串联几类自然风景区;二是投入一个自然风景区,畅快淋漓地游玩。

他最中意的一个方案是从无锡出发,经太湖到杭州,然后沿富春江乘船到梅城,从梅城坐汽车到建德,然后乘船跨过千岛湖到淳安,再沿着新安江到深渡,从深渡坐汽车到黄山,登完黄山后坐汽车回到无锡。但这个方案显然超出了刘先生的时间和财务预算,而且沿途不断更换交通工具,很难保证车船衔接的连续性。所以,他只好忍痛割爱,考虑采用第二种方案。

在各类自然风景区中,在山区当过 10 年知青的刘先生最喜欢山。他认为山地景观丰富,观赏性强,既熟悉又亲切。因此,他决定这次旅游要游一座名山。通过比较,备选名单上剩下了黄山、泰山、天柱山、雁荡山和武夷山。黄山风景无与伦比,可惜夏季游人如织,山上吃住成问题。泰山历史遗存丰富,但风景逊于黄山。天柱山处于开发初期,资料不多,无法确定其风景质量以及接待设施是否齐全。去

① 朱兆瑞. 3 000 美金,我周游了世界. 汕头:汕头大学出版社,2003。

② 本案例改编自王家骏. 旅游决策行为研究:旅游者对旅游目的地的选择. 无锡教育学院学报(社会科学版),1994(3):44～45。

雁荡山乘汽车则辗转劳顿，转乘轮船又怕晕船影响游兴。武夷山丹崖碧水，风景有特色，而且可从无锡乘火车直达邵武，交通相对方便。最后，刘先生选中了武夷山。他在武夷山拍摄的旅游影集，成为他向亲友炫耀的得意之作。

［**讨论**］

1. 请分别列出刘先生在选择过程中的可达机会组合、感知机会组合、考虑机会组合、选择机会组合和决策机会组合。

2. 结合本案例探讨自费旅游者对目的地选择的一般程序和遵循的一般规律。

思考与练习

1. 回忆你最近一次旅游经历，根据你的决策过程及决策时所考虑的因素构建一个简单的旅游决策模型。然后，邀请一组朋友分别根据他们自己的旅游经历，构建旅游决策模型。比较一下你们所构建的模型，试解释它们之间的相同点和不同点。

2. 某位同学决定花5 000 元左右到西藏旅游，但在与亲友商量后决定暂时放弃他的西藏游计划。有哪些可能原因促使该同学改变了最初的决定？

3. 请分别列举旅游消费者做出扩展型决策、有限型决策和名义型决策的例子，并分析扩展型决策、有限型决策和名义型决策的区别。

4. 冲动性购买有何特点？

5. 在选择目的地时，旅游消费者会遇到哪些促进因素和限制性障碍，它们是如何影响消费者的目的地选择的？

6. 传统的目的地决策模型有哪些不足？

7. 哪些因素决定了消费者对旅游服务的期望？

8. 请简述价格对旅游消费者购买决策的影响。

第八章

旅游消费经历

第一节 旅游者的消费体验

一、消费体验的类型

体验,一直是旅游消费的核心。虽然旅游企业提供的服务在旅游者消费的瞬间消逝了,但旅游消费者经历的一系列事件却可以成为抹不去的记忆。许多旅游消费者外出旅游,不是为了旅游本身,而是为了与家庭成员或朋友共同分享难忘的经历。这些经历将成为他们日常交流的话题,并长期地留在他们的心中。为了有效地吸引旅游消费者,激励他们再次光顾,旅游企业需要不断为他们创造值得珍视的体验。

根据派恩二世(B. Joseph Pine Ⅱ)和吉尔摩(James H. Gilmore)的观点,值得消费者回味的体验可分为四大类:娱乐的体验、有教育意义的体验、审美的体验和幻想般的体验(如图 8 - 1 所示)。

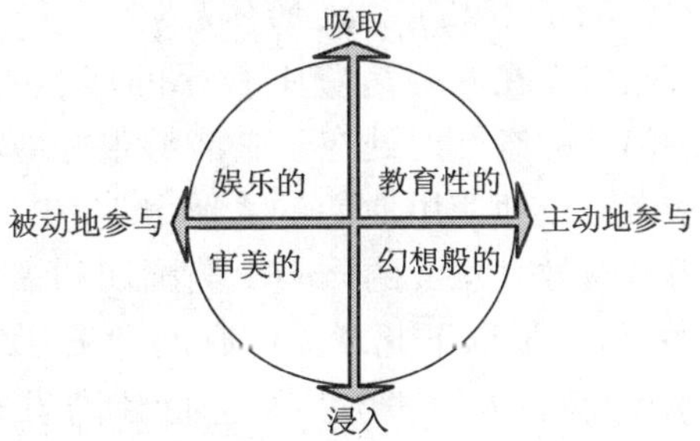

图 8 - 1 消费体验的类型

图 8 - 1 的横轴表示旅游消费者的参与程度。左端表示消费者“被动”地参与旅游活动。比如,在某个博物馆纯粹以观众的身份参观展品。横轴的右端表示消费者“主动”地参与旅游活动。这类消费者通过自己的积极参与,影响旅游活动的开展,进而影响并创造自己的体验,比如到滑雪场滑雪,消费者自己就成为了“表演者”。

“主动”消费模式和“被动”消费模式是体验这一连续统一体的两极,不同的消费模式会产生不同的消费体验。我们很难根据旅游消费者参与的活动项目,简单地把他们的消费活动划分为主动地消费还是被动地消费。比如,钓鱼看上去是一种被动的休闲活动,人们就是在河边坐几个小时等鱼儿上钩,但那些爱好钓鱼的人也可以很活跃,他们每周都骑车出去钓一次鱼。一群年轻人组成一日游旅行团,乘火车到某城市去听周杰伦演唱会。他们的出现固然对其他人的视觉和听觉产生了影响,但他们只是作为观众被动地享受,演唱会的表演者是周杰伦而不是他们,因此,他们看上去是活跃分子,但实质上他们并不完全是主动参与者。由被动模式向主动模式转化的关键因素之一是消费者的兴趣。一般来说,兴趣浓厚的旅游者更可能采取主动的消费模式,投入更多的精力和思考,甚至将旅游消费融入其生活方式;兴趣较低的旅游者更可能采用被动的消费模式,他们更注重审美和享乐。

图 8 - 1 的纵轴描述消费者和环境事件的相关性。纵轴的上方表示吸取,消费者专注于用心智汲取体验。纵轴下方表示沉浸,消费者置身其中,亲身获取体验。前者是体验"走进"消费者,后者是消费者"走进"体验。比如,旅游者站在很远的看台上看斗牛比赛,他们在专注地接收这场比赛的信息。如果旅游者站在赛场边上,眼前的景象、比赛的声音和气势就会使他们和周围的狂欢者一样兴奋和投入,全身心地沉浸在比赛中。

横轴和纵轴将消费体验分成可相互兼容的四个部分:

(一)娱乐体验

使人愉悦的体验是人类在旅游活动中最早获得的一类体验,也是当今旅游消费者普遍追求的、最为熟悉的体验。在许多娱乐性的消费中,消费者无须亲自操作,只需"被动地"通过感官接收体验,比如,听音乐、欣赏舞蹈表演等。

(二)具有教育意义的体验

旅游者在旅游消费中获得的体验不仅仅是娱乐而已,他们还可以增长知识。旅游消费的奇妙之处在于它能够很好地将娱乐与严肃的教育结合起来。如果旅游消费者积极地使用他们的大脑和身体,在旅游中开阔视野,汲取知识,那么他就能获得具有教育意义的体验。美国加利福尼亚州的班布拉(Bamboola)儿童乐园专为 10 岁及 10 岁以下儿童提供有助开发智力的游戏。孩子们可以在丛林花园和沙地里挖掘化石、人类遗迹甚至包括整副恐龙骨骼,在交互式厨房中为自己准备食物,还可以攀岩、爬梯、玩游戏等。孩子们通过积极地参与这些活动,可以有效地吸收他们经历过的事件所蕴涵的知识,比如,从游戏房学到数学概念、从迷宫图学到拼图技巧、从水盆里学到物理定理,从而实现创造性地学习。反观我国的科普旅游一再受到市场冷落,其原因主要在于我们的旅游产品给消费者带来的体验过于单一、乏味,没能很好地将学习和乐趣融合起来,激励消费者积极地参与。

(三)审美体验

审美体验,也是旅游消费者普遍追求的消费体验。尽管人们的旅游动机各异,但无疑都是为了追求美好的东西。从某种意义上讲,旅游就是一种寻觅美、发现美、欣赏美的综合审美实践。在旅游审美时,旅游消费者沉浸在某一事物或环境之中,而极少影响和改变这一事物或环境。旅游中的审美体验主要包括:①自然审美,如站在大峡谷边上极目远眺、在钱塘江畔观潮、在黄山之巅赏云等;②人文与社会审美,如坐在充满怀旧气氛的咖啡馆里观望香榭丽舍大道;③文化艺术审美,如参观艺术画廊或博物馆;④饮食生活审美,我国八大菜系都讲究色、香、味、形、器、名、意、趣等因素的和谐,令南来北往的中外旅游消费者不仅获得生理上的满足,而且得到精神和心理上的审美愉悦。

获得审美体验的旅游者,心里总是洋溢着一种难以名状的喜悦,难以忘怀。然而,有时旅游消费者需要在旅游从业人员的引导帮助下,才能激起审美的激情,得到审美体验。这是因为审美对象是通过人们心灵才折射出美感的。自然景观的形、光、音、色造就了自然美,旅游消费者可以自发地寓情于景,观赏美妙的景色。但是,人文与社会美、文化艺术美、饮食之美却源于旅游区域的社会制度、生活习俗、历史背景和典故等,如果旅游消费者不了解个中缘由,就难以真正品味和理解其中的美感。比如,武汉的"古琴台"只是一块纪念伯牙与钟子期之间故事的石碑,从形式上说并无多少美感,但如果导游人员把"知音"的故事娓娓道出,就会使游客回味无穷。又如,中国的绘画、书法、戏剧、园林艺术等都讲求"意境","景愈藏、境愈大;景愈显、境愈小"。不了解中国文化传统的旅游者,很难欣赏其中的美妙之处。此时,导游人员的讲解可以引发消费者丰富的联想,帮助旅游消费者把握审美尺度,获得审美体验和情感上的升华。

(四)幻想般的体验

与愉悦的体验和具有教育意义的体验相比较,幻想般的体验更令人沉迷。旅游消费者完全沉溺在其中,积极地参与那些不会发生在他们日常生活的事情。希望获得梦幻般体验的旅游消费者不再满足于晒太阳度假,而是投身于山地赛车、峡谷漂流、攀岩、乘筏冲浪、驾独木舟、特技飞行、远航、划旱船、极地耐寒等极限运动,或尝试扎营远足、追逐飓风、热气球飞行、观察鲸鱼、捕捉海雀、骑牛、乘破冰船、乘雪橇等新奇的活动。有些旅游消费者则在传统的博彩项目中一试身手。鉴于赌博的危害性,世界上许多国家和地区都禁赌,这使得每年前往大西洋城、拉斯维加斯、葡京等合法赌场的游客数不胜数。在这些装潢豪华、服务细致、赌博项目繁多的赌场中,游客可以忘掉他们生活中的烦恼和竞争压力,体验为更美好的生活进行一搏的感受,但他们也可能会为此而付出巨大的代价。还有一些旅游消费者甚至愿意耗资 3 500 万美金上太空潇洒走一回,圆儿时摘星的梦想。

诚然,更多的旅游消费者希望花较少的金钱,冒较小的风险来实现梦想,逃避不完美的现实生活。因此,不少旅游企业用模拟的方式,为消费者提供梦幻般的体验。比如,美国加利福尼亚州的荒野体验公园利用人造树林和电影特技技术,让游客从动物的视角来观看这个世界,感受各种动态的视觉冲击,如向前或向后游动、在山路上颠簸、战栗、倾斜、旋转等。迪斯尼根据电影星球大战开发了"星球之旅"游戏,让游客体验银河系中英雄式的争霸战和翱翔宇宙的美妙感觉。

旅游消费者在这些活动中的体验更多地源自情感,而不是理智。在消费过程中,他们并不在意这些模拟活动是否与事实相符,而是在意亲历的体验是否符合他们的想象,能否让他们沉浸于其中。比如,旅游消费者在参观杜莎夫人蜡像馆时获得的满足感不是由于蜡像的逼真,而是源于他们对蜡像所代表的人的回忆、感觉和感情。旅游消费者想在蜡像周围走动,触摸蜡像,假装和蜡像代表的人进行交流,并通过和蜡像合影来假装同蜡像所代表的人在一起。

综上所述,旅游消费者通过感受获得娱乐体验,通过亲临现场获取审美体验,通过积极地学习和吸收信息获得有教育意义的体验,通过亲自把梦想付诸实践获得幻想般的体验。虽然令人难忘的消费体验主要集中于以上概括的某一个领域,但融合了多种元素的体验,比如寓教于娱、将审美和娱乐合而为一、在体验梦幻感觉的同时吸收新知识等,更让旅游消费者动心。

二、给旅游者留下难忘体验的方法

旅游企业作为体验策划者,应如何给旅游者带来难忘的消费体验呢?

首先,重视对旅游消费者的感官刺激,并使总体印象达到和谐。现有的研究表明,消费体验越充满感觉(味觉、视觉、听觉、嗅觉、触觉等)就越值得回味。旅游服务项目对消费者的感官刺激越能支持和加强旅游服务的主题,该项目就越可能给旅游消费者留下难忘的印象。比如,热带雨林餐厅(Rainforest Cafe)让游客在进入餐厅时就听见咝咝咝的声音,然后看见雾气从岩石上升起,感受雾掠过皮肤时带来的丝丝凉意,游客还可以闻到空气中弥漫着热带雨林特有的清新气味。这一景象迷倒了无数游客,让他们把到该餐厅就餐的体验深深印在脑海里。

其次,使旅游消费者的体验丰富化。大多数难忘的体验不单纯是娱乐、教育、审美或梦幻体验,而是这些方面的混合体。旅游企业将多种体验要素融合到服务中去,有助于提高消费者体验的真实性,满足消费者对体验丰富性的追求。英国航空公司在20世纪末赢得了消费者良好的口碑,因为它不仅把乘客从A地送到B地,还在客运服务基础上为乘客带来了审美和娱乐体验,帮助乘客舒缓长途旅行中的紧张和忧虑。乘务员随叫随到,确保乘客得到美味的食品和舒适洁净的环境,并尽力通过与乘客的交流使乘客产生愉快的心情。乘客受到无微不至的照顾,就能充分感受飞行之美:随着飞机直冲云霄,摆脱日常生活的束缚,体会在空中飞翔的自在感,观赏翻滚的云海,鸟瞰宽广的大地、渺小的城镇、河流和田野。除了审美体验外,乘客还可娱乐一番。航班上的空中娱乐系统使乘客能在飞行途中观看电影,以增添旅途的情趣,活跃旅行气氛,消除烦闷和焦躁不安的感觉。

再次,增强旅游消费者对消费过程的控制感。根据社会心理学家的观点,增强消费者的控制感,可激活他们的消费体验,提高他们的满意程度。我们将在下文详细讨论这一问题。

最后,旅游企业应尽力消除可能破坏旅游者消费体验的因素。

无论旅游企业能为消费者提供何种体验,消费者都不喜欢等待。等待时的经历极大地影响他们的满意程度。在消费者眼中,服务前等待时间比服务中等待时间过得慢,无法预计的等待时间比事先知道的等待时间过得慢,不明原因的等待时间比可以理解的等待时间过得慢,不公平的等待时间比公平合理的等待时间过得慢。无事可做的消费者会产生厌烦和焦虑感,这将破坏整体消费体验。因此,旅游企业应从提高服务效率、为等待服务的消费者安排有趣的消遣活动、提供舒适的等待环境、保障服务公平性等方面着手,缩短消费者感觉中的等待时间,消除等待服务对消费体验的负面影响。比如,在热带雨林餐厅,店主会站在一个专用的台上对排队等待进餐的客人们宣布:"史密斯那伙的,你们的历险马上开始啦!"如果宣布三次后史密斯家庭仍没有出现,店主就会告知其他客人:"史密斯一家掉队不知下落,只好丢下他们。"这种幽默的方法把客人们等待服务的沮丧心情一扫而空。

过度的服务,尤其是把各项服务随意拼凑在一起,也会破坏消费体验。因此,一些宾馆通过精心设计服务操作体系,尽量避免服务人员与客人过度亲密。客人在入住和结账时无须直接与服务人员接触,也不会遇到索要小费的门童和赖在客房看电视的服务员。服务人员各司其职,让客人感觉像在家里一样自在。

此外,一些很细小的因素也能损害体验。我国不少景区让身着古装的服务人员手持麦克风,像现代人一样与游客交谈,这样做无疑会削弱体验的强度。

第二节 旅游者在消费过程中的作用

我们在第七章中探讨了作为购买者的旅游消费者,实质上在旅游消费过程中,消费者不仅扮演"购买者"的角色,还会扮演"合作生产者"、"服务和产品的使用者"和"服务质量监督者"的角色,最后,旅游消费者本人还会成为旅游企业的"产品"。

一、享用旅游产品和服务

作为"使用者",旅游消费者会根据他们的期望与消费经历之间的差异,判断旅游服务质量和自己的满意程度。消费者通过以往的经历以及与旅游企业的沟通,形成适用于特定服务环境的一套行为模式,并遵循这套模式与服务人员交往。如果在实际交往过程中,消费者与服务人员的行为都与消费者预期的角色行为模式相符,消费者就会感到满意。两者之间的相互作用是整个旅游消费体验的中心。这种交往的特点是买卖双方有非常明确的目的,任务导向性很强。换句话说,每次交易都要实现某一共同的目标,并且消费者与服务人员都要扮演特定的角色以实现这一目标。

有时,旅游消费者会因为缺乏信息和经验等原因,难以正确地享受旅游消费过程。比如,游客第一次身处国外陌生的环境,或第一次进入豪华餐厅,他们可能会不知所措。消费者通常会通过认知活动,尽力学习,以了解他们在特定环境下具有的权利、责任和义务。尽管如此,消费者还是很可能在消费中犯错误。

如果旅游消费者错误地理解或无法扮演好自己的角色,就可能使服务过程出现问题,给消费者带来挫败感。例如,有些初次到访广东的游客在餐厅吃海鲜时,把餐厅附送的洗手水当做了茶水,事后感觉非常不快。因此,旅游企业和服务人员应提供必要的信息,帮助消费者享用服务,如在上菜时简单介绍菜肴等。一些旅游企业还设计了专门的服务程序以避免消费者犯错误。例如,迪斯尼的泊车人员会记录每行车位满位的时间。如果游客在乐园尽兴后无法找到自己的汽车,泊车人员就会根据他们的停车时间找出车的位置,如果游客遗失了车钥匙,泊车人员还可以免费为游客复制车钥匙,从而避免由于游客自身的差错而破坏了他们当天的愉悦体验。优秀的旅游企业总是帮助消费者形成适当的"剧本",使其把握好自己和服务人员在服务过程中的角色。即便消费者犯了错误,企业也要让消费者高贵地犯错误,否则,消费者可能会将对自己的恼怒迁移到企业身上,引发他们对服务体验的不满,以致不再光顾。

二、与旅游企业合作生产

有些学者强调,旅游消费者所获得的体验和消费价值不是企业创造的,而是企业与消费者一起创造的。为了获得审美、娱乐、逃离现实等消费体验,旅游消费者必须参与服务过程,提供必需的信息,投入足够的时间和其他资源,完成一部分服务工作任务。

(1)旅游消费者进入服务体系之前,必须做好准备工作,遵守企业的相关规定,以便减少服务过程中因自己引起的不确定因素。比如,参加出境游旅游团的游客要随身携带身份证和护照,准时到指定地点集合。进入餐厅时,消费者要确保衣冠整洁。在旅游旺季入住度假村旅馆前,要按旅馆的规定订房。

(2)在服务流程中完成一系列工作任务,包括:第一,消费者需提供准确的信息,说明自己对服务工作的要求。消费者提供的信息越准确,旅游企业就越容易解决消费者面临的问题,越能满足消费者的需要。例如,餐馆消费者应说明自己的口味偏好和对座位的要求。第二,消费者需选择服务类别和服务档次。例如,旅馆客人需选择旅馆的客房,餐馆消费者需选择菜肴和饮料。旅游企业要求消费者做出这类选择,实际上是要求消费者对服务结果承担一部分责任。但是,不少消费者缺乏足够的知识,无法做出合理的选择。因此,旅游企业经常需帮助消费者做好这项工作。第三,服务工作开始之后,消费者需留意各个服务步骤,向服务人员提供反馈,及时纠正服务工作中的差错。第四,消费者还需配合服务工作。旅游消费者应按预约的时间准时接受服务。因为服务无法储存,旅游消费者按预约时间接受服务可以更好地利用服务体系的接待能力,获得更好的服务。旅游消费者的行为方式要符合企业的有关规定和社会公认的行为准则,如遵守排队制度(老弱病残和孕妇优先上车),注意安全(在飞机起飞时系好安全带),爱护贵重物品(不触摸展品),尊重其他消费者(不在公共场所吸烟)等。当遇到意外情况,如因天气变化需改变行程时,旅游消费者要果断地做出最终决策,以便企业控制服务进度。此外,旅游消费者应在适当的时间与适当的员工沟通,如在旅游大巴行驶期间,乘客不应与司机聊天。

(3)在产出阶段承担两项工作任务:第一项是向服务人员表明服务工作已经结束。例如,餐厅消费者要求服务人员结账,客人向宾馆提出退房要求等。第二项任务是评估服务质量,为旅游企业提供反馈,以便旅游企业改进服务工作。

在上述活动中,旅游消费者就像企业的"兼职员工",通过承担一部分服务工作任务,影响旅游产品和服务的质量,为自己创造美好的消费经历。这类服务的质量和消费经历显然会受消费者的知识、技能、经验和合作意愿的影响。例如,在自助餐厅、飞机售票机等自助选择服务中,旅游消费者的自助能力如何,直接影响他们对服务的满意程度。要成功地扮演好合作生产者,消费者必须:①明确自己在服务工作中的角色,理解自己应完成的工作任务;②有能力完成这些工作任务;③尊重服务人员的劳动,愿意积极参加这些服务活动。

许多旅游企业的经验表明,企业把消费者当做"兼职员工",可有效地提高劳动生产率,降低成本,提高质量竞争实力。但是,我们必须指出:①消费者参与生产活动,往往会增加企业服务过程中的不确定性。管理人员应通过交易成本分析,判断消费者"合作生产"的效益。②企业无法采用相同的管理措施管理员工和"兼职员工"。例如,与解雇员工相比较,"解雇""兼职员工",会对市场需求量产生更直接的影响。③有些旅游消费者可能不愿扮演"兼职员工"角色,他们只想尽可能地减少负担和压力,在旅游中享受短暂的自由和清静。因此,要与消费者一起创造令人难忘消费体验,旅游企业必须充分理解消费者的需要与他们关心的问题,帮助消费者了解企业对他们的期望,提高他们的技能,并通过一系列激励措施,让消费者充分认识到与企业合作可获得的利益。比如,可以享有更多的控制权,有更多机会选择产品和服务,可以缩短等待服务的时间,可以提高产品和服务的定制化程度等。

三、扮演"群众演员"

在开放式的旅游服务体系中,消费者的行为、态度以及其配合企业做好服务工作的能力都会影响服务的生产过程,同时也会影响其他消费者的体验。许多度假地、餐厅、酒吧和休闲娱乐设施都要借助顾客的行为,对其他人施加积极的影响。如果顾客很愉快,这种情绪就会感染其他消费者。人能吸引人,尤其是那些看起来玩得非常开心的人。空旷的餐厅停车场、空荡荡的舞厅或没有人骑的游乐场木马远不如拥挤的人群能吸引客人,这是人爱热闹的天性所决定的。

然而,企业现有的顾客也可能成为排斥潜在消费者的因素。一个20出头的年轻人发现一家娱乐中心的顾客大部分都是老年人,他可能没有兴趣在那里玩耍。在酒店、餐厅、航空公司、主题公园、旅行社等旅游企业中,一个顾客的不良行为就可能成为破坏其他人的服务体验的毒瘤。飞机上举止粗鲁的醉汉、酒店隔壁客房的夜半歌声、餐厅禁烟区的吸烟者,都会给消费者留下不良的印象。换句话说,旅游企业自己的顾客可能阻碍企业为顾客提供优质服务。所以,为了保证服务质量和服务效率,旅游企业必须加强顾客消费行为管理,并选择适当的目标市场。

四、监督服务质量

成熟的消费者是提升一个行业的产品和服务质量不可或缺的因素,消费者越挑剔,一个行业的产品和服务质量就越高。旅游消费者是旅游服务的直接参与者、感受者与享受者,旅游服务质量的评估离不开对旅游期望值和旅游满意度的比较,因此,旅游消费者拥有评估和改进企业服务质量的第一手资料。旅游者对旅游服务的监控比政府有关行政管理部门、旅游行业组织,以及相关社会组织(如消协)的间接监控更为直接有效。

随着旅游消费经验的增加,越来越多的旅游者不仅具备理性的旅游消费意识,而且保持清醒的旅游维权意识。他们不仅清楚自己在接受旅游服务过程中的义务(旅游企业的权利),更清楚自己的权利(旅游经营者的义务)。具有维权意识的旅游消费者比其他消费者更为敏感,更注重旅游服务质量。他们在旅游合同的签订与履行过程中,扮演着监督者的角色,促使旅游经营者按照合同约定、标准规定提供质价相符的旅游服务。这类消费者的增加将引导我国旅游企业站在消费者的角度,想消费者所想,将顾客导向的概念应用在设计菜单、装修客房、控制成本等每个经营活动中。

五、成为旅游企业的"产品"

作为一种人身服务,旅游服务的最终结果体现为消费者在感觉、行为或状况方面的改变。旅游消费者参与旅游,不仅可以获得体验,还可以获得比体验本身更值得向往、更有价值的东西。比如,增强体魄,增长见闻,改善精神状态,塑造自我,使自己变得与众不同。旅游消费者可以自豪地说"我去过那里,我做过那个",或者通过旅游,抛开浮躁,获得平静的心灵,成为"一个全新的我"。

必须指出,并非所有消费者都能成为旅游企业的"产品",能促使某些旅游消费者变化的消费经历对另一些消费者可能毫无影响。消费者是否因旅游而发生变化,与消费者的个人特点、旅游产品和服务、环境等因素有关。一般来说,消费者越愿意通过旅游改变自己,就越可能在行为和精神状态上受到旅游企业的影响。此外,旅游消费者感觉中的服务质量越高,越信赖旅游企业,对自己的消费经历越满意,就越可能在消费旅游服务之后改变自己的行为或状况。

第三节 旅游者在消费过程中的控制感

个体的控制感,是心理学家极为重视的一个概念。他们认为,在现代社会中,推动人们行为活动的主要动力就来源于对情境控制的需要。旅游者在消费过程中的一些行为也可以用个人控制概念来解释。

一、控制感

控制感,是指人们觉得自己有能力操控周围的环境。美国心理学家艾弗里尔(J. R. Averill)认为,控制有三种形式:行为控制、认识控制和决策控制。行为控制,是指人们通过自身的行为,影响某些引起痛苦或愉悦的刺激物,从而改变即将发生的某一事件的客观属性。认识控制,指人们获取信息,分析其周围环境,预见要害事件并对事件进行评估。决策控制,指人们改变自身的目标。在特别紧张的情况下,即使人们无法对令人厌恶的刺激物进行行为控制,人们改变自己的目的,仍然可能产生控制感。例如,在一个拥挤的购物中心,旅游消费者决定减少拟购纪念品的种类,避免令人不快的经历。三种形式的控制经常相互影响。

二、控制感与旅游消费者

旅游者的消费过程,就是旅游企业和服务人员为旅游者提供服务的过程。在消费过程中,旅游消费者必须放弃某些控制,服从服务人员和企业的服务操作程序。实际上,旅游消费者是用金钱和控制权换取企业给了他们的消费利益。但是,旅游消费者并不愿失去全部的控制权。不少研究结果表明:控制程度是旅游消费者评估服务质量时考虑的一个重要因素,对旅游消费者的满意程度也会产生重大影响。旅游消费者不仅希望控制服务工作的起止时间,而且希望控制服务过程和服务结果。在消费过程中,旅游消费者感觉到的控制地位越高,他们对服务的满意度也就越高。因此,控制感可以被视为了解消费者服务体验的重要线索。

旅游消费者能否控制服务过程,是由买卖双方的权力大小决定的。因此,权力实质上是潜在的控制权。旅游消费者的权力主要来源于以下三个方面:①消费者有权决定是否应购买某个旅游企业的产品和服务。②消费者有权选购竞争对手企业的服务。不满的消费者不仅有权不再购买劣质服务,还可以通过口头宣传,或向消费者协会和新闻机构揭露劣质服务,影响其他消费者的购买行为。③如果劣质服务造成消费者人身伤亡和财产损失,消费者有权通过法律程序,要求旅游企业赔偿。

然而,旅游消费者并不总是拥有上述权力。比如,在供不应求的市场环境中,特别是当地只有一个旅游企业提供某类服务时,消费者不得不向旅游企业或服务人员做出妥协。有时,旅游消费者在付款后,无法改变双方商定的购买条件,如购买优惠机票的乘客不可退票、不可改变航班,消费者的权力就比旅游企业和服务人员小得多。此外,如果消费者对服务质量要求很高,而旅游企业能够为消费者提供优质的服务,此时,消费者往往愿意做出一定的妥协。在这些情况下,在旅游者消费过程中占支配地位的是旅游企业或服务人员。

如果旅游企业在服务过程中占支配地位,企业会制定服务操作程序和规则,控制消费者和服务人员的行为,以便提高经营效率。有时,这些程序和规则还是确保安全的重要措施,如出入境证件和行李检查。但对消费者而言,这些规则和程序却是令人不愉快的繁文缛节,它们让消费者感到一种推诿拖拉的官僚作风。对服务人员来讲,这些规则和程序同样让他们感到压抑。他们没有工作自主权,即使他们知道消费者会很不愉快,他们也必须按照服务操作程序完成服务工作,而无法向消费者解释为什么不能按消费者的要求来提供服务。

如果服务人员在服务过程中占支配地位,则可能出现这样的情形:服务人员按自己的意愿提供服务,消费者对服务过程没有控制感,只好"愤恨"地听从服务人员发号施令。例如,距离目的地还有 3 个小时车程,卧铺列车员要求乘客们离开床位,以便他在火车到站前就能完成打扫工作。餐厅服务员以专家自居,引导顾客点厨房容易供应的菜肴。导游员把游客带到购物点,如果游客不购买"纪念品",就不给好脸色看。由服务人员控制面对面服务,对企业的后台和服务操作程序也会带来很大压力。每位服务员都自行其是,后台必须处理由此引起的混乱。

那么,让旅游消费者对服务过程拥有高度的控制权,是否就能确保他们获得优质服务呢?旅游消费者觉得自己能够控制整个服务过程和服务结果,将有助于提高他们对服务的满意程度。但前提是旅游企业必须配备较多的服务人员和资源,以便及时满足消费者可能提出的各种要求。这必然会降低旅游企业的工作效率,除非消费者愿意为个性化服务多付款。在消费者拥有高度行为控制权的服务中,服务人员几乎没有控制感,只能按照消费者的要求行事。然而,完美的服务过程犹如一曲双人舞,需要旅游消费者与服务人员相互尊重、相互配合。现有研究结果表明,服务人员要承受来自消费者的形式各异的压力,还会受到服务结果不确定性的影响。如果服务人员失去控制感,就会认为自己低人一等,产生角色卑贱感,其责任感也会降低。这样的服务人员难以提供优质的服务。

综上所述,旅游消费者是控制的追求者。如果消费者对服务过程缺乏控制,将会破坏消费体验,导致消费者不满。旅游消费者、服务人员和旅游企业三方对控制的需要会引起相互之间的潜在冲突(如图 8 - 2 所示)。但三方必须相互配合才能带来优质的服务和美好的体验，任何一方有过多的权力或滥用自己的权力，都可能出现消极的结果。所以，理想的服务应该尽可能使消费者对控制的需要与服务人员对控制的需要和企业对运营效率的要求达到平衡。

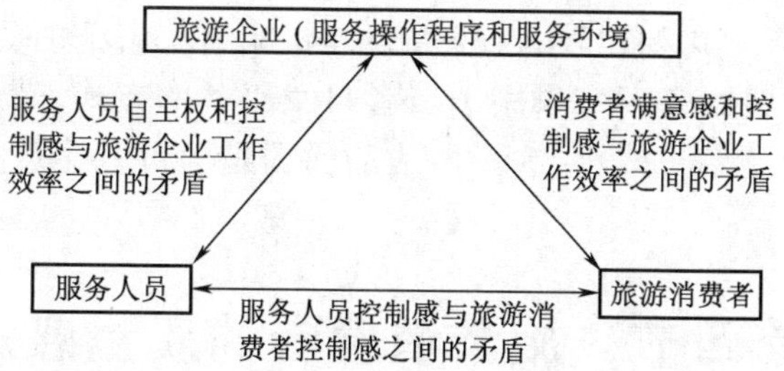

图8－2 服务过程中各方在行为控制方面的潜在冲突

三、满足消费者对控制的需要

为了提高消费者的满意程度，旅游企业要在兼顾经营效率和服务人员的控制感的同时，满足消费者对控制的需要。然而，如果仅从行为控制的角度出发，我们不可能协调好消费者、服务人员和企业三方的目标，因为消费者和服务人员对行为控制的需要难以达成一致。我们可以从认知控制和决策控制着手，给予消费者更多真实控制权和表面控制权，探讨兼顾三方需要的折中方案。

根据服务剧本理论，服务活动参与者的记忆中有许多不同的服务剧本，他们会根据已掌握的信息，预想自己在特定服务过程中的行为方式以及他人的互补性行为方式。旅游企业可以通过信息沟通，使消费者和服务人员都了解各自的角色，以便预见服务过程。服务过程的可预见性使消费者产生认知上的控制感，虽然他们对正在发生的事情没有多少直接控制，但他们的感觉与行为控制是一样的。相反，如果消费者不知道下一步将发生什么事情，他们就会因缺乏信息而产生焦虑和不满。例如，在登机时间之前到达机场的旅客，即使要等待很长一段时间也会耐心等待。但是，如果机场在约定时间过后仍未通知登机，在不知道要等多久的情况下，即使旅客只等了很短的一段时间，也会觉得时间过得很慢，因为他们感到事情"失去了控制"。如果机场一再要求旅客再等几分钟，而不对推迟登机做任何解释，旅客就会更加不耐烦。反之，服务人员向旅客讲明还需等待多少时间，并解释推迟起飞的原因，如安全检查工作尚未结束等，至少可使旅客了解情况，争取旅客的谅解。

另一种方法是，考虑感觉中的控制与实际控制之间的关系。旅游企业可采取各种措施，增强消费者的控制感。例如，旅行社提供不同的旅游路线，供旅客选择，可使他们觉得自己有决策控制权；旅馆提供客房供膳服务和"请勿打扰"牌，可使旅客觉得他们能控制服务人员的行为；机场使用电视屏幕，显示民航客机起飞时间和登机处,可使乘客产生认识控制感。这些措施都能增强消费者控制感。

此外,旅游企业还可以分析本企业能否分解服务组成成分,各个组成成分如何影响消费者的控制感,以便通过服务设计工作提高消费者感觉中的控制感。莱格特(E. Langeard)、贝特逊(John E. G. Bateson)、洛伍劳克(C. H. Lovelock)等营销学家发现,与传统服务方式相比较,自我服务方式能给予旅游消费者更强的控制感。企业可以尝试在某些服务环节采用消费者自我服务的方式,来兼顾消费者对控制的需要与企业经营效率。诚然,这一做法的前提是消费者愿意并能够成为企业的"合作生产者"。

第四节　旅游消费者的质量感知

一、质量概述

在质量的各种定义中,比较常见的两个定义是:①质量指产品和服务符合规格的程度;②质量指产品和服务符合顾客的需要和期望,适于顾客使用的程度。

在整个20世纪,"符合规格"是使用得最广泛的质量定义。根据这个定义,管理人员必须确定客观的质量标准,使所有工作都符合质量标准。然而,对大多数旅游企业而言,"符合规格"定义并不适用。首先,消费者不见得知道,也并不关心产品和服务是否符合旅游企业内部质量标准,他们关心的是产品或服务是否符合自己的期望。美国著名营销学家奥立弗(Richard L. Oliver)指出,产品性能是消费者的主观看法,即使是客观的、可测量的属性,消费者也会有主观的看法。其次,与有形产品的生产相比较,旅游企业往往不易制订和执行质量标准,不易保证质量。管理人员可以在工作手册中规定员工在某种服务场合的行为标准,但很难预料经历、性格、工作态度不同的员工在服务场合的实际行为方式,也很难预料旅游景观、环境等因素会发生何种变化。此外,许多消费者希望体验与其他人不同的经历,享用为他们量身定做的旅游产品,服务人员严格按照管理人员确定的规格为消费者服务,有时反而会降低消费者感觉中的整体质量。

因此,越来越多的营销学家赞成以消费者为中心界定旅游产品或服务的质量。芬兰学者格鲁努斯(Christian Grönoos)强调,只有消费者感知的质量(consumer perception of quality)才是重要的,旅游服务质量指服务实绩是否符合旅游消费者的期望。对徒步旅行的年轻人来说,简易的青年旅馆正好满足他们寻找低价床位的需求,就是优质的旅游产品。对于奢侈的旅游者而言,只有在五星级饭店享受的帝王般的服务才算优质旅游产品。"符合期望"定义强调旅游产品和服务的使用价值和消费者的满意程度,要求旅游企业根据消费者的需要,为他们提供正确的服务。

我国学者汪纯孝等人认为,对旅游服务质量的正确理解应该是将"符合规格"

和“符合期望”合而为一。旅游服务质量,是旅游服务的客观现实与消费者的主观感知融为一体的产物。旅游企业恰当地确定本企业产品和服务整体组合中各个组成部分的质量标准,为消费者提供正确的服务,并做好所有的服务工作,才能提高消费者感觉中的质量。因为旅游消费的复杂性,旅游消费者评价的总是由无形服务、有形商品和环境组合而成的整体质量,这些组成部分必须完美地结合在一起才能满足旅游者的需求。

以一个家庭暑期到国外度假为例,影响他们感知质量的因素不仅包括旅游经销商和住宿供应商所提供的“核心服务”,还包括其他一些因素。比如,①旅行社提供的信息可靠性、服务态度、收取的价格和提供的折扣;②旅行文件和票证是否准确,能否提前获取;③航班时间和出行机场的位置;④机场登机设施和服务;⑤航班出发和到达的准时性;⑥航班上的服务和食品;⑦旅游保险政策、保险费和保险范围;⑧目的地的地理位置、景色和治安;⑨机场到饭店的乘车状况;⑩饭店的地理位置、服务、食品,以及室内设施清洁程度、床的舒适度、窗景、空调和暖气;⑪当地酒吧、餐厅、娱乐设施的多样性、价位和氛围;⑫景区交通系统的可靠性、安全性和价格;⑬目的地的购物机会、纪念品的种类和价格;⑭儿童在目的地的活动范围、安全性以及参加这些活动的花费;⑮当地接待人员是否会讲旅游者的语言,以及当地人对旅游者的态度和行为;⑯旅游活动中遇到的其他旅游者的态度和行为;⑰度假期间的天气情况,等等。消费者通过比较其接受的服务水平与期望得出对某一特定服务的质量感知,通过比较其整体旅游体验与旅游期望而得出对该次旅游质量的感知。

二、旅游服务质量的双重属性

根据格鲁努斯的观点,消费者认为旅游服务质量不仅与服务结果有关,而且与服务过程有关,他们实际经历的服务质量是由以下两类组成的。

(1)技术性质量(technical quality):指旅游服务结果的质量。旅游企业为消费者提供服务带来的效果,会影响消费者对旅游服务质量的评价。旅馆为旅客提供客房和床位,餐馆为顾客提供食品和饮料,旅行社为游客提供信息和行程安排,这些服务的结果是旅游消费者整个消费经历的一个组成部分。许多消费者都能比较客观地评估旅游服务的技术性质量。

(2)功能性质量(functional quality):指旅游服务过程的质量。旅游服务过程与消费过程同时发生。旅游企业如何提供服务,必然会影响消费者对服务质量的看法。旅游服务过程的质量不仅与服务时间、服务地点、服务人员的仪态仪表、服务态度、服务方法、服务程序、服务行为方式有关,而且与旅游消费者的个性特点、态度、知识、行为方式等因素有关。同样的服务,对一部分消费者是优质服务,对另一部分消费者却可能是劣质服务。例如,一位性格内向的消费者和一位性格外向的消费者,他们与同一位健谈的服务员接触,却会有完全不同的感觉和评价。此外,旅游消费者对功能性质量的看法,还会受其他旅游消费者消费行为的影响(见第一节)。

与对技术性质量的评估相比较,旅游消费者对功能性质量的评估通常比较主观。他们会从不同角度,使用不同标准评估服务过程,而旅游企业的市场形象等因素也会干扰消费者对实际经历的服务质量的判断。对于相似的服务过程,如果旅游企业有良好的市场形象,消费者往往会原谅服务过程中出现的次要质量问题;如果企业的市场形象不佳,消费者对该企业服务质量的评价可能会偏低。

现在不少旅游企业采用"服务工业化"措施,用精心设计的服务体系(软技术)和现代化设备(硬技术)取代人工服务。如果消费者认为技术性质量非常重要,而且市场上的同类企业没有相同的技术,旅游企业就能以高超的技术性质量吸引消费者。但如果竞争对手的技术实力势均力敌,旅游企业就难以通过技术性质量与竞争对手区别开来,而必须把功能性质量作为主要竞争手段。旅游服务工作的本质是情感密集型的接待工作。如果管理人员不重视服务人员与顾客之间的相互交往,不采取必要的措施做好服务过程质量管理工作,无论旅游企业采用多么高超的技术,也不可能从整体上提高顾客实际经历的服务质量。因此,旅游企业管理人员不仅应研究本企业应向顾客提供什么服务,更应研究本企业应如何为顾客服务,通过增强服务人员的服务意识、改善服务态度、规范服务行为和完善服务方法,提高消费者实际经历的整体服务质量,从而取得长期竞争优势。

三、旅游服务质量评估模型

消费者对旅游服务质量的评估是一个相当复杂的过程,它是在服务生产和服务消费的互动过程之中完成的,而且消费者对服务质量的感知往往不仅针对一次短期的、特定交易,而是对某一服务表现长期总体评价所形成的看法。

如图8-3所示,消费者感觉中的旅游服务质量不仅与消费者的服务经历有关,而且与消费者对服务质量的期望有关。消费者实际接受的服务绩效符合或超过他们的期望,他们感觉中的整体服务质量就好。如果消费者实际经历的服务质量不如他们的期望,他们感觉中的整体服务质量就差。

消费者从未购买或消费过某种产品或服务,也可以评估这种产品或服务的质量。这种质量感知是建立在消费者期望基础上的。在企业形象、市场沟通活动、其他消费者的口头宣传、消费者的需要和愿望等一系列因素的影响下,消费者在心中形成对企业及其产品和服务相对卓越性的看法。如第七章所述,消费者对服务质量的期望有两个不同的层次——称心的服务(desired service)和合格的服务(adequate service),两者之间的容忍区间是消费者可接受的质量范围。消费者对服务质量的预期是他们做出购买决策的重要依据。企业可通过广告、公关、人员推销、营业推广等活动,影响消费者的期望,将潜在的旅游消费者转变为实际购买者。当消费者与企业接触后,他们就会根据实际的消费经历,修订对服务质量的感知。如果企业在市场沟通活动中做夸大其实的宣传,就会提高消费者的期望。与过高的期望相比较,即使消费者实际经历的服务还不错,他们感觉中的整体服务质量也会比较差。因此,在广告、公关等市场沟通活动中使消费者对本企业的服务质量形成现实的期望,也是旅游企业服务质量管理的重要任务。

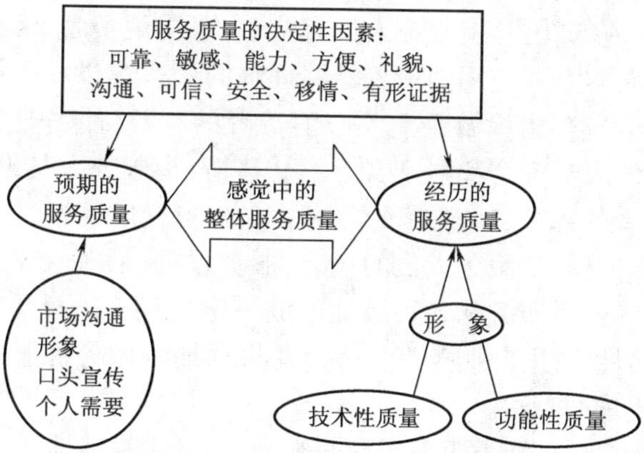

图 8－3　消费者对服务质量的感知

旅游消费者与服务人员相互接触、相互交往的一段时间,是决定消费者服务经历的关键时刻。功能性质量是由这个关键时刻决定的。技术性质量也主要是在这个过程中逐渐表现出来的。正是交往过程中一些看似细小的举动,影响着消费者的整体感觉和体验。比如,餐厅服务员为顾客添加饮料时不动声色地收走脏碟子,顾客就会觉得就餐环境干净、整洁;前台服务员隔着顾客和另一位服务员讨论他们下班后如何消遣,顾客就会觉得被忽视和冷落。如果在服务关键时刻出现质量问题,旅游企业采取任何改进措施都为时已晚,因为顾客已经消费了劣质服务。

事实上,消费者会在旅游企业里经历一系列服务关键时刻。例如,从顾客登记住店至结账离店,旅馆服务人员与顾客的每次接触,都是影响顾客服务经历的关键时刻。每经历一次关键时刻,消费者就会对感觉中的服务质量进行一次修正。无论哪一次关键时刻出现服务质量问题,都会影响消费者对旅游企业整体服务质量的看法。当然,服务人员可在事后向消费者道歉,改正错误。但是,这类事后措施既费时又费力,有时还不见得能取得消费者的谅解。因此,旅游企业必须加强对每个服务关键时刻的管理。

四、旅游服务质量评估标准

1985年,美国营销学家贝里(Leonard L. Berry)、潘拉索拉曼(A. Parasuraman)、隋塞莫尔(Valarie A. Zeithaml)提出了服务质量差距模型。在这个模型中,他们提出消费者主要依据十类服务属性来评估服务质量(如图8-3所示):①可靠,指企业为消费者提供正确、安全、可靠的服务。②敏感,指服务人员愿意帮助消费者,根据消费者的特殊要求,灵活地提供各种服务。③能力,指服务人员具有必要的知识和技能。④方便,指消费者容易接触服务人员,容易到达服务地点,容易接受服务,容易与旅游企业联系。⑤礼貌,指服务人员有礼貌,尊重消费者,为消费者着想,热情友好。⑥沟通,指旅游企业使用消费者能够理解的语言提供相关信息,并认真听取消费者的意见。⑦可信,指旅游企业关心消费者的利益,使消费者觉得可以信赖。⑧安全,指消费者的人身安全和财产安全。⑨移情,指服务人员设身处地地为消费者着想,理解消费者的需要,对消费者特别关心。⑩有形证据,指服务环境和服务过程中的各种有形证据,如服务人员的仪表、服务设施、服务设备、促销资料等。购买服务之前,消费者会对服务的各种属性形成一定的期望。接受服务之后,消费者会对服务的各种属性产生某种感觉。消费者将预期的服务和服务实绩进行比较,形成自己对服务质量的看法。

后来,贝利等人将这10类服务属性归纳为可靠性、敏感性、可信性、移情性和有形性5类,并依据这5类属性的内涵,设计了由22个指标组成的服务质量评估方法SERVQUAL。迄今为止,简明易懂的SERVQUAL仍是应用得最广的服务质量评估指标体系。但是,也有不少学者提出了批评意见。

首先,贝利等人并未考虑各个行业服务质量的特点。对不同旅游企业的顾客来说,这些服务质量属性的重要性不同。例如,民航乘客认为安全是最重要的属性,而参观博物馆的游客却不会认为安全十分重要。

其次,由于服务属性通常很抽象,旅游企业能够完全控制的服务属性非常少,而且消费者对服务属性的评估与企业的服务质量管理措施并不存在对应关系,因此,消费者对服务属性的评价不见得能帮助管理人员做好经营管理工作。

再次,这些静态的服务属性难以反映消费者在动态的相互交往过程中获得的服务经历。在旅游服务系统中,各种属性会发生交互作用,某种差错会对消费者感觉中的一系列服务属性产生不利的影响。例如,拥挤的售票厅不仅会使旅客觉得服务环境很差,而且会影响旅客与营业员之间的关系。旅客可能会认为营业员不够友好,不愿帮忙。实际上,营业员却在尽力加快服务速度,尽量缩短旅客等待服务的时间。营业员工作极度紧张,会认为旅客要求过高。在这类情况下,管理人员采用多种属性评估模式了解旅客的看法,往往无法发现和解决引起差错的根本问题。

为了更确切、全面地了解消费者感知的服务质量，研究人员对服务质量评价标准进行了补充。格鲁努斯认为，除贝利等人提出的五类属性之外，补救性措施也是一个重要的属性。服务工作出现差错或无法预见的问题之后，旅游企业应尽快采取补救性措施，找出消费者可以接受的解决方法。此外，越来越多学者认为消费者与企业之间的关系质量也是一种重要的属性。因为消费者感知的服务质量是随着时间累积而成的一种认知，而不仅是某次交易的结果，所以，在很多情况下，服务关系质量可能比服务接触层面的质量更为重要。我国学者汪纯孝等人提出企业可从五类服务属性着手做好服务设计工作：①技术质量，即服务结果质量；②感情质量，消费者和服务人员在服务过程中的社交性礼节和感情交流；③关系质量，消费者与企业及服务人员之间的信任感和满意感；④环境质量；⑤沟通质量，双方信息沟通情况。

第五节 旅游消费价值

一、消费价值的含义

比特纳(Bitner)和隋塞莫尔认为，不同的消费者对消费价值的理解不同，评估消费价值的标准也不同。一般来说，对消费价值的理解主要有以下四种：

(1)价值指价格低廉。有的消费者把价值等同于低价格，认为价格越低，价值越大。他们在衡量某项旅游服务的价值时主要考虑他们为获得此项服务所付出的货币。我国一些欠缺旅游消费经验的旅游者持这种看法，即使他们实际上只能赶鸭子式地走马观花一番，他们仍因“便宜”而感到“划算”。

(2)价值指消费者从服务中获得的全部利益。与低廉价格相比，有的消费者更重视他们从该产品或服务中所得到的利益。这一部分消费者重视他们需要的产品或服务的质量以及特点。例如，商务旅游者非常重视饭店的便利程度，他们愿意为饭店服务的便利性支付较高的价格。

(3)有的消费者认为价值是他们支付的货币和获得的质量之比。

(4)消费价值指消费者付出的代价与获得的利益之比。这一观点是对第三种观点的补充和发展。隋塞莫尔认为，消费者对自己从产品和服务中获得的利益与自己付出的代价进行比较之后，会形成他们对消费价值的看法。在大多数消费者眼中，消费价值包含以下两个方面：

第一，利益(消费效果)。消费者主要根据他们在整个消费期间体验到的质量来评估他们获得的利益。许多旅游企业都会自行界定质量管理目标，比如一些饭店宣称“我们的服务是最好的”或“我们的大堂是世界上最高的大堂”。但如果消费者被大堂的吵闹声所打扰，该大堂的实际质量就会被消费者感知的质量所否定。

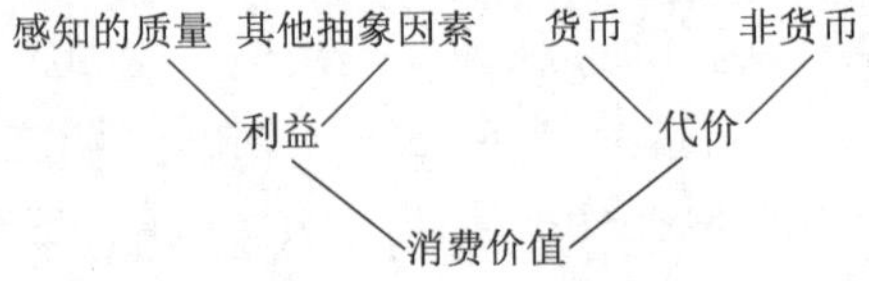

图8－4　利益、代价和消费价值之间的关系

菜单上小得无法辨认的字体、需要长时间等候的电梯、态度恶劣的前台接待员，这些因素能立即将一种"公平"的实际价格变成"不公平"的感知价格。

除质量外，与旅游服务或消费者相关的其他高层次的抽象因素也会影响消费者感觉到的价值。对餐厅顾客来说，除了餐厅的建筑和陈设、食品的色香味、服务人员的服务技能、服务及时性等质量属性外，就餐产生的幸福感、餐厅的社交气氛以及就餐所显露的地位和消费能力也是消费利益的一部分。

第二，消费者为享用旅游服务而付出的代价。这里的代价包括消费者支付的货币，他们为消费服务而付出的时间、情感、精力等非货币代价以及消费者为取得某项服务而放弃的其他利益。在现实生活中，许多消费者并不留意，不了解也不记得某项服务的实际价格，而是以他们认为有意义的方式来看待价格。换言之，他们更多考虑的是他们感觉到的货币价格。

旅游消费者感知的消费价值，是利益水平和代价水平共同作用的结果。在消费活动中，旅游消费者希望物有所值。换言之，利益至少与代价相等。如果消费者认为自己的投入得到了相应的回报，就会觉得这些投入是值得的。因此，服务公平性对旅游消费者感知的消费价值有显著影响。

综上所述，旅游消费价值实质是消费者比较自己的所得与所失之后对某项旅游产品和服务的效用做出的整体评估。一般来说，旅游消费者会根据其感觉到的价值来制定购买决策，并在实际消费过程重新权衡其消费价值，而不会只追求最低的价格。根据潘拉索拉曼的观点，消费价值是一个动态概念。消费者期望从产品和服务中得到的价值不仅因人而异，而且会因时而异。随着时间变化，消费者在评判消费价值中所采用的评价标准以及具体标准所占权重会发生变化。消费者与企业之间的关系越密切，他们评价消费价值的标准就会越全面、越抽象，并越侧重于服务的结果。

二、创造消费价值的策略

在过去20年中，旅游营销学者对消费者感知的服务质量、消费价值、满意程度及购买行为之间的相互关系进行了大量的研究。他们在以下三个方面已达成共识：①消费者感知的服务质量会直接影响他们感知的消费价值；②消费者感知的消费价值会直接影响他们今后的购买行为；③消费者感知的消费价值不仅会直接影响他们的购买行为,而且会通过他们的满意感间接影响今后的购买行为。因此,旅游企业致力于从整体上提高消费者感知的消费价值,有效地争取潜在消费者,并促使他们一再消费本企业的产品和服务,或为企业进行正面的口头宣传。

根据上述对消费价值含义的分析,旅游企业可以从为消费者提供更多利益和减少消费者付出的代价两个方面着手增加消费价值,使旅游者实现其消费目的。

(一)针对旅游消费者需要解决的问题,提高旅游产品和服务整体组合的质量,为消费者提供所需的核心利益和附加利益

为消费者提供更多利益的关键是提供优质服务,提供优质服务的关键是使服务能够帮助消费者解决他们面临的问题,而不是盲目地把高档高价服务与优质服务等同起来。一家豪华宾馆接待大型会议团体。管理人员根据自己的主观想象,决定配备大批服务人员,在会议休息时间为会议代表提供最优质的饮料。但是,会议代表对宾馆服务并不满意。原来,会议代表在休息时间最主要的需要是打电话和上厕所,而该宾馆会议厅附近却没有厕所和足够的电话,根本无法满足会议代表的需要。可见,消费者只是想获得他们所需要的服务。管理人员应该针对消费者的需要,明确本企业能为消费者提供哪些核心利益和附加利益,找到为消费者提供优质服务的正确方法。

为了提供优质的核心服务,旅游企业要把全体员工培育为具备服务导向意识的"艺术表演家",通过他们将看似平常的基本服务演绎得让消费者难以忘怀。比如,美国丽兹—卡尔顿酒店(Ritz - Carlton Hotel)的员工就自诩为"我们是在舞台上表演的演员","我们是淑女与绅士,为淑女与绅士服务"。这种服务意识让该酒店获得了美国国家质量奖。此外,企业还要对服务程序进行调整,使之为消费者带来更美好的体验。例如,白天鹅宾馆要求服务员在住店顾客外出时对客房及时进行小整理,使顾客返回客房时有焕然一新的感觉,这种做法大大增加了饭店的服务价值。旅游企业在帮助消费者解决用餐、开会、过夜等基本问题的过程中,让消费者在情绪、体力、智力与精神上产生美好的感觉,往往就能增加旅游消费者获得的核心利益。

在强调核心服务质量的同时,管理人员还应决定本企业应为消费者提供哪些额外的产品和服务,给予消费者额外的利益。例如,旅馆往往为旅客提供客房供膳服务、订房服务、翻译服务、代购机票服务、私人管家服务、免费报刊等额外服务。如果旅游企业能为消费者提供竞争对手无法提供的附加利益,这个企业就能取得竞争优势。但是,旅游企业必须注意,并不是罗列出种类繁多的服务项目,就能提高消费价值。因为不是所有的消费者都认为这些附加服务有价值,如果消费者要在一大堆附加服务中做出漫长而费力的选择,他们感知的消费价值反而会下降。

除了提供优质的核心服务和消费者所需的附加服务外,旅游企业还要设法满

足消费者抽象的社会心理需要。比如,旅游企业可以通过与著名的节事、机构、人物建立联系,提高企业的品牌形象价值,为消费者购买本企业的服务提供信心,让他们感到在本企业消费是一件令人自豪的事。如使饭店成为颁发影视奖项的场所,成为APEC首脑会议的地点,成为国际名人的长包房,这一切都有助于提升消费者光顾本饭店所获得的利益。

(二)设法减少旅游消费者付出的代价和损失

(1)减少旅游消费者的货币支出,并使价格公平合理。做到这一点的关键是旅游企业要合理地降低成本从而降低价格。如,一些低星级饭店的衣橱省去了衣橱门,这样既节约家具成本,又节约客房空间,还节约了在衣橱内使用射灯的能耗。又如,中餐筷子的摆台不用纸套,也可以节约许多费用。旅游企业还可以取消顾客不重视的个性化服务项目,或通过内部成本管理,降低成本费用。如,上海花园饭店曾经建议员工在一楼与四楼间上下,不要乘员工电梯。

(2)提高服务效率,缩短旅游消费者等待服务的时间。比如,事先准备好入住旅客的登记表,旅客进店后只需要审核一下登记表并在上面签字就可以入住客房了。又如,在餐厅客人入座后及时提供冷菜,这样客人就可以一边用饮料一边等待上热菜,防止客人由于长时间等待而产生的烦躁情绪。

(3)减少旅游消费者的精力支出。当旅游消费者不得不重复完成同一任务或一再提供相同的信息时,就蒙受了损失。这些不得不去完成的事情浪费了消费者的精力,使他们的整体体验有所降低。丽兹—卡尔顿酒店为了避免在客人每次入住时都向他们提出相同的问题,而设计了一个"隐形"地了解客人需求的方法,即通过员工对客人的观察了解客人的个人偏好,是否对枕头敏感、是否爱好现代爵士音乐、饮用百事可乐还是可口可乐,等等。丽兹—卡尔顿酒店将这些信息存入数据库,这样就消除了在提供后续服务时对客人所造成的困扰。经常入住丽兹—卡尔顿酒店的客人无需多做解释,就能获得他所需要的产品和服务。

(4)减少消费者的心理支出。由于旅游企业所提供的是不可触摸的"高风险产品",直到服务结束前,消费者都要承受较大的心理压力。旅游企业提供产品与服务的质量保证,可以在一定程度上减少消费者的风险感知。例如,洲际酒店集团向全世界的旅行社和会议组织者提供质量保证,承诺对消费者不满意部分重新服务或退款。这一做法能促使消费者在服务过程中信赖企业,获得更好的消费效果。

综上所述,消费者购买的不是产品和服务的各种属性和特色,而是产品和服务所能给予他们的利益和消费价值。在旅游消费者的整个消费过程中,企业不仅要满足他们的期望,还要努力减少他们的损失,给他们带来愉悦的体验,才能提高产品和服务对消费者的吸引力与消费者愿意支付的价格水平,从整体上提高他们感觉中的消费价值。

案例8-1 看不见服务人员的酒店①

看得见的服务是身边永远有人笑脸相迎。许多东南亚的酒店在这方面做得很好,从进门时的清凉饮料和香水毛巾到每一次擦身而过时的谦卑微笑,都让旅客感受到无微不至的关怀和呵护。但一些欧美酒店却别树一帜,用"看不见的服务"给旅客留下深刻的印象。它们精心设计服务系统,根据旅客预订时填写的资料,预先设定好旅客可能需要的一切,尽量让旅客不用找人来解决问题。

这次在W酒店住了几天之后,我按照朋友的推荐,搬到了位于西雅图贝尔镇(Bell Town)的佼佼者酒店(Ace Hotel)。这家只有28个房间的小酒店其貌不扬,以至于当我从出租车上下来后,张望了半天才发现它那30厘米×50厘米的招牌。这家酒店定位为"城市流浪汉"(Urban Nomad),距离城市中心市场只有几个街区,酒店附近有不少品位不错的餐厅、咖啡厅、画廊和商店,地理位置便利。酒店占据了一栋有年头的红砖建筑的一部分,该建筑依山而建,一头临街,一头望海。房间简单到不能再简单。在我预订的标准间里只有一铺床、一张桌子、一张椅子、一个柜子、一面镜子和一个洗涤槽。客房里没有床头灯,没有电视柜,没有小酒柜,没有行李架,没有衣柜。一句话,没有最基本需要之外的任何东西。如果不是大多数人不习惯,我想主人会毫不犹豫地把床都撤掉。除个别房间有洗手间和淋浴间外,旅客要到酒店走廊的另一侧共用洗手间和淋浴间。尽管设施如此简单,但并不简陋,细节之处还透露出设计者的心思:Modernica出产的玻璃纤维摇椅,枕边还放了一本迷你书。视觉上的简单利落,使房间看上去不仅不像监牢或者学生宿舍,反而显出一种傲视一切的自信。

真正让我着迷的地方,也是这家酒店最酷的地方在于,你在这里看不到别人。除了入住时我和前台工作人员见过一面(或许这还是因为我提前电话通知了到达时间的缘故),此后我没有见过任何人。入住手续极其简单,出示信用卡—在一个电子写字板上签名—拿钥匙,在我办完手续后两分钟,她也消失了。当我要结账离店的时候,我见前台无人就回房间取行李,再出来路过前台时就发现我的账单奇迹般地出现在柜台!

对于一个来自人口密集都市的人,这一切还真是让人有些不习惯。不过,这种不习惯除了令人暗自称奇,更令人充满惊喜。不会有人和你同时使用洗手间或淋浴间,你可以穿着浴袍四处晃悠。有时你听到走廊里头有人喃喃低语,打开房门还是见不到人——这简直要赋予这次住宿体验一些哲学意味了:存在、空间、自我……

不同的住宿体验丰富了旅行的回忆。不论是看得见的服务,还是看不见的服

---

① 本案例改编自《看不见人的酒店》,FT中文网,2006年6月9日时尚版,原作者廖敏。http://www.ftchinese.com/sc/story.jsp? id=001004843&pos=RIGHT_HLB&pa1=2&pa2=3&loc=STORY。

务，只要让人感受到惊喜，便已足够。

［讨论］

请分析看不见人的酒店服务为何能给该旅游者留下深刻的消费体验？

思考与练习

1. 请根据你所在地区一家历史博物馆的特点，针对10岁以上的青少年设计一套活动方案，使他们既获得启发性的教育体验，又获得娱乐体验。

2. 请分析旅游者在消费过程中的作用。

3. 旅游企业应如何协调消费者、服务人员以及企业自身在控制问题上的潜在冲突？

4. 格鲁努斯对功能性质量和技术性质量的划分，对旅游企业有何启示？

5. 旅游消费者是如何形成质量感知的？了解这方面知识对旅游企业开展营销活动有何意义？

6. SERVQUAL 包含哪五类服务属性，在应用中 SERVQUAL 技术有何优点和不足？

7. 什么是消费价值，请列举几个企业有效增加旅游者消费价值的例子。

第九章

旅游消费者的购后评价和行为

第一节　旅游消费者的满意感

从20世纪70年代中期以来,满意感研究一直是消费者行为理论研究的一个热点问题。国内外学者在这一领域取得了丰硕的研究成果,使增强消费者满意感逐渐成为旅游业普遍推崇的经营信条。

一、旅游消费者满意感的概念及其组成成分

(一)旅游消费者满意感的定义

许多学者从不同的角度定义过消费者满意感。目前,营销学界普遍公认的消费者满意感定义是奥立佛(Richard L. Oliver)提出的。奥立佛认为,消费者满意感是消费者的需要得到满足后的一种心理反应,是消费者对产品和服务的特征或产品和服务本身满足自己需要程度的一种判断(1997)。要判断需要的满足程度,消费者就必须对产品和服务的实绩与某一标准,如最理想的表现、公正的表现、预期的表现、可容忍的最差表现等进行比较。由于比较的标准不同,消费者消费后的心理认知也不同,表现为满足、高兴、好奇、惊喜等多种形式(图9-1)。

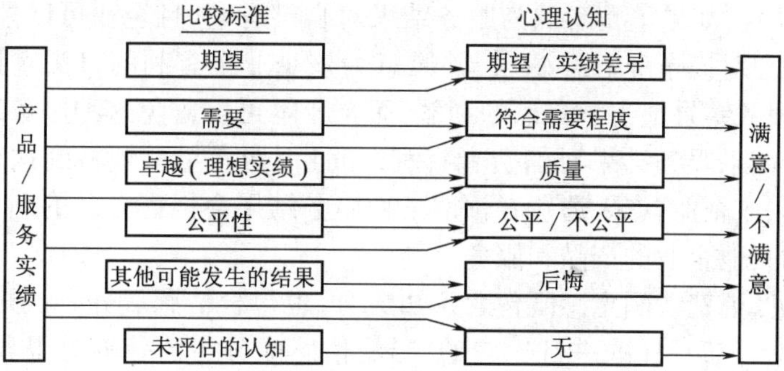

图9-1　消费者满意感比较评估图

资料来源:Oliver Richard L. Satisfaction: A Behavioral Perspective on the Consumer. New York, NY: Irwin - McGraw - Hill. 1997:24.

在旅游研究领域,研究人员强调游客满意是在游客期望和实际体验相比较基础上产生的"积极"的感知(Beard & Ragheb 1980)。随着研究的深入,研究人员陆续提出了更多的观点。有些学者认为游客满意感包括两个方面,一是游客对目的地的期望与目的地具体属性之间的协调一致性,二是游客自我印象和目的地形象之间的协调一致性。如果上述因素能够一致,游客就感到满意(Chon & Olsen 1991)。有些学者认为游客满意感是游客与环境之间的关系融洽与否的反映。如果游客所处的旅游环境——客源地、目的地、旅游交通、中介服务企业和宏观环境符合游客的信念、态度和价值观,旅游环境就能满足游客的期望和需要,令游客满意(Kingchan 1994)。有些学者认为游客满意感是游客对拥挤的感知与其心理容量之间相比较的结果,随游客人数上升,游客满意度下降(Beaumont 1997)。

综上所述,尽管学者们研究的角度不同,表述方式各异,但从机理上看,旅游消费者满意感与其他服务领域里的消费者满意感一样,都是消费者对消费体验与某一标准进行比较之后产生的心理反应。旅游产品和服务的实绩能够满足旅游消费者的需要,他们才会满意。

(二)消费者满意感的组成成分

奥立佛认为,消费者的满意程度主要是由消费者以下三类评估决定的:①消费者对消费结果的整体印象,即消费者对本次消费结果的利弊的评估,以及消费者由此而产生的情感反应,如高兴、悲伤等;②消费者对产品和服务的比较结果,即消费者对产品和服务的实绩与某一标准进行比较,判断实绩是否符合或超过标准;③消费者对自己的消费结果的归因,即消费者认为谁应对自己的消费结果负责。

美国学者福尔克斯(Valerie S. Folkes 1988)强调服务结果和归因在消费者满意感中的重要性。他认为满意感是消费者对服务结果进行评估与归因之后产生的情感(表9-1)。如果消费者认为服务结果对自己有利,且企业可以控制这种服务结果,他们就会对该企业心存感激,并愿意为该企业作有利的口头宣传;如果消费者认为某种服务结果损害了自己的利益,而企业本可以避免这种服务结果,他们就会非常生气;如果服务结果对消费者有利,而且消费者早就预料到这种服务结果,他们就会信赖该企业;如果消费者预期某种服务结果会损害自己的利益,就会回避该企业,改购其他企业的产品和服务。

由此可见,消费者满意感既包含认知成分,也包含情感成分。认知成分指消费者对服务实绩与某一标准进行比较的结果;情感成分指消费者对服务实绩与某一标准比较之后产生的满足、高兴、喜欢等心理反应。认知成分和情感成分都针对特定的对象,并与购买和消费的特定情境相关。

表 9－1 服务结果、归因与消费者满意感的情感表现

情感表现 / 服务结果 / 归因		有利结果	不利结果
企业	可控结果	表扬/感激	批评/生气
	不可控结果	惊喜	失望/容忍
消费者	预期的稳定结果	信赖	退避
	预期的不稳定结果	尝试	迟疑

资料来源：Oliver Richard L. Customer Satisfaction with Service, In: Teresa A. Swartz, and Dawn Iacobucci. eds. Handbook of Service Marketing and Management. Thousand Oaks, CA: Sage Publications, 2000:251.

二、旅游消费者满意与不满意的形成过程

营销学者提出了许多理论模型，解释消费者满意感的形成过程。其中，最著名的几个模型是奥立佛提出的“期望—实绩”模型，伍德洛夫（Robert B. Woodruff）、卡杜塔（Ernest R. Cadotte）和简金思（Roger L. Jenkins）提出的“消费经历比较”模型，韦斯卜洛克（Robert A. Westbrook）和雷利（Michael D. Reilly）提出的“顾客感知的价值差异”模型。

（一）期望—实绩模型

根据奥立佛在 1980 年提出的期望—实绩模型，在消费过程中或消费之后，消费者会根据自己的期望，评估产品和服务的实绩。如果实绩低于期望，消费者就会不满意；如果实绩符合或超过期望，消费者就会满意（图 9－2）。

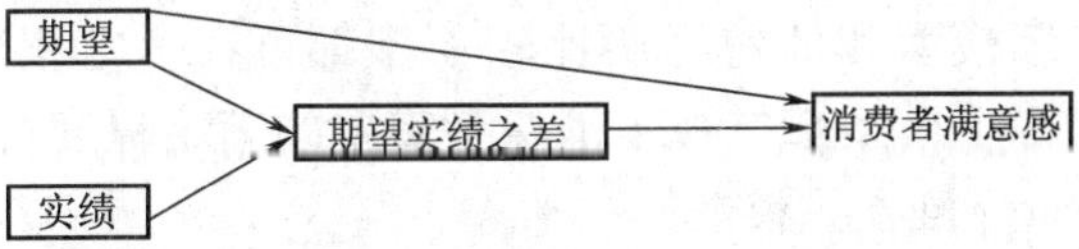

图 9－2 期望—实绩模型

资料来源：Oliver Richard L. A Cognitive Model of the Antecedents and Consequences of Satisfaction Decisions. Journal of Marketing Research, 1980, 17(4): 462.

虽然有许多学者的研究结果支持奥立佛的观点，但也有不少学者提出了异议。例如，美国学者斯旺（John E. Swan）和马丁（Warren S. Martin）的研究结果表明实绩与期望之差对消费者满意程度并没有显著的影响。美国学者勒托奥（Stephen A. LaTour）和皮特（Nancy C. Peat）指出期望—实绩模型往往无法解释顾客满意感形成过程。如果消费者无法购买到自己最喜爱的产品或服务，而不得不购买其他替代品，即使替代品的实绩符合或超过了他们的期望，消费者仍可能会不满。我国学者

汪纯孝也指出:①旅游消费者在消费某些产品或服务之前,由于缺乏必要的知识和消费经历,他们很难预见产品和服务的实绩;②消费者不会预测产品和服务的某些属性的实绩,如他们不会预测自己熟悉的酒店的位置,但这类属性也会影响消费者的满意程度。

（二）消费经历比较模型

20世纪80年代初,美国学者伍德洛夫(1982)、卡杜塔和简金思(1983)提出了消费经历比较模型。他们认为消费者会根据以往的消费经历,逐渐形成以下三类期望:①根据自己消费过的最佳的同类产品和服务,预计自己即将消费的产品和服务的实绩;②根据自己消费过的一般的同类产品和服务,预计自己即将消费的产品和服务的实绩;③对某个企业的产品和服务正常实绩的期望,即消费者根据自己在某个企业的一般消费经历,预计自己在该企业即将消费的产品和服务的实绩。第三类期望与“期望—实绩”模型中的期望相似。

根据消费经历比较模型,消费者在某个企业或同类企业的消费经历都会影响期望与实绩比较过程。然而,①如果消费者即将消费某项新产品或新服务,他们很难根据以往的消费经历形成期望,也就很难对实绩和期望进行比较;②如果目前最佳的同类产品或服务不能充分满足消费者的需要,那么,即使消费者消费了最佳的产品和服务,也不会感到非常满意;③不同的消费者有不同的需要,对同一企业的产品和服务实绩会有不同的要求,对不同企业的产品和服务实绩也会有不同的要求。例如,最佳同类餐馆供应15种菜肴,一般同类餐馆供应10种菜肴,本餐馆只供应5种菜肴,根据消费经历比较模型,消费者可能会不满。但是,如果本餐馆供应的5种菜肴正是消费者最喜爱的菜肴,消费者就会非常满意。换句话说,满意与否是由产品和服务满足消费者需要的程度决定的,而不是由实绩与期望之差决定的。由此可见,期望—实绩模型和消费经历比较模型都可在一定程度上解释顾客满意感形成过程,但是这两个模型都忽视了消费者需要的满足程度对满意感的影响。

（三）消费者感知价值差异模型

美国学者韦斯卜洛克和雷利于1983年提出了“消费者感知价值差异”模型。他们认为,消费者的满意感是消费者感知的产品和服务实绩满足其需要而产生的一种喜悦状态。产品和服务的实绩越符合消费者需要的消费价值,消费者就越满意;反之,消费者就越不满意。

1990年,我国学者汪纯孝在美国对这个模型进行了实证检验。他的研究结果表明,与实绩和期望之差相比,消费者感知的价值差异对满意感的影响更大。此后,美国学者梅耶斯(James H. Myers)(1991)、斯普兰(Richard A. Spreng)等人(1993)均取得与汪纯孝一致的研究结果。1998年,汪纯孝等人对广州某餐馆的消费者进行了一次研究。结果表明,与“期望—实绩”模型和“消费经历比较”模型相比,“消费者感知价值差异”模型更能解释消费者满意感的形成过程。但是,这三种模型都只是对消费者满意感的形成过程做出了简单化的解释，要更好地解释消费者满意感复杂的形成过程，应综合考虑消费者的期望、消费者感知的服务实绩、实绩和期望之差、消费者需要满足程度等因素与消费者满意程度之间的关系。

（四）情感模型

2000年，奥立佛在不断完善消费者满意感定义的基础上，提出了图9－3所示的消费者满意感形成过程模型。奥立佛认为，满意感是消费者在自己的需要得到满足之后产生的心理和情感反应。在消费过程中或消费之后，消费者会根据自己的期望、需要、理想的实绩、公平性以及其他可能的标准，评估产品和服务的实绩。消费者对实绩的评估结果以及他们对评估结果的归因，都会影响消费者的整体情感，消费者的情感会进而影响他们的满意程度。

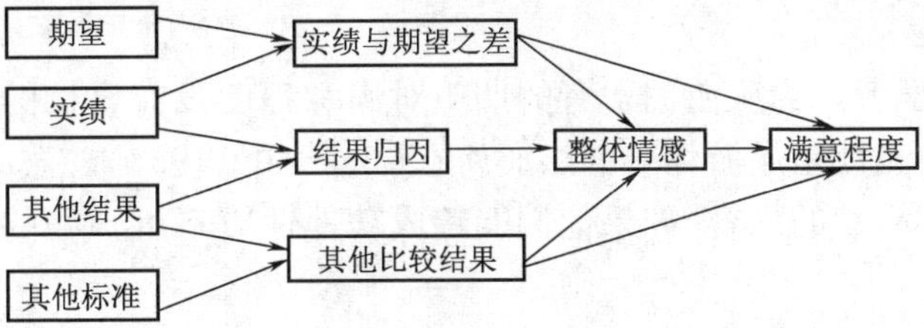

图9－3　消费者满意感形成过程模型

资料来源：Oliver Richard L. Customer Satisfaction with Service, In: Teresa A. Swartz, and Dawn Iacobucci, eds. Handbook of Service Marketing and Management. Thousand Oaks, CA: Sage Publications, 2000: 251.

与上述模型不同的是，这个模型考虑了消费者在消费过程中的情感反应，而不是纯粹从理性认知的角度分析消费者满意感。在旅游消费过程中，消费者很难拥有足够的信息，对旅游产品和服务形成确切的期望，或根据某些具体的属性评估服务实绩。此外，由于旅游消费者亲自参与服务过程，并通常要与服务人员直接交往，消费者自身在消费过程中的情感和情绪会直接影响他们的满意程度。所以，奥立佛的情感模型更贴近旅游消费者满意感的形成过程。

三、影响旅游消费者满意程度的因素

根据以上对旅游消费者满意感概念和满意感形成过程的探讨，我们可以把影响旅游消费者满意感的因素归纳为以下几个方面：

（一）旅游消费者对旅游产品和服务的期望

旅游消费者对将要发生的消费经历的期望，是旅游消费者常用于与实际消费体验相比较的标准之一。它主要受以下因素影响：①旅游产品和服务自身。旅游消费者过去消费该类产品和服务的经验、旅游产品和服务的价格、外部特征、内涵及象征性意义均影响旅游消费者的期望。②促销因素。企业如何宣传旅游产品，用什么样的方法与消费者沟通，也会影响旅游消费者的期望。③旅游消费者个人特征，如理解能力。④旅游消费者从社交圈子中获得的交流信息。

关于消费者期望与满意感之间的关系，学术界主要有两种观点。不少学者认为消费者的期望与满意感存在负相关关系，即消费者期望越低，就越可能满意。因此，彼特斯(Tom Peters)、德维多(William H. Davidow)等美国学者认为企业应降低消费者的期望，以便使服务实绩超过消费者的期望。另外一些学者则认为消费者的期望与满意感存在间接的正相关关系。汪纯孝的研究结果表明，消费者的期望对他们感知的服务实绩有直接的正面影响，对实绩与期望之差则有直接的负面影响。消费者的期望通过实绩与期望之差和服务实绩，间接地对满意感产生正面影响(1998)。这一研究结果支持美国学者斯普兰(Richard A. Spreng)等人1996年的实证研究结论。

此外，有些学者认为旅游消费者的期望对满意程度没有直接的影响，并强调旅游活动的不可预测性是旅游体验的核心所在(Botterill 1987)。旅游消费者不需要精确地预见旅游活动的内容，如果他们能够成功地适应不可预测的旅游活动，也能获得高度满意。

综合上述观点，旅游企业在市场沟通活动中，既应防止夸大宣传、虚假宣传，也应防止宣传不力。旅游企业应该为消费者提供准确、真实、可靠的信息，使消费者形成现实的期望，以便消费者做出正确的选购决策，满足他们的期望，进而提高消费者感知的服务质量和满意程度。此外，旅游企业还要尽力超越消费者的期望，通过给消费者带来惊喜来增加旅游产品和服务的魅力。

(二)旅游产品和服务的实绩和功效

在一般情况下，消费者对旅游产品和服务的认知是以产品和服务的实绩和功效为基础的。如果旅游产品货真价实，那么，不管原来的预期如何，消费者迟早会调整其预期，逐步对旅游产品产生满意感。相反，如果旅游产品和服务的实绩很差，即使消费者原来的期望很低，也会产生不满情绪。比如，不少旅游消费者明明知道所谓的“零费团”质量不能保证，但一旦真的参加了这样的旅游团，仍会表达其抱怨和不满。

为了更好地分析产品和服务的实绩对消费者满意感的影响，研究人员把实绩划分为两个层面:工具性绩效(instrument performance)和象征性绩效(expressive performance)。工具性绩效与产品的物理功能的正常发挥有关，象征性绩效则与审美或形象强化有关。皮雅姆(Pizam A.)等人指出，多数旅游产品和服务的象征性绩效要比工具性绩效更重要(1978)。所以，旅游企业经常强调其产品的象征性绩效，如酒店的声誉、酒店房间的豪华，而不是强调房间的功能和价格。一般来说，工具性绩效是保证旅游消费者满意不可缺少的因素。如果工具性绩效令人失望，如通往目的地的交通设施无法运作，旅游消费者就会不满。但是，即使工具性绩效符合消费者的需要，消费者也不一定满意。要旅游消费者完全满意，产品和服务的象征性绩效必须达到或超过旅游消费者的期望水平。但是，如果象征性绩效较次，如交通设施不够豪华、交通服务的个性化程度不够高，也不一定导致旅游消费者不满意。

（三）归因（Attribution）

归因，与旅游消费者可感知的因果推理相关。消费者在购买和消费旅游产品的过程中，会对企业的各种活动、其他消费者的行为以及产品品质的好坏做出归因。当服务过程中出现障碍和问题时，消费者可能将其归因于旅游企业，也有可能将其归因于自己运气不好或处理不当，或归因于气候、环境等外部因素。当消费者把问题归因于旅游企业时，消费者将对旅游产品和旅游企业产生不满，而在其他归因情况下，则可能比较宽容。福尔克斯（Folkes V.）等人进行了一项调研，询问乘客在航班误点时的反应。他们发现，消费者是否不满在很大程度上取决于归因类型。将误点原因归咎于气候条件时，乘客的反应比较和缓，对误点表示理解。如果将误点与航空公司可以控制的一些因素相联系，乘客的不满和愤怒情绪就比较强烈。

在旅游服务中，许多影响旅游消费者感知质量和满意感的因素是无法人为控制的。例如，①天气；②交通系统的员工罢工；③政府的官僚作风，如签证的限制和出行征税；④目的地或者住宿设施内其他旅游者的行为举止；⑤目的地恶劣的医疗卫生条件和道路基础设施；⑥在目的地遭到乞丐和小贩的骚扰，等等。旅游企业无力改变这些因素。对旅游企业来说，重要的是了解消费者如何做出归因，并引导他们做出正确的和有利于企业发展的归因。

（四）消费者的情感

旅游消费过程既是一个认知过程，也是一个情感体验过程。大多数学者认为，情感可以分为正面情感（如快乐、高兴、欣喜等）和负面情感（如悲伤、烦恼、愤怒等）。旅游消费者在消费过程中，可能会体验到一种或多种情感。

近年来，许多学者都认识到情感对消费者心理和行为的重要影响。1987 年，美国亚利桑那大学的营销学教授韦斯特伯（Robert A. Westbrook）首先通过实证研究发现消费情感直接影响消费者的满意感，而且情感性因素与认知性因素（如消费者的期望、服务实绩以及期望与实绩之差）对消费者满意感的影响程度基本相同。派莱斯（Linda L. Price）等人进一步指出，与产品消费者相比较，服务消费者与企业及员工的接触更多、感情投入程度更高，因此，消费者在服务消费中的情感反应更强烈（1995）。奥立佛对上述观点进行了一系列实证检验，他发现消费者在消费过程中的情感的确是影响满意程度的不可忽视的因素（1997，2000）。

现有的研究成果表明，消费者接受服务前的心情会影响他们对员工服务行为的评估和对服务经历的总体满意感（Liljander & Mattsson　2002；Manila & Wirtz　2001）。

在服务过程中,受员工的行为等因素的影响,消费者的情绪会不断变化。消费者消费前的情绪和他对消费经历的情感反应会影响他们感知的服务质量和对企业的喜爱程度,进而影响他们对企业的信任感和忠诚感(Holbrook & Gardner 2000;Lemmink & Mattsson 2002)。由于消费者在服务过程中的消费情感是由企业的服务实绩直接引起的,因此,与消费者消费前的情绪相比较,消费情感对消费者服务评估的影响更大(韩小芸等 2004)。

持正面情感的旅游消费者会用一种积极的姿态来屏蔽评价中的不利因素。与心情不好或者心情平静的人相比较,心情愉快的旅游消费者更容易感到满意。相反,持负面情感的消费者则通常忽略了旅游消费中的正面信息。比如,某项旅游活动的质量也许并不低,但如果旅游消费者在活动中丢了钱,沮丧的他对此项旅游活动的评价也许会很低。一般来说,压力因素,如交通延误、语言问题、在旅游期间个人安全和健康问题、与同行旅游者的相处问题、对旅游地习俗和食物的不适应等,很容易激发旅游消费者的负面情感,导致他们的不满。旅游企业总是在试图缓解这些压力,通过引导消费者的归因影响消费者的情感,进而影响消费者的满意感和购后行为。

(五)服务公平性

旅游消费者的满意感还取决于他们认为交易是否公平合理。一旦消费者认为自己是受剥削的一方,心理上就会不平衡,从而滋生不满情绪。从消费者的角度来看,旅游企业提供的公平服务既包含了服务结果的公平性,也包含了服务过程中的公平性。

1. 结果公平性

结果公平性是旅游消费者对服务结果公平程度的一种主观判断。旅游企业为消费者提供了什么样的服务结果,当然会影响他们的满意感。例如,消费者参加旅行社的旅游团后,是否游完了旅行社承诺的景点,旅行社安排的酒店是否达到了住宿标准等。这些服务结果是旅游消费者消费经历的一个组成部分。如果旅游消费者花了钱而不能获得应有的利益,就会出现不公平感。

结果公平性主要包括结果是否公正、平等、符合需要三个方面:

"公正",指消费者对旅游产品和服务的投入应该与其得到的利益相当。消费者对某种服务的价格往往会有一个大致的看法,并根据他们感觉中的消费价值,判断企业的价格是否公平合理。如果消费者认为自己支付的价格高于企业所提供的服务结果的价值,就会认为本次旅游是不合算的,从而对旅游企业产生不满。

"平等",指每个消费者应该得到相同标准的服务结果。消费者会将自己所得与其他消费者相比较。例如,参加同一个旅游团的游客所住的酒店房间标准是否一致,乘坐的交通工具的规格和档次是否相同,或者在同一交通工具上能否享受同样档次标准的服务。

"符合需要",指消费者在消费中获得的利益应该满足他们的需要。消费者会判断旅游企业是否兑现了其承诺,为消费者提供所需的服务。如果旅游企业①缺少必要的设施和服务,如饭店内没有传真设施、卫生间无电源插座、汽车没有空调设备等;②服务设施损坏或功能不好,如客房电灯不亮、电梯故障、卫生间水箱漏水、汽车抛锚等;③环境不佳,如饭店的电器设备噪声太大、室内气味不好、餐厅色彩不适宜等,这些情况都会降低消费者对服务结果公平性的评价,进而降低其满意程度。

2. 服务过程的公平性——交往公平性和程序公平性

服务过程的公平性包括程序公平性和交往公平性两个方面,前者与旅游企业的政策、制度、服务程序有关,后者与消费者和服务人员之间的交往因素相关。旅游消费者经常从等待服务的时间、等待服务的程序、企业满足顾客的特殊要求、服务效率、服务承诺、服务差错等六个方面评估服务程序公平性,从服务人员礼貌待客、不欺骗顾客、关心顾客利益、耐心服务等方面评估服务交往公平性。

根据欧洲商业管理学院教授凯因(W. Chan Kim)和马邦(Renée Mauborgne)的观点,如果消费者认为结果是公平的,但在获得服务过程中受到了不公平的对待,也会降低消费者感知的服务质量,影响消费者与企业之间的关系。

国内外学者的实证研究结果表明,无论是在处理消费者投诉和进行补救性服务时,还是在正常服务中,服务公平性都会影响消费者的满意程度。其中,结果公平性对消费者满意程度和消费者行为意向的影响最大。在消费者投入程度较高的高级餐饮服务中,尽管消费者十分注重服务人员的服务态度和服务行为,但餐厅的收费是否合理、菜肴和服务是否能满足消费者的需要,仍然是决定消费者满意程度的主要因素。交往公平性则更多地影响消费者感知的整体服务质量和消费价值,间接地对消费者的满意感产生影响(Smith et al.　1999;温碧燕,汪纯孝　2002)。此外,旅游消费者对"公平"的评价与消费者所处的文化背景、所受的教育程度以及消费者的价值观念等多种因素有关。

四、服务质量与旅游消费者满意感

在早期的旅游研究工作中,研究人员没有严格地区分消费者满意感和消费者感知的质量。许多旅游营销工作者都把消费者满意看成是服务质量水平高的标志。在实践中,许多旅游企业也是根据消费者对企业的各项服务质量指标的评价来评估消费者的满意程度的。尽管旅游消费者感知的质量和满意感有许多相似之处,但它们是两个不同的概念:

(1)消费者在享用了旅游产品和服务之后,才会对旅游企业及其产品和服务产生满意感。然而,即使消费者没有实际消费经历,也可以评估产品和服务的质量。如前所述,旅游消费者的满意感是对某次消费经历的满意感。对满意和不满意的判断必须建立在实际消费经历的基础上。换言之,如果旅游消费者从来没有接受过企业的服务,就不可能产生满意感。但没有实际消费经历的消费者可以根据广告、新闻、亲友的介绍,推断自己从未接触过的某个企业的服务质量。

(2)服务质量模型中的"期望"与满意感模型中的"期望"有一定的差别。消费者满意感模型中的期望指消费者在消费前,根据各种信息(如以往的消费经历、企业的宣传材料、亲友的推介),对即将发生的消费经历的主观预测。也就是说,满意感模型中的期望描述的是旅游消费者预计企业"将会"提供的服务。服务质量模型中的期望描述的则是旅游消费者认为企业"应当"提供的服务。潘拉索拉曼、隋塞莫尔、贝里把服务质量模型中的期望分为两个层次——消费者渴望得到的称心的服务水平和消费者尚可接受的合格的服务水平。一般旅游企业的服务实绩应当介于两种期望之间。

(3)服务质量评估是一个认知过程,而消费者满意感的评估既是一个认知过程,也是一个情感体验过程。总的来说,消费者满意感比消费者感知的质量更加情感化,它包含了消费者在需要得到满足(或没有得到满足)后的情感表现。所以,企业对消费者进行满意度调查时,通常问"你喜欢……吗",而不是仅问认知性的问题。

旅游消费者感知的质量和满意感两者之间存在密切联系,但目前学术界对服务质量与满意感的因果关系存在一些争论。潘拉索拉曼等人认为,服务质量是消费者长时间积累而成一种认知,满意感是某一次特定交易的结果,消费者对某次服务经历的满意感影响顾客感觉中的服务质量(Parasuraman et al.　1994)。

另外一些学者的研究结果表明,消费者感知的服务质量影响满意感。如果消费者认为企业的服务质量好,他们就会感到满意,相反,如果消费者认为企业的服务质量不好,他们就会不满。北欧学派代表人物格鲁努斯认为这样的结论是符合逻辑性的,即消费者首先感知服务质量的优劣,然后才判断对这种服务质量是满意还是不满意(GrÖnoos　2000)。

实际上,如果我们从长期来分析服务质量与满意感的关系,就会发现两者之间存在动态的互为因果关系(Taylor & Cronin　1994;汪纯孝　1998)。在某次旅游消费过程中,旅游消费者感知的服务质量影响他们对消费经历的满意感。旅游消费者认为企业的服务质量越高,就越可能觉得服务实绩超出了他们的期望,对本次消费经历感到满意。随着旅游消费者满意程度的提高,他们的期望很可能会发生变化。旅游企业必须提供更优质的产品和服务,才能使从前满意的消费者高兴。如果在以后的消费中旅游企业的实绩一直能够符合消费者的期望,消费者就会认为该企业的总体服务质量高,对企业总体感到满意,进而对企业产生忠诚感。相反,如果在服务消费过程中,消费者觉得企业的服务实绩低于自己的期望,就会感到不满意,并且对下一次消费形成较低的期望。长此以往,消费者就会认为该企业的服务质量低下,从而改购其他企业的服务。因此,旅游企业应采取有效的管理措施,提高消费者感知的服务质量,增强消费者满意感。

五、旅游消费者信任感与满意感

信任感,是人们对信任对象可信性和善意的看法。可信性,是指一方认为另一方的承诺是可信的;善意,指一方对另一方利益的真诚关心及共同获利的愿望。旅游消费者的信任感表现为消费者信赖自己相信的旅游企业的意愿。

旅游消费者的满意感与他们对旅游企业的信任感成正相关关系。一般来说,旅游消费者对自己在某个企业的消费经历越满意,就越可能相信该企业和相关服务人员的诚信、善意和服务能力,逐渐对该企业产生信任感。反过来,旅游消费者信任企业,就能更好地预见企业及其员工的行为,并愿意向企业更详细、更准确地说明自己的需要,从而获得令人满意的服务。如果我们把旅游消费者的期望看做是消费者对企业服务实绩的一种预期,在企业的服务实绩没有达到其预期水平的情况下,为了降低认知的不一致性,消费者也可能会表现出较高的满意程度。此外,如果消费者信任旅游企业,就不会担心企业没有能力满足自己的需要,更不会担心企业欺骗自己,损害自己的利益,他们就更可能对旅游企业感到满意。

然而,我国许多旅游企业尚未建立起与旅游消费者之间相互信任的关系。一项对北京、上海、广州等7个城市市民展开的调查显示,68.5%的被调查者在最近一次旅游中有不愉快的体验。“签约容易履约难”、“行程及费用不透明”、“游客利益难以保障”、“投诉效果不佳”等,是导致消费者不满的主要原因。消费者对旅游企业的不满使中国旅游业面临一场信任危机。被调查者对旅游业的信任度仅为67.6分(百分制),其中,具有随团经验的消费者信任程度更低。消费者对旅游企业快速解决问题的能力评价不高,不确定自身利益能否得到企业的保障,对“当出现合同中没有明确规定的情形时,旅游企业是否会考虑消费者利益”,“因旅游企业自身原因使消费者利益受损后,能否主动赔偿消费者的利益损失”等问题持怀疑态度。①

消费者对旅游业的信任度偏低,不利于旅游企业的生存和发展。我国旅游企业必须以消费者为导向,为消费者提供可靠的服务,提高消费者的满意程度,与消费者建立互信的合作关系,扭转这种局面。

六、旅游消费者满意感与归属感

旅游消费者对企业的归属感,是指消费者与旅游企业保持长期关系的意愿。它体现为情感性归属感和持续性归属感两个方面,前者指消费者喜欢购买和消费旅游企业的产品和服务,后者指消费者因改购代价太大,或缺乏改购机会而不得不

---

① 引自零点调查公司和《东方企业家》杂志联合发布的《中国公众旅游服务传播指数2005年度报告》。

继续购买和消费某旅游企业的产品和服务。对企业归属感强的消费者愿意为保持双方的良好关系而投入较多的精力,甚至牺牲短期利益。

许多欧美学者认为,消费者对自己在某个旅游企业的消费经历感到满意,就更相信这个企业有能力满足自己的需要。因此,与他们不熟悉或不能满足他们期望的企业相比较,消费者到他们熟悉的、能够满足他们期望的企业消费,可降低他们感觉中的风险。由于旅游消费的风险较高,为了降低购买风险,旅游消费者往往愿意与自己熟悉的、能够满足自己期望的企业保持长期关系,而不轻易改购其他企业的产品和服务。如果消费者对自己在某个旅游企业的消费经历感到不满,他们感觉中的"跳槽"代价较小,就更可能改购其他企业的产品和服务。此外,如果消费者对自己在某个旅游企业的消费经历感到满意,他们就会感到满足、高兴,甚至会对该企业产生一定程度的依恋感。美国学者格伯林诺(Ellen Garbarino)和约翰逊(Mark S. Johnson)在剧院展开的实证研究结果支持上述观点,消费者的满意感对归属感有显著的直接影响(1999)。

第二节　旅游消费者的忠诚感

20世纪90年代以来,美国《哈佛商业评论》发表了一系列论述消费者忠诚感的论文,引起了学术界和企业界对培育消费者忠诚感的普遍关注。不少旅游企业已经认识到,一个忠诚顾客为企业创造的收益可能是一个天文数字,把顾客的口碑宣传因素考虑在内时更是如此。要在激烈的市场竞争中提高经济收益,增强竞争能力,旅游企业就必须把与消费者建立长期合作关系,培育消费者忠诚感作为战略的核心内容。

一、旅游消费者忠诚感的概念及其组成成分

(一)消费者忠诚感的定义

在早期的消费者忠诚感研究中,许多学者侧重研究消费者忠诚感的行为表现,从消费者的再购率、消费者与企业关系的持久性、消费者的购买方式、购买频率、消费者从本企业购买的产品数量在他们购买的同类产品总量中所占的比例、消费者对企业的口头宣传等方面计量消费者忠诚感。他们强调忠诚的消费者会反复购买某个品牌的产品,并且只考虑该品牌的产品,不寻找其他品牌的信息。这种对消费者忠诚感的理解,实际上混淆了习惯性重复购买与忠诚感的区别,忽略了消费者忠诚感的心理含义。

1969年,美国著名营销学者德因(George Day)首先提出,真正忠诚的消费者不仅会反复购买企业的产品和服务,而且还真正喜欢企业的产品和服务。因此,企业

应综合考虑消费者忠诚感的行为成分和态度成分①。美国学者狄克(Alan S. Dick)和巴苏(Kunal Basu)根据消费者对企业的态度和消费者的购买行为,提出了如图9-4所示的消费者忠诚感分析框架(1994)。他们认为,消费者忠诚感是由消费者对本企业产品和服务的续购率与消费者对本企业的相对态度共同决定的。只有那些续购率高,且偏爱本企业的消费者才是本企业的真正忠诚者(图9-4中的A)。

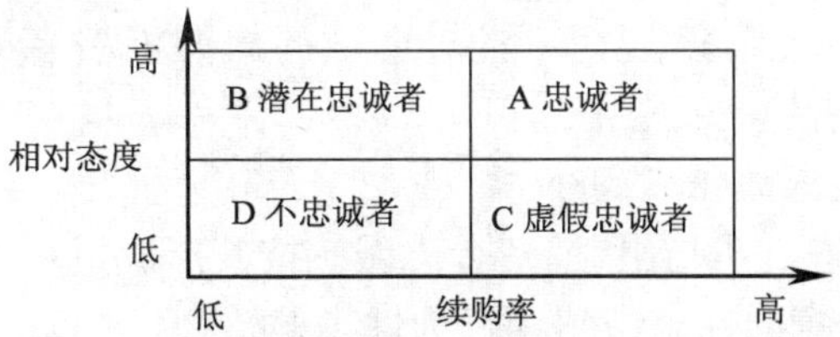

图9-4 狄克和巴苏对忠诚消费者的分类

资料来源:Dick Alan S. ,and Kunal Basu. Customer Loyalty: Toward an Integrated Conceptual Framework. Journal of the Academy of Marketing Science, 1994, 22 (2): 102.

1997年,奥立佛对他于1980年提出的消费者忠诚感定义进行了修改和完善。他指出,消费者忠诚感指消费者长期购买自己偏爱的产品和服务的强烈意愿,以及消费者实际的重复购买行为。真正忠诚的消费者,不会因外部环境的影响或竞争对手企业的营销措施而"跳槽"。这个定义得到了国内外学术界的普遍认同。

(二)旅游消费者忠诚感的特点

学术界对消费者忠诚的研究,始于对有形产品的品牌忠诚感的探讨。20世纪70年代末至80年代初,美国航空运输业纷纷推行常客计划,给整个行业造成了巨大的冲击。与此同时,学术界也逐渐开始研究旅游企业的消费者忠诚感问题。许多学者指出,由于产品(狭义)和服务之间的区别以及产品营销策略和服务营销策略之间的差异,工业企业培育消费者忠诚感的措施对旅游企业并不完全适用。这些学者认为,①与工业企业相比,旅游企业更可能与消费者建立密切的联系。②旅游消费者比有形产品消费者更可能对某个企业形成忠诚感。③在旅游服务消费过程中,消费者与服务人员接触的机会较多,因此,旅游企业有更多的机会培育消费者忠诚感。服务人员能够扮演兼职营销人员的角色,维系旅游消费者与企业之间的关系。④与有形产品相比较,消费者觉得旅游服务的购买风险更大。为了降低购买风险,消费者更可能忠诚于某家旅游企业。⑤在旅游企业中,消费者既可能忠诚于旅游企业的某个销售网点,也可能忠诚于旅游企业的某位员工。

① Dick Alan S. , and Kunal Basu. Customer Loyalty:Toward an Integrated Conceptual Framework. Journal of the Academy of Marketing Science, 1994, 22(2):100.

由于上述原因,旅游消费者的忠诚感不同于其他消费者对产品品牌和销售网点的忠诚感。消费者对品牌的忠诚感,指消费者喜欢某个品牌的产品,并长期购买该品牌的产品。忠诚于某个品牌的消费者,可以到该品牌竞争对手的销售网点去购买自己偏爱的品牌的产品。消费者对销售网点的忠诚感,指消费者喜欢某个销售网点,并长期到这个销售网点购买产品。忠诚于某个销售网点的消费者,可以在他们偏爱的销售网点购买多种品牌的产品。然而,旅游消费者必须到自己偏爱的旅游企业或目的地购买服务,也就是说,忠诚的旅游消费者既是"销售网点忠诚者",也是"品牌忠诚者"。

(三)消费者忠诚感的组成成分

1999年,奥立佛进一步指出,消费者忠诚感按其形成过程可以划分为认知性忠诚感、情感性忠诚感、意向性忠诚感和行为性忠诚感①。

1. 行为性忠诚感

行为忠诚的消费者反复购买某个品牌的产品和服务,他们的购买决策行为是一种习惯性反应行为,他们不留意竞争对手企业的营销活动,不会特意收集竞争对手企业的信息。行为性忠诚感反映消费者的实际消费行为,但它无法揭示消费者反复购买某种产品和服务的深层次原因。真正忠诚的消费者不仅反复购买某个企业的产品和服务,而且在众多同类企业中更偏爱这个企业。出于惰性、折扣、有奖销售或因某个企业的市场垄断地位而反复购买该企业产品和服务的消费者,并不是真正的忠诚者。

2. 情感性忠诚感

情感性忠诚感包含消费者对买卖双方关系的情感投入,是消费者在多次满意的消费经历的基础上形成的对企业的偏爱和情感。巴诺斯(James G. Barnes)发现,真正忠诚的消费者能够感受到他们与企业之间的情感联系,而这种情感联系正是消费者与企业保持长期关系,继续购买企业的产品和服务,并向他人大力推荐企业的产品和服务的真正原因(1997)。与企业缺乏情感联系的消费者,不是企业真正的忠诚者。但是,出于种种原因,喜欢某个企业的消费者不一定就会购买这个企业的产品和服务,他们可能只是潜在的忠诚者。

3. 认知性忠诚感

早在1980年,美国学者李(B. A. Lee)和泽斯(C. A. Zeiss)就指出,除行为成分和情感成分之外,消费者忠诚感还应包含认知成分。具有认知性忠诚感的消费者在购买决策过程中会首先想到和选择本企业产品和服务,并能承受产品和服务价格的轻微上浮。与竞争对手企业相比较,在认知方面忠诚的消费者更偏爱本企业,但同时他们也非常关心自己能够获得的利益、产品和服务的质量和价格,追求

① Oliver Richard L. Whence Consumer Loyalty? Journal of Marketing, Special Issue, 1999, 63(4):36.

价廉物美,不太考虑品牌因素。

4. 意向性忠诚感

消费者的意向性忠诚感,既包含消费者与企业保持关系的意愿,也包含消费者追寻自己偏好品牌的动机。与消费者目前的态度和行为相比,意向性忠诚感更能预示消费者将来的行为。但是,出于种种原因,消费者的购买意向并不一定会转变为消费者的实际购买行为。因此,消费者的意向性忠诚感并不等于消费者真正的忠诚感。

综上所述,只有在认知、情感、意向和行为四个方面都对企业忠诚的消费者才是企业真正的忠诚者。根据消费者态度理论,在消费者态度形成过程中,消费者会首先收集产品和服务的信息(认知);然而对这些零碎而复杂的信息进行重新整理、加工,对产品和服务做出肯定或否定的综合评估(情感评估);并在这一综合评估的基础上产生某种行为意向。行为意向作为态度的一个组成成分,可能会转化为实际行为,也可能不转化为实际行为。但大多数学者的实证研究结果都表明,消费者的购买意向对消费者的实际购买行为有显著影响。所以,奥立佛指出,消费者忠诚感的形成过程是先产生认知性忠诚感,其次是情感性忠诚感,再次是意向性忠诚感,最后是行为性忠诚感。我国学者韩小芸在宾馆和民航公司的实证研究结果均表明,奥立佛的推理是正确的(2003)。

二、旅游消费者忠诚感的成因

20 世纪 90 年代初,哈佛大学的雷奇汉(Frederick F. Reichheld)和赛塞(W. Earl Sasser, Jr.)根据对服务业长时间的观察分析估计:当企业忠诚的常客增加 5% 时,利润可上升 25% 到 85%。这是因为忠诚的消费者乐于重复购买,愿意为该企业的服务支付较高的价格。更重要的是,忠诚的消费者还会努力向他人推荐该企业的服务,从而使该企业逐年获得更大的收益。这一论断激发了许多学者探讨"消费者的忠诚感从何而来"的兴趣。从现有的研究成果来看,消费者满意感是旅游企业培育消费者忠诚感的一个必要的前提条件,却不是充分条件。许多学者指出,旅游企业要培育真正忠诚的顾客,必须在消费者满意的基础上,逐渐增强消费者对本企业的信任感和归属感。

(一)消费者满意感与忠诚感

虽然学术界对消费者满意感与忠诚感之间的关系尚未完全达成共识,但越来越多学者认为,消费者满意感最终会发展为消费者忠诚感(Gremler et al. 2001;韩小芸,汪纯孝 2003)。如果消费者对自己以往在某个服务性企业的消费经历感到非常满意,他们再次购买同类服务时就可能会首先想到这个企业。因此,消费者满意感会直接影响消费者的认知性忠诚感。此外,满意的消费者往往愿意再次购买企业的产品和服务,愿意为企业做有利的口头宣传,愿意向他人推荐该企业的产品和服务。因此,消费者满意感会直接影响消费者的意向性忠诚感。如果企业满足消费者不断变化的需要,始终为消费者提供满意的消费经历,就有可能把满意的消费者转变为忠诚者。

然而,有趣的是,满意的消费者,甚至非常满意的消费者也经常会选购不同企业的产品和服务。一些旅游消费者为了求新、求异,而不再到访他们感到满意的景点或购买同一企业的旅游服务。雷奇汉、琼斯(Thomas D. Jones)、赛塞等人发现,消费者满意感对忠诚感的直接影响很小,对自己的消费经历满意的消费者不一定就会忠诚于企业。雷奇汉指出,在声称自己满意或非常满意的消费者中,65% ~85%的消费者会“跳槽”,改购竞争对手的产品和服务。换言之,消费者满意并不一定能增加企业的经济收益。因此,雷奇汉提出企业应跳出“顾客满意感陷阱”,尽力培育顾客的忠诚感①。

根据美国学者锡博特(John W. Thibaut)和凯利(H. H. Kelley)提出的社会交换理论,人们是否愿意保持某一关系并不是由他们对这一关系的满意程度决定的。如果人们能从其他关系中获得更大的利益,他们就可能会终止现有关系。旅游消费者与企业之间的关系也是如此,对某个旅游企业的产品和服务满意的消费者不一定会长期购买该企业的产品和服务。如果其他旅游企业能够为消费者提供更大的利益,消费者就可能会改购其他旅游企业的产品和服务。因此,旅游企业提高消费者满意程度,也不见得一定能够提高消费者的忠诚感和再购率,为企业增加收益。

尽管在雷奇汉等人的研究中,消费者满意感不直接影响行为性忠诚感,但消费者满意感对忠诚感的重大影响仍是不可否定的。因为大量学者的实证研究结果表明,消费者满意感对消费者归属感、消费者与企业之间的社交联系、消费者与服务人员之间的关系、消费者的认知性忠诚感、意向性忠诚感有显著的影响,并通过这些因素间接地影响消费者的购买行为。

综上所述,旅游企业应当意识到消费者满意感是消费者忠诚感的一个重要的驱动因素,但仅有消费者满意感是不够的。企业必须赢得旅游消费者的信赖,提高旅游消费者“跳槽”的心理代价,才能巩固与旅游消费者之间的服务关系。

(二)消费者信任感与忠诚感

美国著名营销学者贝里指出,消费者的信任感是忠诚感的基础。消费者相信企业有能力兑现其所做的隐性承诺和显性承诺,并真诚地关心消费者的利益,就会愿意与企业保持长期合作关系。当需要购买产品和服务时,消费者会首先想到他们认为值得信赖的企业。如果消费者确信该企业的产品和服务能够满足他们的需要,消费者就会形成继续购买该企业产品和服务的意向,而不是花费大量的时间和

---

① Reichheld Frederick F. Learning from Customer Defection. Harvard Business Review, 1996, 74 (2): 61.

精力，收集企业竞争对手的信息。此外，消费者还愿意为他们信任的企业做有利的口头宣传。因此，雷奇汉认为，企业要赢得顾客的忠诚，首先必须取得顾客的信任。国内外一些学者对旅游消费者的实证研究结果也表明，旅游消费者对旅游企业的信任感是旅游企业培育消费者忠诚感必不可少的条件，可以为旅游企业带来竞争对手难以模仿的竞争优势。

（三）消费者归属感与忠诚感

消费者归属感与忠诚感，是两个既有联系又相互区别的概念。归属感是一种信念。对旅游企业有归属感的消费者重视两者之间的长期关系，甚至愿意为了保持这种关系所蕴涵的长期利益而做短期的牺牲。它反映了消费者与企业之间关系纽带的强度，是消费行为的驱动因素，而并非实际的消费行为。忠诚感则包含了旅游消费者对企业的态度和购买行为，它是由消费者的实际消费经历决定的。

国内外许多学者认为，旅游消费者与企业之间的关系是建立在他们对企业的归属感的基础上的。在其他条件相同的情况下，消费者对旅游企业的归属感越强，对旅游企业就越忠诚，对旅游企业缺乏归属感的消费者是不可能表现出忠诚感的。其中，旅游消费者的持续性归属感会促使其对企业产生认知性忠诚感。如果旅游消费者觉得自己不易或无法到其他企业消费，那么当他需要购买产品和服务时，他往往首先想到特定的企业，并且对该企业能为自己提供的利益有较充分的认识。情感性归属感是消费者对旅游企业的依恋感。消费者可能会因这种依恋感而喜欢购买和消费某旅游企业的产品和服务。在宾馆等旅游企业中，由于消费者与企业和服务人员的接触时间相对较长，如果旅游企业能够让消费者产生宾至如归的感觉，消费者对企业的情感性归属感就会更强烈，并愿意再次到该企业消费（韩小芸，汪纯孝 2003）。此外，消费者对企业的归属感越强，就越可能为企业做有利的口头宣传，向他人推荐企业的产品和服务，向企业反映意见或建议（Bettencourt 1997）。因此，旅游消费者的归属感也是旅游企业培育消费者忠诚感的一个必要的前提条件。

三、消费者忠诚感对旅游企业经济收益的影响

20 世纪 90 年代后，关系营销盛行的一个重要原因是实业界发现，企业的赢利能力实际上是由消费者的忠诚程度决定的。美国学者鲍恩（John T. Bowen）和舒麦克（Stowe Shoemaker）在高档宾馆对商务旅客进行了一次调研。他们发现，①忠诚的旅客在预订客房时很少询问房价；②与其他旅客相比较，忠诚的旅客更可能购买宾馆的其他服务（如洗衣、餐饮服务等）；③忠诚的旅客还会为宾馆做正面的口头宣传，平均每个忠诚的旅客会向 12 个人推荐自己忠诚的宾馆，约有 25% 的忠诚旅客会向朋友和同事推荐自己忠诚的宾馆；④与不忠诚的旅客相比，忠诚的旅客更可能向宾馆管理人员反映意见（1998）。

总的来说,忠诚的消费者不仅长期购买企业的产品和服务,而且他们对价格不很敏感,愿意为企业的优质产品和服务支付较高的价格。如果他们喜欢企业的某种产品和服务,他们很可能对企业的其他产品和服务做出好评。真正忠诚于某个企业的消费者一般不会因其他企业的促销措施而改购其他企业的产品和服务,相反,他们还会愿意为本企业做有利的口头宣传。因此,如果某个企业能赢得消费者的忠诚感,这个企业就能扩大市场占有率,增加营业收入,减少促销费用,降低服务成本。

然而,旅游企业必须认识到消费者对企业的忠诚感是相对的。在竞争激烈的市场里,企业很难拥有只购买本企业产品和服务的绝对忠诚顾客。艾仁贝格(Andrew S. C. Ehrenberg)和阿克勒斯(Mark D. Uncles)发现,99%的汽油购买者都会购买几种品牌的汽油,88%的消费者会在多家零售店购买商品,而乘飞机旅行者往往会参加多家民航公司的"忠诚者奖励计划"。旅游企业从不同的消费者那里获得的经济收益是不同的。因此,旅游企业有必要对忠诚者分类,以便采取有针对性的管理措施,提高企业的经济收益。目前对忠诚消费者的划分方法主要有以下几种:

(一)忠诚感钻石

英国学者诺克思(Simon Knox)根据消费者购买的产品和服务的品牌数量和消费者的投入程度将消费者划分为忠诚者、习惯性购买者、多品牌购买者和品牌改换者(图9-5)。

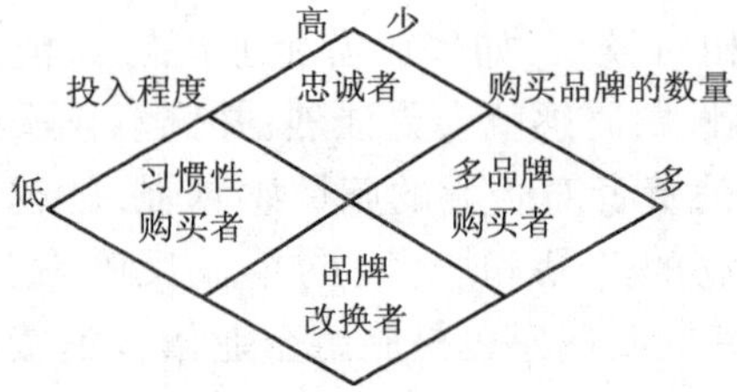

图9-5 忠诚感钻石

资料来源:Knox Simon. Loyalty - Based Segmentation and the Customer Development Process. European Management Journal, 1998, 16 (6): 733.

忠诚者和习惯性购买者往往只选购少数几个品牌的产品和服务,表现出较高程度的行为忠诚。因此,企业为这两类消费者服务往往最能获利。但是,忠诚者和习惯性购买者的购买方式不同。习惯性购买者每次购买的产品和服务基本上没有什么区别。他们之所以购买某个企业的产品和服务,是因为这个企业能供应他们需要的产品和服务,而不是因为他们对该企业有深厚的感情。一旦该企业不能提供他们需要的产品和服务,他们就会改购其他企业的产品和服务。忠诚者的投入程度较高，并能够感觉到自己与企业或品牌之间的情感联系，愿意花费时间和精力与企业保持关系。在企业没有他们需要的某种产品和服务时，他们会暂时改购其他企业的产品和服务，一旦企业能够提供这种产品和服务，他们又会继续购买企业的产品和服务。有时候，忠诚者甚至因为企业暂时没有他们需要的产品和服务而推迟购买。由于消费者对企业的忠诚是相对的，因此，忠诚者偶尔也会表现出暂时性的"跳槽"行为。

多品牌购买者和品牌改换者的购买行为比较相似，他们都购买多种品牌的产品和服务。企业为这两类消费者服务往往获利不多。这两类消费者的购买动机有所差别。多品牌购买者积极寻找各种品牌的产品和服务，并为不同的消费场合购买不同品牌的产品和服务。品牌改换者一般对价格优惠比较感兴趣，他们的购买策略是以最低的价格购买自己需要的产品和服务，他们会为了一点点的价格优惠而改购其他企业的产品和服务。

(二)狄克和巴苏的划分方法

如前所述，狄克和巴苏根据消费者对企业的产品和服务的续购率与消费者对本企业的相对态度把消费者划分为忠诚者、潜在忠诚者、虚假忠诚者、不忠诚者(图9-4)。消费者对本企业的相对态度指消费者偏好本企业的程度，以及消费者对本企业与其他企业的态度差异。

续购率高、偏爱本企业的忠诚者(图9-4中的A类消费者)是企业和营销人员追求的对象。有些消费者对某个企业有强烈的偏好，但受环境因素限制，他们购买该企业产品和服务的频率较低，这类消费者是企业的潜在忠诚者(图9-4中的B类消费者)。例如，消费者可能非常喜欢某个餐厅，但他们可能因经济收入有限或为了品尝多种不同风味的食品而不经常到这个餐厅就餐。有些消费者认为各个企业的产品和服务没有什么差别，也很少重复购买同一企业的产品和服务(图9-4中的D类消费者)。这类消费者对任何企业都不忠诚，出于各种原因，这类消费者经常转换品牌，选择多个品牌。

此外，还有些消费者经常购买某个企业的产品和服务，但他们认为各个企业的产品和服务差别不大，这类消费者是企业的虚假忠诚者(图9-4中的C类消费者)。在垄断市场中，消费者只能向某个企业购买产品和服务。有些消费者严格按照自己的购买习惯购买产品和服务。这些消费者很可能是企业的虚假忠诚者。

不少航空公司、饭店集团、预订中心等旅游企业，把常客奖励计划作为忠诚计划，鼓励消费者长期购买自己的产品和服务。表面上看，运用价格折扣和积分奖励计划可能会使营业收入增加，刺激消费者的重复购买行为。但无论旅游企业采用哪种形式的常客奖励计划，企业都是通过让利的方法，与消费者建立财务层次的联系。可以说，旅游企业实际上是在"购买"常客，而由此获得的大多数"常客"并不是真正的忠诚者。原因在于，各旅游企业所推出的这些常客计划在性质上是雷同的，没有致力于解决消费者的需要,因而难以与旅游消费者建立起情感和心理上的联系。在奖励计划的刺激下,即使旅游消费者对企业没有好感,他们也可能会经常性地购买该企业的服务,从而表现出"虚假的忠诚"。随着购买次数的增加,这类旅游消费者可能会变得更加难以满足。当竞争对手企业提供更丰厚的奖励时,他们很快就会改购其他企业的产品和服务。

简而言之,常客奖励计划也许可以留住旅游消费者,却难以买到旅游消费者的情感性忠诚感。此外,奖励常客的费用会增加旅游企业的运营成本。为了维持利润额,企业往往要提高售价,将这笔费用分摊到没有受到奖励的消费者身上,因而,常客奖励计划反而有可能减少企业的有价值的潜在顾客。旅游企业应尽力为消费者提供符合他们需要的产品和服务,让常客喜欢企业的产品和服务,培养真正忠诚的消费者。

(三)雷纳兹和库玛的划分方法

长期以来,我们都假定只要消费者经常惠顾企业,就能为企业带来更多的收益。然而,雷纳兹(Werner Reinartz)和库玛(V. Kumar)在美、法、德三国展开的一项研究表明,消费者的购买频率和购买的长期性对服务性企业的利润只有轻度到中度的影响。许多常客并不像我们设想的那样愿意为企业的产品和服务付较高的价格。他们熟悉企业的产品和服务,对价格相当敏感,知道应该向企业要求什么,而且比其他消费者要求得更多。所以,企业为他们服务,只能获得较低的收益,而不是较高的利润(2002)。在这项研究基础上,雷纳兹和库玛根据企业为消费者服务所能获得的利润和消费者与企业保持关系的时间长短,将消费者划分为陌生人、花蝴蝶、真正的朋友和藤壶[①](Barnacle)四种类型(图 9-6)。

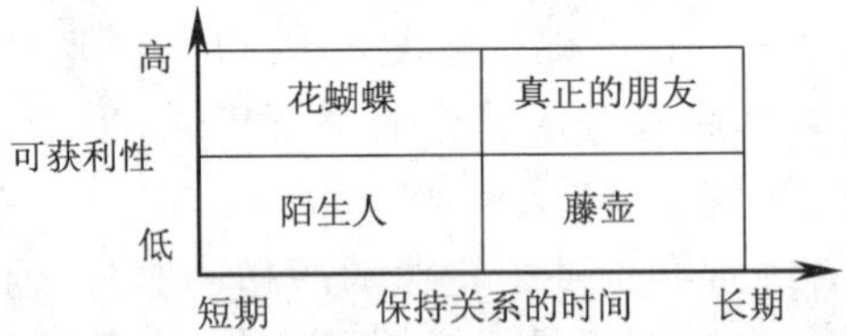

图 9-6　雷纳兹和库玛对消费者的分类

"陌生人",指那些对企业不忠诚,企业为他们服务不能赢利的消费者。企业应尽早识别"陌生人",不要花费过多的时间和精力为他们服务。

"花蝴蝶",指那些对企业不忠诚,却可使企业赢利的消费者。企业可对这类消费者进行短期的硬性推销,尽可能从他们那里获取最大的短期利润。

① 一种蔓足亚纲的海洋甲壳类动物,通常嵌附在水面下的岩石、船底、码头木柱等物体上。

"真正的朋友",指那些对企业忠诚,且能使企业赢利的消费者。这类消费者对自己与企业的关系比较满意。由于企业为"真正的朋友"服务,能获得最大的经济收益。因此,企业应采取适当的措施,回报他们的忠诚感,以便增强"真正的朋友"的忠诚感。

"藤壶",指那些对企业高度忠诚、却无法使企业赢利的消费者。由于这类消费者与企业的交易规模太小,交易次数太少,就像依附在货轮表面的藤壶只能增加货轮的额外负担一样,他们只会增加企业的负担,而不能使企业获得满意的回报。对于这类消费者,企业应首先判断他们的购买能力。如果他们的经济收入低,不可能增加消费量,企业就不值得继续为他们服务。如果他们有较强的购买力,但企业目前对他们的钱包占有率较低,企业就应继续为他们服务。

综上所述,旅游企业从不同的消费者那里获得的经济收益是不同的。在各类消费者中,旅游企业可从真正的忠诚者那里获得最大的经济收益。

第三节 旅游消费者的投诉

一、旅游消费者表达不满情绪的方式

有人幽默地说,让消费者记住本企业最便捷的途径就是提供特别糟糕的服务,因为特别糟糕的服务总能让消费者刻骨铭心。然而,这种服务对旅游企业来说是毁灭性的。劣质产品和服务必然会引起旅游消费者的不满。失望的旅游消费者可能会做出以下几种决策来发泄其不满(如图 9-7):

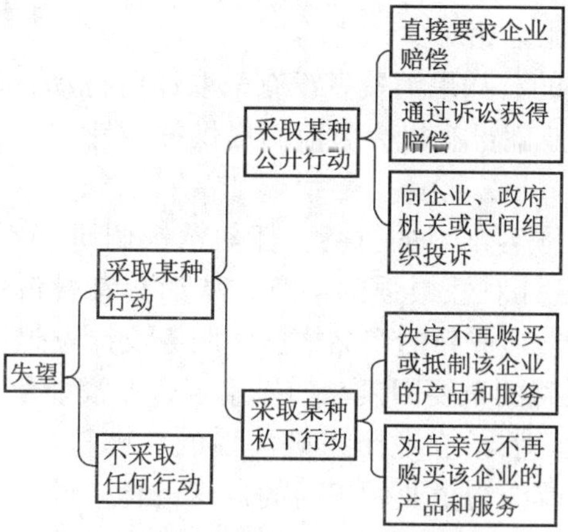

图 9-7 失望的消费者可能采取的行动

(一)不采取任何外显的行动

在不满的情况下,旅游消费者之所以采取忍让、克制态度,主要原因是他认为

采取抱怨行动需要花费时间、精力,所得的结果往往不足以补偿其付出。很多旅游消费者在不愉快的消费经历后,不采取任何行动,大多是觉得“投诉无门”或“投诉也无济于事”。虽然如此,消费者对旅游企业或相关管理部门的印象与态度显然发生了变化。换句话说,不采取行动并不意味着旅游消费者对企业行为方式表示默许。

(二)采取某种形式的私下活动

旅游消费者可能:①决定再也不同该旅行社、饭店打交道;②将自己不好的体验告诉熟人,告诫朋友和家人,光顾该旅游企业是不明智之举。

(三)采取一些公开的行动

旅游消费者可能会:①直接向旅游企业索赔,要求补偿或补救,如写信、打电话或直接找相关负责人进行交涉,要求解决问题;②要求第三方予以谴责或干预。比如,对有关旅游企业提起法律诉讼,要求赔偿;或向地方新闻媒体写投诉信,诉说自己的不愉快经历;或要求政府行政机构、消费者协会出面干预,以维护自己的权益。

二、旅游消费者的投诉行为

在旅游消费活动中,只有一小部分人直接对企业投诉。这并不意味着我国旅游业的服务水平很高,而是因为大多数旅游消费者采用其他方式来表达自己的不满。从国内外旅游企业的成功经验来看,消费者的投诉:

(1)是无法完全避免的。即使是最出色的旅游企业,最优秀的服务人员,也难免在服务工作中出现差错,遭到消费者的投诉。消费者的多样性以及旅游产品和服务的差异性必然会导致投诉的发生。当然,如果旅游企业重视服务质量管理工作,遇到的投诉问题可能会相对少一些。

(2)对企业是有益的。如果消费者没有采取任何行动,或采取某些私下的行动来表达他们的不满,企业就没有机会为他们提供补救性服务,丧失修补双方关系的最好时机。

(3)是旅游企业向顾客学习的机会。任何营销调研都不可能像消费者投诉那样为旅游企业提供大量针对性极强的信息。从消费者投诉中,管理人员往往可以发现未满足的市场需要,形成新的产品构思和服务设计思想。

(4)是影响企业口碑的重要因素。如果旅游企业没能解决消费者投诉的问题,可能会使消费者更为不满,给企业带来破坏性的口碑宣传。但如果旅游企业解决了消费者的问题,他们就会为企业做正面的口碑宣传。欧美学者发现,曾经向企业投诉且投诉问题得到圆满解决的消费者,最可能成为企业忠诚的顾客,而且这类消费者乐于将此事告诉其他人。因此,旅游企业管理人员应当充分认识到投诉处理工作的重要性。

三、影响投诉行为的因素

消费者是否投诉,会受以下因素的影响。

(1)不满程度。消费者往往会原谅旅游企业的轻微差错而不采取任何行动。20 世纪 90 年代初,美国著名营销学者比特纳(Maryjo Bitner)和布莫斯(Bernard H. Booms)等人要求酒店、餐馆和航空公司的消费者描述他们非常满意和非常不满意的服务经历,然后对这些事件进行分析。他们的研究结果表明,大部分消费者可以容忍某些服务差错,服务差错本身不一定会引起消费者不满。企业在服务差错发生以后不采取有效的补救性服务措施,才是引起消费者不满的主要原因。越是不满的消费者越可能采取比较激烈的行动,以维护自己的利益。

(2)产品和服务的重要性。对于价值较低的产品和服务,旅游消费者通常不愿花费时间和精力去投诉。随着产品和服务重要性的提升,不满的消费者的投诉倾向也会增强。

(3)预期的代价和收益。消费者会权衡投诉行为可能获得利益大小,分析自己面临的问题是否值得花费必要的时间和精力,向旅游企业投诉。此外,消费者还要判断自己是否有足够的时间和精力来采取投诉行动。

(4)消费者的个人特点。消费者的文化程度、个性特点、投诉时间等也会影响他们的决策。一般来说,年轻人、教育水平较高和收入水平较高的旅游消费者更倾向于采取投诉行动。这也许是因为拥有足够的投诉所需时间以及拥有与有关方面接洽的能力。消费者必须能够准确地表达自己的意思,懂得如何与企业或政府机构交涉,让有关方面听取自己的意见与申诉,才能有效地达到自己的目的。

(5)消费者责怪的对象。同样一个问题,如果消费者认为自己也有错误,他们投诉的可能性就较小;如果消费者认为旅游企业应对自己面临的问题负责,他们就可能投诉。

(6)旅游企业的态度。如果消费者认为投诉之后,旅游企业不会解决什么问题,他们一般就不会向旅游企业投诉。

四、旅游企业的应对措施

与满意的消费者打交道比较容易,将不满的消费者转变为本企业的忠诚者,则比较困难。旅游企业管理人员在消费者投诉处理工作中,不仅应真心实意地感谢消费者的投诉,而且应采取以下一系列措施,为消费者排忧解难,以便留住本企业的消费者。

(一)鼓励消费者投诉,方便消费者投诉

不少消费者不知道自己可在何处,用什么方法,如何向旅游企业投诉。因此,许多旅游企业设置消费者意见簿和监督电话,或安排大堂副理等专职人员,专门处

理消费者投诉。为了表明对消费者投诉的高度重视,旅游企业应通过广告等市场沟通活动,公布监督电话号码,并对投诉属实的消费者实行重奖。这些便利投诉的措施有助于平息消费者的不满,让他们感觉到旅游企业真诚地欢迎并重视他们的批评和监督。

(二)及时提供补救性服务,处理消费者的投诉

如前所述,比特纳等人发现,企业在服务差错发生以后不及时采取有效的补救性服务措施,是引起消费者不满的主要原因。他们指出,管理人员应亲自处理消费者的投诉,听取消费者的意见,详细了解投诉的原因,向消费者表示歉意或做出必要的解释,及时解决好消费者提出的问题。当天投诉,当天解决,用实际行动表明企业对消费者投诉的高度重视,有助于恢复消费者对企业的信任感,促使消费者再次购买旅游企业的产品和服务。

(三)鼓励员工灵活地解决消费者面临的问题

管理人员应帮助全体员工掌握正确的投诉处理方法,教育员工不能为了赢得一次争论而失去一位顾客。此外,管理人员应授予员工必要的权力,鼓励员工灵活地处理好消费者的投诉。

(四)主动征求消费者的意见

很多不满的消费者不愿花费时间和精力向旅游企业投诉。因此,管理人员不应消极地等待消费者投诉,而应该通过消费者意见调查、定期征求消费者意见等方法,主动听取消费者的反映。

(五)提高旅游产品和服务的质量

旅游企业管理人员应根据消费者投诉和消费者意见调查中发现的问题,采取各种有效的措施,改进经营管理工作,防止今后出现类似的问题。全面提高产品和服务的质量,是旅游企业减少消费者投诉次数的关键性措施。

案例 9-1　入住行政楼层的伯恩先生①

伯恩先生是德国慕尼黑一家大型电子公司的商务总代表。他到广州参加交易会,住进中国大酒店,已经是第三次了。这次,不用他提示,酒店就提前安排了他的房间,还是在 1707 房间。17 楼是行政楼层,业内人称之为“酒店中的酒店”(a hotel within a hotel)。那是一个充满着细致周全的个性服务空间,服务对象是高级商务人员,房价比其他楼层高出 20% ~50%。

进了房间,伯恩看到桌面上放着一个文件袋,里面是印有酒店通信电话的私人名片。他松开领带,打开冰箱拿啤酒。他发现,手上拿着的啤酒竟是他喜欢喝的拜

① 案例改编自:钟健夫,丁河月. 传奇五星之道:中国大酒店经营管理 100 例. 广州:花城出版社,2004. 177 ~180 页。

恩产的啤酒。他坐在沙发上，边喝啤酒边打开电视，发现一开机就是德语台。拉开抽屉，里面放了一个小贺卡，上写："亲爱的伯恩先生：欢迎您第三次入住我们酒店。酒店当局向您衷心致意。"贺卡背后是伯恩先生的幸运数字——一个粉红色的"7"字。衣橱里挂着一件白色的纯棉浴袍，腰带上扎了一个别致的蝴蝶结，打开浴袍，前襟内里处竟然绣了他的名字。

下午，伯恩步入同一楼层的公共小客厅，对服务员说："我今天不喝咖啡，想试试你们中国的茶。"服务员请他坐下，片刻便端上了一杯铁观音。"好茶，好茶！"伯恩喝了几口茶，便开始浏览报刊架。《时代》《巴黎竞赛》《纽约时报》《泰晤士报》《华尔街日报》……让他意外的是，报刊架上有新版的德国《明镜》周刊。

为什么这一切看起来如此"巧合"？在行政楼层的办公系统中存放着酒店的贵宾档案。楼层职员输入伯恩先生的名字，就可以看到一个表格，上面记录了伯恩先生的喜好，如幸运数字是7，喜欢喝拜恩出产的啤酒，弗兰肯出产的葡萄酒等。

第二天一早，伯恩告诉楼层的职员："我今天不能碰电开关，请你给我打开和关闭，好吗？"这一天，伯恩开灯关灯便有人代劳。大家举一反三地联想到与电相关的东西：房间和会议室的电灯、电脑、手机、风筒，还有剃须刀……这样缜密的心思，让住惯了行政楼层的伯恩先生都感到意外。楼层职员对客人提出的类似要求并不吃惊，私人禁忌可能与宗教或风俗有关，也可能与个人经历有关，大家懂得尊重，不多问。但他们会把这些要求记入行政楼层的贵宾档案上，以便在伯恩先生再度光临时，彼此保有一份默契。

[**讨论**]

请分析中国大酒店为什么能赢得伯恩先生的一再光顾？

思考与练习

1. 简述旅游消费者满意与不满意的形成过程。

2. 请根据表9-2所列举的令旅游消费者满意和不满意的服务事例，分析有哪些影响旅游消费者满意的因素？这些因素是如何影响旅游消费者满意感的？

表9-2 令旅游消费者满意和不满意的服务事例

第一组事例：雇员对服务差错的反应	
满意的事例	不满意的事例
A. 对无法提供服务的反应 他们弄丢了我的预订记录，但经理还是照我预订客房的价格给了我一间总统套房	我们提前预订了酒店客房，但抵达时却没有房间。酒店没有给出任何解释、道歉，也没有帮助我们联系别的酒店
B. 对无端的服务延迟的反应 即使我没有对等待了一个半小时进行投诉，服务生仍不断跟我道歉，并免收我的费用	航空公司雇员不断给我们提供错误的信息。原来说延迟一小时却足足让我们等了六小时

续表

C. 对其他重大服务差错的反应 我点的冰冻龙虾鸡尾酒并没有冰冻好，为此服务生不断跟我道歉，并免收我所有的餐费	我的一个行李包被磕碰得凹凸不平，残破不堪。当我想申请领回我的行李时，航空公司人员影射我在说谎想要骗取这个包裹
第二组事例：雇员对顾客的需求和要求的反应	
满意的事例	不满意的事例
A. 对特殊要求的反应 飞机上的乘务员帮我安抚和照顾我晕机的孩子	我年幼的儿子要独自搭乘飞机，应该有一个女乘务员负责护送他到达目的地，可她却把他一个人丢在转接机场，没有人护送他上机
B. 对顾客偏好的反应 前台的办事员到处打电话，帮我订到了水手节开幕式的票	一个大热天，餐馆的女服务员不同意帮我从窗口换到别的位置，说是她的管区内没有空位了
C. 对顾客错误的反应 我在飞机上弄丢了眼镜，机组人员找到并免费把它邮递到我下榻的酒店	我们错过了航班，但服务人员却不肯帮我们再找一趟合适的航班
D. 对可能影响他人的行为的反应 酒吧经理一直盯着酒吧里一个讨厌的人，确保他不会打扰到其他人	酒店服务人员不愿意应付那些半夜三点在大厅里开派对的人
第三组事例：雇员的自主行为	
满意的事例	不满意的事例
A. 对顾客的关心 餐馆里的那个服务生像招待皇室成员一样为我提供服务，的确让我感受到他对我的关心	前台的服务员对我们很不耐烦。因为她正在看电视，不愿意接待酒店的客人
B. 超出一般服务范围的雇员行为 我们经常带着泰迪熊旅行，有一天我们回到酒店，发现打扫房间的服务生把我们的小熊安放在舒服的座椅上，小熊的手还紧紧握在一起	我想多考虑一下到底要吃什么晚餐，服务生对我说："你看的是菜单而不是公车路线图，怎么会不知道要点什么呢。"
C. 体现企业文化的雇员行为 那个大巴司机跑过来还给我男朋友掉在桌子下的50 美元	这家高级餐厅的服务生把我们当垃圾一样对待，因为我们只是参加这个正式舞会的中学生
D. 完全形态的评价 我们整个旅程都十分愉快，每件事都很顺利和圆满	这次飞行像一场噩梦。原来暂时停一个小时的航班结果停了三个半小时。飞机上的空调又坏了。飞行员又因为飞机上的乘务员即将罢工而吵了起来。飞机着陆时非常危险。更令人气愤的是，飞机降落后首先下机的是飞行员和乘务员
E. 逆境中雇员的表现 那个柜台收银员显然压力很大，但他还是保持冷静，并且表现得非常专业	我们在前往目的地途中遇到严重交通堵塞，大巴司机只顾着聊电话，而不愿意改行另一条顺畅的路线

3. 国庆期间,某旅行社组织一个旅游团到武汉等地游玩,途中安排游览某著名寺庙。游客从寺庙里出来后,便被一群算命先生围住,被强拉算命。他们事先说算命不要钱,可是算完后却非收钱不可,甚至伸手去游客兜里掏钱,弄得游客游兴全无,纷纷指责导游员小姐,说旅行社不应该安排类似景点,表示要投诉。假设你是组织该旅游线路的负责人,你应如何处理这一事件?

4. 请描述真正忠诚的旅游消费者有何特征,为什么培养旅游消费者的忠诚感特别重要?

5. 请分析旅游消费者形成忠诚感的三个必要条件。

6. 为什么常客奖励计划对培养旅游消费者忠诚感作用不大?

7. 旅游消费者表达不满情绪的方式主要有哪些?

第十章

社会群体与旅游消费行为

第一节 群体概述

一、群体的含义

群体,是指通过一定的社会关系结合起来,相互作用、相互依赖的集体。群体具备三个基本特征:①群体成员需以一定纽带联系起来。例如,以血缘为纽带组成氏族和家庭,以地缘为纽带组成邻里群体。②成员之间有共同目标,并保持持续的相互交往。③群体成员之间有共同的群体意识和规范。

群体不同于偶然聚合体。在商店里买东西的顾客、公共汽车里的乘客、电影院里的观众等偶然聚集在一起的人群不能称为群体。偶然聚合体没有共同的目标和归属感,没有结构和社会角色分化,相互之间没有意识和行为上的联系。当然,偶然聚合体也可以转化为群体。例如,在餐馆里一起用餐的顾客,本来互不相识,也没有互动,突然一个人发病需要急救。这群人为了抢救病人,分工合作、相互依赖,就形成了一个群体。因此,成员之间为了实现共同目标,相互依赖和相互配合是结成群体的基本前提。借此,我们可以确定谁属于这一群体,谁不在群体中。

群体既为人的社会化提供了场所和手段,又为满足个体各种社会需要提供了条件和保障。离开了家庭、邻里、朋友和其他各种类型的群体,人的很多需要无法得到满足,人的社会化也无从谈起。群体成员资格对旅游消费者的重要性主要体现在以下两个方面:

一方面,群体对旅游消费者有非常大的影响。首先,群体成员在接触和互动过程中,通过心理和行为的相互影响与学习,会产生一些共同的信念、态度和规范,它们对消费者的行为将产生潜移默化的影响。例如,在家庭、学校等群体的经历教会我们做什么和不做什么,如何合乎体统地用餐、听音乐会、欣赏画展,如何观看体育竞赛等。在许多情况下,这些社会信息产生的影响力甚至比消费活动本身提供的"客观"信息更有力。例如,在朝鲜族家庭成长的孩子相信生吃八爪鱼非常美味,尽管客观事实不一定如此。其次,群体规范和压力会促使消费者自觉或不自觉地与群体的期待保持一致，即使是那些个人主义色彩很重、独立性很强的人，也无法摆脱群体的影响。再次，很多旅游产品的购买和消费是与群体的存在和发展密不可分的。比如，加入某一登山协会，不仅要参加该协会的登山活动，而且还要购买与该协会其他成员相一致的产品，如印有某种标志的帽子和旗帜或某个品牌的登山器材。

另一方面，群体成员资格为旅游消费者对他人施加影响提供了途径，包括影响群体内的其他成员及影响群体外与群体活动相关的人。这种影响常常能够给群体成员带来明显的自尊感。在群体内部，人们有机会充当领导者，或向其他成员施展自己的技能和才干。在群体外部，群体成员资格使旅游消费者享有特定的权利，从而影响其他群体或社会。

人们加入各种群体是因为群体能满足其某些需要。一个群体只有对其成员起着重要的、甚至是必不可少的作用，才能长时期维持下去。例如，一个配有导游陪同的旅游团至少可以为其旅游团成员提供五个方面的基本利益：①事先安排好旅游计划，使旅游者能够在有限的时间内游览目的地。这对那些缺乏经验的旅游者与初游者来说，具有特别的吸引力。②使旅游者事先知道将要去什么地方，住什么样的饭店，给旅游者心理上的安全感。③在经济上为旅游者提供便利和安全，使旅游者预先知道整个旅程的花费，不必为额外开支而担心。④可以最大限度地减少旅游者在异国他乡所遇到的社会问题，导游员还可以担当团员与国外社会环境之间的缓冲者。⑤导游员还可以协调团员之间的关系，缩小团员之间的潜在摩擦，形成旅游团内的团结气氛。由于导游员对旅游者起着重要的作用，所以导游旅游团的组织形式自出现以后，就一直存在和不断发展着。

二、与旅游消费者密切相关的社会群体

为了深入理解具体的社会群体对旅游消费者的影响，以下简要介绍与旅游消费者密切相关的社会群体：

（一）家庭

人一生中的大部分时间是在家庭里度过。家庭成员之间的频繁互动使其对个体行为产生广泛而深远的影响。尽管远离家园，旅游消费者的价值观、信念、态度和言谈举止无不打上家庭影响的烙印。此外，家庭还是一个购买决策单位。一方面，家庭生命周期、家庭规模和结构、家庭购买决策的模式影响和制约家庭成员的旅游消费行为；另一方面，家庭成员又对家庭购买决策施加影响。我们将在第三节讨论家庭及其对旅游消费行为的影响。

（二）朋友

朋友构成的群体是一种非正式群体，它对消费者的影响仅次于家庭。追求和维持与朋友的友谊，对大多数人来说是非常重要的。个体可以从朋友那里获得友

谊、安全感，还可以与朋友互诉衷肠，与朋友讨论那些不愿对家人倾诉的问题。不仅如此，结交朋友还是一种独立、成熟的标志，因为与朋友交往意味着个体与外部世界建立联系，同时也标志着个体开始摆脱家庭的单一影响。例如，在我国，“在家千日好，出门半日难”的观念深入民心，一些自助游旅游者为了避免家人的担心和反对，往往不向家人吐露其真实的行程，但他们会与朋友商讨“旅行攻略”，将路途中的风险降到最低。朋友的意见和建议，对旅游消费者选择旅游目的地、入住哪家旅店、购买何种产品和品牌、怎样评价所购买的产品均有重要影响。这种影响随个体与朋友的相似程度的增加而增强。某人越是觉得其朋友在某些方面与自己相似，他在作购买决策时受朋友的影响越大。

（三）工作群体

人们有许多旅游消费行为与工作群体分不开。例如，商务游客代表企业参加展销会、公司为销售人员提供奖励旅游、单位在三八节组织女职工旅游、政府机关为了召集会议而组织旅游、教师与同事在寒暑假结伴旅游等。

影响旅游者消费行为的工作群体可以分为两种类型：一种是正式的工作群体，即由一个工作小组里的成员组成的群体，如同一个办公室里的同事，同一条生产线上的装配工人等。一般情况下，正式工作群体对与公事相关的旅游消费活动的影响较大。另一种是非正式工作群体，即由在同一个单位但不一定在同一个工作小组里工作、且形成了较密切关系的一些朋友组成。由于在休息时间或下班时间成员之间有较多的接触，所以非正式工作群体与正式工作群体一样，都会对所属成员的消费行为产生重要影响。

（四）正式的社会群体

旅游消费者参加的业余摄影爱好者协会、校友会、高尔夫球俱乐部等组织，均属于正式的社会群体。虽然正式群体内各成员不像家庭成员和朋友那么亲密，但彼此之间也有讨论和交流的机会。在这些社会群体中，旅游消费者有机会结识新朋友、新的重要人物，获取知识，开阔视野。由于这些社会群体往往有着共同的兴趣和爱好，群体内那些受尊敬和仰慕的成员的旅游消费行为，可能会被其他成员谈论或模仿。例如，高尔夫球俱乐部中的某些“高手”推荐的高尔夫球场地可能使其他成员蜂拥而至。在购买球鞋、球棒及其他高尔夫球用品时，成员之间也会相互影响。如果这些社会群体中的重要人物以某种方式开展了某项旅游活动，可能引发跟潮效应，促使其他成员随大家一起参与类似的旅游活动。

（五）消费者行动群体

在西方消费者保护运动中，涌现出一种特别的社会群体，即消费者行动群体（consumer-action groups）。它可大致分为两种类型：一种是为纠正某个具体的有损消费者利益的行为或事件而成立的临时性团体，比如，因某次飞机航班延误而受损的乘客组成的索赔团体；另一种是针对某些广泛的消费者问题而成立的相对持久的消费者组织，比如，针对旅行社服务而成立的反欺诈组织，针对旅游开发污染而成立的环保旅游组织。大多数旅游消费者行动群体的目标是唤醒社会对有关消费者问题的关注，对有关企业施加压力和促使它们采取措施纠正那些损害旅游消费者利益的行为。

三、群体压力与从众心理

（一）从众及其原因

从众，是社会影响个人的方式之一。所谓从众（conformity），是指个体在群体的引导或压力下，在知觉、判断、观念及行为上表现出与群体中大多数人一致的现象。从众有不同的表现形式。有时，个体没有自己的意见，抱着无所谓的态度，随大流。有时，个体有自己的看法，但与大多数人的看法不同，只好在群体压力下，转变态度和立场。有时，个体采取了与众人一致的行为，但并没有改变态度，在内心坚持自己的意见。这些情形都可称为从众。

实际的群体压力可以导致从众，想象的群体优势也会对人的行为造成压力。比如，我们在家里可以试穿新买的奇异服装，但在决定是否把它穿出去时，则要考虑大多数人的反应。消费者在很多购买决策上会表现出从众倾向。比如，购物时喜欢到人多的商店、在品牌选择时偏向那些市场占有率高的品牌、在选择旅游点时偏向热点城市和热点线路。

人们从众的主要原因有三个方面：

（1）行为参照。任何一个人，不论多么聪明，多么富有知识，都不可能熟悉和了解每一种生活情境。在情境不确定时，其他人的行为最具有参照价值。从众所指向的是多数人的行为，自然成了最可靠的参照系统。例如，在陌生的游览地，我们更愿意到人多的餐馆吃饭，更愿意到人多的商店购物，更愿意选择人多的路走。采用从众方式可以帮助我们最大限度地转移风险，适应未知世界。

（2）对离群的恐惧。任何群体都有维持群体一致性的倾向和机制。群体通常会接纳和优待与群体保持一致的成员，疏远、排斥和制裁偏离者。“木秀于林，风必摧之”、“枪打出头鸟”等说法或多或少地反映了不从众带来的风险。人们为了避免被其他成员排挤，会产生从众行为。例如，与别人一起购物时，人们往往会购买许多计划外的商品，以赢得群体中其他人的认可。

（3）群体的凝聚力。如果群体有着共同的目标和利益，个人就有可能为了实现集体的理想和目标，自觉与其他成员保持一致。群体凝聚力越强，群体成员就越愿意采取与群体相一致的行为。

（二）影响从众的因素

1. 群体特性

（1）群体的一致性。如果其他群体成员的意见完全一致，此时持不同意见者会感到巨大的压力,从众的可能性大大增加。相反,如果群体中另外还有人持不同的意见,不管这种意见来自何方,也不管其合理和可信的成分有多大,个体从众的可能性都将降低。

(2)群体的规模。在一定范围内,随着群体规模的扩大,从众也更容易发生。但是,超出这个范围后,群体规模的继续扩大并不必然导致从众行为的增加。因为随着群体中人数的增加,任何一个成员单独受到瞩目的可能性就越小。如果个人认为自己难以被他人辨识,他感觉中群体对他的行为约束力就会减弱,因而他未必会屈从群体的压力,表现出从众行为。

(3)群体中其他成员的专长。具有专长、经验丰富、能力较强、信息较多的成员的意见能够对群体产生较大的影响,并使能力较弱的个体遵从群体意见。例如,教师与医生讨论教育问题,教师可能会反对医生的意见,因为他在这方面有丰富的知识经验;但是,如果讨论医疗问题,教师往往不会反对医生的意见,因为他对此不甚了解。

2. 个体特性

(1)年龄和性别。从年龄来讲,儿童比成人更容易从众。从性别来讲,早期研究总是假定女性比男性更容易从众,但后来的研究成果表明两性的从众性要视具体的项目而论。例如,西斯川克(F. Sistrunk)和麦克大卫(J. W. McDavid)发现,在男性擅长的项目上,男性比女性较少从众;在女性擅长的项目上,女性比男性较少从众;在中性项目上,两者在从众性上不存在明显差别。

(2)个体的自信心。自信心既和个性有关,也和个体对决策问题所拥有的知识和信息有关。现有研究成果表明,个体的自我评价越高,做事越果断,其从众倾向越小。知识和信息的缺乏,会降低个体对决策问题的自信心,从而提高其从众倾向。

(3)个体的投入程度。欧美学者发现,如果个体对某一问题尚未表达意见和看法,他在群体压力下有可能做出和大家一致的意思表示。如果个体参与了某个问题的决策过程,并明确表达了自己的态度,他从众的概率就比较小。因为,如果此时屈服于群体压力而从众,他在公众面前的独立性和自我形象均会受到损害,所以他会产生抗拒反应,从而不轻易从众。在生活中有许多容易理解的例子。例如,你陪一位同学去商场买了一件衣服。由于是你参与做出的决策,因此你会倾向于认为这件衣服很好。即使后来听到其他同学的反对意见,你也会尽可能维护自己的意见。

(4)个体对群体的忠诚程度。个体对群体的忠诚程度,是由群体的吸引力与个体的需要两方面因素所决定。当个体强烈地认同某一群体,希望成为它的一部分时,他与群体保持一致的压力会很大。相反,如果他不再喜欢这个群体,或认为该群体限制了他的社会生活,其从众的压力就会减少。

第二节 群体与旅游角色

一、旅游角色

正如莎士比亚所言:“整个世界都是舞台,所有的男男女女就是这舞台上的演员。”每一个人都在社会或群体中占据一定的位置,自觉或不自觉地扮演着不同类别的角色。从社会心理学的角度来看,角色就是个体在特定社会和群体中所占据的位置,个体的社会地位和身份。社会和群体规定了角色的态度和行为模式。扮演某一角色时,人们的行为方式必须符合社会对这一角色的要求,依照社会的期待去行使权利,履行义务。比如,在西餐厅就餐的顾客应当衣着得体,举止文雅,熟悉西餐的进餐礼仪以及刀叉的使用方法。他有权要求服务人员回答问题;有权要求服务人员尽快上菜,热情友好、及时准确地满足他的需要,同时他也有义务支付账单。对于西餐厅顾客的这些权利和义务,大多数人都会不假思索地予以接受。对角色态度和行为模式的期望不是专门针对某个人的,而是由这一角色在群体中的特定位置决定的。对于特定的角色,不论由谁来承担,人们对其行为都有相同或类似的期待。

在旅游活动中,旅游者虽然离开了惯常环境,但他仍在扮演一定的角色,而且可供扮演的旅游角色是多种多样的。旅游者会按照社会逐渐形成的程式化行为方式,指导自己的言行举止,并根据特定的情景转换适用的“剧本”,按照该角色的行为准则行事。例如,旅游者在中餐厅和西餐厅就餐时的行为方式就会有明显的差别。在商务旅游、观光旅游、度假旅游时,旅游者所扮演的角色也有所不同。作为商务旅游者,他将到达组织指定的目的地,尽快开展业务活动。作为度假旅游者,他将去一个目的地,并在那里度过假期。作为观光旅游者,他将游览几个目的地。在乘坐交通工具时,旅游者也是在扮演某种角色。乘坐头等舱的旅游者和乘坐经济舱的旅游者对乘务人员的要求不同,事实上,他们受到的待遇也不相同。每个角色都有一整套独特的角色行为方式。

旅游者在旅游过程中的行为与他在家里的行为可能大相径庭。这不仅是由于他扮演的角色变化了,也是因为他一旦离开家,就进入了一个幻想世界,或者说进入了一个“游戏世界”。在家里或在离家不远的群体圈子里,个人的行为要受到一个完整的、规范的体系的限制。在这个游戏世界里,旅游者则可以全部或部分地抛开日常义务与责任,极为灵活地选择和扮演角色,从不同的角度体验人生,了解自我。例如,旅游者在参加野营活动时,可以承担钓鱼、采摘果实、捡贝壳等有象征意义的体力劳动;可以通过攀越山峰、扔石子、追逐小动物等活动,体验环境和评估自身能力;可以游泳、冲浪、划船,以表现自己的特殊技能;可以在旅游群体中参加打牌、捉迷藏、踢毽球等有明确目的的活动;也可以随意地与旅游群体内的朋友一起唱歌、跳舞、畅谈。换言之,虽然人们在旅游活动中仍要遵循许多有代表性的日常生活规范,但与日常生活相比较,人们可选择的角色范围更大,受日常义务和责任的束缚更小。

二、角色期望与角色实践

在戏剧舞台上,演员会把自己的某些东西注入他所扮演的角色,但同时他又在扮演戏剧作者所设想的角色。假如他偏离剧中角色太远,他的表演就失败了。在现实生活中也是如此。

角色期望,是指人们对某种社会角色扮演者的权利、职责和义务的期望。人们会根据各种社会角色扮演者相互之间的关系来确定对特定角色的要求与期望。例如,顾客对一名餐厅服务员的期望,是根据自己与餐厅服务员之间的关系以及其他服务员、引座员、收银员、厨师和经理等互补性角色扮演者的行为来确定的。对角色行为的期望,是人们做出各种判断的依据。例如,顾客走进餐厅,表明他想就餐,至少是想看一下餐厅环境和菜肴的价位。这时餐厅引座员就可采取符合自己角色要求的行动。这时,买卖双方都熟悉的、角色明确的相互交往就开始了。

虽然承担特定角色的所有人都被期待表现出某些行为,但每个人实现这些期望的方式却各不相同。有的顾客心急火燎地点菜、吃饭、买单;有的顾客不紧不慢地进餐,品尝美食;还有的顾客吃完了饭,还在餐厅坐上一两个小时,品茶畅谈。角色期望与角色实践之间的差别,也许是由于个体对这一角色的领悟出现偏差所致,也可能是由角色冲突或角色紧张所引起。适度的角色差距是允许的,但这种差距不能太大。太大的角色差距意味着角色扮演者的不称职,不仅有可能遭到社会或群体的异样对待,扮演者自己也会感到不自在。因此,大多数人都力求使自己的行为与群体对特定角色的期待相一致。

三、角色与关联产品和服务

社会或群体对我们在扮演特定角色的过程中应穿什么衣服、开什么汽车、从事什么样的活动均有要求和期待。为了更好地扮演好各种角色,需要购买一系列产品和服务。例如,到三亚度假的旅游者下飞机后很快就会购买一套具有热带风情且颜色鲜艳活泼的沙滩服,还有沙滩鞋、太阳眼镜、防晒油等一系列产品。尽管他们回到常住地后几乎没有机会穿着这些服饰,使用这些物品,但这些服饰和物品在象征意义上与海滨度假者角色相联系,为了进入角色,他们还是会购买。从这一意义上讲,研究角色与关联产品和服务的对应关系,对营销人员是很有价值的。

四、角色超载和角色冲突

一个人一生中扮演的角色是多样的,而且往往同时扮演几个社会角色。例如,一个人可能同时是工程师、父亲、工会会员、篮球队员、摄影爱好者等。在一定时间内,一个人扮演的各种角色的集合叫角色集。旅游者在旅游过程中也有一个角色集。比如,一个人自驾车带全家去旅游的男人,除了承担司机、父亲、丈夫的角色外,还可能要承担导游员、决策者以及汽车修理工的角色。角色超载,是指个体承担的角色太多或角色对个体的要求太高,以致超越了个体在时间、金钱和精力上所能达到的限度。角色超载的直接后果,是个体的紧张和角色扮演的不称职。因此,每一个人都应学会取舍,舍弃那些不太重要或不具有重要价值的角色。

角色超载所引起的紧张和不安,是每一个人都会遇到的现象。这种消除紧张感和不安感的需要,为营销工作者提供了机会。假如前面提及的那位旅游者决定带全家坐飞机去旅游目的地,他就不会担任上述角色中的司机和汽车修理工的角色,从而减少角色负担。这从一个侧面反映了消除角色超载所蕴涵的商机。

角色冲突,是指人们所扮演的不同角色在某些方面不相容,或人们对同一角色的期待和理解的不同而导致的矛盾和抵触。角色冲突有两种基本类型,一种是角色间的冲突,一种是角色内的冲突。很多现代已婚女性既想成为探寻未知世界的旅游者,享受自由自在的感觉,证明自己的价值,又想当贤妻良母,照顾好家庭,这种内心冲突就属于角色间的冲突。服务人员对工作职责的看法与游客对服务人员职责的期望不同,或游客的角色概念与服务人员对游客角色的期望不同,就属于后一种冲突的例子。

在旅游服务中,顾客和服务人员对同一角色的期望不同会引起一系列问题。因此,在旅游服务管理工作中,管理人员应进一步研究角色扮演者所"阅读"的服务剧本,引导他们对角色的看法。

五、角色行为的习得

旅游者的许多角色行为模式是后天习得的。为了确保扮演好某种角色,旅游消费者必须掌握一整套相应的行为方式。他们会根据他人对自己表演水平的反应,逐渐形成角色自我概念,并且依照书报、广播、电视等媒介的宣传,强化自己的角色概念,尽力使他人信服自己的表演水平。

在一般情况下,这个学习过程并不明显,旅游者可以从生活中逐渐学会在不同群体中扮演不同的角色,但有时则很明显。例如,旅游者在陌生的异地要购买一些日常服务,如到超市买零食、到发廊理发。在这类服务环境中,旅游者熟悉自己的行为方式,社会对旅游者行为方式的要求也有高度一致的看法,因而,旅游者会根据自己的经历学会正确的行为方式。但是,当旅游者面临新奇的服务环境,或需要积极地解决自己面临的问题时，就必须经过大量的认识活动才能学会与角色相称的行为方式。比如说，旅游者初次单独到豪华餐馆就餐。对这种首次扮演的角色，旅游者很可能使用自己曾经经历过的有类似结构的老剧本，或参照他人的消费经验想象出一个理想化剧本。人们也可能会模仿电影、电视、小说中上流社会成员进餐时的行为方式，或模仿餐厅中其他顾客的行为方式，确定合理的行为范围，进而确定可以选择的行动方案。模糊的角色知识也许无法为旅游者正确地扮演角色提供具体的指导，但可以帮助旅游者确定不应该说什么话，不应该做什么事。

游客和服务人员初次接触时，共同分派的角色对双方交往的气氛和内容有极大的影响。交往的一方表明某种明显的角色个性，就同时规定了另一方的互补性角色行为。例如，餐厅服务员态度傲慢，游客就可能会比较胆小，比较顺从；餐厅服务员讨好游客，游客就可能更固执己见。但是，要提高长期销售效率，服务人员的行为必须符合顾客的期望。

六、角色演化

角色演化，是指人们对某种角色行为的期望随着时代和社会的发展而发生变化。随着越来越多的女性参加工作和女性在家庭中地位的上升，传统的男女角色行为已经或正在发生改变。在我国的很多家庭尤其是城市家庭，洗衣做饭、照看小孩、家庭清洁、上街购物等各种家务活动，越来越多地由夫妻共同分担。这些角色演化给企业的市场营销带来机会，也提出了挑战。例如，妇女角色的转变，使她们同男性一样可以从事剧烈运动，参加长途旅游，或主导家庭的旅游决策。如果企业固守传统的男女角色观念，就会在营销活动中遇到困难。

七、小结

在旅游消费活动中，旅游者扮演着多种不同的角色。他们会以社会或群体对这些角色的行为模式的要求作为剧本，指导自己的言行举止，并根据特定的情景转换适用的剧本，按照该角色的行为准则行事。这些行为准则大多是旅游者在各种与其有密切关系的群体中习得的。在面对面服务中，旅游者对自身角色和服务人员角色行为的预期与他们感觉中的实际行为的一致程度，决定了他们对消费体验的满意程度。随着时代的变化和旅游者消费经验的丰富，他们对角色的认知也会发生演变。

总体而言，社会学的角色理论有助于我们更好地解释旅游消费者行为，特别是解释旅游消费者期望的形成。由于角色对消费者行为有着多方面的影响，角色理论已被广泛地应用于人员推销、广告角色表演、家庭购买决策等领域。

第三节 参照群体与旅游消费行为

一、参照群体的概念

参照群体(reference group),是指这样一个群体,该群体的价值观、态度和行为被个体作为他或她当前行为的依据。在旅游消费活动中,参照群体实际上是旅游消费者在形成其购买或消费决策时,用以作为参照、比较的个人或群体。

参照群体并不等同于旅游消费者隶属群体。隶属群体又称为成员群体,是消费者实际参加或隶属的群体,如消费者的家庭、学校等。参照群体是旅游消费者在某种特定情境下,作为行为标准和指南,加以模仿和效法的群体。1942 年,美国社会学家海曼(H. H. Hyman)提出了参照群体这一概念,用以描述个人心目中想要加入或理想中的群体。人们通过与参照群体的对比确定自己的地位,并把参照群体的价值和规范体系视为个人的目标或标准。例如,想考入大学的中学生往往把大学生群体作为参照群体。因此,参照群体在帮助成员形成信仰、态度、价值观和人格等方面有着特殊的意义。

随着时代的变化,参照群体的含义也在变化。这个术语最初是指家庭、朋友等与消费者直接打交道的群体。现在,参照群体不仅包括直接与消费者互动的群体,还包括电影明星、体育明星、政治领袖和其他公众人物等与消费者没有直接面对面接触但对个体行为产生影响的个人和群体。甚至在街上穿着时尚、令人感兴趣的人的言行举止,均可作为消费者决策时的参考和指南。不同的参照群体在不同的时间内或不同的情境下,影响消费者的信念、态度和行为。例如,一个女大学生在购买服装时,倾向于选择与同龄人的服饰一致的服装,在看病时则与父母一样选择看老中医。换言之,虽然消费者可能有众多的参照群体,但在某种具体情境下,消费者一般只会使用一个群体作为参照群体。

二、参照群体的类型

(一)正式与非正式参照群体

参照群体可能是有明确的结构、完备的章程,要举行例会的大规模正式群体,也可以是几个朋友或者室友等组成的非正式的小型群体。一般来说,小的、非正式的群体对个人消费者更具影响力。这些群体与消费者的日常生活关系比较密切,因而这些群体所确立的行为标准往往对个体消费者的行为具有更强的规范作用。比如,子女受父母的影响,会在食品的营养标准、如何穿着打扮、到哪些地方购物等方面形成特定的观念和态度。大规模的正式群体则容易成为个体消费者评价自己或别人的比较标准和出发点。由于正式群体容易辨认和接近,旅游企业销售人员往往可以更成功地对他们施加影响,推销特定的产品。

(二)成员群体和渴望群体

当消费者积极参加某一群体的活动时,该群体通常会作为他的参照群体。这种由消费者相识的人组成的参照群体称为成员群体。有些消费者认为自己所隶属的群体不符合其理想标准,因而以其他群体作为参照群体。这种由消费者能辨认或羡慕、钦佩的人组成的参照群体称为渴望群体,如成功的商人、著名的运动员和演员。虽然消费者与渴望群体无直接接触,但消费者钦佩的这些人所使用的产品类型能为消费者的消费决策提供指导,因而对消费者的品位和偏好产生强有力的影响。所以,许多企业在搞营销活动时都借用目标顾客的渴望群体的形象,来描述产品和服务。例如,某些商务服装厂请真正的总经理而不是模特拍广告,以此来吸引渴望成功的商人。

(三)正面和负面的参照群体

参照群体对消费者既可施加正面的影响,也可施加负面的影响。多数情况下,消费者按照参照群体的行为模式来塑造自己的行为。但在一些情况下,消费者会努力疏远心目中的“回避群体”(avoidance groups)。他们会仔细地研究他们不喜欢的个人或群体的服装或消费习惯,以便避免购买那些可能把他们与这些人混同的产品。例如,一些积极向上的青少年会远离抽烟、喝酒、染发、打耳洞、文身、打老虎机、长时间玩网络游戏等行为,以此来表明他们的独立性。

某一参照群体对消费者产生正面影响的原因主要包括:

(1)邻近性。人们之间的空间距离越近,相互交往的可能性就越高,越容易建立良好的人际关系。在“低头不见抬头见”的情况下,人们容易产生交往的积极性和主动性,并对对方做出积极性的评价,接受对方的观念和行为。例如,个体在布置、装修自己的住宅时,通常以邻居或仰慕的某位熟人的家居布置作为参照和仿效对象。

(2)交往频率。我们会因为看到一些人的次数较多而对其产生好感,这称为单纯曝光现象(mere exposure phenomenon)。即使是无意的接触,较高的频率也会促使个体把这些人确定为参考群体。例如,频频出现在大众媒体的艺人容易赢得青少年的青睐,成为青少年穿衣打扮的参照群体。如果这些艺人在媒体上曝光的频率大幅减少,青少年可能会转向模仿其他艺人的衣着打扮和言行举止。

(3)群体凝聚力。群体凝聚力,指一个群体的成员相互之间的吸引力和他们对群体成员身份的重视程度。消费者越期望融入某个群体,越重视其在特定群体的成员身份,就越遵守该群体的规范,越倾向于以群体其他成员为标杆,做出购买或消费决策。

根据个体的成员资格和群体对个体行为、态度的正面或负面影响,可以把参照群体分为四类:接触群体、渴望群体、否认群体和回避群体(如表10-1所示)。接触群体，是消费者具有成员资格，且认同、接受其态度、价值观和行为标准的群体。渴望群体，是消费者不具有成员资格，但希望加入的群体。否认或背离群体，是消费者具有成员资格，但对其行为标准、态度和价值观持否定或反对态度的群体。回避群体，是消费者尽力避免加入或对其持否定态度的群体。对于接触和渴望的群体，消费者会模仿该群体成员的行为举止；对于否认和回避的群体，消费者对该群体行为方式和价值观会持厌恶和否定态度。

表10－1 参照群体的类型

	成员群体	非成员群体
正面影响	接触群体	渴望群体
负面影响	否认或背离群体	回避群体

三、参照群体的影响方式

人们总希望自己富有个性和与众不同，然而群体的影响又无处不在。不管是否愿意承认，每个人都有与各种群体保持一致的倾向，而且通常情况下，我们都是无意识地和群体保持一致的。参照群体主要通过以下三个途径来影响消费者：

（一）在行为规范上影响消费者

规范，是指在一定社会背景下，群体对其所属成员行为的合理期待，它是群体为其成员确定的行为标准。规范往往与一定的奖励和惩罚关联。为了获得参照群体的赞赏或避免惩罚，个体消费者会按参照群体的期望行事。因此，只要有群体存在，无须经过任何语言沟通和直接思考，规范就会迅即对个体的行为产生影响，使个体遵从群体接受和赞许的行为标准。例如，以参团方式出游的旅游者通常都会自我约束，在旅途中提高时间意识，不随意在集体活动时间在旅游景点的摊位前流连，以免耽误大家的行程。

（二）在信息方面影响消费者

信息方面影响，是指参照群体成员的行为、观念、意见被个体作为有用的信息予以参考和仿效。当消费者对所购产品缺乏了解，凭眼看手摸又难以对产品品质做出判断时，别人的使用和推荐将被视为非常有用的证据。在旅游消费决策中，旅游者通常会向旅游专家咨询关于目的地和旅游企业的信息，或向旅游企业员工打听与旅游产品和服务相关的信息，或向朋友、邻居、亲戚、同事中对特定旅游活动有经验的人，征询相关的知识和经验。

参照群体在信息方面对个体消费者的影响，取决于被影响者与群体成员的相似性，以及施加影响的群体成员的专长性。例如，每年春季都有许多大学生到武汉欣赏烂漫的樱花。临行前，他们会向师兄师姐请教或在 BBS 寻找其他大学生推荐的最佳旅游安排，包括：性价比最高的列车班次和市内交通工具、交通方便且环境良好的住宿地点、四季美等知名餐厅的消费水平,以及如何安排武汉大学、东湖风景区、晴川阁、长江大桥等景点的游览路线。然后,照葫芦画瓢,到慕名已久的各景点畅游一番。他们觉得能获得那么多同学赞美的景点、餐馆一定有其优点和特色。又如,某位高尔夫球迷决定添置 Callaway 品牌的 Big Bertha 系列球杆。因为他的一位精通高尔夫球的朋友买的就是这种牌子,或曾经谈论过此款球杆在误击时能够打出更直的球路。在这些例子中,群体对个体的影响都是通过信息的提供和共享而实现的。

(三)在价值观念的表现形式上影响消费者

价值观念表现上的影响,指个体自觉遵循或内化参照群体所具有的信念和价值观,从而在行为上与之保持一致。例如,某位消费者感到那些有艺术气质和素养的人通常是留长发,蓄络腮胡,不修边幅,于是他也留起了长发,穿着打扮也不拘一格,以反映他所理解的那种艺术家的形象。此时,该消费者就是在价值观念表现上受到参照群体的影响。个体之所以在无须外在奖惩的情况下自觉依群体的规范和信念行事,主要是基于两方面力量的驱动。一方面,个体可能利用参照群体来表现自我,来提升自己在别人心目中的形象。另一方面,个体可能特别喜欢该参照群体,或对该群体非常忠诚,并希望与之建立和保持长期的关系,从而视群体价值观为自身的价值观。

四、参照群体概念在旅游营销中的应用

现有的研究成果表明,与冰箱、食物等生活必需品相比较,参照群体对消费者是否要购买特定的非必需品的影响较大;与床垫、热水器等他人可见度较低的产品相比较,在购买他人可见度较高的产品和服务时,参照群体对消费者在品牌选择上的影响较大。大多数旅游消费活动属于可见度较高的非必需消费,因而,旅游消费者在购买旅游产品和服务时受参照群体的影响较大。一个可信的、有吸引力的或有权威的参照群体,能够导致旅游消费者态度和行为的改变。所以,许多旅游营销活动通过社会名流、权威人士、专家或满意的游客对旅游产品的推荐,来突出旅游产品所能提供给消费者的切实的和与众不同的利益。

(一)名人效应

如果一个人羡慕某个人或某个群体,他就会效仿其行为,并以此作为自己消费偏好的指导。影视明星、歌星、体育明星等名人或公众人物对公众,尤其是对崇拜他们的人具有巨大的影响力和感召力。对很多人来说,名人代表了一种理想化的生活模式。因此,旅游营销人员花巨额费用聘请名人来促销旅游产品。

例如,2000 年,布什总统曾为美国做过山水风光广告。电视画面中,在美国加利福尼亚州南部一个风景如画、绿草如茵的高尔夫球场上,美国总统布什身穿蓝色运动衣,一边悠然散步,一边说道:“在美国这片土地上,你可以看到迥然不同的景

色，起伏的绿色田野，平坦的白沙滩和迪斯尼乐园狂热的爵士乐。”然后布什总统抑扬顿挫地说：“美国是历史悠久的自由之邦，人民友善，美景无限……”最后说道：“你们还等什么，等美国总统的邀请吗？”布什是世界著名的政治人物，更关键的是他是美国总统，由他来担任广告的主角，向人们推销美国风光是非常合适的。消费者对名人总有一种相信的心理，当他们心中的名人出现在屏幕上时，他们会用心聆听，潜意识地去模仿。

社会名流的证明迎合了消费者模仿名人、追求名人效应的心理需要。但旅游企业用名人做广告，首先应考虑产品或服务形象与名人形象的一致性，并不是任何名人都适合为企业产品做宣传。其次，要考虑名人在受众中的公信力。公信力主要由两方面的因素所决定，一是名人的专长性，二是名人的可信度。前者是指名人对所宣传的旅游企业、旅游产品和服务是否熟悉，是否有使用体验。后者指名人所做的宣传、推荐是否属实、是否值得信赖。如果旅游消费者认为名人对旅游企业的推荐明显是受金钱驱动，他的可信度就会打折扣。

（二）专家效应

专家，是指在某一专业领域受过专门训练，具有专门知识、经验和特长的人。专家所具有的丰富知识和经验，使其在介绍、推荐产品与服务时较一般人更具权威性，从而产生专家所特有的公信力和影响力。南湖国旅·西部假期在开发境外游市场时，就成功地运用了专家效应。他们在推出欧洲旅游、非洲旅游等旅游线路时，均在广告上印上经验丰富的旅游专家的近照和推荐。

（三）“普通人”效应

运用满意顾客的证词证言来宣传旅游企业和旅游产品，是旅游营销常用的方法之一。人们往往把自己和与自己相似的人作比较，所以常常被与自己相似的人的生活方式所打动。满意的顾客来自广大旅游消费者，他们的亲身经历能增加营销活动的可信度。旅游消费者的口碑宣传，会使潜在旅游者感到亲切，引起他们的共鸣。一些旅游企业在电视广告中展示普通消费者如何从旅游消费活动中获得乐趣，如何通过旅游企业解决其在旅途中遇到的问题。由于这类广告贴近旅游消费者，反映了消费者的现实生活，因此，更容易获得认可。

第四节　家庭与旅游消费行为

家庭，是社会生活的基本单位，也是一个独立的旅游休闲群体。个体的性格、价值观念、消费决策模式等无不打上家庭影响的烙印。在旅游者的消费行为上，家庭是一个主要的影响因素和重要的参考群体。在重视家庭的中国社会中尤其如此。

一、家庭的含义和类型

一般认为,家庭是指以婚姻关系、血缘关系和收养关系为纽带而结成的有共同生活活动的群体。完整意义上的家庭,至少由两人组成。社会学家一般将家庭分为四种典型的形态:

(1)核心家庭,即由一对夫妇(含一方去世或离婚)与他们的未成年子女组成的家庭(丈夫、妻子和子女),以及只由夫妇俩人构成的家庭(丈夫和妻子)。

(2)主干家庭,指至少由两代人组成,而且每代只有一对夫妇(含一方去世或离婚)的家庭(祖父母或外祖父母、丈夫、妻子和子女)。

(3)联合家庭,指由父母(含一方去世或离婚)与多对已婚子女组成的家庭,或兄弟姊妹婚后仍不分家的家庭。

(4)其他类型的家庭,指上面四种类型以外的家庭,如由未婚兄弟姊妹组成的家庭。

在不同的文化背景下,甚至同一文化背景下的不同地区,占支配地位的家庭形式是有差别的。例如,在美国,核心家庭比较多见,而在宗族色彩比较浓的国家如泰国,则以主干家庭居多。在我国,由于计划生育政策的推行,我国是世界上独生子女最多的国家。相应地,在城市里的核心家庭的比重正日益增加。但是在农村,则仍以祖父母、父母及其子女三代同堂的主干家庭为主。

在当代社会中,工业化和城市化使核心家庭成为家庭的主要形式。随着社会的进一步发展和时代的变迁,社会中的家庭结构与关于家庭的观念也发生着演变。目前,在发达国家,单亲家庭、未婚同居家庭、同性恋家庭等非传统的家庭形式大量涌现,独居人口上升。这些家庭在我国虽非主流,但并不排除它们在未来逐步增加的可能。

二、家庭生命周期

随着时间的推移,大多数家庭都会经历一系列不同的阶段,从结婚成家、生儿育女、儿女成人自立门户、夫妻退休、丧偶,到最后一个配偶死亡。家庭发展过程中所经历的这一系列不同阶段被称为家庭生命周期(FLC)。在各个阶段中,家庭的人数、家庭成员的生理状况与心理需求都具有不同的特点,由此使家庭消费呈现不同的模式。现有的研究成果表明,从理论上来讲,旅游行为与家庭生命周期各阶段密切相关,但是对如何划分家庭生命周期的各个阶段仍存在争议。传统的家庭生命周期理论将家庭的发展大致划分为五个阶段,它们分别是单身阶段、新婚阶段、满巢阶段、空巢阶段、解体阶段。

(一)单身阶段

大多数年龄在25岁以下的年轻人都处于这一阶段,他们要么在大学念书,要么刚跨出校门开始工作。随着结婚年龄的推迟,这一群体的数量正在增加。虽然收入不高,但由于没有其他方面的负担,所以他们通常拥有较多的可自由支配收入。这一群体比较关心时尚,崇尚娱乐和休闲。根据劳森(Robert Lawson)对到访新西兰的游客的研究,单身年轻人度假的特点可概括为“便宜”和“活跃”。虽然他们在娱乐方面的支出较高,但在交通和住宿等其他方面花费较少,通常依赖亲朋好友以减少旅行开支。

(二)新婚阶段

这一阶段始于新婚夫妇正式组建家庭,止于他们的第一个孩子出生。在此阶段,为了形成共同的生活方式,双方均需要作很多调整。一方面,共同决策和分担家庭责任,对新婚夫妇来说是一种全新的体验;另一方面他们还会遇到很多以前未曾遇到和从未考虑过的问题,如购买经久耐用的家具、家用电器,进行家庭储蓄等。按照传统,这个“蜜月”阶段很短,一般结婚不到两年子女就出世了。随着生育态度的变化和计划生育的实行,这一阶段可延续多年。由于这类家庭大多有双份收入,因而结婚后的青年夫妇可以在这一阶段建立起一定的经济基础,为外出旅游创造重要的条件。此外,由于意识到一旦有了子女,自由支配的时间和收入就会减少,所以年轻夫妇可能会积极步入旅游市场。

在这一阶段比较重要的旅游就是蜜月旅行。新婚夫妻把蜜月旅行视为人生中一次非常重要的假期,而且在短期内他们一般不会故地重游,所以,他们对蜜月旅行的投入程度会比较高,在旅行前做好充分的安排,尽可能利用短的时间游览更多的景点,使这一旅游成为人生中最美好的回忆之一。

(三)满巢阶段

从第一个孩子出生,到所有孩子长大成人离开父母,这一阶段被称为满巢阶段。子女的出生通常会改变家庭的生活方式与经济状况。这样的家庭必须花较多的收入在孩子身上。处于这个阶段的家庭对旅游的兴趣受到子女出生的强烈影响,家庭旅游往往放在全家都能享用的假期上,包括专为加强对子女全面教育而进行的旅游。由于这一阶段持续时间很长,一般超过20年,所以一些研究人员根据孩子的年龄将它进一步分为满巢Ⅰ、满巢Ⅱ和满巢Ⅲ。

(1)满巢Ⅰ。这一阶段,通常是指由学龄前儿童(6岁以下小孩)和年轻夫妇组成的家庭。第一个孩子的出生,会给家庭生活方式和消费方式带来很多变化。在西方,母亲通常会停止工作,在家照看孩子,因此家庭收入会减少,负担会加重。在我国,由于实行计划生育政策,城市家庭只能生一个孩子,加上我国有祖父母或外祖父母照看孙子、孙女的传统和习惯,无需夫妻中的一方辞掉工作来专门照料孩子。然而,孩子的出生确实带来很多新的需要,从而使家庭负担有所增加。在满巢阶段,家庭需要购买婴儿食品、婴儿服装、玩具等很多与小孩有关的物品,在旅游度假方面也要考虑小孩的需要。受年幼小孩的牵制,第一满巢期的群体较少旅游,即使外出旅游也主要是为了探亲访友。他们可能会参加少量的常规旅游活动,但较少参加娱乐和体育活动。

(2)满巢Ⅱ。这一阶段,通常是指由学龄儿童和夫妇组成的家庭。在此阶段,最小的孩子已超过6岁,多在小学或中学念书。在西方,因为无需大人在家照看孩子,夫妻俩都可以专职工作,家庭经济状况得到改善。在我国,这一阶段的家庭基本上是以孩子为中心。家庭不仅要为孩子准备衣、食、住、行等方面的各种物品,而且还要带孩子参加各种音乐班、学习班,购置诸如钢琴、小提琴之类的乐器。由于小孩负担减轻以及经济状况好转,这一阶段的家庭可以更积极地参加一些老少皆宜的旅游项目,如观看球赛、到海滨游泳、到农庄采摘果实等。但是,他们一般都选择可以迅速抵达的旅游地,因为小朋友的注意力容易分散,不能忍受慢悠悠地朝着一个目的地行进,即使是年龄大一些的儿童也不愿消极地坐在车里消耗过多的时间。

(3)满巢Ⅲ。第三满巢期阶段,通常是指年纪较大的夫妇和他们仍未完全独立的孩子所组成的家庭。在西方,这一阶段家庭中,有的孩子已经工作,家庭经济压力相对减轻。由于夫妇双方都工作,加上孩子也不时能给一些小的补贴,所以家庭经济状况明显改善。在这类家庭里,旅游活动的参与度继续上升,全家旅游占有相当的比例,而且更有可能把钱花在昂贵的旅游项目上,在租车、住饭店等方面的花销也更大。在中国,处于此阶段的家庭的旅游度假模式比较复杂。由于要支付高额的子女教育费用和抚养费用,有的还需要照顾年迈的父母,所以,家庭经济压力尚不能很快减轻。即使孩子已经工作,传统的父母也会积极地为孩子结婚、购房等活动储备资金。因此,收入水平不高的家庭在这一阶段不仅不会更多地参加旅游活动,反而会减少旅游活动。

(四)空巢阶段

空巢阶段始于小孩不再依赖父母,也不与父母同住。这一阶段延续的时间也比较长,可以分为空巢Ⅰ和空巢Ⅱ。

(1)空巢Ⅰ。在此阶段,父母仍工作,但孩子已离开家庭独立生活。对一些父母来说,孩子不再在自己的身边,会产生落寞感。到大学所在城市或孩子工作的城市看望孩子,成了这些家长主要的旅游目的。对另外一些父母来说,子女长大成人意味着一种“新生”、一种“解脱”。父母就有了更大经济自由,可以做他们以前想做但由于孩子的拖累而无法做的一些事情,选择新的、昂贵的旅游方式。人生的这一阶段,也许是经济上和时间上最宽裕的时期。夫妻不仅可以频繁地外出度假,而且还会买一些高档的物品。即使并不富裕的家庭也可以使用夫妻积蓄起来的金钱,到更遥远的旅游地去度假旅游。

(2)空巢Ⅱ。在空巢的后期,夫妇到了退休年龄,可自由支配的时间更多了,但对未来经济收入的预期却随之下降。大多数身体健康的老人会享受积极的退休生活，更多地购买健康类产品与服务，参加老年俱乐部，出外旅游等。与以往不同，他们喜欢朝一个特定的旅游目的地沿途悠闲地游玩，因为在他们看来，旅行本身与旅游目的地同等重要，两者都有吸引力。虽然这一阶段的旅游者在旅途中逗留的天数和游览的目的地都有所增加，但他们在住宿、进餐方面的花费却比较节约，对价格的敏感程度有所提高。由于年龄的原因，在旅游活动的选择上，他们倾向于参加活动量小和有文化品位的活动，悠闲地享受美丽的夕阳红。

（五）解体阶段

当夫妻中的一方过世时，家庭进入解体阶段。如果在世的一方身体尚好，有工作或足够的储蓄，并有朋友和亲戚的支持和关照，家庭生活的调整就比较容易。由于收入来源减少，此时在世的一方，过上了一种更加节俭的生活。因而，他们外出旅游的开销不会太大，通常只是去探亲访友，或到一些知名的宗教圣地和旅游胜地游览。他们的旅游兴趣有限，活动参与度不高，希望通过旅游更多地与儿孙交往，满足情感上的需要。年纪更大一点的消费者会花相当多的时间看电视，而不是外出旅游。

家庭生命周期理论假定家庭随着时间推移而成长、发展、演进。这个理论试图说明在一个家庭群体成员在成为父母之前、成为父母后的各个阶段，所扮演的不同角色，以及这些角色的经济影响和社会影响。虽然家庭生命周期理论非常有用，但是，随着各种新型家庭形式的出现，以及婚育观念的变化，传统的家庭生命周期理论正面临挑战。

不同的个体所经历的家庭发展阶段并不相同。例如，在传统的家庭生命周期中，新婚年轻夫妻将会生儿育女，进入满巢阶段。但是，在现代社会中，许多夫妻会进入丁克（DINKS）阶段，这些不打算生育小孩的双收入夫妇不会经历家庭生命周期所描述的财务周期循环模式。有的个体甚至不组建家庭。例如，在美国，未婚同居、无小孩的离异者、独身主义者、鳏寡独居者等非家庭型住户约占美国住户总数的30%，且有上升的趋势。家庭生命周期理论无法解释他们的消费模式。

此外，还有许多无法维系家庭的夫妻会选择离婚。由于离婚和再婚的缘故，同一个体也许还会经历几种类型的家庭生命周期。这种现象已经不容忽视。在美国，每三对已婚者中就有一对离婚。除了高薪职业者外，年轻的离异者可能会因为财产分割而遇到严重的经济问题，重新选择另一半也要耗费他们大笔金钱。因此，年轻的离异者通常不会经常旅游。对年轻离异且有子女的人来说，不论子女多少与年龄大小，离婚必然引起生活方式与经济状况的巨大改变。在这种情况下，一般人都不会花大笔钱去旅游。传统的家庭生命周期理论将这些情况排除在外，限制了该理论的适用范围。

虽然如此，学术界大多数人觉得用家庭生命周期理论来表述人生所经过的那些可识别的历程或时期，仍是非常有价值的。

三、家庭人员角色与家庭购买决策模式

(一)家庭人员角色

在旅游购买决策和消费过程中,不同家庭成员往往扮演着不同的角色,对决策产生不同的影响。一般而言,家庭旅游消费决策过程中至少涉及以下五种角色:

(1)倡议者,提出旅游或购买旅游产品的建议,使其他家庭成员对此产生购买兴趣的人。例如,少年儿童往往积极向家长建议去游乐场或郊野风景区游玩。一般来说,倡议者和使用者多为同一人,但是,倡议者所提供的信息与建议,却不一定总被采纳,这取决于他或她在家庭中的地位和影响力。

(2)影响者,为购买提供评价标准以及哪些产品或品牌适合这些标准之类的信息,从而影响旅游目的地和旅游方式选择的家庭成员。影响者决定了家庭在一次购买活动中接触到的信息。他们对信息做出的分析处理,是其他人做出决定的重要依据。

(3)决策者,有权决定是否旅游、去哪里旅游、何时旅游以及购买什么旅游产品的家庭成员。在夏令营、修学旅游等青少年旅游市场上,尽管青少年是顾客,但他们的家长通常是最终做出决策并支付费用的人。青少年希望旅游活动刺激有趣,在旅游活动中能获得与其他青少年交往的机会,并在活动中体验到成长和独立的快乐。但对于父母来说,安全是决定购买与否的一个重要因素。他们更倾向于选择那些对孩子健康更有利或者更有教育意义的旅游方式。

(4)购买者,实际进行购买的家庭成员。购买者与决策者可能不同。例如,青少年可能被授权决定是否参加以及参加何种暑期旅游团,但父母才是实际与旅行代理商议价并付款的人。

(5)使用者,在家庭中实际消费或使用由他们自己或其他家庭成员所购产品的人。家庭旅游消费中的购买者不一定是参与旅游活动的使用者。例如,目前,在中国出境旅游者中,老年夫妻或青年夫妻的组合形式在旅游者中占多数,而大部分老年夫妻的费用都是由子女全部或部分赞助的。

综上所述,各家庭成员在购买过程中可能会承担不同的角色。了解不同家庭成员在购买和消费活动中扮演的角色,有助于旅游营销工作者把握以下重要问题:①谁最可能对企业的产品发生兴趣;②谁将是产品的最终使用者;③谁最可能成为产品购买的最终决定者;④不同类型的商品实际上通常由谁购买。

(二)家庭旅游决策类型

家庭旅游决策,是指由两个或两个以上家庭成员直接或间接做出旅游产品的购买决定的过程。作为一种集体决策,家庭购买决策在很多方面不同于个人决策。例如,在夏令营旅游产品的购买活动中,成年人与青少年所考虑的产品特点是不同的,因而他们共同做出的购买决策将不同于他们各自单独做出的决策。

人们常常将家庭决策同组织决策相提并论,这虽然有助于人们理解家庭决策的形式,但是却没有抓住家庭决策的实质。组织一般具有较为客观的标准来评价购买决策,如利润最大化,而家庭购买则没有这样明确的、整体的目标。此外,大多数组织的购买活动对那些没有参与购买活动的人影响很小,但是大多数家庭购买却会直接影响家庭中的每个成员。实际上,家庭购买决策最重要的特点就是带有浓厚的感情色彩,这种感情色彩会影响家庭成员之间的亲密关系。例如,带孩子参观博物馆,并不应被视为简单的购买行为,而是对孩子爱与奉献的象征。

家庭形态对旅游决策影响,主要取决于家庭每个成员在家庭中的地位和作用。夫妻双方在决策过程中所处的地位不同,对旅游产品类型的需要不同,家庭决策的方式往往也有所不同。家庭决策可能是丈夫或妻子中的一个做出的,也可能是共同做出的。根据家庭决策中占主导地位的成员不同,可以将决策模式分为四类:

1. 共同商量,共同决策

欧美学者的研究结果表明,近40年来,夫妻共同决策一直是家庭度假决策中的主导模式,而且年龄相仿的夫妻最可能采用这种决策方式。与其他类型的旅游者相比,这类旅游者计划旅游行程的时间会更早,而且在制订度假计划的过程中,还会使用大量的信息来源。由于策划比较周全,夫妻共同决策型家庭参与的旅游休闲项目往往比较多,而且旅游满意程度较高,愿意故地重游。

2. 丈夫主导型决策

采用这种决策模式的家庭的特点是,夫妇在年龄上存在着较大的差异。由丈夫为主导做出的旅游决策往往包含较多的户外运动项目,如野营、远足、狩猎等。由于丈夫主导决策型家庭在度假时花钱最大方,所以对旅游企业尤为重要。

3. 妻子主导型决策

采用这种决策模式的家庭,在家庭度假决策中并不多见。研究人员发现,与前两种家庭相比较,由妻子做出最终度假决定的家庭在度假中参与的休闲项目最少,逗留时间最短,花费也最少。但是,由于家庭关系的改变,夫妻角色的变化,采用这类决策模式的家庭可能会与日俱增。

4. 自主决策

在家庭旅游决策过程中存在着第四种决策模式,即丈夫或妻子独立做出决策。当妻子和丈夫其中之一做出决策时,或者两人做出几乎相同的决策时就出现了自主决策这一情形。例如,由夫妇中任意一方做出住宿选择就是这种情况。在这种情况下,由于不知道谁是决策者,旅游营销人员很难预测家庭对旅游活动和住宿方式的偏好。

从旅游决策的内容上看,家庭成员在具体产品购买上也有分工。例如,美国家庭度假旅游决策过程中各成员所起作用有所不同。在决定是否去旅游,准备花多少钱这两方面,夫妇双方都有很大的影响力,而且通常是由双方共同协商做出决策的。在交通工具的选择、度假活动内容、旅游线路、度假旅游日期、度假旅游时间长短、是否带孩子一起旅游等决策方面,常常也是由夫妻双方共同协商做出决策,或者是由一方做出决策,另一方对决策结果施加有力的影响。在度假旅游目的地和食宿条件的选择上,丈夫的影响力会更强一些,拥有更大的决策权。一般来说,在家庭旅游决策中,家庭成员会有所分工,但越是进入购买决策的后期,家庭成员越倾向于联合作决定,决策角色专门化会变得越模糊。

有孩子的家庭在去哪里度假的问题上较难达成一致,且由丈夫主导决策的可能性更大。虽然孩子在度假时间的长短、交通方式、旅游开支等决策中不起主导作用,但是他们所起的作用却不容忽视。因为很多父母安排旅游活动,都是为了让孩子能够通过旅游开阔眼界,增长知识,丰富经历。孩子倾向于与父母中的一方形成同盟,产生决策中的"多数",以确定去哪一类旅游目的地以及全家在度假期间共同参加哪些活动。此外,孩子的学期时间安排也影响家庭度假旅游时间的安排。处于第二满巢阶段的家庭,大多选择在寒暑假出游。

在进行家庭旅游决策研究时,所获信息的信度和效度是一个值得重视的问题。有不少夫妇对于各自在家庭决策中的相对影响,存在重大的分歧。通常,丈夫有夸大自己在家庭决策中的影响和参与作用的倾向,而妻子则更可能低估自己的影响力。

(三)影响家庭旅游决策方式的因素

研究人员一直试图找出通过决定家庭人员相对影响力进而影响家庭决策方式的因素。奎尔斯(W. Qualls)的研究识别了三种因素:家庭成员对家庭的财务贡献、决策对特定家庭成员的重要性、夫妻性别角色取向。一般而言,对家庭的财务贡献越大,家庭成员在家庭购买决策中的发言权也越大。同样,某一决策对特定家庭成员越重要,他或她对该决策的影响就越大。原因是家庭内部亦存在交换过程:某位家庭成员可能愿意放弃在此一领域的影响而换取在另一领域的更大影响力。性别角色取向,是指家庭成员多大程度上会按照传统的男、女性别角色行动。研究表明,较少传统和更具现代性的家庭,在购买决策中会更多地采用联合决策的方式。除了上述因素,通常认为,影响家庭购买决策的因素还包括以下方面。

1. 文化和亚文化

文化或亚文化中关于性别角色的态度,很大程度上决定着家庭决策是由男性主导还是女性主导。例如,在我国不发达的农村地区,由于家庭中的封建思想和重男轻女意识比较严重,家庭多以男性为核心。男性比女性有更多的受教育机会,更高的收入水平,在家庭中的地位较高,对家庭旅游决策的影响自然较大。在上海、北京等大城市,人们受传统家庭观念的影响相对要小,家庭成员的地位较为平等,因此家庭决策过程中就更可能出现自主型、联合型甚至妻子主导型决策方式。据报道,上海妇女在旅游决策上具有更强的影响力,因为丈夫更关心购房和购车等消费活动。当然,文化并非一个地理的概念,即使生活在同一个城市,由于文化背景的不同,人们对于性别角色地位的认识会有相当大的差别,由此导致男女在家庭决策中影响力的不同。我们将在第十一章详细探讨文化与亚文化对旅游消费的影响。

2. 角色专门化

随着时间的推移,夫妻双方在旅游决策中会逐渐形成专门化角色分工。传统上,丈夫负责开车、买机票、预订和登记饭店,妻子通常负责整理和购置旅途中各种必备物品、收集旅行费用、食宿状况和线路安排等信息,并决定在旅途中如何安排孩子的活动。随着社会的发展和职业女性数量的增加,婚姻中的性别角色不再像传统家庭中那样鲜明,丈夫或妻子越来越多地从事以前被认为应由另一方承担的活动。虽然如此,家庭旅游决策中的角色专门化仍然是不可避免的。从经济和效率角度来看,家庭成员在每件产品上都进行联合决策的成本太高,而专门由一个人负责对某些产品进行决策,效率会提高很多。

家庭中的角色分工与家庭发展所处的阶段密切相关。比起建立已久的家庭来,年轻夫妻组成的家庭会更多地进行联合型决策。之后,随着孩子的出生和成长,家庭内部会形成较固定的角色分工。当然,随着时间的推移,这种分工也会发生相应的变化。在我国,由于父母越来越重视孩子的感受与意见,独生子女参与家庭消费决策的比例也越来越高,有些时候子女甚至起着决定性的作用。目前我国城市家庭中的典型模式是:成年男性是最主要的创收者,并且担任名义上的家长;成年女性是最主要的家务承担者和家庭开支流向的决定者;青少年是家庭资源配置时优先考虑的对象。家中的青少年,尤其是18岁以下的未婚青少年,承担的是高享受、低自主型的角色,对家庭消费与家庭文化决策有特殊影响力。孔旭红和孙雪梅曾对400名独生子女进行过调查,收回的328份有效问卷显示,在家庭进行旅游决策时,由孩子来提出旅游建议的有192人,占总数的60%,可见独生子女有巨大的旅游消费决策影响力(孔旭红,孙雪梅 2004)。随着我国独生子女人群的不断壮大与发展,站在独生子女的角度来看待旅游的发展将成为今后规划旅游业发展的一个新的领域和视角。

3. 家庭决策的阶段

早在20世纪70年代,研究人员就发现夫妻双方通常会共同参与旅游决策,而且夫妻一起生活的时间越长,他们共同决策的可能性就越大(Myers & Mocrief 1978)。然而,一些更注重单项决策的研究结果表明,虽然在家庭旅游决策中近2/3的决策都是由夫妻双方共同做出的,但在家庭旅游决策中的不同阶段,家庭成员的相对影响力有所不同。例如,有的学者发现妻子比丈夫更热衷参与旅游前信息的收集(Fodness 1992);有的学者发现丈夫对度假花费、度假时间、住宿的选择有更强的影响力(Rithie,Filiatrault 1980);有的学者发现旅游线路绝大部分都是由丈夫决定的，而住宿多为共同决策的结果（Myers，Mocrief 1978）。

加拿大渥太华大学的泽拉顿（Antoine Zalatan）将旅游决策过程划分为四个方面、17个细分任务：①最初准备活动，包括决定度假日期、挑选目的地、搜寻信息；②旅游前理财活动，包括安排财务旅行支票、购买包价旅游产品、买票；③启程前任务，包括交通安排、住宿安排、准备行李、其他任务（如，医疗，购买保险）；④目的地任务，包括选择景点（有导游还是无导游）、每个景点停留时间、选择餐厅、选择住宿、购物花费、其他决策（如，特殊事件）。他调查了356位在最近一年内有出游经历的已婚妇女，以便更好地了解在旅游决策的整个过程中夫妻双方所扮演的角色。

泽拉顿的调查结果表明：第一，妻子很少参与旅游过程中处理钱财的活动。第二，妻子积极地参与目的地的决策活动，尤其热衷参与购物和选择餐厅两项活动。这点与许多学者的研究结果一致，"购物是一种能够给女士带来娱乐、刺激和发现新奇物品机会的活动"。事实上，购物不仅仅是一种物质消费活动，还是一种文化经历，因为旅游购物者经常与店主和手工业者交流。第三，住宿决策的参与程度在旅游过程中会发生明显的变化，妻子在旅游前对住宿决策的参与度偏低，但随着旅游活动的开展，妻子对住宿决策的参与程度会逐步提升。这一研究结果反映出家庭成员在具体旅游决策上确有分工，妻子较少参与理财方面的活动，而较多参与"购物"、"准备行李"和"选择餐厅"的决策。虽然妇女正积极地参与许多旅游决策，但妇女的传统角色和某种模式化角色仍然起着作用。

了解夫妻双方在旅游决策中的参与程度和影响力，对旅游营销工作有特殊的意义。由于妻子在启程前通常会积极参与选择目的地和收集资料活动，因此，旅游代理商应制作出能够吸引女士的营销材料。例如，把与文化活动、餐饮和购物有关的内容纳入营销宣传材料。在选择饭店服务时，男性旅游者注重食物、酒吧、停车场和娱乐活动，而女性旅游者则注重卫生状况、卫生间和房间的式样，以及去购物中心的便利程度和健身器材。饭店在营销活动中，也应有所侧重。

4. 家庭生命周期

家庭生命周期，对家庭旅游决策的模式也有重要影响。例如，当丈夫的事业正处于关键时刻时，必须根据他的工作时间安排假期。在确定度假日期的决策中，虽然妻子参与程度相当高，但这不一定意味着完全按照妻子的意愿做决定。

5. 个人特征

家庭成员的个人特征，对家庭旅游决策方式亦有重要影响。诚如前面所指出的，夫妻双方的影响力很大程度上来自各自的经济实力。因此，拥有更多收入的一方，在家庭旅游决策中更容易占据主导地位。妻子工作时间越长，在金钱方面就越具有自主权。因此，职业妇女比家庭妇女外出游玩的可能性更大，更可能参与和主导家庭旅游决策（Zalatan 1998）。

个人特征的另一个方面，是受教育的程度。学历与妻子参与旅游决策的程度显著相关。教育所传播的知识,能够帮助妻子更好地处理一些复杂的决策。因而,妻子所受教育程度越高,她所参与的重要决策也就越多。受过大学教育的已婚妇女,往往认为她们在旅游决策中有着与丈夫同等的权利。

有工作而且受过教育的妻子有更多因公外出旅游的机会,她们往往具备亲自安排和处理旅游任务的能力,在休闲旅游时会自然而然地重复以往的旅游决策。

家庭成员的其他个人特征,如以前的旅游经历、年龄、能力等,也都会直接或间接影响其在购买决策中的作用。例如,比妻子年长的丈夫在家庭旅游决策中往往更容易占据主导地位。与老年夫妇相比,中年夫妇更有可能采取共同做出度假决策的方式。

案例10－1　小夫妻旅游①

一个长假的前夕,在我的寒舍里召开了名额有限的"圆桌会议",参加的人员有我和妻子及另一对夫妻。会议探讨的主题是,这个长假外出旅游中有关吃住行的消费问题。经过反复研究达成了共识:本次旅游两个家庭采取"分餐制"的消费方式。规章制度决定后,第二天一大早,我就按照会议精神抢先奔往汽车售票窗口购买了四张前往旅游目的地的车票。随后,我们一行4人就坐在了开往婺源县城的车上。

经过6个小时的长途跋涉,被尘埃和疲惫笼罩着的我们到达了目的地,但仍然兴奋未减。这时,找旅馆安个家成了大家的第一需要。为了求得既经济实惠又舒适干净的居所,我们从城东走到城西,又从城北走到城南。时值旅游旺季,正是"求大于供"的卖方市场,无奈之下,经过权衡选择,一致首肯了那家20元钱就可包下夫妻房的招待所。

我们刚一住下来,同行的那位男同胞就来到我的房间要与我算账。我忙说:"不急!不是说好了最后算总账的吗?"男同胞的理由很充足:"我考虑还是每天结算更好,一是咱俩身上的资金都可以周转;二是时间长了,有些账目怕会记不清楚。"

翌日曙光普照大地时,我们坐上了奔往能一睹廊桥、路亭、牌坊、庙宇宝塔和戏台等古建筑的旅游景区的车。来到一个个单项的景点,购买门票自然是男同胞"鞍前马后"的事。光这个旅游景区就花掉了我们每人40元人民币。

临到中午吃饭时间,我们选了一家服务周到的小酒店共进午餐。四菜一汤如果是一对夫妻吃的话就很不合算,而两对夫妻共享则算是价廉物美。即便外加了两瓶啤酒,总结算下来也才50元钱,再分摊到各对夫妻中,可想其便宜程度。

傍晚时分,我们回到了招待所。一天疯玩所造成的疲惫使两位女士早早地上

① 本案例改编自郑光春.旅游分餐制.鹰潭日报,2004-04-27(3)。

床休息了。我和男同胞又面对面地“亲兄弟明算账”了。门票、饭钱、车票“三下五除二”,我方总共才花去了 140 元零 5 角。不过,途中我方夫妻和对方夫妻各自都采购了一些零食类的物品共享,这一部分消费不需要 AA 制,完全属于个人行为。第三天,我们的旅游目标是到县城 60 公里外的一组灵岩古洞群观瞻。据说那里无山不洞、无洞不奇、洞中有洞、洞洞相连。一个半小时的行车后,展示在我们面前的果然是卿云洞、莲花洞、琼芝洞、涵虚洞、萃灵洞……真是一个神奇的世界。也许是被神话色彩迷住了我们的双眼,虽然门票高昂但我们仍心甘情愿地掏腰包。游完了这些千姿百态的奇洞后,我们竟会说:“花这个钱值得!”

这天游玩尽兴后返回住地已是月上柳梢。明天就要打道回府了,为使这顿“最后的晚餐”吃得丰盛,经大家研究决定:六菜一汤外加四瓶啤酒和两听饮料。很明显,美味佳肴伴随着两天来所见所闻的畅谈,我们吃饭的节奏放慢到有史以来的最低点。尽管 3 个小时后,我和男同胞都成了“红脸关公”,但我俩仍未忘记历史使命,一回到旅店,又算起账来。

没有不散的宴席。结伴旅游,在我们满意、快活的心情下结束了。回到家,我与妻子关起门来算总账。此次旅游我们两口子共花去了 720 元,这么“价廉物美”,是我做梦也没有想到的事。尝到了“旅游分餐制”甜头的我,巴望着下一个长假的到来。

[**讨论**]

1. 分析案例中的旅游者处于家庭生命周期中哪个阶段,这个阶段的旅游者的消费行为有何特点?

2. 在本案例中,丈夫和妻子在旅游决策中分别扮演了哪些角色,他们的决策属于哪种家庭决策类型?

思考与练习

1. 在同学中展开调查,了解大学生喜欢与谁一起度假,讨论旅游企业营销人员应如何满足这类社会群体的需求?

2. 回忆你最近一次的旅游经历,你在旅游活动中扮演了哪些角色?在这次旅游中,你是否遇到角色超载或角色冲突的情况,为什么?

3. 请分析无子女的夫妇、有学龄前儿童的夫妇、孩子已上学的夫妇等三类群体在旅游消费上的主要差别,讨论孩子如何影响丈夫及妻子对度假选择的决策。

4. 以你的家庭为例,讨论家庭成员和家庭购买决策对消费者行为的影响。

5. 家庭旅游决策主要有哪些决策方式?你的家庭通常采用哪种决策方式?哪些因素决定了你们家的旅游决策方式?

6. 什么是自主决策?市场营销人员应采取何种策略以满足采用这类决策方式的家庭的需要?

第十一章

文化、亚文化与旅游消费行为

第一节　文化与旅游消费行为

一、文化的含义

文化的范围极其广泛。从某种意义上来看，文化是一个社会的"个性特征"，包括一个社会特有的认知（语言、哲学、教育）、规范（道德、法律、信仰）、艺术（音乐、美术、文学、舞蹈、戏剧）、器用（生产工具、日用器皿及制造它们的技术和生产模式），以及社会制度、组织、习俗等。在消费者行为研究中，由于我们关注的是文化对消费者行为的影响，因此，我们把文化定义为在特定社会中，人们经过学习获得的、用以指导消费行为的信念、价值观和习俗的总和。

信念反映了一个人对某些人、某家商店、某种产品、某个品牌等事物的特殊理解和评估。信念往往可以用"我相信……"等心理和语言表述出来。价值观也是信念，但价值观有别于其他信念。与其他信念相比较，价值观①数量较少；②向人们指明哪些是文化所称许的行为；③具有持久性或难以改变；④适用面广，并非仅针对特定情境；⑤被特定社会的成员广泛接受。在广义上讲，价值观和信念都是心理意象，它使人们对事物产生具体的态度，这些态度进而又影响一个人在特定情景中可能做出反应的方式。例如，消费者用来评估某类产品中各替代品牌的标准（例如，柯达和富士35毫米胶卷）既受其基本价值观的影响（对产品质量和来源国的感受），也受到具体信念的影响（例如，对美国产和日本产的胶卷的特殊感受）。这些价值观和信念在很大程度上决定了他对这些品牌中某一品牌的偏好，使其相信购买该品牌的产品会比购买其他品牌好。

与信念和价值观相比较，习俗是外显的行为模式。这些行为模式在特定文化环境中被认可或被视为可接受。习俗构成了一定社会中人们的日常行为。例如，湖南人爱在菜肴中加辣椒，四川人爱在菜肴中加花椒、海椒等麻辣香料，广东人则讲究食物本身的鲜味。这些日常行为都是习俗。因此，如果说信念和价值观是人们行为的指南，习俗就是常见的和可接受的行为方式。

根据以上对文化的定义,我们就容易理解对一定社会各种文化因素的了解将有助于营销人员预测消费者对其产品的接受情况。

二、文化的特征

文化具有以下特点:

(一)文化的影响是无形的

文化是人们用来观察产品和服务的"透镜",它就像一只无形的手,影响和引导着旅游消费者的行为。这种影响是如此的自然和潜移默化,以致人们几乎察觉不到文化在他们身上的作用。当研究人员问消费者为什么做某件事时,他们通常不假思索地回答,"因为这样做是对的"。这种看似肤浅的回答反映了文化对我们行为根深蒂固的影响。

如同生活在水里的鱼体会不到水的重要性一样,我们通常是在一个新的环境下,或遇到具有不同价值观和习俗的人们时,才发现文化的力量是如此强大,影响如此深远。例如,出门在外的旅游者可能发现自己不知道如何问路,也不知道如何回答他人的问题,气候与自己家乡的气候不同,食物几乎不认识。在陌生的目的地,他们往往发现许多原以为理所当然的问题变得似是而非。在日本,微笑可以表示气愤;在英语语系国家,有时"是"的意思相当于中文的"否";在越南等地,"固定的公价"也可以讨价还价。此时,身处异乡的旅游者最容易意识到文化对自身的思想、思维方式和行为的影响。

(二)文化是特定社会中大多数人所共有的

信念、价值观或习俗,必须被特定社会中大多数成员共享,才能成为该社会的文化特征。共同的语言,对符号和生活方式的共同理解,以及共同的沟通方式和信息传递方式,促进了同一文化中成员之间的相互了解、同一文化群体的内部和谐以及群体的相对独立性。因此,文化通常被视为把社会成员联系在一起的纽带。每个民族、国家、城市、企业乃至每个部落都会形成不同的文化特质,从而构成各自特有的社会群体文化。所以,文化在特定社会的共享性实际上也确定了不同的群体之间的边界。正是这些共同的语言、理解和信息传递方式,确定了某一文化区别于另一文化的重要标志。

家庭、教育机构、宗教组织、大众传媒将基本的信念、价值观、态度、传统和生活方式传递给社会成员,使文化共享成为现实。在家庭的文化学习中,家庭成员将对金钱的观念、对价格和质量的看法、对某品牌的偏好、对促销信息的适当反应等消费习惯传承给下一代。教育机构和宗教体系通过向人们灌输知识、经济观念和道德观念,使人们在心中塑造起自己应承担的社会角色。大众传媒也是广泛传播文化价值观的有力工具。例如,广告教导我们如何着装、如何居家装饰、用什么食物和酒类招待客人等,使消费者理解哪些类型的行为适合他们所处的社会阶层。在文化的传播和共享过程中，共同的语言是非常关键的，它使人们有可能享有共同的价值观、感受和习惯。

（三）文化是习得的

文化不同于生理特征，无法通过基因传承。但人们从幼年期起，就开始从社会环境中通过学习获得一系列信念、价值观和习俗。孩子通过模仿家庭成员、朋友或影视英雄的行为，或听从长辈教导，或在正式的教育环境中，在教师指导下，学会应该做什么、怎么做、为什么要这样做。

文化的学习可以分为两种类型：一种是"文化继承"，即学习自己民族的或本土的文化；一种是"文化适应"，即学习新的或外来的文化。学习自身文化所赞赏的信仰和行为的过程，是文化认同（enculturation）的过程。正是这种学习，保持了民族（或群体）核心价值观、价值系统和行为准则的延续，并且形成了独特的民族（或群体）个性。一个有生命力的民族（或群体）在演进过程中，通常会学习和吸收其他民族（或群体）的文化内容，甚至使其成为本民族（或群体）文化的典型特征。改革开放以来，西方文化的传播，已逐渐成为目前中国文化现象里的一种潮流。从文化的物质层面来看，中国人现在已经习惯了的西装，就是学习借鉴西方服装文化的结果。在节庆日方面，欢度西方情人节和圣诞节的风气也非常普遍。从文化的精神层面来看，越来越多年轻人重视个人价值，追求个性消费的生活方式。这些现象表明了文化观念的改变。当外来文化为本民族（或群体）成员普遍接受时，就自然而然地变成了本民族（或群体）世代相传的本质特征。

在经济和文化日渐全球化的今天，要把产品和服务推向国际市场，营销人员必须适应目标市场的特殊文化，才能让目标市场社会成员接受其产品和服务，说服目标市场消费者购买。但是，要使产品和服务具有吸引顾客的文化魅力，营销人员必须着力把本土文化加以推广，使目标市场消费者更好地理解产品和服务的内涵。这要求营销人员必须运用合适的语言和符号与目标受众进行有效沟通，并注重交往中的礼仪和礼节。

（四）文化为人们满足需要提供准则

文化，是人们通过大量的社会实践积累而成的。它告诉人们什么是对的、好的和重要的，以及在各种不同环境下应该做什么、不应该做什么。这些基本的行为准则和规范，为人们满足其生理、个人和社会需要提供了方向和指导。比如，关于什么时候就餐，什么食物适合于早餐、中餐、晚餐，以及怎样接待参加宴会的宾客等，文化都为人们提供了规范和准则。

只要文化中的信念、价值观和习俗能满足人们的需要，人们就会依先例行事，把文化延续下去。但是，当某一特定的规范不能再充分地满足社会成员的需要时，它将得到修正或被取代，以便使最终的规范更符合人们现在的需要和愿望。例如，以往人们把饭店为旅客提供羽绒制的低矮枕头作为判断客房档次的标志之一。但是,现在许多旅客厌恶羽绒枕头,于是人们把饭店为旅客提供手工制作的工艺枕头视为高级饭店的标志。由此可见,文化会逐步地持续地向前发展,以适应社会发展的需要。

(五)文化是动态的

文化不是静止不变的。尽管变化十分缓慢,但文化确实会随着社会前进的步伐而改变。新技术的诞生、人口流动、资源短缺、战争、外来文化的侵蚀等许多因素,都可能使人们的价值观念、行为方式、生活习惯、偏好和兴趣发生适应性改变,形成新的文化内容。例如,美国传统的核心价值观崇尚自由、年轻、成就、效率和物质主义。但是,随着人口的老龄化,美国人对年龄的重视程度逐渐减弱,他们开始坦然面对老龄化。在我国,近十几年来,随着商品经济的发展和工业化程度的不断提高,人们越来越关心如何节省时间,以改善和提高生活质量。在节省时间和提高工作效率的新观念下,更多的人开始接受方便省时的产品或服务,如乘坐出租车、雇用钟点工、到高效率的仓储式超市购物等。

人们原有的价值观念和行为准则以及他们对新文化的感兴趣程度,在很大程度上影响着文化演进过程中新文化模式的形成或引入。有关研究结果表明,引起社会成员浓厚兴趣,而且与原有价值观念和行为准则偏离程度最小的新事物最容易被人们接受。例如,在20世纪70年代,中国人把丰满、白嫩视为理想的体形和肤色。当时的欧美社会开始流行以瘦削为美的审美观以及低热量的食品。改革开放后,随着欧美流行文化在中国的传播以及人们对健康关注程度的提高,中国传统审美观与欧美审美观发生了碰撞。人们开始接受欧美人对体形的审美标准,把苗条视为理想的体形。有意思的是,与此同时,中国人并没有接受欧美社会对肤色的审美标准。迄今,大多数中国女性仍崇尚美白,对古铜色肌肤不感兴趣。

三、文化与旅游消费

社会文化观念普遍渗透于社会群体每个成员的意识之中,左右着他们对事物和活动的态度,从不同方面影响着人们的消费行为。由于旅游消费活动的本质是一种精神文化活动,文化对旅游消费行为的影响就更为明显,从根本上确立了旅游消费行为的方式和性质。人们对旅游的态度,对旅游活动内容的期望,对旅游服务人员的服务标准的期望,对旅游条件、旅游设施的要求等,都与人们的社会文化价值观念有着密切的联系。由于人们的旅游消费行为受特定文化和传统的支配,旅游者在消费活动中往往不知不觉地扮演了文化传送载体的角色。旅游者在感知和体验目的地文化的同时,有意无意地将自身的文化传播到目的地。有人甚至认为,旅游消费行为在一定程度上造成了文化趋同的现象,全球地方特色在旅游消费中逐渐消失。

(一)社会文化因素对旅游消费行为的影响

作为特定社会中的一员,旅游者的心理与行为必然体现出所属文化的色彩。

文化因素对旅游主体消费行为的影响主要表现在以下几个方面：

第一，文化因素制约旅游者的某些心理欲求，禁止和限制旅游者表现出社会文化不赞同的旅游消费行为。不同文化背景的旅游者都有相对独特的文化追求与禁忌，引导、约束和限制旅游消费活动中的行为。例如，信奉伊斯兰教的穆斯林旅游者在旅游目的地的选择上，往往把伊斯兰圣地麦加作为首选，在饮食上也严格遵守伊斯兰的饮食习惯及有关规定。再如，在传统的阿拉伯文化中，人们对男子外出或旅游采取赞许或较宽容的态度；但是，妇女要外出和旅游就会受到诸多限制和反对，妇女甚至无法参加群众性的社会活动。

第二，不同的文化背景直接影响旅游者的旅游动机和需要，使旅游者的群体行为在表现出共性的同时，又具有突出的文化个性特点。例如，西方文化推崇冒险、创新的价值观。在旅游活动种类的选择方面，欧美游客往往倾向于参加探险性、刺激性的活动。一般来说，欧美游客到中国的主要目的是为了满足“求新求异”的心理需求。他们在选择旅游目的地时，除了基本的观光外，更多地选择那些与其生活环境差异较大，具有浓郁的中国特色和悠久历史的旅游目的地和旅游项目。东方文化讲求“中庸”。日本、韩国等访华游客更愿意选择具有宗教意义的旅游目的地，在旅游项目选择上更喜欢中等强度、动静结合或能修身养性的项目。

第三，文化因素决定了旅游者在消费活动中的消费观念和行为标准。受文化观念的影响，有的人把工作看做生活的主要乐趣，非生产性的休闲会使他们产生负疚感，因此，他们通常把闲暇时间花在处理家庭事务上，而无意参加没有特定目的的旅游。有的人认为休闲是生命中的欢乐时光，他们很少会因为自己享受休闲的乐趣而感到不安，不喜欢有固定目标或任务的旅游活动。

在不同的文化背景下，人们的旅游消费行为准则也是不同的。例如，日本文化主张尊卑有别，长幼有序。在日本旅游团队中，日本旅游者会按照民族文化的标准，如年龄、社会地位等排列次序，并以此来约束自己相应的旅游消费行为。两个团友之间通常要交换工作单位、毕业学校、家庭情况、年龄、籍贯等有关的背景资料，以确定双方的地位和相互关系，并进而依据彼此的关系来确定交谈的方式和内容。如果一方为长辈或上级，那么在谈话、出入的先后以及起坐方面都有一定的礼仪。在美国文化里，等级和身份观念比较淡薄。美国旅游者在人际交往的态度上较少受到等级和身份的限制，不像日本人那样拘礼。他们更注重的是旅游服务的公平性，喜欢直率地表达自己的意愿和要求。

第四，文化因素通过社会风气、参照群体影响旅游消费行为的发展方向。文化因素对一定时代和地域的社会风气的形成起着关键性的作用，而任何一个相关群体的旅游消费趋向和潮流都与当时的文化背景密切相关。譬如，人们对生态旅游的兴趣与可持续发展观念的普及有密切关系；乡村旅游最初在部分知识分子群体中兴起，他们作为参照群体对相关群体起到潜移默化的感染作用。

韩国旅游局和业界正是利用文化因素的这种影响力，开创了韩国旅游的新营销模式。他们借助电影、电视等流行文化产品在全球形成的吸引力，根据影视情节挖掘题材，包装和推广韩国各个地区的景点。此举非常成功。过去，游客对韩国文化的了解仅限于烧烤和泡菜。现在，尽管知道到韩国旅游的各项支出均比在国内消费要高出 5～10 倍，许多中国人还是禁不住韩剧“诱惑”，纷纷去体验韩国人的生活。在《冬日恋歌》《大长今》等影视作品的影响下，2005 年前往韩国的中国游客增加了 25%，去韩国游玩的日本游客达到 240 万人。由此可见，文化因素对旅游消费行为的影响至关重要，它影响着旅游消费行为的发展方向。

总的来说，文化因素对旅游消费行为的影响是相当普遍的。这些影响是动态的。社会经济、文化条件的改善，会引起人们观念的变化，进而转变个体对旅游活动的态度和对旅游产品的偏好。比如说，由最开始认为旅游浪费时间和金钱，转而认为旅游是有社会价值、象征意义和纪念意义的一项有趣味的社会活动，甚至把它作为奖励方式和馈赠品，用以代替物质的奖励和馈赠。

（二）社会文化对旅游者消费体验的作用机制

社会文化究竟通过什么样的途径使旅游者的消费体验蒙上了厚重的文化色彩呢？我们可以通过探讨社会文化对旅游消费体验的作用机制，管中窥豹。

1. 对旅游体验对象的选择

根据心理学原理，人们的感知过程包含着深层次的信息加工。它要唤起已有的知识经验，尽力地赋予刺激物意义，使感知对象成为主体能够理解的和同化的事物。在此基础上，人们才能产生好恶评价。对于不理解的事物，人们是很难产生情感体验的。社会文化在人们的知识经验中占据着非常重要的地位。由于社会文化不尽相同，人们的心理需求、动机、兴趣，甚至价值观可能大相径庭，所以，来自不同文化背景的旅游者虽然在行为上有共性，但在选取何种对象来满足其旅游需要的问题上会表现出不同的倾向。例如，文化影响人们对运动的态度从而影响其对旅游活动的选择，喜爱体育运动的欧美旅游者往往选择有条件进行体育活动的旅游目的地；对文化习俗、社会知识看得比较重的人，则会注重选择富有文化色彩的旅游活动。

文化因素还会使旅游者有选择地处理和过滤信息，进而影响旅游者的体验。例如，在游览西安碑林时，国内游客凭借自己的社会文化知识，经由导游员的解释，便可深谙碑林石刻的历史价值，被珍贵的史料和精湛的书法折服，产生敬仰与自豪之情。但是，对中国文化知之甚少的外国游客就犹如进入了语言与文化的盲区，觉得碑林索然无味。因为碑林纯属“文化遗迹”，它不同于故宫、长城，无法通过宏伟的外形直观明晰地展示文化的特色，给外国游客带来心灵上的震撼。所以，他们游览碑林的愿望并不强烈，即使去了碑林，他们的心理体验与中国游客的心理体验也存在很大的差异。这就意味着，文化背景不同的旅游者对相同的事物所产生的体验有可能不同,甚至相反。在旅游服务过程中,应充分考虑文化差异带来的情绪情感差异,尽可能地在必要时提供文化信息方面的支持,以免旅游者走马观花,一无所获。

2. 对体验强度的制约

旅游消费过程使不同的社会文化有机会发生碰撞,因而旅游消费也可视为文化交流的过程。具有不同文化背景的旅游者,即使对同一事物产生相似的心理反应,其体验的强度也会有所不同。旅游者对一次旅游活动的体验与评价可能因社会文化不同而出现水平的差异。东方人的修身格言是"不以物喜,不以己悲",认为过于激烈的情绪无益于健康,要求节欲制情;而西方文化则鼓励其成员充分、坦率地表达情感,他们对事物的情感反应更为自由、强烈。例如,在相同的旅游经历下,美国人的态度可能更为积极,体验更为强烈。

因此,在研究旅游者情感体验时,不能只关注由文化差异所带来的性质方面的差异,还要善于把握量的不同。这样,才能有效促进旅游者之间的沟通,也才能客观地评价旅游服务的质量。

3. 对体验表露方式的控制

社会文化赋予其成员一套习惯化的行为模式,这套行为模式是保证文化独立的重要基础,它为社会成员的相互认同与辨别提供了依据。在如何外化心理体验方面,个体行为的取向和水平都折射出文化的特色。即使旅游体验在性质与强度方面相当,来自不同地域、国家的旅游者,在心理体验的外在表达方式上也差异明显。例如,同样是异常兴奋之情,中国人的表达方式多含蓄而内敛,而美国人则可能情不自禁,喜形于色,并经常使用"太棒了"、"妙极了"之类的词语来描述其体验。

应该说,人类的一切心理与行为都浸染着文化的色彩,对旅游这个活动领域而言,社会文化的印迹更为明显。社会文化的存在使旅游者和旅游接待人员既有可沟通的共性前提,但又可能造成冲突与矛盾。无论从旅游者还是旅游服务者的角度来讲,理解文化的差异以及文化对旅游体验的作用机制,从而及时地相互适应,是营造良好旅游氛围的重要前提。

(三)旅游消费行为对社会文化的影响

旅游消费与文化有着不可分割的关系。旅游消费不仅受旅游者原有文化的制约,而且会反过来影响文化的发展。

第一,旅游消费本身是一种文化。旅游是文化消费,同时也是文化创造的过程。旅游的本质,是满足旅游审美需求的社会文化现象。随着人类文明的进步,人们对精神生活的追求越来越强烈。旅游者越来越不满足于浅层次的山水鉴赏,而追求从文化的高品位上,从自然、人文景观和文化的契合点上,去获得一种审美的愉悦,去探求和感悟一种文化的底蕴。

旅游者也有他们自己的文化。在大众旅游时代,许多旅游者表现出共同的爱好,遵循一套由旅游者生成的跨文化交往的行为准则。无论是美国、日本、中国还是南非,不同民族、不同国家的旅游者在旅游活动中都会相对地抛开原先的文化身份,进入旅游者的角色。他们乘坐汽车、火车、轮船、飞机等交通工具到达旅游目的地,住入类似的旅店和宾馆,体验被旅游业"包装"了的异域文化或休闲活动。他们大量地使用照片、录像等工具,真实、直观地向人们展示他们的旅游生活和旅游吸引物的艺术特色。随着互联网的普及,越来越多旅游者像记流水账式似的,将自己的旅游生活以文本形式记录在博客或一些旅游论坛上,并相互分享旅游心得,引领更多的旅游者参照他们的路线出游。现在,每年节假日出国旅游的群体规模都特别大,甚至令其他所有跨国流动的形式相形见绌。这些现象都表明旅游已经成为一种重要的社会文化活动,成为现代社会人类不可或缺的生活方式。

第二,旅游消费影响旅游目的地文化。旅游活动为来自不同地理区域、不同文化背景,具有不同经济状况的人们创造了相互接触的机会。因而,我们可以把旅游消费视为一种文化交流。旅游者不仅汲取旅游目的地的文化,同时也把客源地的文化带到旅游目的地。例如,从欧洲和北美洲经济发达地区到第三世界的旅游者在经济上有明显的优越感,他们大方和阔绰的消费行为和生活方式,给当地居民原有的价值观念和生活习惯都带来了复杂的影响。

根据瓦莱纳·施密斯对旅游者的分类,不同类型的旅游者对目的地的影响是不同的。越是大众化旅游,旅游者对目的地文化的适应程度就越差,影响也就越大(如表11-1)。在大众旅游蓬勃发展的今天,目的地居民长期与一批又一批的旅游者接触。旅游者所持有的货币,作为一般等价物,具有重估一切价值观念的强大魔力。这使得旅游者自身的文化有可能反客为主,成为指引旅游目的地文化发展方向的一股主要力量。

表11-1 各类欧美旅游者对发展中国家旅游目的地社会文化的适应与影响情况

旅游者类型	旅游者数量	对地方社会文化的适应情况	影响程度
探险者	极为有限	完全接受	无影响
精英分子	很少见	完全适应	基本无影响
不因循守旧者	并不普遍,但能见到	很适应	基本无影响
偶尔到访的散客	偶然可见	有时适应	影响较小
新出现的游客群体	形成批量	寻求西方模式	影响较大
大众旅游者	持续的批量到达	期待西方模式	影响非常大
包机旅游者	大量到达	要求西方模式	影响非常大

资料来源:李星明,赵良艺.旅游者对发展中国家的旅游地社会文化影响研究.华中师范大学学报(自然科学版),2002,36(2):256。

大众旅游者通过消费活动嵌入旅游目的地的社会文化空间,将自己的意识、日常生活方式向旅游目的地延伸，使当地的社会秩序、市场化程度、人员流动规则等发生一系列变化，并引起许多旅游地居民思想和行为的变化，从而影响着旅游目的地文化的发展方向。这种影响主要体现在三个方面：

（1）对目的地居民思想和行为的影响。来自发达地区的旅游消费者的意识和消费方式往往会产生示范效应，吸引目的地居民模仿和学习，从而改变目的地居民的行为举止、穿着打扮、卫生习惯、经商意识，影响目的地居民的价值观念。这种示范效应，对年轻人的影响最为明显。一些目的地居民甚至为了追求旅游者的生活方式，寻求较高的生活质量而离开自己的居住地。我国学者刘赵平对河北野三坡的旅游社会影响研究（刘赵平　1998）以及王宪礼对长白山生物圈保护区的旅游社会影响研究（王宪礼　1999），均表明这种示范效应的客观存在。

这种示范效应一方面有助于激发当地人奋发向上的精神，促进他们转变传统的思想观念，增强现代化意识；另一方面，许多当地居民没有意识到旅游者在目的地的消费行为通常是一种失真的高消费，盲目模仿旅游者的消费行为和生活方式，往往带来许多不良影响。

（2）对旅游目的地社会生活的影响。随着大众旅游者的涌入，旅游者的消费偏好和行为甚至会改变当地的就业结构、基础设施条件和社会文化活动内容。比如，由于日本休闲旅游者是澳大利亚昆士兰黄金海岸的主要客源。为了迎合日本旅游者的口味，昆士兰地区出现了越来越多日式的基础设施、日式餐馆和符合日本游客居住习惯的宾馆。

（3）导致泛文化现象的出现。为了使游客能体验到当地文化，许多旅游区都推出了文化旅游产品。例如，在我国许多旅游区有模拟的结婚典礼等。这些具有文化魅力的表演既有积极的效果也有消极的影响。一方面，它们成为保护当地传统艺术与音乐的方式之一；另一方面，篡改传统和习俗来满足旅游者体验的“文化旅游产品”实际上造成了真正传统艺术、音乐等文化的失真甚至消失。许多传统节日以及风俗习惯经过人为的预先安排，以娱乐的形式介绍给旅游者，失去了其原有的意义。此外，大众旅游者对文化纪念品的需求，一方面增强了当地居民的自豪感，使一些民间工艺和艺术得以延续发展；另一方面也改变了旅游地工艺品的艺术风格和形式，使一些原来富有宗教和礼仪意义的工艺品变成了纯粹的商品。

综上所述，文化与旅游消费之间存在相互影响的关系。文化因素赋予旅游活动、旅游产品和服务特定的象征性意义，并通过文化传承、广告营销和时尚，将这些含义渗透在旅游者的意识和行为中。不同文化背景的旅游者在旅游动机、消费观念、行为标准等方面存在一定的差异。文化因素会具体影响到旅游者对旅游目的地、旅游产品和服务的选择，他们在旅游活动中的情感体验，以及他们表现旅游体验的方式。尽管旅游者的消费行为会受到他们民族和文化的影响，但是仍有一些动机、需要和行为是普遍存在和一致的。例如，旅游消费者的怀旧思绪，对浪漫情怀的需要，对观赏美景的渴望，希望安全地享受旅游刺激的心态，等等。换言之，旅游消费者有他们自己的文化，有他们共享的价值观念和行为准则。此外，在大众旅游盛行的时代，旅游消费者自身的文化还可能对目的地的文化带来影响和冲击，导致地区间文化差别日益缩小。

第二节　亚文化与旅游消费行为

一、亚文化

每一种文化，都包含着能为其成员提供更为具体的认同感的较小的亚文化。亚文化群体成员除了拥有社会主流的信念、价值观和行为模式外，还具有与同一社会中其他成员不同的信念、价值观和生活习惯。因此，我们可以把亚文化理解为在某个较大的社会群体中的一个较小的群体所共享的独特的信念、价值观、爱好和行为习惯。

每个消费者可以同时属于几个亚文化群体。例如，一名16岁的少女可能同时属于藏族、佛教徒、青少年、四川人等群体。每一种不同的亚文化成员身份，都为她提供了一套独特的信念、价值观、态度和习惯。这些亚文化成员身份往往预示了一些消费变量，如接触媒介的种类、食物偏好、衣着、休闲活动，甚至尝试新产品的愿望。因此，营销人员可以根据各亚文化群体所具有的不同信念、价值观和习惯，判断该群体成员是否会成为具体营销策略的目标受众。

亚文化有许多不同的分类方法。我们通常将文化分为东方文化和西方文化，或者按民族来划分文化，如中国文化、法国文化、美国文化等。实际上，任何一个具有共同信念与习惯的群体都可归为一种亚文化。目前，比较有代表性的分类方法是按民族、种族、宗教、年龄、地理、性别划分亚文化类别。

二、民族亚文化

民族身份，通常是消费者自我意识的重要组成部分。由于长期在同一政治、经济、地理、人文条件下生活，每个民族在其繁衍和发展的过程中都会形成自己独特的语言、文字、仪式、风俗、习惯、民族性格、民族传统与生活方式。民族和种族亚文化群体，是因为共同的文化或遗传纽带而联系在一起的消费者群体。即使因各种原因迁徙，同一民族的成员都会对祖先的语言和风俗习惯有一种认同感与自豪感，体现为吃民族食品、购买民族服装、欣赏民族艺术、过民族节日等，并自觉把个体行为约束在该民族文化所容许的范围之内。

随着国际旅游的发展，民族文化特性对旅游者行为的决定性作用引起了旅游研究者的重视。许多研究人员认为，不同的民族具有不同的性格，不同国家旅游者的行为各不相同。这种差异不一定是由经济因素导致的,而主要来自于民族文化的熏陶和感染。

例如,在集体主义文化背景下,人们认为脱离集体单独行动是危险的举动,会因此在精神上承受痛苦。受集体主义文化影响,日本人比欧洲人更喜欢参加团队旅游或自行组织集体出游。他们通常步伐整齐,对碰到的每个人鞠躬,使人想起纪律严明的小学生。日本民族有长时间工作的传统习惯,因而,与其他国家公民相比较,他们偏爱短期休假,在目的地停留的时间要相对短一些。在目的地的选择上,日本旅游者受饮食服务的影响较大。日本旅游者的品位和他们追求的家庭饮食及住宿是一个相互矛盾的问题。他们向往澳大利亚的黄金海岸,但他们希望在饮食和住宿上尽量与居家生活一致,因而他们又往往表现出对韩国等与日本有相近文化传统的国家的偏爱。许多接待地居民发现,日本旅游者是不知疲倦的摄影者。在旅游生活中,日本旅游者总是大手大脚,充分享受休假的乐趣。

与日本旅游者相比较,韩国旅游者受集体主义文化的影响有过之而无不及。韩国旅游者是本土社会文化的忠实实践者,他们不愿接受与韩国生活大相径庭的生活方式。许多韩国旅游者尽管置身国外,仍尽量到韩式餐厅用餐。他们喜欢到与韩国一样以儒家哲学立国的其他亚洲国家旅游,而且更喜欢集体出游而不愿单独行动。

阿拉伯人同样喜欢集体出游。他们旅游的主要动机是娱乐,而且是绝对的放松,他们甚至认为在旅游中参加任何体育活动都是与这种动机相抵触的。与欧美旅游者的行为模式相比较,阿拉伯人普遍不够活跃,但更具集体性,重视家族利益。来自炎热地区的阿拉伯人不喜欢阳光浴,他们更想去高纬度、凉爽的多山地区,躲避酷热。

与东方民族相比较,美国人似乎更喜好新奇事物,更热爱自由,更热情奔放。所以,许多人把美国游客视为最典型的旅游消费者形象,认为他们总是挎着相机在欧洲各旅游景点之间辗转。实际上,受美国主流文化中喜新乐奇、亲近自然、自由流动、个人主义等特质的影响,美国人喜欢在受到保护的自然环境中简简单单地度假,游览国家公园或观赏历史文物。由于美国本土旅游资源丰富多样,旅游业发达,以及美国人对本土文化的自豪感,绝大多数美国人都偏爱在国内度假。此外,由于美国人的外语技能普遍不高,担心受到恐怖袭击以及承担高昂的出境旅游费用,他们在出国度假时通常首选墨西哥和加拿大,而极少离开北美洲。

欧洲文化非常丰富多样,旅游者的消费行为差异也比较大。由于经济高度发达、劳动者充分享有法定休息权利、国内旅游景点匮乏,德国人非常喜欢到国外度假。荷兰的国土面积小且地势平缓,这使得荷兰人偏爱到国外那些乡村气息浓郁和地势较为陡峭的旅游目的地去度假。他们是野营旅游和生态旅游产品的主要消费者。英国人也喜欢前往国外度假,他们尤其喜欢购买一些长距离包价旅游产品。

从行为表现来看,英国游客略显呆板,但他们有社会责任感,且诚实可靠。与上述国家不同,法国有非常宜人的气候、浓郁浪漫的文化气息、淳朴的田园风光、阳光普照的西海岸沙滩、白雪皑皑的阿尔卑斯山脉、醇美的葡萄酒和精致的法国食品,还有许多别致的餐馆和享有盛名的饭店为人们提供优质服务。在这种文化背景下成长的法国人,对邻近的周边国家都没有什么兴趣,他们在境外旅游中的要求往往比较苛刻。此外,欧洲旅游者对目的地的选择受殖民文化历史渊源的影响较大。英国、法国、西班牙和葡萄牙的旅游者,往往乐于前往他们的前殖民地国家度假。例如,牙买加和巴巴多斯吸引了众多的英国游客;哥德洛普和马提尼克吸引的游客主要是法国人,多米尼加共和国则吸引了许多来自西班牙的旅游者。

欧美学者发现,许多旅游目的地居民都能察觉到来自不同国家的游客在一般行为、对自然的态度、宗教信仰、休闲方式及道德观等方面与本地人的差异。目的地居民通常借助国籍来识别游客的民族特性,他们首先对来自某国的游客有一个总体的印象,在此基础上产生适用于所有该国游客的具体形象类型。例如,墨西哥圣菲力普地区的居民认为,美国人的典型特征是谨慎、算计、目的性强,而且在花销上很理性。这类特征被当地居民用于解释美国游客的行为,形成对特定美国游客的认识。对于涉足国际旅游的旅游企业而言,深入了解不同国家和民族的文化,可更好地指导与不同民族/国籍游客的交往,避免因文化差异而产生摩擦和冲突。

尽管跨民族/国籍消费行为研究相当重要,但依据国籍来识别游客的民族特性的方法遭到了一定程度的反对。持反对意见的学者认为:第一,对一国国民一概而论是不可行的,这种研究会因族群内部存在的差异而失效。在某些国家,如日本和韩国,由于绝大部分国民都拥有共同的文化纽带,民族性与主流文化几乎是同义词。但是,在美国等拥有多民族的社会里,用主流文化笼统地涵盖其内部各民族不同的文化流派,笼统地探讨民族文化对美国游客消费行为的影响是没有意义的。第二,人们对国家民族特定的评判通常基于间接经验。譬如,我们常说的中国人好客;美国人富有、慷慨;德国人呆板;日本人勤劳等。这些看法过于简单化,有些是真实的,但也有些是错误的。旅游目的地从业者和居民以先入为主的印象来审视外来旅游者,极易产生旅游偏见。此外,对国家民族特性的评价常常带有种族中心主义的偏见,不利于旅游业的健康发展。

综上所述,一方面,旅游者的许多消费行为是其民族文化积淀的产物,不同国家的旅游者在价值取向、出游目的、出游方式、对目的地的偏好、与当地居民的接触程度、逗留时间等方面均有一定的差别;另一方面,我们也应认识到尽管民族文化对旅游者行为有重要的影响,但民族文化差异并不是导致旅游者行为差异的唯一原因。对民族亚文化群体的划分与对国界的划分并不是完全重合的。在分析民族性对旅游消费行为的影响时,如果笼统地按旅游者的国籍将其划分为特定类型,可能会因思维定势而忽略了特定旅游消费者的真正需要。

三、宗教亚文化

不同的宗教群体具有不同的文化倾向、习俗和禁忌。如我国有佛教、道教、伊斯兰教、天主教、基督教等,这些宗教的信仰者都有各自的信仰、生活方式和消费习惯。虽然不是每一个人都是宗教信徒,但对一个社会或群体影响深远的宗教,却会给该社会或群体的成员留下深刻的印迹。例如,我国香港地区和日本、韩国、新加坡被称为后儒教社会。尽管这些社会的大多数人并不信仰儒教,但人们一般认为,儒教关于成就和工作、家庭和国家的态度,是这些国家或地区经济迅速发展的主要原因。

现有的研究结果表明,宗教能影响人们的价值观,也能影响人们的休闲和消费行为。例如,信奉天主教、新教和犹太教的大学生在选择周末娱乐活动上,有明显的差异。新教徒对价格非常敏感,犹太教徒最关心的是是否有人结伴而行。与这两类教徒相比较,天主教徒更喜欢跳舞。

宗教旅游,是人类最古老的旅游形式之一。旅游者出于对宗教的虔诚,而不是出于娱乐和休闲的需要,游览具有宗教意义的地方。穆斯林去麦加的朝圣旅游,是当今世界上最重大的旅游流向之一。每年在伊斯兰教历 12 月份,都有上百万的穆斯林从世界各地涌向麦加,参加朝圣。而且,任何一个有经济实力、有体力的穆斯林人,都期望在人生中至少做一次这样的朝圣。近年来,基督教徒对朝圣的狂热程度相对较低,但在罗马、耶路撒冷、圣地亚哥等地仍然举行朝圣活动。在我国,宗教旅游是一个非常有限的市场,但每逢观音诞辰日等宗教节日,也有不少信徒到他们认为灵验的寺庙,上香祈福。

此外,宗教旅游者要遵循一定的禁忌,如印度教徒禁食牛肉;犹太教徒和穆斯林禁食猪肉。这些旅游者为了不违反禁忌,对旅游服务和旅游设施很挑剔。例如,许多穆斯林游客要求房间顶部有指示麦加方向的装备,在清真餐厅就餐,对牛羊肉也要求是专人(阿訇)宰杀的牛羊的肉。这些禁忌一方面限制了旅游消费者对一部分产品的需求,另一方面又会促进他们对另一些产品特别是替代品的需求。伊斯兰教徒不能喝含酒精饮料,这在一定程度上促使他们更多地饮用碳酸饮料和水果饮料。印度教徒和佛教徒不吃荤,但这些素食主义者往往会消费更多的牛奶制品和豆制品。

四、地理亚文化

自然地理环境不仅决定着一个地区的产业和贸易发展格局,而且间接影响着一个地区人们的生活方式、购买力、消费习俗、消费结构和消费特点,从而形成不同的文化。例如,中国闻名的川菜、鲁菜等八大菜系,风格各异,就与地域不同有密切关系。而且,长期形成的地域习惯,一般比较稳定。由于气候寒冷,我国北方人有冬天吃火锅的习惯,几乎家家都备有火锅、砂锅,而南方人由于气候炎热,养成了吃泡菜、熏肉、腊肠的习惯。同是面食,北方人喜欢吃饺子,南方人喜欢吃包子,西部人则喜欢吃饼和馍。

在旅游活动中,人们往往倾向于抛开日常的生活习惯,前往与居住地地理环境差异较大的目的地,体验不同的生活。例如,北欧国家的人们和美国北部的人们,经常渴望到温暖地区,享受阳光浴;印度和沙特阿拉伯的居民,则想去高纬度的多山地区,躲避酷热。在我国,北方游客往往对海南岛比较感兴趣。每年冬天,在北方冰天雪地、寒风刺骨之时,许多旅游者大批地向海南岛移动,寻求温暖的阳光和沙滩;与此相反,长期生活在亚热带地区的广东人却偏爱在这个时候北上,以求一睹"千里冰封,万里雪飘"的北国风光。

五、年龄亚文化

即使来自于同一民族,由于年龄存在差异,旅游者还可进一步划分为不同类型的群体。不同的群体表现出特殊的需求与行为模式,形成相应的群体文化。对于儿童、少年、青年或老年人等不同年龄段群体所具有的不同行为模式,人们认为都是自然的差异,是由不同年龄的人所具有的独特的生理特征所决定的。事实上,与年龄有关的行为模式并不总是由生理因素所致,确切地说,这些差异主要是由社会与文化传统所造成的。这是因为,一个消费者所降生的时代,使他与同时期出生的其他人产生文化联系。随着一个人的成长,他的需求与喜好在改变,这种变化通常要与他的同龄人保持一致。因此,一个消费者的年龄对他的身份有着重大的影响。在条件均等的情况下,我们更愿意拥有与同龄人一样的东西,参与一样的活动。

随着社会人口结构的老龄化,对中老年旅游消费者的研究也日益增多。中老年旅游者大多经历了人生的风雨和沧桑,具备较多的知识经验,因此,他们旅游的主要目的并不在于对自身力量与价值的证明,而更着意于人生的感悟与体味,即所谓"高山仰止,景行行止,虽不能至,心向往之",注重"神游"而非"身游"。由于体力方面的原因,中老年旅游者倾向于活动强度较低、活动量较少的旅游形式。与之形成巨大反差的是青年旅游者。总体看来,中老年人趋于保守,他们的心理指向是昔日;年青一代的生理和心理都处于人生的旺盛阶段,面对充满无限可能的明天,他们的需要与价值观取向是开拓、进取、冒险、成功。因此,青年旅游者的活动方式在性质和强度方面更为新奇和激烈,如各种不同类型的探险活动。他们在旅游中的体验也必然迥异于中老年人。

不同年龄人群在购买力上的差异,也影响他们的旅游选择。例如,在德国,大多数老年人在巴伐利亚和挪威度假,而年青一代倾向于在北部德国度假。然而,尽管老年人拥有的财富可能比青年人多,但由于他们的收入增幅趋于稳定,他们在旅游产品和服务的价格方面反而更为敏感。年长者比非年长者更愿意参加包括交通和食宿的包价旅游。他们更喜欢选择乘坐经济舒适的旅游巴士或乘坐快捷便利的飞机。因此,试图开发年长者包价旅游的营销人员,通常强调包价旅游中的折扣定价策略以及包价旅游的安全性。

现有的研究结果表明,目前非年长者比老年人所受教育的程度普遍要高。接受过良好的正规教育的人通常更懂得利用旅游业营销人员提供的信息,通过详细的信息搜集,采用比较法来做出购买决策。中老年人则比较依赖非商业的信息渠道来了解旅游产品和服务,但他们会预先为休闲游览活动或探亲访友做好计划,很少表现出冲动性购买行为。

在按年龄划分亚文化群体时,要注意年龄是一种生理状态,更是一种心理状态。在决定自己的行为上,个人对自己年龄的感知要比其实际年龄重要得多。在中国和韩国等社会,人们有尊重老人的传统,认为年长者拥有与其年龄相称的经验和智慧。但是,西方社会则崇尚年轻,因此,欧美老年人总认为自己要比实际年龄年轻得多,甚至在70岁时仍把自己视为"人到中年"。例如,美国前总统布什在80岁时,还在得克萨斯州上空参加双人跳伞,庆祝生日。所以,对旅游企业来说,区分年龄亚文化群的参考标准应该是人们的意识年龄(perceived age),而不是人们的实际年龄。

六、性别亚文化

性别文化是一种独特的文化因素,虽然与民族文化、阶层文化发生复杂的交互作用,但却具有其他文化不可替代的功能。性别差异不仅体现在生理方面,更重要的是它鲜明地表现在两性不同的心理与文化当中。个体社会化的历程不仅是造就具有适宜行为的社会成员,还要使他们产生性别认同,对自身做出恰当的性别归属判断,表现出与自己生理性别一致的角色行为。例如,大多数妇女对诸如打猎和钓鱼之类的活动不感兴趣。这并不一定是由生理和情感上的因素决定的,而是由于大多数文化教导妇女要温柔贤惠,这些活动不是女人应该从事的活动,而是男人们的活动。文化还把恰当的旅游角色教给男人和女人:诸如男人开车、选择旅游目的地、登记饭店;妇女照看孩子、准备途中膳食、负责整理旅途中各种必备物品等。男性游客与女性游客在行为之间的许多差异是由人们生活的社会文化环境训练成的角色之间的差异所造成的。在旅游活动中,男性游客喜欢参加有锻炼项目的体育旅游和有目的的探险旅游,以显示其阳刚之气;女性游客则喜欢购物、照相、在宾馆周围散步。女性游客更容易意识到旅游活动的危险性,即使是在飞机上,女性商务游客也对周围的陌生男人心存顾虑。她们的情感更为细腻,更容易体验到那些无形的又难于表明的服务。

因此,了解性别文化可以让旅游市场营销人员更好地把握男性与女性游客在旅游行为上的差异,满足不同性别游客的旅游消费需求,将其产品信息以更高效率的方式传递给游客,使营销更为有效。

传统的性别文化中，男性更为独立、自信，以自我为中心，更注重逻辑推理和分析；女性则注重与他人建立融洽的关系，获得他人的认同。这意味着男性和女性游客在信息搜集的渠道、所搜集的信息类型及旅游购物行为上，可能存在一定区别。2004年，中山大学旅游发展与规划研究中心的谢晖和保继刚，对黄山市国内游客进行了一项问卷调查。通过统计检验，他们发现：①女性游客比男性游客平均搜集更多的信息类型，并更热衷于搜集旅行费用、食宿状况、线路安排这三种旅游信息；②在信息收集渠道上，女性游客比男性游客更倾向于通过人际交流的方式获取旅游信息；③与男性游客相比较，女性游客对游览民居和购买旅游纪念品这两种旅游活动有更强的偏好（谢晖，保继刚　2006）。由此可见，旅游目的地和旅游企业应该向女性游客提供更多关于旅行费用、食宿状况、线路安排等信息，针对女性游客开展面对面营销，并着重塑造口碑，以便提高营销效果。

七、社会阶层

社会阶层，是由具有相同或类似社会地位的社会成员组成的相对持久的群体。它是一种特殊的亚文化现象。产生社会阶层最直接的原因是个体获取社会资源的能力和机会的差别。也就是，人们在获取经济利益、政治权力、职业声望、生活质量、知识技能、发展空间等方面上所享有的机会不均等。相应地，我们可以采用职业、教育、收入、财富、家庭背景、住宅位置等指标，作为划分社会阶层的标准，识别人们的身份特征和社会地位。

由于价值观念、生活方式的相似，同一阶层的社会成员在行为表现上也具有共同的倾向。不同阶层的社会人群在消费支出结构模式、信息接收和处理、购物方式、品牌偏好上呈现出不同的特征。研究人员在对欧美消费者的研究中发现，人们所偏爱的休闲活动以及所购买的旅游产品，通常都与他们所处的社会阶层相适应。

一般来讲，上层社会成员比较重视旅游，他们把旅游作为生活的基本内容之一。与其他阶层相比较，他们中有较多人参加远距离旅游和出国旅游。他们比较强调旅游项目的知识性，注重旅游活动中的文化和审美内涵，要求旅游活动、交通工具、食宿等方面的接待规格符合自己的身份地位。他们在旅游中乐于购买艺术品、古玩等商品。由于上层社会成员所从事的职业一般很少身体活动，作为补偿，他们在旅游和休闲时偏爱参加高尔夫球、网球、壁球、马球、游泳、慢跑等活动。与下层社会成员所喜好的钓鱼、打猎、划船等活动相比较，这类活动既能锻炼臂腿，又不占用大量时间，因而受到上层社会成员的欢迎。

与下层社会成员相比，中层社会成员的地位比较优越，因而他们的思想比较开放，更有自信，也更重视旅游的积极意义和教育意义。受更高的社会地位的吸引，中层社会成员更爱冒险和承担风险。他们的旅游兴趣比较浓厚且广泛，是所有旅游者中数量最多的群体。他们还是公共游泳池、公园、博物馆等商业性休闲和公共设施的主要使用者。

低层社会成员受文化教育水平和收入的限制,视野相对较窄。他们也参加旅游活动,但由于对外部世界有较大的风险感觉,对去遥远的旅游地不感兴趣。他们通常把国内短途旅游观光或到某个旅游点短期度假,作为自己理想的旅游方式。与喜欢含蓄、幽默、富于变化的上层社会成员相比较,低层社会成员喜欢刺激性的活动项目,如玩老虎机、拳击、职业摔跤等。在旅游购物时,他们比较注重实用性,喜欢色泽鲜艳的产品外观。

第三节 中国文化特点对旅游消费行为的影响

一、中国文化的主要特点

(一)安土乐天的文化心态

由于地理、气候环境等条件的影响,中国传统的社会生产形态是农业经济。在浓厚的农业经济氛围中,人们习惯于通过农业生产从土地里获取主要的生活来源。这种生活模式经过长期的演变,变成了人们对土地的高度心理依赖。这种依赖逐步发展成为一种价值判断标准,把获取并保有土地视为一种最根本的财富价值观。这种价值观再加上农业生产本身的连续性、周期性和相对稳定性的特点,使人们热衷于追求安居乐业的生活方式。人们固守在一个狭小的地域,日出而作,日落而息。此外,受交通不便、信息不通、安全缺乏保障等因素的影响,多数中国人视离家外出为危途,生怕有什么意外。简而言之,长期在封建社会制度下从事农业生产活动,使中华民族形成了重实际轻幻想的务实精神,自给自足的观念,以及安土乐天、不尚迁徙的生活方式。

(二)重视家庭,享受天伦之乐

中国传统文化特别重视家庭。在人际交往中,中国人最重视以家庭、血缘为中心的人际交往原则,以血亲为基础确定人们的亲疏远近关系。在农业经济狭小的生活圈子中,这种人际交往原则使人们更强调家庭的和睦与团结,追求家庭的幸福与快乐。在许多中国人心目中,最大的幸福与快乐莫过于能享受天伦之乐,子孙绕膝,团圆平安。

(三)重整体,倡协和,尚中庸

中国文化具有重视整体、提倡协和,通过协和达到和谐的文化特点。中国文化的整体观念把天、地、人视为统一的整体,以“人与天地万物为一体”、“天人合一”为最高境界。在政治领域,整体观念表现为“春秋大一统”的观念;在社会领域,表现为个人、家庭、宗族和国家不可分割的情感;在文化领域,表现为兼收并蓄,求同存异的宽容精神;在伦理领域,表现为顾全大局,必要时不惜牺牲个人或局部利益以维护整体利益的价值取向,等等。这些观念构成了中华民族集体至上的思维趋向和共同心理。

在重视整体的同时,中国文化也强调群体及其成员的和谐与统一。中西文化的一个重要差异,就是中国文化重和谐,西方文化重分别和对抗。在中国文化中,和谐是最理想的状态。通过人与自然、人与人之间的和谐关系,构建从个人到家庭、宗族,再到国家,逐级扩大的理想社会。个人并不因为是集体的部分,而丧失个体的自我。这正是儒家文化在处理个体与群体关系上的思想精髓所在。

协和与中庸是联系在一起的。在儒家看来,中庸是实现和谐与统一的根本途径。"中"既指事物的"度"(即不偏不倚),也指对待事物的态度(即不"狂"不"狷")。"贵和尚中"观念在中华民族和中国文化的发展过程中发挥着十分重要的作用,它促进和推动了社会的稳定和发展。做事不走极端,着力维护集体利益,求大同,存小异,保持人际关系的和谐,是中国人普遍的行为准则。

(四)人本主义

在中国文化中,人本主义是基本格调。所谓人本主义,就是以人为考虑一切问题的根本,在天人之间、人神之间、人与自然之间,始终坚持以人为中心。原始儒学的核心价值观的基本规定是"仁",即"爱人"。"仁"要求人们在宗法血缘关系上尊重和关心他人。墨家更是提出了超越宗法关系的"兼爱"观念。宋明理学进一步阐发了人道原则:"民吾同胞,物吾与也……尊高年,所以长其长;慈孤幼,所以幼吾幼。"这种观点融合了儒家的"仁"、墨家的"兼爱"和佛教的"慈悲",形成了中国文化中一种稳定的价值取向。

与西方文化中的人本主义相比较,中国文化中的人本主义更强调对长者的尊重,以及以孝立身、以孝治天下的伦理观念。中国人普遍认为经验会随年岁的增长而增长,拥有丰富经验的老人在社会中具有重要的地位和价值。"家有一老,如有一宝"、"姜是老的辣"、"不听老人言,吃亏在眼前"等,都从不同侧面肯定了老人和长者的价值,实则是对经验的推崇。

(五)求是务实,讲求勤俭

面向现实,求是务实是许多中国人的信条。中国文化历来反对不切实际的清谈玄想。务实的人生态度和价值取向对中国人的行为有重要的影响,如强调做事脚踏实地,生活中讲求勤俭、朴实、实用,轻视华而不实的东西。

此外,长期自给自足的小农经济也使中国人普遍有一种节制欲望的心态。节欲思想再加上农业经济低水平的生产力,使中华民族形成艰苦朴素的生活方式,甚至把节俭作为立国的重要前提。因此,在价值评判方面,传统的中国人不赞成高消费,也不认同流行时尚。即使受到西方消费主义和享乐主义的影响,当代中国人在购买产品和服务时,往往更注重实际效用和价值,反对盲目攀比和铺张浪费。

(六)中国文化的多样性与异质性

中国是一个多民族国家,幅员辽阔,各地的自然条件和地理环境差异很大。不同民族、不同地理区域的人们形成了不同的生活方式、思想观念和风俗习惯。

首先,中国文化包容了众多各具特色的民族亚文化。我国共有50多个民族。虽然汉族占总人口的90%以上,各民族都带有明显的中华民族整体的文化烙印,但是,各民族也都还继承和保留着自己传统的宗教信仰、消费习俗、审美意识与生活方式。例如,朝鲜族人喜食狗肉、辣椒,喜欢穿色彩鲜艳的服饰,群体感强,男子的地位相对要高一些。回族人喜爱白色,禁食猪肉、狗肉,朝拜是他们生活的重要内容。蒙古族人的习惯则是穿蒙古袍,住蒙古包,吃牛羊肉,喝烈性酒。在汉族人看来难以入口的奶茶,对蒙古族人来说却是生活中不可缺少的美味饮品。

其次,显著的地域特点更加突出了中国文化的多样性和异质性。例如,中原农业民族对土地的依赖发展成为重农轻商、安土乐天的观念。生活在海滨的人们从海洋中谋求生存,不但把渔业、盐业作为主要产业,同时致力于海上交通和海上联系。北方游牧民族由于生存条件比农业民族恶劣而只能以迁徙和战斗来对付异族的压力,因此尽管他们很早就接触到汉族文化,但并没有全盘加以接受。只有一水相隔的湖北人和湖南人,虽有不少文化的共同之处(如爱吃辣椒),但也存在许多差异。湖北人被认为有商业头脑,很精明。湖南人则被认为具有革命精神,有以天下为己任的豪情和务实作风。

因此,中国文化的多样性和异质性不仅表现在不同民族之间,也表现在农业区与周围地区之间、不同农业区之间以及同一农业区的内部。

二、中国文化对旅游消费行为的影响

一国的文化特征在很大程度上决定了它的民族性格、思维模式、行为习惯和生活方式。价值观念、规范、习俗、物质文化等文化因素对消费者行为,进而对企业营销的影响是广泛而深远的。其中,最具根本性的影响因素是价值观念。从总体上讲,中国传统文化的价值取向是内倾型的。内倾型文化的民族性格喜静不喜动,不事张扬,在消费观念方面往往趋于保守、低调。但随着西方文化的东渐,中国人的价值取向和消费观念正在一点一点地发生着变化。中国文化对旅游消费行为的影响主要体现在以下几个方面:

(一)旅游消费动机

虽然中国古代有"读万卷书,行万里路"的说法,文人士大夫们还把山水之游作为修身养性的对象和工具,但是,安土乐天、不尚远行的文化特征也具有抵制旅游和反对旅游的倾向。人们缺乏冒险精神,求稳怕变,甚至把旅游看做是不务正业。所谓"在家千日好,出门一日难"、"金窝银窝不如自己的草窝"、"父母在,不远游,游必有方"、"孝子不登高,不临危"等,就是这种心态的反映。

此外，重视家庭、提倡节俭的价值取向决定了中国人会多方位地考虑子女的抚养、教育、就业、婚姻以及自身的养老等问题，节制当前消费，储蓄资金。在消费内容上，中国人更热衷于饮食消费、购买生活用品、家电、住房等，以满足家庭生活的需要，享受天伦之乐，而不会优先考虑旅游消费。即使在满足基本生活消费的情况之下，中国人仍然会习惯性地节制消费，增加储蓄，以备不时之需。

迄今为止，许多中国人仍把旅游视为奢侈的消费行为。在安土乐天和勤俭节约观念的影响下，他们或多或少地抑制自己的旅游需要，尽量不考虑参加这种“花钱买罪受”的活动。有些人宁可在假期中无所事事地呆在家中，靠打扑克、搓麻将打发日子，也不轻易地外出旅游。这种心态对旅游动机的激发无疑是起阻碍作用的。

但是，随着我国社会生产力水平的提高和西方文化的传播，人们的社会生活发生了翻天覆地的变化。在现代人的文化价值观念中，旅游成为人们回归自然、提高生活质量的重要途径，抵制旅游的观念在逐渐瓦解。进入21世纪以来，我国民众观光游玩和消费的热情达到了前所未有的高度。国家旅游局提供的各项数据均表明，花钱买愉快、买服务的旅游消费观念正在逐渐为人们所接受。

（二）旅游目的地和旅游活动的选择

随着近年来我国旅游业的日趋成熟，人们的出游选择逐渐丰富，但现代中国人的游娱观念、出游目的地的选择、休闲游历活动的形式等，仍在不同程度地受到传统文化和民俗习惯的影响。

大多数中国旅游者都恪守“游必有方”的信条，每次出游都有一个较为固定的目标和日程。在旅游目标的选择上，中国旅游者往往不自觉地继承了中国传统的审美观念，延续着以儒家学说为中心的旅游观。人们偏好以观赏为主的园林游览和风景审美活动，喜欢优美和谐的自然景观、社会知名的历史文化古迹以及发展较成熟的景区，尤其喜好文化和自然风景互相渗透所孕育出来的包含人文精神和自然态势的旅游目的地。此外，中国人对中华民族始祖的发源地及故乡也比较热衷，这主要缘于寻根访祖的文化情结。在旅游活动项目的选择上，中国旅游者偏爱的活动较为舒缓，缺少刺激性和对抗性的项目，注重精神内涵和亲情交融，在安闲自在中享受旅游之乐。

与中国旅游者相比，西方旅游者较喜欢独特、新奇、不同寻常的旅游目的地。他们在对景观的选择上，更偏好原始古朴的自然景观或保持原始风貌的历史文化景观。他们喜欢参加充分展示自身智力和体力的活动项目，乐于接触他们不熟悉的异质文化和民族，并期待在旅游中有所收获和发现，在经受旅游考验后享受成功的喜悦。在中西文化相互交流、融合的当今社会，中国人的旅游偏好也会发生一些变化，出现新的内容。但总体来说，中国旅游者仍会保持本民族的一些习惯特征。受“以静养身”、“不登高、不临危”等传统观念的影响和制约，现代中国旅游者仍遵循适度旅游的原则,强调“求稳”、“求静”,反对过于张扬和冒险,在许多现代旅游项目上缺乏突破。

(三)购买决策方式和出游方式

中国旅游者受儒家文化的影响,在思想意识、思维模式上追求群体取向。这种群体意识,表现在行动上就是倾向于集体行动,强调相互依赖、相互合作,每个团体成员都为不被排除在“圈外”而努力。相应地,在远程或出国旅游中,中国旅游者多选择组团的形式;在短程或假日旅游中,则往往选择全家出游或亲友同游的方式,较少个人单独出游。因此,中国的旅游市场以家庭为单位的消费者居多。人们往往以集体为单位做出旅游决策。例如,家庭成员的大部分收入都集中由一名“当家人”统筹安排。在具体旅游购买决策,特别是单笔支出较大的购买决策中,还需要家庭成员的集体讨论。个人的旅游行为与整个家庭紧密联系在一起。一个人不仅要考虑自己的旅游需要,而且还要考虑整个家庭的需要。在旅游产品和品牌选择上,中国旅游者较少标新立异。他们重视亲友的意见,尽量与他人保持一致,减少购买风险。

与西方旅游者相比,中国旅游者在消费行为方面倾向于随大流,重规范,讲传统,重形式。短时期内,在西方社会备受推崇的自助型旅游难以在中国旅游市场中成为主流。

(四)旅游消费水平与消费结构

目前,我国旅游者的消费水平呈现出明显的两极分化现象:一方面,从国内旅游来看,中国仍是一个旅游低消费国家。农村外出旅游人数在旅游市场的比重很小,消费也很低。大多数国内旅游者都热衷于花销较小的观光旅游和探亲访友旅游,对探险类、益智类等高档旅游产品兴趣不大。从旅游消费结构来看,国内游旅游者大多讲求经济实惠,重视物质产品和饮食的消费,在交通和住宿的选择上偏重于经济性。简而言之,我国居民的旅游消费主要还停留在大众型产品上,对非物质形态的劳务性消费的重视程度相对较低。

这些旅游消费行为反映了中国居民从总体上讲仍不富裕,生活水平和质量仍有待提高。除了经济因素外,传统价值取向要求人们在家庭和个人消费上勤俭节约,精打细算,量入为出,也在一定程度上限制了旅游消费水平的增长。当收入减少时,中国消费者很快就会打消对高额非必需品的购买意图,而不愿像美国等国家的消费者那样通过借贷来满足即时的旅游消费欲望。在经济条件许可的前提下,中国发达的饮食文化往往吸引人们以高规格的饮食消费替代旅游文化娱乐消费,使人们的旅游消费水平只能呈现出比较平缓的增长势头。

另一方面,自 1997 年中国正式开放出境旅游以来,中国公民出境旅游的高消费行为就引起了世人的关注。进入 21 世纪后,中国公民的出境旅游消费开支更是一路攀升,成为世界上出境旅游消费最高的国家之一。目前,中国公民境外旅游消费水平不仅远远高于国内游消费支出水平、全国城镇居民消费支出水平，而且超过了人均年收入达1万多美元的发达国家出境游客的消费水平（如表11－2、表11－3所示）。

表11－2　中国公民国内游与出境游人均花费比较

花费＼时间	1997年	1998年	1999年	2000年	2001年	2002年	2003年
我国公民国内游人均花费（元/人次）	328.2	344.5	394.0	426.6	449.0	441.8	395.7
我国公民出境游人均花费（元/人次）	15 823.08	9 033.48	9 745.56	10 366.56	9 488.88	9 108	15 921
出境游与国内游人均花费之比	48倍	26倍	25倍	24倍	21倍	21倍	40倍

注：①1997～2003年期间，人民币汇率一直稳定在1美元兑换8.28元左右，因此表中美元与人民币的汇率换算均按照1：8.28计算。

②资料来源：戴学锋．出境游支出被低估，国际游变花汇游．中国统计，2005（2）：26～27。

表11－3　2003年中、美、日出境游游客境外消费支出比较

游客国籍＼花费	澳大利亚入境游游客人均花费	德国入境游游客人均日花费	瑞士入境游游客人均日花费	法国入境游游客餐饮、购物每人次平均花费
中国游客	6 070澳元	110美元	313美元	3 000美元
美国游客	5 899澳元	117美元	313美元	
日本游客	3 804澳元		347美元	
欧美游客				1 000美元

资料来源：王素洁，齐善鸿．消费主义与中国公民出境旅游高消费行为探析．旅游学刊，2005，20（6）：41。

2003年，中国游客成为澳大利亚入境游游客中消费最高的游客，人均消费达6 070澳元；中国游客在德国每天人均花费110美元，仅比美国游客少7美元；中国游客在瑞士每天人均支出313美元，消费水平仅次于日本，位居第二。中国游客在法国用于餐饮、购物的人均花费为3 000美元，而欧美游客的人均花费只有1 000美元。2004年，中国游客海外消费已占全球奢侈品销售额的10%。因此，中国人在海外被称为“世界消费冠军”（王素洁，齐善鸿　2005）。

诚然，随着经济水平的提高，旅游消费者提升个人价值和实现自我的需要在不断强化，出境旅游成为他们满足需要的最佳途径之一。经济发达地区的高收入阶层消费者尤是如此。但是，对于人均年收入刚过1 000美元的中国人来说，这些高消费行为不完全是理性的经济行为，其背后有更深层次的文化动因。

根据北京第二外国语学院旅游管理学院对出境旅游的调查结果，中国出境游游客主静不主动,不愿在参与性更高、冒险性更强的旅游项目上花费。除交通、住宿、餐饮等必需消费项目外,购物是中国旅游者在境外自主消费的大项。这体现了中国传统文化对旅游消费行为的影响。以家庭为中心的思想决定了中国人非常注重通过旅游购物与家人分享快乐。一般来看,旅游者在境外的旅游行为并不仅仅是个人行为,出境旅游者往往是家庭甚至是家族的代表,其购物特点表现为密集式、积累式、家庭式。目前,中国出境旅游市场依然处于受限制发展的状态,市场发育尚属初级阶段。出境旅游者抓紧难得的机会,为自己及家庭成员购买物品。这种消费并非经常性的消费,与中国公民的日常消费行为还有很大的差距。

除了以家庭为中心的消费行为外,人情消费也促进了中国游客在旅游过程中的购物行为。中国人有强烈的集体主义导向,并重视人与人之间的联系,旅游后馈赠大量礼品是中国人拉近人与人之间距离,加强社会联系的一个重要途径。因此,出境游游客旅游消费开支的相当一部分是购置礼品,用于人情消费。

此外,"爱面子"是中国人受传统文化影响的一个特点,购买纪念品还会成为到过某个著名旅游地的证据,成为某一次旅游经历的最好证明。因此,炫耀性消费在中国出境游游客的消费行为中占有很大的比重。这当中,既有中国传统文化的影响,也有西方文化东渐所产生的作用。中国游客境外购物大都瞄准了高档时装、名牌化妆品、品牌首饰、珠宝、名牌家电等商品。这些奢侈品的价格不受使用价值和价值的约束,而是由它们在一种文化中所代表的社会地位、权力等符号象征价值决定的。一般情况下,奢侈品的档次越高,品牌越大,奢侈品的符号象征价值也越大。中国游客购买名牌,追求时尚商品,主要不是为了"使用",而是他们认同奢侈品所蕴涵的符号价值,并试图通过消费商品和服务的符号价值,表明自己的身份地位,在人际交往中与其他消费者形成消费群体和消费文化。中国旅游者对西方社会符号象征价值的认同,急于满足被现代文化刺激起来的欲望,与西方大众传媒的推动和示范作用有密切的关系。

中国人在旅游过程中购物比例较高,其绝对额较大的原因,还有可能是受到中国传统文化中"穷家富路"思想的影响。在远离故土家乡的出境旅游中,旅游消费者可以暂时断开与原有社会文化的联系,置"克俭、勤勉"的传统道德约束不顾,以"另一个人"的心态,放任心中压抑的消费欲求。因此,旅游的异地性和暂时性特征也可能促使中国出境游游客"逸出"正常的生活,改变消费定式,表现出夸富、攀比、追求奢靡等失控的消费行为。

通过上述分析,我们可以发现,无论是国内游游客节俭的消费行为,还是出境游游客的高消费,都隐含着文化因素的影响。随着经济收入的持续增长,出境旅游机会的增加,我国公民对出境旅游消费的心态将趋于平和,出境高消费的行为将在一定程度上呈下降的趋势。

(五)与目的地居民的交往

在从国内旅游向国外旅游发展的过程中,文化反差是促使中国游客旅游的重要动因之一。但是,在旅游观念上,中国游客大多注重自我交流和心领神会,与旅游目的地居民的交往意愿不强。中国传统文化在对待不同民族和文化方面,历来承认其他民族和文化的价值,主张在主导思想的规范下,不同民族或群体之间思想文化兼容并蓄。因而,出门在外的中国游客常常给人以谨慎、保守和内敛的印象,既尊重目的地文化,又在穿着、举止、生活方式等方面坚持自己的价值标准。在出境游中尤其如此。现阶段的中国游客对西方文化主要是持一种探寻和观察的态度,不轻易融入异乡社会。中国公民与目的地居民之间的接触和文化互动非常有限。虽然个别中国游客在公共场合随地吐痰、乱扔东西、大声喧哗、不谦让等陋习,让目的地居民颇有微词;但总体而言,中国游客对当地居民友好和尊重的态度得到了人们的认可。文化冲突现象在目前的出境旅游活动中,没有成为旅游的障碍因素。

(六)购后评价阶段

文化价值观还会影响旅游消费者的购后评价及在购后所采取的行动。有的消费者在不满意时采取积极的公开行动,如向公司提出抱怨,向消费者协会投诉,或者在朋友面前对该产品和品牌进行负面宣传。有的消费者以"忍气吞声"、"息事宁人"的态度,不采取任何行动。有的消费者则通过寻求确证其产品具有较高价值的信息,来减少内心的不和谐感。由于在中国人的心目中"和为贵"、"息事宁人"的传统思想根深蒂固,前几年,我国大多数消费者在遇到不满意的旅游服务时,往往忍气吞声,最多只是向朋友、同事、邻居或其他熟人倾诉不满,而很少通过向商家和消协提出正式投诉或诉诸法律的途径来保护自身权益。现在的情况虽然有了很大的不同,为了"一元钱"打官司的现象已称不上什么新鲜事,但是,这种改变仍然非常缓慢。

综上所述,中国文化渗透在我国旅游者消费行为的方方面面。认识文化与旅游的密切关系,可以帮助我们不断以新的视角发掘新的旅游资源,刺激旅游需要,推动旅游业的发展,使旅游活动更多地走入大众生活。

案例 11－1　退休教师的欧洲八国游①

2005 年底,广州某旅行社推出了团费为 12 000 元的"西欧八国九天游"。65 岁的叶老师得知这一消息,觉得很划算。在女儿的极力支持下,叶老师决定参团到国外一游。临行前,因故无法同行的女儿专门给老人塞了一叠美元,劝老人,"出国一趟不容易,该花就花,不要太省。"

① 本案例改变自叶世光. 老爸欧洲八国游. 羊城晚报,2006－02－06(136)。

这趟国外游充满了新奇感，让叶老师开足了眼界。当航班抵达法国巴黎国际机场时，旅客们从飞机踏入一个像飞船一样的封闭机舱。然后，这艘满载100多人的“飞船”徐徐下降，接着在机场上奔驰，到达海关大楼时，“飞船”又慢慢上升，让旅客们不用踏楼梯就进入海关。这魔术般的客运车辆令大家赞叹不已，游兴一下子就上来了。

到法国旅游的首站是罗浮宫和凡尔赛宫。在这两个世界遗产胜地，游人云集，水泄不通。但是宫内却鸦雀无声。原来，游客们都头戴无线耳机洗耳恭听讲解。有团友不解，为何讲解者不用喇叭？原来，法国政府为了避免声浪影响文物，专门立法限制噪声，禁止在公共场所使用高音喇叭。叶老师还发现罗浮宫和凡尔赛宫获得了不少社会赞助，所以，到展馆参观的学生、教师、老人、残疾人一律免收门票。

离开巴黎后，叶老师一行人乘车前往瑞士。这段车程要耗费8个多小时，旅行社中途不包餐，只是给每个团友发5欧元作餐费。中午1时多，饥肠辘辘的团友们才赶到快餐店，但一看见食品价目表，个个目瞪口呆。哗，一小块肉排加十几根薯条、几条豆角就要7.5欧元（折合人民币75元），还不配主食。但是，为了充饥，团友们只有忍痛掏钱，享受了这顿高价午餐。饭后如厕，团友更是“心如刀割”。因为，使用高速公路上的洗手间，每次需付欧元50分（折合人民币5元）。无奈，人有三急，多贵也要去。不过，男团友花了钱后却叫苦连天。原来，尿池是按欧洲人的规格建的，团友们普遍觉得高不可攀，有苦难言。叶老师发现，此次欧洲之行中，每次交钱如厕时都会收到一张单据，原以为是留作纪念用的，后来才知道这是一张代金券，再加几角钱就可换购一条巧克力。

叶老师是一个旅游经验丰富的老游客，也是一个相当精明的消费者。他算了一下，为期9天的西欧游，光是候机、乘机往返就耗去3天，余下6天要游八国，因此，到每个景点必然是走马观花，观光范围不过数百米，逗留时间也只有三四十分钟。所以，叶老师每到一个景点就事先与导游约定集中时间，下车后单独直奔景点，利用随身携带的相机和摄像机，拍摄了许多珍贵图片和录像，收获颇丰。很多团友都后悔没跟着叶老师跑，少看了许多好东西。在整个西欧游中，叶老师只掏钱乘坐塞纳河游船和瑞士铁力士雪山的360度旋转观光缆车，其余什么法国大餐，荷兰红灯区，购物等自费活动均一毛不拔。他宁愿挤出时间，见缝插针地与团友结伴自行游，更深入地体验欧洲人的市井生活。

回广州后，叶老师请女儿欣赏他沿途所拍的图片和录像。女儿大赞老爸真是不枉此行。叶老师告诉女儿，出国游花钱是无底洞，老爸辛苦一世，钱来之不易，出国游还了心愿就满足了。此次西欧游，除了参团费外，叶老师仅花费了2000元左右人民币，女儿给的美元分文未动。女儿知道后，怪叶老师节省了一辈子，本性难改……

[讨论]

1. 在中国传统的价值取向中,人们提倡节俭的生活方式。请分析这一价值取向对中国人旅游消费行为的影响。

2. 根据叶老师与女儿的消费差异,分析年龄亚文化对旅游消费行为的影响。

3. 根据上文,分析文化差异对旅游消费者的影响。

思考与练习

1. 文化有哪些特点?

2. 旅游企业营销人员为什么要重视对文化的研究?列举两个利用文化价值观开展营销活动的例子。

3. 亚文化有哪些类型?

4. 举例说明亚文化群体对旅游消费行为的影响。

5. 访问一名少数民族同学或一名外国同学,了解其文化价值观、风俗、习惯与你所属的民族的差异,这些差异对他们的旅游行为的影响。

6. 试述中国文化的主要特点及中国文化对中国旅游消费者的影响。

参考文献

1. Antoni Riera Font. Mass Tourism and the Demand for Protected Areas: A Travel Cost Approach. Journal of Environmental Economics and Management, 2000, 39: 97 ~ 116.

2. Barnes James G. Closeness, Strength, and Satisfaction: Examining the Nature of Relationships between Providers of Financial Services and Their Retail Customer. Psychology and Marketing, 1997, 14(8): 771.

3. Beard J. G. and Ragheb, M. G.. Measuring Leisure Satisfaction. Journal of Leisure Research, 1980, 12(1): 20 ~ 33.

4. Bettencourt Lauce A. Customer Voluntary Performance: Customers as Partners in Service Delivery. Journal of Retailing, 1997, 73(3): 383 ~ 406.

5. Botterill D. T. Dissatisfaction with a construction of satisfaction. Annals of Tourism Research, 1987, 14(1): 139 ~ 140.

6. Bowen John T., and Stowe Shoemaker. Loyalty: A Strategic Commitment. Cornell Hotel and Restaurant Administration Quarterly, 1998, 39(1): 12 ~ 25.

7. Brandt D. Randall. Linking Measures of Customer Satisfaction, Value, and Loyalty to Market and Financial Performance: Basic Methods and Key Considerations. Indianapolis: ASQ's 54th Annual Quality Congress Proceedings, 2000: 113 ~ 122.

8. Chon K. S., and M. D. Olsen. Functional Congruity and Self Congruity Approaches to Consumer Satisfaction/ Dissatisfaction in Tourism. Journal of the International Academy of Hospitality Research, 1991, 3: 2 ~ 18.

9. Fodness Dale. The Impact of Family Life Cycle on the Vacation Decision Making Process. Journal of Travel Research, 1992, 31(3): 1 ~ 13.

10. Fodness Dale and Brian Murray. A Typology of Tourist Information Search Strategies. Journal of Travel Research, 1998, 37 (11): 108 ~ 119.

11. Fodness Dale and Brian Murray. A Model of Tourist Information Search Behavior. Journal of Travel Research, 1999, 38 (2): 220 ~ 230.

12. Folkes V., Koletesky S. and Graham J. A Field Study of Causal Inferences

and Consumer Reaction: The View from the Airport. Journal of Consumer Research, 1987, 13 (4): 534 ~539.

13. Gremler Dwayne D., Stephen W. Brown, Mary Jo Bitner, and A. Parasuraman. Customer Loyalty and Satisfaction: What Resonates in Service Contexts? Working paper, Arizona State University, 2001.

14. Grönroos, Christian. Service Management and Marketing: A Customer Relationship Management Approach. Lexington, MA: Lexington Books, 2000.

15. Holbrook Morris B. and Mervl P. Gardner. Illustrating a Dynamic Model of the Mood - Updating Process in Consumer Behavior. Psychology and Marketing, 2000, 17 (3): 165 ~194.

16. Javalgi R G et al. Consumer behavior in the U.S. pleasure travel marketplace: an analysis of senior nand nonsenior travelers. In: Pizam and Mansfeld, ed. Consumer behavior in tourism. NY: The Haworth Hospitality Press, 1999. 413 ~430.

17. Lemmink Jos and Jan Mattsson. Employee Behavior, Feelings of Warmth and Customer Perception in Service Encounters. Inernational Journal of Retailing & Distribution Management, 2002, 30(1): 18 ~23.

18. Liljander Veronica and Jan Mattsson. Impact of Consumer Preconsumption Mood on the Evaluation of Employee Behavior in Service Encounter. Psychology & Marketing, 2002, 19(10): 837 ~860.

19. Loker-Murphy L. and P. Pearce. Young budget travelers: backpackers in Australia. Annals of Tourism Research, 1995, 22(4): 819 ~843.

20. Neil Carr. Going with the flow: an assessment of the relationship between young people's leisure and holiday behaviour. Tourism Geographies, 2002, 4(2): 15 ~134.

21. Manila Anna and Jochen Wirtz. Congruency of Scent and Music as a Driver of in-store Evaluation and Behavior. Journal of Retailing, 2001, 77(2): 273 ~289.

22. Michael R. Darby and Edi Karni. Free Competition and the Optimal Amount of Fraud. Journal of Law and Economics, 1973, 16: 67 ~88.

23. Oliver Richard L. A Cognitive Model of Antecedents and Consequences of Satisfaction Decisions. Journal of Marketing Research, 1980, 17(3): 406 ~469.

24. Parasuraman A., Valarie A. Zeithaml, and Leonard L. Berry. Reassessment of Expectations as a Comparison Standard in Measuring Service Quality: Implications for Further Research. Journal of Marketing, 1994, 58(1): 111 ~124.

25. Philip L. Pearce and Uk-il Lee. Developing the Travel Career Approach to Tourist Motivation. Journal of Travel Research, Vol. 43, February 2005, 226 ~237.

26. Pine B. Joseph and James H. Gilmore. The Experience Economy. Boston: Harvard Business School Press, 1999.

27. Pizam A., Y. Neumann, A. Reichel. Dimensions of tourist satisfaction with a destination area. Annals of Tourism Research, 1978, 5(3): 314~322.

28. Price Linda L., Eric J. Arnould and Sheila L.. Deibler. Consumers'Emotional Response to Service Encounters, International Journal of Service Industry Management, 1995, 6(3): 34~63.

29. Garbarino Ellen and Mark S. Johnson. The Different Roles of Satisfaction, Trust, and Commitment in Customer Relationships. Journal of Marketing, 1999, 63(2): 70~87.

30. Reinartz Werner, and V. Kumar. The Mismanagement of Customer Loyalty. Harvard Business Review, 2002, 80(5):4~12.

31. Smith Amy K., Ruth N. Bolton and Janet Wagner. A Model of Customer Satisfaction with Service Encounters Involving Failure and Recovery. Journal of Marketing Research, 1999, 36(3): 356~372.

32. Tse David K., and C. Wilton Peter. Models of Customer Satisfaction Formation: An Extension. Journal of Marketing Research, 1988, 25(2): 204~212.

33. Um S. and J. L. Crompton. Development of pleasure travel attitude dimension. Annals of Tourism Research, 1991, 18: 374~378.

34. Westbrook Robert A, Michael D. Reilly. Value-Percept Disparity: An Alternative to the Disconfirmation of Expectations Theory of Consumer Satisfaction. In: Richard P. Baggozi and Alice M. Tybout, ed. Advances in Consumer Research. Ann Arber, MI: Association for Consumer Research, 1983. 256~261.

35. Westbrook Robert A. Product/Consumption-Based Affective Responses and Postpurchase Processes. Journal of Marketing Research, 1987, 24(3) :258~270.

36. Woodside A. G.. and R. MacDonald. General system framework of customer choice processes of tourism services. In: R. V. Gasser and K. Weiermair, ed. Spoilt for choice. Decision-making processes and preference change of tourists: Intertemporal and intercountry perspectives. Thaur, Germay: Kulturverlag, 1994. 30~59.

37. Woodside A. G.. and S. Lysonski. A general model of traveler destination choice. Journal of Travel Research, 1989, 27: 8~14.

38. Zalatan A. Wives involvement in tourism decision processes. Annals of Tourism Reaserch, 1998, 25(4): 890~903.

39. 白凯,马耀峰,周忠学. 入境游客消费决策行为影响研究——以北京市为例. 北京社会科学,2005(3):66~71.

40. 卞显红. 旅游消费者满意/不满意(CS/D)因源的理性思考. 商业研究,2004(7):52~55.

41. 伯克,雷斯尼克. 旅游产品的营销与推销. 北京:电子工业出版社,2004.

42. 蔡洁,赵毅. 国内女性游客旅游消费行为实证研究——以重庆旅游目的地为例. 旅游科学,2005,19(2):24~27.

43. 符全胜. 旅游目的地游客满意理论研究综述. 地理与地理信息科学,2005,21(5):90~94.

44. 郭英之. 旅游感知形象研究综述. 经济地理,2003,23(2):280~284.

45. 戈尔德耐,里奇,麦金托什. 旅游业教程——旅游业原理、方法和实践(第8版). 贾秀海译. 大连:大连理工大学出版社,2003.

46. 郭亚军,张红芳. 旅游者决策行为研究. 旅游科学,2002,16(4):24~27.

47. 韩小芸. 服务的消费价值和价值定价策略. 商业研究,2000,219:155~157.

48. 韩小芸,汪纯孝. 服务性企业顾客满意感与忠诚感的关系. 北京:清华大学出版社,2003.

49. 韩小芸,温碧燕,伍小奕. 顾客消费情感对顾客满意感的影响. 南开管理评论,2004,7(4):39~43.

50. 何建民. 提高我国饭店企业顾客价值与利润的方式——以上海国际品牌饭店为例的研究. 旅游科学,2004,18(1):31~36.

51. 贾静. 学习规律在旅游服务中的运用. 中国西部科技,2003(4):119~121.

52. 姜彩芬. 做好旅行社公平服务,提高顾客满意感. 桂林旅游高等专科学校学报,2000,11(3):23~25.

53. 孔旭红,孙雪梅. 独生子女旅游问题研究初探. 河北青年管理干部学院学报,2004(2):26~29.

54. 库珀,弗莱彻,吉尔伯特等. 旅游学(第2版). 北京:高等教育出版社,2004.

55. 李锋. 传统文化与中国人休闲游观浅谈. 商丘师范学院学报,2003,19(6):64~65.

56. 李经龙,郑淑婧,周秉根. 旅游对旅游目的地社会文化影响研究. 地域研究与开发,2003,22(6):80~84.

57. 李翔. 电子商务在旅游业的应用前景. 商场现代化,2006(1):192.

58. 李星明,赵良艺. 旅游者对发展中国家的旅游地社会文化影响研究. 华中师范大学学报(自然科学版),2002,36(2):254~256.

59. 李增福,刘笑明. 旅游消费市场中信誉机制建立的困境及政府职能的定位. 旅游学刊,2004,19(3):10~13.

60. 林美珍,李祝舜. 基于旅游者认知的旅游目的地印象管理. 桂林旅游高等专科学校学报,2003,14(5):54~57.

61. 刘伟,朱玉槐.旅游学.广州:广东旅游出版社,2001.

62. 刘易斯,钱伯斯.饭店业营销领导——原理与实践(第3版).徐虹主译.大连:东北财经大学出版社,2005.

63. 刘赵平.再论旅游对接待地的社会文化影响.旅游学刊,1998,13(1):50~54.

64. 卢昆.知觉距离对消费者旅游决策的影响.桂林旅游高等专科学校学报,2003,14(4):48~50.

65. 陆林,焦华富.山岳旅游者感知行为研究——黄山、庐山实证分析.北京大学学报(哲学社会科学版),1998,(3):41~46.

66. 吕俐蓉.游客在谷关温泉区旅游前资讯搜寻策略之研究:[学位论文].南华大学旅游事业管理研究所,2004.

67. 蒙睿,赵文丽,刘嘉纬.在校大学生旅游行为研究.旅游科学,2004,18(2):15~19.

68. 莫里森.旅游服务营销(第3版).朱虹等译.北京:电子工业出版社,2004

69. 佩吉,布伦特,巴斯比等.现代旅游管理导论.刘劼莉等译.北京:电子工业出版社,2004.

70. 邱扶东,吴明证.旅游决策影响因素研究.心理科学,2004,27(5):1214~1217.

71. 邱扶东,汪静.旅游决策过程调查研究.旅游科学,2005,19(2):1~5.

72. 邱扶东.旅游动机及其影响因素研究.心理科学,1996,19(6):367~369.

73. 沈涵.游客的旅游地选择与购买决策模型分析.旅游学刊,2005,20(3):43~47.

74. 舒伯阳,王红玲.中国公民出境旅游的消费行为分析及行业政策研究.财贸经济,2004(8):59~61.

75. 苏进.旅游目的地形象形成机理初探.连云港师范高等专科学校学报,2003,(1):37~38.

76. 孙惠春.现代人旅游动机的心理学分析.辽宁工程技术大学学报(社会科学版),2003,5(2):102~104.

77. 汪纯孝,蔡浩然.服务营销与服务质量管理.广州:中山大学出版社,1996.

78. 汪纯孝,岑成德,王卫东等.顾客满意程度模型研究.中山大学学报(社会科学版),1999,39(5):92~98.

79. 汪纯孝,岑成德,谢礼珊等.服务性企业整体质量管理.第2版.广州:中山大学出版社,2001.

80. 王晨光.旅游目的地营销(第1版).北京:经济科学出版社,2005.

81. 王素洁,齐善鸿. 消费主义与中国公民出境旅游高消费行为探析. 旅游学刊,2005,20(6):39~45.

82. 王家骏. 旅游决策行为研究:旅游者对旅游目的地的选择. 无锡教育学院学报(社会科学版),1994(3):41~45.

83. 王宪礼. 长白山生物圈保护区旅游的社会影响分析. 旅游学刊,1999,14(2):65~69.

84. 温碧燕,韩小芸,伍小奕,汪纯孝. 顾客的消费情感与顾客满意感关系的实证研究. 旅游科学,2003,17(4):1~6.

85. 温碧燕,汪纯孝. 服务公平性、顾客服务评估和行为意向的关系研究. 中山大学学报(社会科学版),2002,42(2):109~116.

86. 吴清津,汪纯孝. 旅游企业员工服务导向意识的前置因素与后果研究. 南开管理评论. 2004,7(6):23~27.

87. 谢晖,保继刚. 旅游行为中的性别差异研究. 旅游学刊,2006,21(1):44~49.

88. 谢彦君,谷明. 旅游者度假选择行为分析. 桂林旅专学报,1998,9(3):11~14.

89. 杨宏志. 游客行为与森林游乐经营管理之研究——以台北县市民旅游阻碍为例:[学位论文]. 台北:台湾大学森林研究所,1989.

90. 杨卫东. 中国传统价值取向对旅游消费动机的影响. 重庆工商大学学报(社会科学版),2003,20(6):101~102.

91. 杨雁. 旅游动机和行为研究. 渝州大学学报(社会科学版),2002,19(4):91~93.

92. 张广瑞. 中国出境旅游热的冷静思考——关于中国出境旅游发展政策的辨析. 财贸经济,2005(7):87~91.

93. 张宏梅,陆林. 近10年国外旅游动机研究综述. 地域研究与开发,2005,24(2):60~64.

94. 张卫红. 旅游动机定量分析及其对策研究. 山西财经大学学报,1999,21(4):100~103.

95. 张宏胜. 信息不对称对旅游地的影响及对策研究. 桂林旅游高等专科学校学报,2002,13(2):20~23.

96. 张廉. 论旅游主体消费行为的文化过程. 贵州商业高等专科学校学报,2004,17(2):40~43.

97. 钟洁,杨桂华. 中国大学生生态旅游者的生态意识调查分析研究——以云南大学为例. 旅游学刊,2005,20(1):53~57.

98. 钟行明,喻学才. 国外旅游目的地研究综述——基于 Tourism Management

近 10 年文章. 旅游科学,2005,19(3):1 ~9.

99. 周建军,向招明. 旅游购买知觉风险成因及其规避初探. 社会科学家,2005(2):131 ~132.

100. 周密,赵西萍. 关于旅游信息的研究. 旅游科学,1999(3):14 ~17.

后　记

随着中国经济的发展和人民生活水平的提高，旅游消费已成为人们生活中很重要的一部分。目前，中国已成为世界上旅游消费增长最快的国家之一。旅游消费者日趋成熟，他们不仅重视旅游设施，而且越来越重视服务质量和旅游体验。旅游企业必须关注旅游消费者的需求和行为特征，采取有针对性的营销策略和管理措施，切实提高服务质量和服务水平，满足消费者不断变化的要求。这迫切要求我们加快研究旅游消费者行为理论和培养相关管理人才。近年来，我国学者对旅游者的消费行为及其基本规律进行了许多开拓性的研究。然而，在教学工作中，我们尚缺乏融国际旅游消费者行为学理论和中国实践特色为一体的本土教材，这在一定程度上限制了旅游管理专业人才的培养。作者希望通过出版本书，为推动我国旅游消费者行为学理论和实践的发展尽绵薄之力。

本书结合中国的社会文化背景，比较系统地介绍了国内外旅游消费者行为学的基本理论和基本知识，通过剖析旅游消费者的旅游动机、感知、态度等心理特征以及信息搜集、决策、购后评价等方面的行为规律，为旅游企业制订营销战略提供理论依据。

在本书的写作过程中，中山大学管理学院韩小芸副教授向我提供了她的研究成果，使我受益匪浅。旅游教育出版社孙延旭责任编辑提出了许多严谨的修改建议，对本书的编辑出版付出了辛勤劳动。我的家人帮助我搜集和整理了大量资料，并予以无私的支持。在本书付梓之际，我要对他们表示衷心的感谢。

虽然我在编著本书的过程中力求博采众长、文风严谨，但我不敢奢望“态度决定一切”。由于旅游消费者行为是旅游活动与消费活动的交叉重合，对这种高层次社会性消费行为的研究涉及社会心理、经济、文化等多个领域。受本人能力所限，本书难免存在疏漏和不当之处，恳请广大旅游管理专业教学工作者和实际工作者批评指正。

吴清津

2006 年 7 月于广东外语外贸大学